Joachim Döbler

Prüfungsregime und Prüfungskulturen

Soziologische Beobachtungen
zur internen Organisation
von Hochschule

Joachim Döbler
Braunschweig, Deutschland

ISBN 978-3-658-25289-2   ISBN 978-3-658-25290-8 (eBook)
https://doi.org/10.1007/978-3-658-25290-8

Die Deutsche Nationalbibliothek verzeichnet diese Publikation in der Deutschen Nationalbibliografie; detaillierte bibliografische Daten sind im Internet über http://dnb.d-nb.de abrufbar.

Springer VS
© Springer Fachmedien Wiesbaden GmbH, ein Teil von Springer Nature 2019
Das Werk einschließlich aller seiner Teile ist urheberrechtlich geschützt. Jede Verwertung, die nicht ausdrücklich vom Urheberrechtsgesetz zugelassen ist, bedarf der vorherigen Zustimmung des Verlags. Das gilt insbesondere für Vervielfältigungen, Bearbeitungen, Übersetzungen, Mikroverfilmungen und die Einspeicherung und Verarbeitung in elektronischen Systemen.
Die Wiedergabe von Gebrauchsnamen, Handelsnamen, Warenbezeichnungen usw. in diesem Werk berechtigt auch ohne besondere Kennzeichnung nicht zu der Annahme, dass solche Namen im Sinne der Warenzeichen- und Markenschutz-Gesetzgebung als frei zu betrachten wären und daher von jedermann benutzt werden dürften.
Der Verlag, die Autoren und die Herausgeber gehen davon aus, dass die Angaben und Informationen in diesem Werk zum Zeitpunkt der Veröffentlichung vollständig und korrekt sind. Weder der Verlag, noch die Autoren oder die Herausgeber übernehmen, ausdrücklich oder implizit, Gewähr für den Inhalt des Werkes, etwaige Fehler oder Äußerungen. Der Verlag bleibt im Hinblick auf geografische Zuordnungen und Gebietsbezeichnungen in veröffentlichten Karten und Institutionsadressen neutral.

Springer VS ist ein Imprint der eingetragenen Gesellschaft Springer Fachmedien Wiesbaden GmbH und ist ein Teil von Springer Nature
Die Anschrift der Gesellschaft ist: Abraham-Lincoln-Str. 46, 65189 Wiesbaden, Germany

Vorwort

Was Lehrende dazu bewegt, sich in den Organen und Gremien der Hochschulselbstverwaltung zu engagieren, zählt zu den Fragen, die im Subtext der fakultätsinternen Kommunikation zwar immer mitlaufen, aber selten explizit und ohne Kulissenmotive beantwortet werden. Anders als bezüglich des Engagements in der wissenschaftlichen Weiterbildung (Schmid/Wilkesmann 2018), sind zur Beantwortung dieser Frage Differenzierungen erforderlich, die individuelle Motive auf die spezifischen Anforderungen der Gremienarbeit und die darauf gerichteten Gewinnerwartungen beziehen. Generell sind Tätigkeiten in der Selbstverwaltung, sieht man von der öffentlichen Präsenz des Dekanats und der gutachterlichen Tätigkeit in Berufungsausschüssen einmal ab, kaum geeignet, Reputationsgewinne zu generieren. Das gilt in besonderem Maße für ein Engagement im Bereich der Prüfungsverwaltung. Anerkennung ist kaum zu erwarten, da die Aufgabenbereiche und die damit verbundenen Anforderungen in der Regel kaum bekannt sind oder als lästige Verwaltungsroutinen eingeordnet werden. Eine eklatante Fehleinschätzung, die vor allem die vielfältigen Optionen, steuernd auf Prüfungsabläufe, die Organisation des Prüfungswesens und vor allem auf studentische Studien- und Prüfungsentscheidungen einzuwirken, systematisch unterschätzt!

Es gehört zu den Merkmalen dieses Tätigkeitsfeldes, dass prüfungsrelevante Anliegen in der Mehrzahl der Fälle von Studierenden kommuniziert werden – oft in als problematisch empfundenen Studien- und Prüfungssituationen und verbunden mit der Artikulation eines hohen Beratungsbedarfs. Diesem qualifiziert zu entsprechen, erfordert Beratungsleistungen, die zeitnah und – ungeachtet ihrer Einbindung in formalisierte Prüfungsregime – unter Berücksichtigung individueller Studien- und Prüfungsverläufe erbracht werden. In der Regel münden solche Beratungsgespräche in Studienempfehlungen, ggf. in prüfungsrechtliche Entscheidungen ein, die Hoffnungen bzw. Aussichten auf einen erfolgreichen Studienabschluss als gerechtfertigt erscheinen lassen. Studierende, die ihr Studium „im Griff" haben, tauchen in Sprechstunden hingegen nur selten auf.

Um in der besonderen Selektivität solcher Begegnungen die Reflexionsfähigkeit nicht zu verlieren, ist es gut, auf das Verwaltungswissen im Prüfungsamt und auf die rechtliche Expertise im Prüfungsausschuss zurückgreifen zu können: Mein später Dank geht an Monika Schneider und Ass. jur. Stefanie Hälig. Unverzichtbare Anregungen, die in die theoretische Akzentuierung dieser Publikation eingegangen sind, verdanke ich meinem Kollegen Prof. habil. Dr. Ernst-Wilhelm Luthe.

Die hochschulinterne Forschungsförderung in Form von Lehrentlastung hat es mir ermöglicht, dieses Publikationsvorhaben zu konzipieren und auf den Weg zu bringen. Dafür bin ich der Ostfalia, Hochschule für angewandte Wissenschaften, namentlich dem Vizepräsidenten für Forschung, Entwicklung und Technologietransfer, Prof. Dr. Gert Bikker, und den Mitgliedern der Forschungskommission verbunden.

Braunschweig, im November 2018
Joachim Döbler

Inhalt

1 Einleitung 1

2 Prüfen im Bologna-Regime 11

2.1 Bologna 1.0 12
2.2 Lehr-, Lern- und Prüfungsniveaus: EHEA-QF/HQR 14
2.3 Bologna 2.0: Qualitätssicherung im Europäischen Hochschulraum . . 17
2.4 Qualitätsgesicherte Lehre 23

3 „Constructive Alignment" 31

4 Prüfungen – eine Funktionsbestimmung 35
4.1 Kriterien professionellen Prüfens 40
4.2 Kompetent kompetenzorientiert prüfen? 44
4.3 Auf dem Prüfstand: Prüfen im Bologna-Regime 52

5 Prüfungsregime und Prüfungskulturen 65
5.1 Prüfungsregime 65
5.2 Prüfungskulturen 71
5.2.1 Die Hochschule als Lern- und Lebensort 75
5.2.2 Die Hochschule als Lehr- und Lebensort 86
5.2.3 Exkurs: Mündliche Prüfungen 88
5.2.4 Formal illegales Handeln 89
5.2.5 Prüfungslasten 91

6 Der Prüfungsausschuss 97

7 Prüfungsregime und Prüfungskultur: Die Fakultät S (2011-2016) 109
7.1 Das Prüfungswesen 110
7.2 Studienorganisation und Prüfungsanforderungen 112
7.3 Studium, Leistungsbewertung und Studienerfolg 119
7.4 Fakultätstypische Modalitäten der Notengebung 123
7.5 Die Administration von Prüfungsangelegenheiten 137

8	Prüfungsrelevante Kommunikation: Empirische Bestandsaufnahmen	147
8.1	Das Forschungskonzept	147
8.2	Prüfungsrelevante Kommunikation: Kernthemen	154
8.2.1	Akteur: Präsidium der Hochschule	155
8.2.2	Akteur: Immatrikulationsbüro	157
8.2.3	Akteur: Studierenden-Service-Büro	159
8.2.4	Akteur: Rechenzentrum	160
8.2.5	Akteur: Dekanat der Fakultät S	161
8.2.6	Akteur: Kollegium der Fakultät S	166
8.2.7	Akteur: Studierende der Fakultät S	177
8.2.8	Akteur: Alumni der Fakultät S	195
8.2.9	Akteur : Prüfungsamt/Prüfungsausschuss der Fakultät S	197
9	Schlussfolgerungen	201
	Quellen- und Literaturverzeichnis	211
	Anlagen	243

Verzeichnis der Tabellen

Tab. 1: Programme/Instrumente zur Qualitätssicherung der Hochschullehre............ 26
Tab. 2: Heidelberger Modell der Schlüsselkompetenzen (Quelle: Chur 2012) 45
Tab. 3: Optionen zur Steuerung von Prüfungslasten.. 92
Tab. 4: Prüfungsanforderungen Diplom/B.A. im Vergleich 113
Tab. 5: Wochenstudienplan für das 1. Semester... 114
Tab. 6: (Muster)Wochenstudienplan für das 4. Semester... 116
Tab. 7: Prüfungsversuche bezogen auf alle (Teil)Modulprüfungen............................. 124
Tab. 8: Verfügungen - Schriftliche Bescheide 2.2011 - 2.2016....................................... 139
Tab. 9: Akteure im System prüfungsrelevanter Kommunikation 148
Tab. 10: Leistungsbewertung/Notengebung im struktur-funktionalen Kontext 205

✦✦✦

Verzeichnis der Abbildungen

Abb. 1: Die Steuerung des Lernens durch Prüfungen (Quelle: Müller 2012) 38
Abb. 2: Heuristik zur Analyse von Prüfungskulturen 75
Abb. 3: Studien- und prüfungsrelevante Diversität 77
Abb. 4: Prüfungs(rechts)verhältnisse... 101
Abb. 5: Zahl der Studierenden nach Semesterlage... 120
Abb. 6: Studienabbrüche/Hochschulwechsel SS 2010 - WS 2014/15 121
Abb. 7: Ausgewählte Modulnoten im Studiengang Soziale Arbeit I............................. 126
Abb. 8: Ausgewählte Modulnoten im Studiengang Soziale Arbeit II 128
Abb. 9: Ausgewählte Modulnoten im Studiengang Soziale Arbeit III.......................... 131
Abb. 10: Zahl der eMail 2.2011 - 2.2016.. 149
Abb. 11: eMail-Wechsel Student – PAV: Prüfungsrelevantes Anliegen...................... 151
Abb. 12: Handlungsfelder im Qualitätszirkel (Quelle: Metzger 2013) 163
Abb. 13: Kernthemen in der Kommunikation mit Studierenden 178

Abkürzungsverzeichnis

B.A. (BA)	Bachelor
BAföG	Bundesausbildungsförderungsgesetz
BMA	Bachelor-Master
BMBF	Bundesministerium für Bildung und Forschung
BVerfG	Bundesverfassungsgericht
BVerwG	Bundesverwaltungsgericht
BPO	Prüfungsordnung für den Bachelorstudiengang ‚Soziale Arbeit' an der Ostfalia Hochschule für angewandte Wissenschaften
CHE	Centrum für Hochschulentwicklung
Credits	auch: Leistungspunkte
DQR	Deutscher Qualifikationsrahmen
ECTS	European Credits Transfer System
EHEA-QF	European Higher Education Area – Qualification Framework
ENQUA	European Association for Quality Assurance in Higher Education
ePV	Elektronische Prüfungsverwaltung
EQR	Europäischer Qualifikationsrahmen für lebenslanges Lernen
ESG	Standards and Guidelines for Quality Assurance in the European Higher Education Area
EUA	European University Association
EU COMM	Kommission der Europäischen Gemeinschaften
EURASHE	European Association of Institutions in Higher Education
Fakultät S	Fakultät ‚Soziale Arbeit' an der Ostfalia
HQR	Qualifikationsrahmen für Deutsche Hochschulabschlüsse
HRK	Hochschulrektorenkonferenz
IQM	Internal Quality Management
JQI	Joint Quality Initiative
KMK	Kultusministerkonferenz
M	Modul (mit anschließender Kennziffer)
M.A. (MA)	Master
NHG	Niedersächsisches Hochschulgesetz
NMWK	Niedersächsisches Ministerium für Wissenschaft und Kultur
PA	Prüfungsausschuss
PAV	Prüfungsausschussvorsitzender
PO	Prüfungsordnung
PVFK	Prüfungsverwaltungsfachkraft
QR SozArb	Qualifikationsrahmen Soziale Arbeit
RZ	Rechenzentrum
SSB	Studierenden-Service-Büro
TOR	Transcript of Records

1 Einleitung

Prüfungen sind im Hochschulalltag bedeutsame und strukturgebende Ereignisse. Unter Studierenden sind Prüfungen, die damit verbundenen Anforderungen und Ergebnisse Dauerthemen, denen im Hinblick auf persönliche Lernstrategien und Modalitäten der Lebensführung eine besondere Relevanz zugeschrieben wird. Für Lehrende ist das Prüfungsgeschäft ein strukturierendes Element des Arbeitsalltags: Prüfungstermine sind gesetzt, Aufsichten und Korrekturen sind zu bewältigen, Studienverhalten und Prüfungsergebnisse sind Gegenstand vergleichender Diskussionen, sei es vor dem Hintergrund eigener fachdisziplinärer Studienerfahrungen, sei es im Rückgriff auf die in dem Deutungsmuster „Studium" angelegten Bewertungs- und Rechtfertigungsoptionen (Egloff 2002: 67ff.). Zudem werden seitens der Hochschule für die Verwaltung und Durchführung von Prüfungen erhebliche materielle und personelle Ressourcen aufgewandt. Letztere umfassen u.a. Stabsstellen in den Präsidialbüros, wissenschaftlich ausgebildete Fachkräfte in den Einrichtungen der Hochschuldidaktik und in den Rechenzentren, Verwaltungsfachkräfte in diversen Institutionen der Prüfungsadministration, Lehrentlastungen für die Vorsitzenden der Prüfungsausschüsse und nicht zuletzt die Workload, die den Lehrenden selbst in Form unterschiedlicher und teilweise zeitraubender Prüfungslasten auferlegt ist.

Um an Hochschulen lehren zu dürfen, muss ein komplexes Auswahl- und Berufungsverfahren absolviert werden: Mit Sorgfalt werden wissenschaftliche Oeuvres begutachtet, einschlägige Berufs- und Lehrerfahrungen sind nachzuweisen; und in Probevorlesungen ist eine heikle Darstellung zu inszenieren, in der künftige Kolleginnen und Kollegen fachlich zu beeindrucken und die anwesenden Studierenden mit didaktischer Raffinesse zu gewinnen sind. Die Fähigkeit, Leistungskontrollen vorzunehmen, wird in diesem Kontext kaum thematisiert; es wird schlicht unterstellt, dass Personen, die an Hochschulen lehren, die je gelungene Vermittlung resp. Aneignung von Lehrinhalten und Kompetenzen auch adäquat abprüfen können. Nur selten werde, so fasst Müller seine Einlassungen zum Prüfen an Universitäten zusammen, „darüber gesprochen, wie Lehre, Lernen und Prüfen zusammenhängen, wie man Prüfungsbelastungen reduzieren kann oder wie man die eigene Prüfungskompetenz weiterentwickeln könnte" (Müller 2012: 121f.). Prüfen sei ein „ungelerntes Geschäft" (AG Hochschuldidaktische Weiterbildung 2000).

Anders als im System der beruflichen Bildung, in dem die Festlegung von Prüfungsgegenständen und -formaten bildungstheoretisch früh und breit und im Sinne einer überregionalen Vereinheitlichung diskutiert wurde (Quast/Mansfeld/Schütte 2014: 12f.), kommt das universitäre Prüfen, das Lehre und Lernen, also Bildungsprogramme und individuelle Bildungsprozesse evaluativ aufeinander bezieht, mit Verspätung auf die Agenda (Dany/Szczyrba/Wildt 2008) der innerinstitutionellen Hochschulforschung (Auferkorte-Michaelis 2009). Niehues/Fischer/Jeremias' einleitender Kommentar zum Prüfungsrecht, „bei den Bemühungen, die bestehenden Leistungskontrollen zu verbessern, (käme) es in erster Linie auf die persönlichen Qualitäten der an der Leistungskontrolle Beteiligten an" (2014: 1), kann noch als Ausdruck einer traditionell in Lehrfreiheit (Art 5 Abs. 3 GG), Selbstverwaltung und akademischer Input-Orientierung begründeten Plausibilität des Prüfens gewertet werden.

Im Übergang von der Gremienuniversität zur „Kulturform der Bologna-Universität" (Baecker 2007) wird das System der autonomen und fachgemeinschaftlichen, im Prinzip organisiert-anarchischen Entscheidung über Studieninhalte, Studienstrukturen und die Kontrolle von Studienleistungen ergänzt bzw. abgelöst durch Instrumente zur diskursiven Entwicklung und konsenstechnokratischen Regulierung (Maeße 2010a,b) von Studien- bzw. Hochschulprogrammen. Damit werden die bislang durch das Prüfungsrecht und dessen Auslegung kontrollierten Gestaltungsoptionen eingeengt und zugleich erweitert; eingeengt im Sinne der Anpassung an politische Vorgaben, die gouvernemental über Zielvereinbarungen, die Bereitstellung neuer Wissensformen und Instrumente der individuellen wie organisationalen Selbstregulation umgesetzt werden. Und erweitert im Sinne der Transformation der Hochschule von einer „gegebenen Institution" zur „gestaltbaren Organisation" mit der Möglichkeit, das Universitätsprofil nach innen und nach außen „in direkter Auseinandersetzung mit wissenschaftlichen, erzieherischen und organisatorischen Problemwahrnehmungen" zu schärfen und strategisch weiterzuentwickeln (Baecker 2007: 1). Gute Lehre sei heute, so die vormalige Bundesbildungsministerin Wanka in apologetischer Zuspitzung, „als strategische Aufgabe an den Hochschulen etabliert und nicht mehr dem Engagement Einzelner überlassen ..." (BMBF 2015). Mit dem Paradigmenwechsel von der „Hochschulreform" zum „Universitätsdesign" werden Prozeduren der Lehr- und Curricula-Entwicklung, der rasanten Taktung des Bologna-Prozesses, gestiegenen Inklusionsanforderungen (Londoner Kommuniqué 18.05.2007; „Aufstieg durch Bildung: offene Hochschulen") und der Implementierung neuer Steuerungsinstrumente (Bogomil/Heinze 2009) folgend, in Programme qualitätsgesteuerter Selbstbeobachtung überführt, die in den (europäischen) Hochschullandschaften, den Hochschulen und ihren Fakultäten auf je spezifische Weise zur Anwendung kommen.

Vor dem Hintergrund dieses Transformationsprozesses befasst sich die hier vorgelegte Publikation mit dem in Hochschulen traditionell fest institutionalisierten Prüfungswesen, das sich bei genauerer Betrachtung als vielschichtiges und analytisch nur schwer fassbares Phänomen erweist. Ausschlaggebend für die Schwierigkeiten, das universitäre Prüfen einer systematischen

Forschungsstandanalyse zuzuführen, ist zum einen die Tatsache, dass Fragen, die sich mit der Kontextualisierung, der Ausgestaltung, den Zielsetzungen oder den Wirkungen von Prüfungen auseinandersetzen, in der Regel in übergeordnete (hochschul)politische Diskurse eingebettet sind, die sich der Entwicklung von Hochschule insgesamt zuwenden. Zum anderen werden Prüfungsvorgänge in unterschiedlichen systematischen Bezügen thematisiert, in denen die Aussagenbildung je eigenen Paradigmen der wissenschaftlichen Konstruktion von Wirklichkeit folgt. Je nach Erkenntnisinteresse kann das universitäre Prüfen als Rechtsverhältnis, als Lernkontrolle, als soziale Handlung, als kognitiv-motivationales Erleben oder auch als Teil des „Funktionssystems Erziehung" (Luhmann 2002) untersucht werden. Folgen wir dem von Luhmann vorgelegten Entwurf, so koppeln Prüfungen das eigenständig operierende Interaktionssystem Lehre an die Organisation von Hochschule, indem sie die im Ausgang offenen Vermittlungsprozesse durch hochgradig formalisierte Urteile über die je individuelle Verfügbarkeit definierten Wissens und Könnens schließen. Prüfungen sind insofern Funktionsbedingung für eine chancengleiche Ermöglichung von Lebensläufen als Karrieren.

Versuchen wir uns in weiteren Bestandsaufnahmen, so sind zunächst prüfungsrechtliche Publikationen zu nennen, die Richtern und Rechtsanwälten, aber auch den hochschulinternen Prüfungsausschüssen entscheidungsrelevante Erläuterungen und Kommentare zur Ordnung des Prüfungswesens und zur Ausgestaltung von Prüfungsverfahren an die Hand geben.

Ist die juristische Literatur relativ indifferent gegenüber den Imperativen des Bologna-Prozesses, so gilt dies mit Sicherheit nicht für Publikationen zum Hochschulmanagement, die sich unter den Leitbegriffen der Organisationsentwicklung und der Qualitätssicherung mit hochschulinternen Steuerungsformen und -instanzen auseinandersetzen. Dies erfolgt zum einen über organisationstheoretische Analysen (exemplarisch Stichweh 2005) des Mehrebenensystems Hochschule, in denen das Prüfen der qualitätsgesicherten Lehre und das Prüfungswesen dem Kontrollsystem des Hochschulmanagements subsummiert werden. Aufschlussreich sind zum anderen unzählige kleinere Studien, die sich der Implementierung einzelner Struktur- bzw. Steuerungselemente zuwenden. Exemplarisch genannt sei die Darstellung von Modellvorhaben, die Wege zur Modularisierung von Studienprogrammen, den Aufbau serviceorientierter Prüfungsadministrationen, die Anrechnungspraxis für beruflich erworbene Kompetenzen oder die strategische Positionierung der Hochschulen im Prozess der Internationalisierung zum Gegenstand haben. Als Beiträge zur Qualitätsentwicklung sind auch hochschulinterne Handreichungen und Leitfäden zu bewerten, die Fakultäten und deren Prüfungsausschüsse mit Vorschlägen zur Erarbeitung von Prüfungsordnungen oder zur Ausgestaltung von Prüfungsverfahren versorgen.

In Fachzeitschriften mit dem Schwerpunkt Hochschulmanagement finden sich in den letzten Jahren zunehmend Beiträge zur Hochschulentwicklung, die eine Neue Lehr-Lern-Kultur proklamieren und Konzepte zur Implementierung kompetenzorientierter Studienprogramme präsentieren (exemplarisch DNH 5/2014). Auf der Suche nach einer innovativen projekt- und handlungsorientierten Lehrmethodik wagen diese Beiträge Brückenschläge zur Hochschuldidaktik, deren Praxistheorien in der zweiten Phase der Bologna-Reform eine Schlüsselfunktion zuzukommen scheint. Unterlegt mit Impulsen aus der bildungswissenschaftlichen Lernweltforschung (exemplarisch: Egger/Merkt 2012), reklamieren Experten der universitären Didaktik das methodologische Wissen, wie die „pädagogische Professionalisierung von Lehrenden" (Felbinger 2012) zu erfolgen hat. Dieser Anspruch impliziert, wie im Folgenden im Durchgang durch die Etappen und Kernelemente des Bologna-Prozesses rekonstruiert wird und wie ungezählten Veröffentlichungen in hochschuldidaktischen Fachzeitschriften und Tagungsberichten zu entnehmen ist, auch die Definitionshoheit darüber, wie Prüfungsverfahren gekonnt kompetenz- und diversitätssensibel auszugestalten sind.

In ihrem Anspruch, Lehr- und Prüfungskompetenz zu vermitteln, mithin auch sich selbst im organisationskulturellen System der Hochschule zu positionieren, ist die handlungsorientierte Hochschuldidaktik auf Theorien und Befunde aus anderen Disziplinen wie Psychologie, Erziehungswissenschaft oder Bildungssoziologie angewiesen. Auch wenn diese nach Müller „vergleichsweise wenig gesichertes Wissen zur Optimierung der universitären Prüfungspraxis bereitstellen" (Müller 2008: 324), so scheinen Beiträge aus der empirischen Bildungsforschung zu Disparitäten im Bildungswesen doch geeignet, Hochschul-Lehrende als pädagogische Praktiker für differentielle Bildungsprozesse zu sensibilisieren.

Unverzichtbare Zulieferfunktionen übernehmen auch Theorien und Forschungsbefunde, die im weiteren Sinne der Pädagogischen Psychologie und der Psychologie des Wissens (Reinmann/Mandl 2004) zugerechnet werden können. Diese lenken den didaktischen Blick auf die Struktur von Kognitionen und die Bedeutung studentischer Motivlagen in Lehr-Lern-Prozessen und stellen darüber hinaus Methoden zur „adäquaten Modellierung und Förderung des Erwerbs und der Nutzung von Wissen" (Stangl 2018) bereit. In diesem Forschungs- und Praxisraum der Pädagogischen Psychologie sind auch Untersuchungen angesiedelt, die sich der Studierfähigkeit (Schröter 2003), dem Studier- und Prüfungsverhalten (unter besonderer Berücksichtigung von Studienstrategien, Lernblockaden und Prüfungsängsten), zunehmend auch evaluativ der Begründung und Wirksamkeit hochschuldidaktischer Förderangebote (Schmied 2018) zuwenden.

Ungeachtet eines umfangreichen und beständig wachsenden Literaturfundus wissen wir bislang nur wenig über prüfungsbezogene Aspekte. Zwar wurden jüngst die Ergebnisse eines DFG-Forschungsvorhabens zur Notenentwicklung an Deutschlands Hochschulen (Müller-Benedict/Grözinger 2017) vorgelegt, die insbesondere hinsichtlich der nicht leistungsbezogenen Notengebung mit interessanten Hypothesen aufwarten; das hohe Aggregationsniveau des vorgelegten Zahlenwerks lässt jedoch nur wenig Rückschlüsse zu, wie und mit welchen Wirkungen an Hochschulen tatsächlich geprüft wird oder – weiter gefasst – wie Lehrende und Studierende in Angelegenheiten des Prüfungswesens involviert sind. Antworten zu diesem Fragenkomplex bieten die in der Folge der ZEITLast-Studie (Schulmeister/Metzger 2011) veröffentlichten Schriften zum Studierverhalten in BMA-Studiengängen. Ausgehend von empirisch fundierten Einsichten in die tatsächliche Zeitverwendung Studierender, betrachten diese Untersuchungen die Organisation von Lehre und die studentischen Lernstrategien als „komplementäre Komponenten einer Lernkultur" (Metzger/Schulmeister/Martens 2012: 36), der auch das Verhältnis von Prüfungsanforderungen und konkretem Prüfungsverhalten als differenzierungswürdiges, d.h. auf „Lernerverschiedenheit" abhebendes Phänomen zuzuordnen ist.

Beide Studien, sowohl das Forschungsvorhaben zur Notengebung als auch die Untersuchungen zur zeitlichen Belastung von Studierenden, lösen sich von impliziten Bewertungen oder Defizitunterstellungen, die in Dichotomisierungen wie „bologna-konform" vs. „nicht konform" bzw. „traditionelles Lehren" vs. „Neue Lehr-Lern-Kultur" angelegt sind. Statt professionelle Handlungsmuster also a priori unter Innovationsdruck zu setzen, geht es zunächst darum, das Prüfungsgeschehen an Hochschulen als mehrdimensionalen, zwischen institutioneller Struktur und persönlicher Intentionalität aufgespannten konkreten Erfahrungs- und Handlungszusammenhang zu begreifen. Analytisch verlassen wir damit die Ebene der Hochschulsteuerung und identifizieren die Fakultäten und Institute als diejenigen Räume, in denen Lehrende und Lernende in Akten des Prüfens und Geprüftwerdens real aufeinander treffen. Üblicherweise sind diese Räume, rechtlichen Vorgaben und sozialen Regeln, Prinzipien der Formalisierung und der Vertraulichkeit folgend, geschlossen. Sie werden forschend nur selten betreten. Mit den hier vorgelegten theoretischen und empirischen Annäherungen wird deshalb versucht, Türen in den Raum des Prüfungswesens einen Spalt zu öffnen. Der Blick soll auf institutionelle Strukturen und soziale Praxen gelenkt werden, denen bezüglich der Professionalisierung von Berufen und der Zuweisung von Berufschancen, aber auch bezüglich der Reproduktion von Grundprinzipien wissenschaftlich-säkularer Diskursivität eine zentrale Funktion zukommt.

Diese Annäherungen erfolgen aus der Sicht eines Lehrenden, der in den 22 Jahren seiner Berufstätigkeit exakt 180 Abschlussarbeiten als Erstprüfer betreut, an etwa 850 Abschlussprüfungen teilgenommen und pro Semester etwa 800 bis 1.500 Seiten Hausarbeiten begutachtet und unzählige Stunden damit verbracht hat, Studierenden bei der Abfassung von Texten oder der Vorbereitung auf mündliche Abschlussprüfungen beratend zur Seite zu stehen. Diese Sicht wird ergänzt durch die besonderen Erfahrungen in der Position eines Prüfungsausschussvorsitzenden, der für einen Zeitraum von 5 Jahren für die Ordnung, Ausgestaltung und Kontrolle des Prüfungsgeschehens an der Fakultät Soziale Arbeit an der Ostfalia (Wolfenbüttel) verantwortlich war. Die in diesen Tätigkeiten gesammelten Primärerfahrungen gehen als Hintergrundwissen in die Interpretation eines unstrukturierten Datensatzes ein, der aus über 6.000 archivierten eMails, also aus digitalen Texten besteht. Diese Texte haben in mehrfacher Hinsicht einen engen Realitätsbezug:

- es sind prozess-produzierte Daten
- sie sind fixierte bilaterale Kommunikationen
- Akteure thematisieren prüfungsrelevante Anliegen in zumeist instrumenteller Absicht
- dies erfolgt im Rahmen einer sozialen Ordnung, die durch Regelsysteme und Rollenerwartungen hochgradig prästabilisiert ist.

Die Auswertung des in diesem Kontext generierten Datensatzes erfolgt inhaltsanalytisch in einem einfachen und intersubjektiv nicht abgesicherten induktiven Verfahren, dessen Ziel es ist, inhaltstragende Textelemente durch Reduktion zu Kernthemen zusammenzufassen. Diese werden schriftlich kommuniziert und beziehen sich, je nach Akteur und mit dem Vorsitzenden des Prüfungsausschusses als Absender oder Adressaten, in charakteristischer Weise auf Prüfungsangelegenheiten. Da die prüfungsrelevante Kommunikation in einem rechtlich hochgradig verregelten und institutionell strukturierten Feld erfolgt, beziehen sich Thematisierungen zumeist auf Vorgänge als administrative Anschlusshandlungen oder schlicht auf Informationen zur Herstellung von Erwartbarkeit und Sicherheit in Prüfungsangelegenheiten. Häufig werden bedeutsame und folgenreiche Entscheidungen kommuniziert: Seien es Entscheidungen der Studierenden, sich zu Prüfungen anzumelden, seien es Entscheidungen der Lehrenden für eine bestimmte Notengebung, seien es Entscheidungen des Prüfungsausschusses, einen eingereichten Beleg anzuerkennen (Bescheid) oder – in organisationale Entscheidungsprogramme selbst eingreifend – ein Ablaufschema zur Steuerung von Prüfungsangelegenheiten abzuändern.

Hinsichtlich der Textinterpretation erweist es sich als hilfreich, auf zwei theoretisch komplexe Begriffe Bezug zu nehmen. Zum einen geht es um die Konzeptualisierung von Prüfungen als Prüfungsregime, die mit Institutionalisierung und Formalisierung operieren und bei genauerer Betrachtung zwei sich überlagernde Regelwerke integrieren: die gesetzlichen Normierungen des Prüfungsrechts und die Strukturvorgaben der Bologna-Reform. Beide werden in der studiengangsspezifischen Prüfungsordnung und den Routinen der Prüfungsadministration zu einem gegenüber dem sonstigen Hochschulbetrieb relativ autonomen System zusammengeführt, das Prüfungshandlungen einem formal konsistenten Erwartungsdruck unterwirft. Als gesonderte Organisationseinheit stellt das Prüfungswesen zweckrationale Strukturen und Prozesse bereit, um die Vielzahl der Prüfungsvorgänge und prüfungsbezogenen Verwaltungsakte regelkonform zu koordinieren. Für die Leistungs- und Funktionsbestimmung von Prüfungsregimen erweist es sich als hilfreich, auf Luhmanns frühe Analysen formaler Organisationen (Luhmann 1976) zu rekurrieren.

In der theoretischen Auseinandersetzung mit dem Begriff des Prüfungsregimes wird jedoch deutlich, dass Prüfungen eben nicht nur Verwaltungsakte, sondern zugleich soziale Handlungen sind. Als solche sind sie zwar an Formalisierungen zurückgekoppelt, werden aber unter organisationstypischen Rahmenbedingungen kommunikativ konstruiert. Prüfungen sind, um damit den zweiten Referenzbegriff einzuführen, vor allem auch Prüfungskulturen. Sie sind sinnhaft generierte und interaktiv abgeglichene „Koordinatensysteme" (Berger/Luckmann 1974), die sich in spezifischer Weise deutend, handlungsleitend und kulturbildend auf die alltägliche Lehr-Lernwelt und Prüfungsvorgänge einer Fakultät beziehen. Wissenssoziologisch gesehen geht es um die Identifikation von Kenntnissen, Erfahrungen und Überzeugungen, denen die am Prüfungsgeschehen beteiligten Akteure jeweils Anhaltspunkte für gelingende Prüfungsverläufe entnehmen. Alfred Schütz' Überlegungen folgend (Schütz 1971: 56ff.), können diese Vorgänge der Aufmerksamkeitslenkung relevanztheoretisch gefasst werden: in Gestalt von Thematisierungen und Auslegungsentscheidungen, die sich je nach Vorwissen und Situation auf Prüfungsobjekte bzw. Prüfungsprobleme beziehen.

Es ist üblich, den in sozialen Systemen kommunizierten Wissensvorrat, also situationsspezifische Bedeutungszuweisungen und akteurstypische Interpretationen, mit Hilfe qualitativer sinnerschließender Methoden aufzuschlüsseln. Ein solches Vorhaben kann und soll hier nicht verfolgt werden. Ziel ist es vielmehr, weiterführenden Untersuchungen zu Prüfungskulturen einen heuristischen Rahmen zu geben, der in diesem bislang kaum erschlossenen Terrain analytische Wegmarken setzt. Dies erfolgt in skizzenhaften Annäherungen an die Hochschule als Lern- und Lebensort bzw. als Lehr- und Lebensort. Nun soll damit keineswegs ausgeschlossen werden, dass Lehrende zugleich Lernende sind, und Lernende durch Lehre lernen (LdL) (exemplarisch: Martin 2018); dennoch gibt es offenkundige Unterschiede zwischen Dozenten/innen und Studierenden bezüglich dessen, was wie gewusst werden muss, um eine Prüfung vorzubereiten, ein Prüfungsverhältnis einzugehen, eine mündliche Prüfung zu absolvieren oder prüfungsrelevantes Wissen zu erlangen. Dabei sind subjektive und sozial kommunizierte Bedeutungszuweisungen für erfolgreiche, weniger erfolgreiche oder gescheiterte Prüfungsverläufe noch nicht einmal berücksichtigt.

Dieser je spezifischen Selektivität entsprechend, wird das Prüfungsgeschehen in unterschiedlichen Horizonten und mit unterschiedlichen Intentionen thematisiert. Dies gilt nicht nur für Lehrende und Studierende, sondern auch für Fachkräfte, die in den Verwaltungen und sonstigen Hochschuleinrichtungen mit Prüfungsangelegenheiten befasst sind. Besondere Aufmerksamkeit verdienen die fakultäts- bzw. institutsnah agierenden Prüfungsämter und Prüfungsausschüsse, welche die Organisation und Durchführung von Prüfungen sicherstellen und darauf achten, dass dabei die Bestimmungen der Prüfungsordnungen eingehalten werden. In der Regel werden diese Tätigkeiten mit dem negativ besetzten Begriff der Prüfungsbürokratie konnotiert. Wie zu zeigen ist, wird das jedoch weder den organisationsbezogenen Funktionen der Formalisierung gerecht, noch ist eine solche Typisierung geeignet, die kommunikativen Beiträge zur Weiterentwicklung von Studienprogrammen angemessen abzubilden. Darüber hinaus belegen die gut gefüllten Mailboxen des Prüfungsausschussvorsitzenden und der Mitarbeiter/innen in den Prüfungsverwaltungen ihre Leistungen, wenn es darum geht, Studierende in ihren Studien- und Prüfungsangelegenheiten zu unterstützen. Als Knotenpunkte eines sozialen Netzwerkes, in dem prüfungsrelevantes Wissen regelmäßig in Gestalt plausibler Erfahrungen, Vermutungen, Legenden oder Alltagstheorien kommuniziert wird, kommt ihnen die signifikante Bedeutung zu, studentische „Auslegungsentscheidungen" (Schütz 1971: 79) mit relevanten und verifizierten Informationen oder alternativen Deutungsangeboten zu unterstützen. In Einzelfällen können – mit nachhaltiger Wirkung auf den weiteren Studienverlauf – korrigierend sogar die Folgen „falscher" Studien- und Prüfungsentscheidungen abgewendet werden.

Insofern dokumentieren die im empirischen Teil dieser Studie herausgearbeiteten Kernthemen nicht nur die Beiträge der Prüfungsverwaltung bzw. des Vorsitzenden des Prüfungsausschusses einer Fakultät zur Strukturierung von Prüfungsrechtsverhältnissen und zur Gewährleistung reibungsloser rechtskonformer Prüfungsabläufe; in ihnen manifestiert sich zugleich der Anspruch, auf die organisationale Entwicklung der fakultätsspezifischen Lehr- und Prüfungskultur, aber auch auf studentische Lernprozesse gestaltend bzw. steuernd einzuwirken. Dies erfolgt nicht selten in Form prüfungsrechtlicher Entscheidungen, deutlich häufiger aber in Praxisformen, die als Information, Abstimmung, Anregung oder Beratung bezeichnet werden können und deren Funktion es ist, vergewissernd oder auch irritierend auf prüfungsbezogene Relevanzstrukturen einzuwirken.

2 Prüfen im Bologna-Regime

Wer sich heute in systematischer und analytischer Absicht mit dem Prüfungswesen und Prüfungsgeschehen im Hochschulwesen befasst, kommt nicht umhin, sich kontextualisierend mit dem sogenannten Bologna-Prozess auseinanderzusetzen. Da der Begriff auf nahezu alle Dimensionen und Aspekte der Transformation europäischer und nationaler Hochschulsysteme bezogen werden kann, „nimmt sein Wirkungsraum", so Serrano-Velarde in ihrer Forschungsstandanalyse von 2009, „schon fast mythische Ausmaße an" (Serrano-Velarde 2009: 194). Einer stetig zunehmenden Begleitforschung, die sich bildungs- bzw. hochschulpolitischen Diskurs- und Akteursstrukturen, Tendenzen der Institutionalisierung oder der konkreten Implementierung ausgewählter Reformelemente zuwendet, sei es allerdings zu verdanken, dass der Bologna-Prozess nicht länger als diffus-mythische, sondern als „strukturierte Reformdynamik" (a.a.O.: 199) begriffen werden kann.

Versucht man, diese Dynamik in groben Zügen nachzuzeichnen, so verdienen die Sorbonne-Erklärung zur „Harmonisierung der Architektur der europäischen Hochschulbildung",[1] die „Gemeinsame Erklärung der Europäischen Bildungsminister vom 19. Juni 1999 in Bologna",[2] die Lissabon-Strategie vom März 2000[3] und das im Oktober 2000 veröffentlichte „Memorandum über Lebenslanges Lernen" (EU COMM 2000) besondere Beachtung. Diese Dokumente symbolisieren den bildungspolitischen und bildungsökonomischen Anspruch, die Europäische Union zum „wettbewerbsfähigsten und dynamischsten wissensbasierten Wirtschaftsraum der Welt" zu machen. Nach Bologna stehen die weiteren Etappen Prag, 18./19.5.2001 – Berlin, 18./19.9.2003 – Bergen, 19./20.5.2005 – London, 17./18.5.2007 – Leuven/Louvain-la-Neuve, 28./29.4.2009 – Budapest/Wien, 10./12.32010 – Bukarest, 26./27.4.2012 – Jerewan, 14./15.5.2015 für die großen Konferenzen, auf denen die europäischen Bildungs- und Wissenschaftsministerien und die Europäische Kommission (EU COMM) den strukturellen Umbau europäischer

---

1 Joint Declaration on Harmonisation of the Architecture of the European Higher Education System by the four Ministers in charge for France, Germany, Italy and the United Kingdom, Paris/Sorbonne 25.5.1998, URL: https://media.ehea.info/file/1998_Sorbonne/61/2/1998_Sorbonne_Declaration_English_552612.pdf (18.12.17)

2 The European Higher Education Area. Joint Declaration of the European Ministers of Education, Convened in Bologna on the 19th of June 1999, URL: https://www.eurashe.eu/library/modernising-phe/Bologna_1999_Bologna-Declaration.pdf (18.12.17)

3 Europäischer Rat 23. und 24. März 2000 Lissabon, Schlussfolgerungen des Vorsitzes, URL: http://www.europarl.europa.eu/summits/lis1_de.htm (26.04.17)

Hochschullandschaften politisch vorantreiben. Im Kontext und in der Folge (follow up) dieser Konferenzen ist ein institutionell zunehmend ausdifferenziertes System der Textproduktion entstanden, das den Bologna-Prozess koordinierend und evaluierend vorantreibt und das im empirischen Kern aus unzähligen Entschließungen, Memoranden, Kommuniqués, Erklärungen, Berichten, Reports, Protokollen und Arbeitspapieren besteht. Durchforsten wir diesen von Experten der Hochschulentwicklung angehäuften Dokumentenbestand zur programmatischen Ausrichtung, institutionellen Strukturierung und Dynamik des Bologna-Prozesses, so sollen – auch hinsichtlich der (Neu) Ausrichtung und Ausgestaltung des Prüfungswesens im Mehrebenensystem europäischer Bildungspolitiken – im Wesentlichen drei Strukturreformen herausgearbeitet werden:

1. Komplementär zur Modularisierung die Einführung eines Systems zur An- und Umrechnung von Studienleistungen in Credits (Bologna 1.0)
2. Die Bestimmung von Lehr-, Lern und Prüfungsniveaus mit Hilfe von Qualifikationsrahmen für europäische (EHEA-QF) bzw. deutsche Hochschulabschlüsse (HQR).
3. Die Ausformulierung von „Standards und Leitlinien für die Qualitätssicherung im Europäischen Hochschulraum" (ESG) (Bologna 2.0)

2.1 Bologna 1.0

In der Folge der „Bologna-Erklärung" der Europäischen Bildungsminister vom 19.6.1999 können Bildungsexperten sich relativ rasch und unabhängig von fachspezifischen Besonderheiten über die form- und strukturbestimmenden Elemente verständigen, die geeignet scheinen, das Hochschulstudium räumlich und zeitlich zu flexibilisieren und darüber hinaus internationale Kooperations- und Mobilitätsprogramme sowie integrierte Studien-, Weiterbildungs- und Forschungsverbünde zu fördern. Bereits zwei Jahre zuvor hat sich die Deutsche Hochschulrektorenkonferenz (HRK) in der Entschließung des 182. Plenums vom 7.7.1997 auf ein 15-seitiges Positionspapier (HRK 1997) geeinigt, das zwar auf die internationalen Austauschbeziehungen eingeht, im Kern jedoch Defizite des deutschen Hochschulsystems anvisiert. Insbesondere die im Verhältnis zur Lebensarbeitszeit zu lange Ausbildungsdauer, die relativ hohe Zahl der Studienabbrecher sowie die geringe Strukturierung der Studiengänge (bereits im März 1996 in den länderübergreifenden Bestandsaufnahmen zur Bestimmung von Eckwerten für Studium und Prüfungen: KMK 1996) scheint problematisch. Abhilfe erhofft man sich von der Einführung studienbegleitender Prüfungen in Verbindung mit Kredit-Punkte-Systemen in modularisierten Studiengängen. Mit den Empfehlungen der HRK (1997) sind klare Erwartungen an Studienstruktur- und Studienverhaltenseffekte verbunden, die verkürzte Studienzeiten nach sich ziehen sollen:

- „überschaubarere Studien- und Prüfungsanforderungen, die über die an Lehrveranstaltungen gebundene Kreditpunkte bestimmt werden,
- kontinuierliche Leistungskontrollen als Orientierungshilfe für die Studierenden sowie zur Entlastung der punktuellen Prüfungen,
- Transparenz hinsichtlich der Arbeitsbelastung der Studierenden sowie erhöhte Planungssicherheit für Studierende durch exakte Angabe der zu absolvierenden Lehrveranstaltungen und der zu erbringenden Leistungsnachweise und Teilprüfungen,
- größere Flexibilität des Studiums sowohl bei der Kombination von Studienbausteinen („Modulen") als auch für Teilzeitstudien,
- gesteigerte nationale und internationale Mobilität der Studierenden,
- die Erleichterung wechselseitiger Anerkennung von Studien- und Prüfungsleistungen (...)."

Im einem zweiten Schritt im November 1997 definiert die HRK auf ihrem 183. Plenum die Grundsätze für die – zunächst noch modellhafte – Einführung von BA- und MA-Studiengängen. Ergänzend zur Einführung von BMA-Studiengängen werden dann im Rahmen des 185. HRK-Plenums im Juli 1998 und auf Beschluss der KMK vom 3.12. desselben Jahres die Rahmenbedingungen, Grundsätze und Verfahrensweisen für die Akkreditierung dieser neuen Programmstruktur spezifiziert. Anknüpfend an internationale Gepflogenheiten, empfiehlt das Plenum die Institutionalisierung eines Akkreditierungsverfahrens, um die Qualität des Studiums und Transparenz zu gewährleisten und damit die Kompatibilität deutscher Studienabschlüsse zu verbessern. Mit dem Beschluss der KMK zur „Künftigen Entwicklung der länder- und hochschulübergreifenden Qualitätssicherung in Deutschland" vom 1.3.2002 und dem Beschluss der KMK „Organisationsstatut für ein länder- und hochschulübergreifendes Akkreditierungsverfahren" vom 24.5. bzw. vom 19.9.2002 wird das Akkreditierungssystem in Deutschland dauerhaft etabliert.

Substanziell wird mit den Beschlüssen von 1997 und 1998 vorweggenommen, was nach der Einschätzung des Centrums für Hochschulentwicklung (CHE) eine über technische und strukturelle Fragen der Studienorganisation weit hinausgehende „Curriculum-Revolution" (Witte et al. 2003: 2f.) im deutschen Hochschulsystem einleiten und nachfolgend unter dem Begriff der Bologna-Reformen firmieren soll:

- die Einführung eines weitgehend am angelsächsischen Vorbild orientierten Systems gestufter berufsqualifizierender Studienabschlüsse Bachelor und Master

- die Institutionalisierung der gutachterlichen Akkreditierung als Verfahren zur Gewährleistung der materiell-inhaltlichen Qualität von Studienprogrammen (Studierbarkeit, curriculare Komposition und Relevanz)
- die Modularisierung des Studiums, d.h. die Zusammenfassung von Stoffgebieten zu thematisch und zeitlich geschlossenen, abprüfbaren Einheiten, die als berufsbefähigende (Teil-)Qualifikationen ausgewiesen werden
- komplementär zur Modularisierung die Einführung eines Systems zur An- und Umrechnung von Studienleistungen in Kredit-Punkte (Credits; Leistungspunkte), die eine zeitliche Bestimmung des zu erbringenden Arbeitsaufwandes ermöglichen sollen
- flankierend zu diesen vier Kernelementen die Implementierung prozessorientierter Instrumente der Qualitätssicherung insbesondere zur Lehr- und Forschungsevaluation.

Im weiteren Verlauf des Bologna-Prozesses ist, wie den synoptisch aufgeführten Beschlüssen der Europäischen Bildungsministerien, der KMK und der HRK (Anl. 1) entnommen werden kann, eine forcierte Umsetzung der BMA-Programmatik zu konstatieren. Als Trittsteine in die bologna-gerechte Hochschule verdienen vor allem die gem. KMK-Beschluss vorgelegten „Rahmenvorgaben für die Einführung von Leistungspunktsystemen und die Modularisierung von Studiengängen" in den Fassungen vom 15.9.2000 und 22.10.2004, die „Ländergemeinsamen Strukturvorgaben für für die Akkreditierung von Bachelor- und Masterstudiengängen" (KMK 1999) und nicht zuletzt die im Juni 2003 veröffentlichten "10 Thesen" der KMK zur BMA-Struktur Beachtung.

2.2 Lehr-, Lern- und Prüfungsniveaus: EHEA-QF/ HQR

Bei näherer Beschäftigung mit dem operativen Geschäft der Generierung von Studiengängen und mit Blick auf die strategischen Anforderungen ihrer Positionierung im europäischen bzw. nationalen Hochschulraum wird rasch deutlich, dass zwei Herausforderungen zu meistern sind: Zum einen sollen BA-Studiengänge so konzipiert sein, dass über die Qualifikation zur Ausübung eines Berufes hinaus die Grundlagen zur selbständigen Erschließung neuer Arbeitsansätze und fachübergreifender Zusammenhänge geschaffen werden können. „Gute Bachelorstudiengänge", so formuliert es das CHE, „müssen berufsvorbereitend wirken, indem sie im besten Sinne akademisch sind: problem- und methodenorientiert, auf fachliche wie außerfachliche Kernkompetenzen konzentriert" (Witte et al. 2003: S. 7). Zum anderen ist offensichtlich, dass im kreativen Prozess der curricularen Verknüpfung von Lehrinhalten, Lernzielen und Lern(erfolgs)kontrollen der Bestimmung von Lehr-, Lern- und Prüfungsniveaus eine zentrale Funktion zukommt. Ohne eine solche Niveaubestimmung ist es im Prinzip nicht möglich,

- die für ein Hochschulstudium erforderlichen Eingangsqualifikationen einzugrenzen (zur Studierfähigkeit vgl. Konegen-Grenier 2001)
- inhaltlich schlüssige Entscheidungen über den fachlichen Kern einer Ausbildung zu treffen
- (aufeinander aufbauende) Lernzielkataloge bzw. Qualifikationsanforderungen niveauadäquat zu konzeptualisieren
- qualifizierungsrelevante Anschlüsse für nachgelagerte (konsekutive) Studienangebote und Weiterbildungsprogramme zu definieren
- die Programme und Leistungen sich zunehmend diversifizierender Hochschulsysteme transparent und verständlich darzustellen
- Studienzeiten, Leistungen und Abschlüsse an deutschen/europäischen Hochschulen gem. der Lissabon-Konvention[4] miteinander vergleichbar zu machen
- die Durchlässigkeit zwischen beruflicher und akademischer Bildung zu erhöhen (KMK 2009), d.h. konkret beruflich bzw. außerhochschulisch erworbene Qualifikationen und Kompetenzen auf Hochschulstudiengänge anzurechnen und/oder darüber hinaus beruflich Qualifizierten den Hochschulzugang zu ermöglichen.

Erste Hilfestellungen bieten die in einer internationalen Arbeitsgruppe der Joint Quality Initiative (JQI)[5] entwickelten BaMa Descriptors. Sie definieren einen taxonomischen Rahmen, innerhalb dessen Qualifikationsanforderungen auf Bachelor- und auf Masterniveau identifiziert und zueinander in Beziehung gesetzt werden können.[6] In weiteren Schritten, dokumentiert in den Kommuniqués der Konferenzen von Berlin (September 2003), Bergen (Mai 2005) und London (Mai 2007), einigen sich die europäischen Bildungsministerien darauf,

---

4 Council of Europe (European Treaty Series - No. 165): Convention on the Recognition of Qualifications concerning Higher Education in the European Region, Lisbon, 11.IV.1997, URL: https://rm.coe.int/168007f107 (22.12.17)

5 Nähere Informationen zur JQI über die URL: http://ecahe.eu/assets/uploads/2016/01/Joint-Quality-Initiative-the-origin-of-the-Dublin-descriptors-short-history.pdf (19.12.17)

6 "… each descriptor should indicate an overarching summary of the outcomes of a whole programme of study. The descriptor should be concerned with the totality of the study, and a student's abilities and attributes that have resulted in the award of the qualification." (Towards shared descriptors for Bachelors and Masters. A report from a Joint Quality Initiative informal group (contributors to the discussions and drafting of the BaMa descriptors include those listed in Annex A) March 2002, S.1, URL: http://www.aic.lv/rec/Eng/new_d_en/bologna/descrip.doc)(23.12.17)

einen „Qualifikationsrahmen für den Europäischen Hochschulraum" (Framework of Qualifications for the European Higher Education Area – EHEA-QF) zu entwickeln. Dieser zielt darauf ab, für die drei Qualifikationsniveaus Bachelor – Master – PhD generische Deskriptoren zu definieren, die im Hinblick auf Lernergebnisse, Kompetenzen und zeitlichen Aufwand einen Rahmen vergleichbarer und kompatibler Abschlüsse für Hochschulsysteme schaffen sollen.[7]

Als Ergebnis ihrer Folgekonferenzen (Straßburg Oktober 2007; Edinburgh Februar 2008; Tbilisi November 2008) bleibt die mit dem EHEA-QF befasste Arbeitsgruppe in ihrem Bericht 2009 allerdings skeptisch. Sowohl bzgl. der Entwicklung nationaler Qualifikationsrahmen als auch mit Blick auf die Anerkennung von im Ausland erworbenen Qualifikationen gebe es substanzielle Differenzen. Besonders relevant für die hochschulinterne Qualitätsentwicklung sei die Frage, wie die im EHEA-QF vorgesehene Orientierung an Lernergebnissen in der Praxis umgesetzt wird:

> „The link between describing and implementing learning outcomes is crucial. It is important both to provide adequate descriptions of learning outcomes and to ensure that these be followed by implementation and not be reduced to formalistic administrative exercises without a real impact on the teaching and learning."[8]

Für das deutsche Bildungssystem wird im Mai 2013 mit Unterzeichnung eines gemeinsamen Beschlusses durch das Bundesministerium für Bildung und Forschung (BMBF), das Bundesministerium für Wirtschaft und Technologie (BMWi), die Kultusministerkonferenz (KMK) und die Wirtschaftsministerkonferenz die Grundlage für die Einführung des Deutschen Qualifikationsrahmens (DQR) geschaffen (Bund-Länder-Koordinierungsstelle für den DQR 2013). Der DQR definiert, wenn auch nicht unumstritten, acht Niveaus, denen alle schulischen, akademischen und beruflichen, aber auch auf Wegen des informellen und nicht-formalen Lernens erworbene Qualifikationen zugeordnet und bewertet werden können. Als nationale Umsetzung des Europäischen Qualifikationsrahmens (EQR) berücksichtigt der DQR die Besonderheiten des deutschen Bildungssystems und soll zur angemessenen Bewertung und zur Vergleichbarkeit deutscher Qualifikationen in Europa beitragen.

---

7   The Framework of Qualifications for the European Higher Education Area, URL: http://media.ehea.info/file/WG_Frameworks_qualification/85/2/Framework_qualificationsforEHEA-May2005_587852.pdf (30.04.17)

8   Bologna Process Coordination Group for Qualifications Framework: Report on Qualifications Frameworks, Submitted to the BFUG for its meeting on February 12-13, 2009 (DGIV/EDU/HE (2009) 2 Orig. Eng. Strasbourg, March 9, 2009), p.5, URL:https://media.ehea.info/file/2009_Leuven_Louvain-la-Neuve/91/4/2009_QF_CG_report_594914.pdf (18.12.17)

Bereits vor Entwicklung des DQR wird im Zusammenwirken von KMK und HRK ein „Qualifikationsrahmen für Deutsche Hochschulabschlüsse (HQR)" (KMK 2005a) erarbeitet und beschlossen. Der Qualifikationsrahmen bietet in seiner ersten Fassung

> „eine systematische Beschreibung der Qualifikationen, die das deutsche Hochschulsystem vermittelt. Im Unterschied zur bisherigen Praxis der Beschreibung von Studienprogrammen durch Studieninhalte, Zulassungskriterien und quantitative Vorgaben ermöglicht der Qualifikationsrahmen die Beschreibung anhand der Kenntnisse und Fähigkeiten, die der Absolvent/die Absolventin nach dem erfolgreich abgeschlossenen Studium erworben haben soll" (KMK 2005: 4).

Die in der ersten Fassung des HQR ausformulierte Idee der Outcome-Orientierung wird in der überarbeiteten und aktuellen Version (KMK 2017) im Sinne eines Bildungs- bzw. Studienverständnisses fortgeschrieben, das mit den Begriffen der Kompetenz und des Wissens operiert. Klassische Taxonomien zur Bestimmung von Bildungszielen (vgl. u.a. Bloom 1956), der EHEA-QF zur Bestimmung von Ausbildungsniveaus und nicht zuletzt Eigentümlichkeiten der deutschen Kompetenzdiskussion werden in dem Qualifikationsrahmen zu einer Matrix zusammengeführt, die konkretisierende und niveau-definierende Qualifikationserwartungen auf die Studienabschlüsse BA – MA – Promotion herunter bricht.

2.3 Bologna 2.0: Qualitätssicherung im Europäischen Hochschulraum

Dem strukturellen Umbau europäischer Hochschulen vorauseilend (ENQUA 2010) und vor dem Hintergrund einer europaweit zunächst nur schwach formalisierten Qualitätskontrolle materialisiert sich die Idee der Qualitätssicherung neben den Leitbegriffen der „Wettbewerbsfähigkeit" und der „Harmonisierung" innerhalb von 10 Jahren zu einem tief im Hochschulwesen verankerten System, das neben Instrumenten der Fremd- und Selbstbeobachtung auch spezifische Dienstleistungen in der Kommunikation von Forschung und Lehre umfasst. Diese Stationen zur Implementierung der Qualitätssicherung in das europäische Hochschulsystem können hier nur in Ansätzen aufgezeigt werden.

Herauszuheben ist die Salamanca-Botschaft vom März 2001, in der führende Hochschulvertreter den Bologna-Prozess unterstützen, mit der Gründung der „European University Association" (EUA) zugleich aber ihr Interesse an Prinzipien der Qualitätsentwicklung unterstreichen, die eine ausgewogene Balance zwischen Hochschulautonomie und öffentlicher Verantwortung, Tradition und Innovation, akademischen Spitzenleistungen und sozialer wie wirtschaftlicher Relevanz sowie curricularer Kohärenz und studentischer Wahlfreiheit gewährleisten soll.[9]

Mit dem Kommuniqué des ministeriellen Folgetreffens in Prag im Mai 2001 wird beschlossen, Probleme hinsichtlich der Verständlichkeit und Vergleichbarkeit von Hochschulabschlüssen durch Entwicklung eines gemeinsamen Europäischen Qualifikationsrahmens (EQR) und in sich geschlossener Mechanismen zur Qualitätssicherung und Akkreditierung bzw. Zertifizierung aufzufangen.[10] Springt man in der Programmhistorie des Bologna-Prozesses in das Jahr 2009, so dokumentiert das Leuven-Kommuniqué den von Akzentverschiebungen und verschärftem Veränderungsdruck geprägten Übergang in die zweite Phase der transnationalen Hochschulentwicklung Bologna 2.0. Erforderlich seien, so die europäischen Bildungsminister in ihrem Statement, fortlaufende, qualitätsgesicherte und mit Berufsvertretern abgestimmte Curriculum-Reformen, die eine individualisierende Lernbegleitung („individually tailored education paths") ermöglichen und an Lernergebnissen („learning outcomes") orientiert sind:

> „Student-centred learning requires empowering individual learners, new approaches to teaching and learning, effective support and guidance structures and a curriculum focused more clearly on the learner in all three cycles. (...) We ask the higher education institutions to pay particular attention to improving the teaching quality of their study programmes at all levels. This should be a priority in the further implementation of the European Standards and Guidelines for quality assurance."[11]

Mit dem Bericht der Europäischen Kommission über die „Fortschritte bei der Qualitätssicherung in der Hochschulbildung" vom September 2009 (EU COMM 2009) werden die in Leuven ausformulierten Leitlinien in einen strategischen Rahmen gesetzt, der an frühere Empfehlungen das Europäischen Parlaments und des Rates 1998 und 2006 zur Implementierung transparenter und kooperativer Systeme der internen und externen Qualitätssicherung

---

9 Shaping the European Higher Education Area. Message from the Salamanca Convention of European Higher Education Institutions (29.-30. March 2001) , URL: http://www.eua.be/eua/jsp/en/upload/Salamanca_declaration_en.1066755820788.pdf (18.12.17)

10 Towards the European Higher Education Area. Communiqué of the meeting of European Ministers in charge of Higher Education in Prague on May 19th 2001, URL: http://www.aqu.cat/doc/doc_31029722_1.pdf (18.12.17)

11 The Bologna Process 2020 - The European Higher Education Area in the new decade Communiqué of the Conference of European Ministers Responsible for Higher Education, Leuven and Louvain-la-Neuve, 28-29 April 2009, URL: https://www.eurashe.eu/library/modernising-phe/Bologna_2009_Leuven-Communique.pdf (18.12.17)

anknüpft. Als Referenz für die Einführung, Bewertung und Akkreditierung interner Qualitätssicherungssysteme definiert die Europäische Kommission die erstmals 2005 ausformulierten „Standards und Leitlinien für die Qualitätssicherung im Europäischen Hochschulraum" (ESG), mit deren Entwicklung die E4-Gruppe, ein Zusammenschluss transnationaler Institutionen der Hochschulentwicklung,[12] über das Berliner Kommuniqué vom September 2003 beauftragt worden war. Mit dieser Vorgabe wird die Autonomie der einzelnen Hochschulen hinsichtlich der internen Qualitätssicherung zwar nicht suspendiert; mit dem Auftrag an die E4-Gruppe koppelt man diese Autonomie strategisch und operativ aber zurück an ein System von Leitlinien, Verfahren, Empfehlungen und Handreichungen, das in transnationalen Kooperationen entwickelt und abgeglichen wird. Insofern ist es der selbst erklärte Anspruch der ESG-Standards, ein „angemessenes Gleichgewicht" zu schaffen zwischen der Entwicklung „interner Qualitätskulturen" und der Einflussnahme externer Qualitätssicherungsagenturen (ENQUA 2006: S. 19).

Eine zentrale Rolle spielt in diesem System die European Association for Quality Assurance in Higher Education (ENQA), die nach den frühen Bemühungen des Europäischen Rates[13] und der Europäischen Kommission zunächst als Netzwerk gegründet, 2004 als Zusammenschluss europäischer Akkreditierungsagenturen mit etatisierter Ressourcenausstattung institutionalisiert wird. „ENQA has developed, over a relatively short period of time, from a policy arena of quality assurance agencies to a policy actor in European quality assurance and the Bologna Process"(Ala-Vähälä/Saarinen 2009: 90). Wie auch die European Association of Institutions in Higher Education (EURASHE) ist ENQA neokorporatistisch in die Formulierung und vor allem Umsetzung hochschulpolitischer Ziele eingebunden, indem sie

a) Interessen nationaler Hochschulsysteme, insbesondere der Akkreditierungs- und Evaluationsagenturen und ihrer Repräsentanten vertritt
b) Evaluationsergebnisse, Standards und Empfehlungen zur Qualitätssicherung in politische Entscheidungssysteme einspeist
c) den Hochschulen Leitlinien und Expertisen zur Ausgestaltung und Steuerung ihrer Kernprozesse zur Verfügung stellt

---

12 E4-Gruppe, bestehend aus: ENQA - European Network for Quality Assurance; EUA - European University Association; EURASHE - European Association of Institutions in Higher Education; ESIB - European Student Information Bureau. Näheres unter: https://www.eqar.eu/about/e4-group.html (25.04.17)

13 Council of the European Union: Council Recommendation of 24 September 1998 on European cooperation in quality assurance in higher education (98/561/EC) , URL: http://eur-lex.europa.eu/legal-content/DE/TXT/PDF/?uri=CELEX:31998H0561&-from=HU (18.12.17)

d) Experten für die Akkreditierung und Evaluation von Studienprogrammen eine Plattform für Austausch von Erfahrungen und Wissen bietet
e) dem Paradigma der Dienstleistung folgend, Hochschulen intern und in der Öffentlichkeit als qualitätsgesteuerte Orte des Lehrens und Lernens profiliert bzw. vermarktet.

Wenden wir uns im Folgenden ausführlicher den von ENQUA u.a. 2005 erstmals vorgelegten ESG-Standards zu, so sind diese, die Autonomie und den Willen der Hochschulen vorausgesetzt, als Prinzipien zur Generierung einer internen Qualitätskultur zu verstehen. Von besonderem Interesse sind die im Rahmen dieser Studie in Teil 1 ausformulierten Leitlinien zur internen Qualitätssicherung (ENQUA 2006: 25f.): Hinsichtlich der von Hochschulen entwickelten Studienprogramme sei demnach sicherzustellen, dass diese inhaltlich an Qualifikationsergebnissen („learning outcomes") ausgerichtet und schlüssig konstruiert sind. Die hierfür erforderlichen Verfahren der Programmbilligung und regelmäßigen Programmprüfung seien durch externe Experten/innen vorzunehmen und durch ein Feedback seitens der Berufspraxis abzusichern. Als unverzichtbare Elemente seien die Kontrolle der Lernfortschritte und der Leistungen von Studierenden in die programmbezogene Qualitätssicherung aufzunehmen. Deshalb wird die „Beurteilung der Studierenden" unter der Leitlinie 1.3 gesondert ausgeführt (a.a.O.: 26f.):

„Die Beurteilung der Studierenden gehört zu den wichtigsten Elementen der Ausbildung. Die Beurteilungsergebnisse haben eine starke Auswirkung auf den künftigen beruflichen Werdegang der Studierenden. Es ist daher wichtig, dass die Beurteilung stets professionell durchgeführt wird und dabei das umfassende, bereits vorhandene Wissen zum Thema Prüfungen und Examen berücksichtigt. Die Beurteilung bietet Hochschulen auch wertvolle Informationen zur Wirksamkeit der Lehre und zur Betreuung der Studierenden. Die Prozesse zur Beurteilung der Studierenden sollten:

- so gestaltet sein, dass das Erreichen der im Vorfeld definierten Qualifikationsziele (..) und anderer Programmzielsetzungen gemessen werden kann;
- ihrem Zweck entsprechen, nämlich diagnostisch, ausbildend oder zusammenfassend;
- über klare, veröffentlichte Benotungskriterien verfügen;
- von Personen durchgeführt werden, die die Bedeutung der Beurteilungen auf dem Weg der Studierenden hin zum Erlangen des Wissens und der Fähigkeiten, die zur angestrebten Qualifikation gehören, verstehen;

- sich, wo immer möglich, nicht auf die Urteile einzelner Prüfer stützen;
- sämtliche möglichen Folgen von Prüfungsordnungen berücksichtigen;
- klare Regelungen für das Nichterscheinen von Studierenden, für den Krankheitsfall und andere Entschuldigungsgründe haben;
- sicherstellen, dass Beurteilungen streng gemäß den festgesetzten Verfahren der Hochschule durchgeführt werden;
- administrativen Überprüfungen unterliegen, damit die Richtigkeit der Verfahren sichergestellt ist."

Ergänzend zum Professionalisierungsgebot unterliegen Prozesse des Prüfens und Bewertens einem Transparenzgebot. Durch Informationen sei deshalb darauf hinzuwirken, dass die Studierenden wissen, was von ihnen erwartet wird, welche Prüfungs- und Beurteilungsmethoden zur Anwendung kommen und nach welchen Kriterien ihre Leistungen bewertet werden.

In der überarbeiteten und aktuellen Fassung aus dem Jahre 2015 untermauern die „Standards und Leitlinien für die Qualitätssicherung im Europäischen Hochschulraum" den Paradigmenwechsel von der Lehre zum Lernen, von Lehrinhalten zu Lernergebnissen, indem sie die Ausgestaltung von Lehr-Lern-Prozessen in den Verfahrenskatalog zur Qualitätssicherung aufnehmen. Studierendenzentriertes Lehren und Prüfen als individualisierende Lernbegleitung erfordere in der Praxis,

- „die Diversität der Studierenden und ihrer Bedürfnisse zu respektieren und ihnen durch flexible Lernwege Rechnung zu tragen;
- wo es angebracht ist, unterschiedliche Vermittlungsweisen in Betracht zu ziehen und zu nutzen;
- unterschiedliche pädagogische Methoden flexibel einzusetzen;
- regelmäßige Evaluierungen und Anpassungen der Vermittlungsweisen und pädagogischen Methoden vorzusehen;
- die Studierenden zu selbstständigem Lernen zu ermutigen und ihnen als Lehrer gleichzeitig angemessene Orientierung und Unterstützung zu bieten;
- gegenseitigen Respekt in der Beziehung zwischen Lernenden und Lehrenden zu fördern;
- ein angemessenes Verfahren für den Umgang mit studentischen Beschwerden bereitzustellen."[14]

---

14 Standards und Leitlinien für die Qualitätssicherung im Europäischen Hochschulraum (ESG) (Deutsche Übersetzung der "Standards and guidelines for quality assurance in the European Higher Education Area (ESG)". Beiträge zur Hochschulpolitik 3/2015, S. 20, URL: https://www.hrk.de/uploads/media/ESG_German_and_English_2015.pdf (18.12.17)

Im Vergleich zu den hier erkennbaren konzeptionellen Kernelementen der Diversität und des Empowerment, Studierenden nämlich individualisierend die Übernahme einer „aktiven Rolle in der Gestaltung des Lernprozesses" zu ermöglichen, gehen die Qualitätsstandards für die Ausgestaltung von Prüfungen über die 2005 ausformulierten Leitlinien kaum hinaus. Hinzugefügt werden Empfehlungen zur Einhaltung eher konventioneller Gebote, die auf allgemeine rechtliche Prinzipien der Transparenz, der Konsistenz, der Gleichheit, des Ausgleichs von Benachteiligungen oder des förmlichen Rechtsbehelfs abheben. Lediglich die Empfehlung, Prüfungen für Lernrückmeldungen zu nutzen und diese ggf. mit Studienempfehlungen zu koppeln, lässt einen didaktischen Steuerungsgedanken erkennen. Erstmals allerdings wird darüber nachgedacht, Prüfer bei der „Entwicklung ihrer Prüfungskompetenzen" zu unterstützen.[15]

Mit dem 2016 publizierten „Handbuch für internes Qualitätsmanagement in der kompetenz-basierten Hochschulbildung" (IQM-HE 2016) werden die ESG-Rahmenempfehlungen aufgenommen; zugleich aber wird deutlich, dass das interne Qualitätsmanagement sich bislang kaum auf empirisch abgesicherte Ergebnisse stützen kann. Erforderlich seien deshalb nach Überzeugung des Autorenverbundes wissenschaftliche Studien in den Bereichen der Kompetenz-, der Evaluations- und der Implementationsforschung. Diesem Forschungsanspruch wird das IQM-Handbuch selbst zwar nicht gerecht, gestützt auf den klassischen Dreischritt der Organisationsentwicklung Planung – Implementierung – Evaluation, bietet es aber im zweiten Teil eine auf Erfahrungen, Beispiele und Muster gestützte Anleitung (toolkit) zur methodisch-systematischen Implementierung von IQM-Prozessen in kompetenz-basierte Studienprogramme.

Erkennbar ist in der Gesamtschau, wie die nationale Durchsetzung des europäischen Qualitätskonzepts durch Formalisierung und Institutionalisierung vorangetrieben wird: In der Anfangsphase vor allem durch aufwändige und in Teilen hochgradig bürokratische Verfahren zur Akkreditierung, deren Durchführung eigenständigen Agenturen überantwortet wird; weiterführend in der Phase Bologna 2.0 verstärkt „durch die gezielte Partizipation von intermediären Akteuren" (Schnitzer 2005: 5), auf der nationalen Ebene der Bundesländer und der Hochschulen insbesondere mit Hilfe von Institutionen der Hochschulentwicklung und der Hochschuldidaktik. Wie auch Evaluations- und Akkreditierungsagenturen verfügen diese Einrichtungen zwar über keinerlei institutionalisierte politische Mitbestimmungsmöglichkeiten auf nationaler Ebene. Durch die Teilnahme an europäischen Interessengruppen, die am Bologna-Prozess beteiligt sind und die Qualitätssicherungspolitik aktiv mitgestalten, werden ihnen jedoch „essentielle Handlungsoptionen eröffnet" (Serrano-Velarde 2009: 198), die vor allem anschlussfähig sind an die hochschulintern verankerten Organisationseinheiten zur Qualitätssicherung.

---

15 aaO., S. 21

2.4. Qualitätsgesicherte Lehre

Für den Standort Deutschland wird den Akteuren der Hochschulentwicklung mit dem Beschluss der KMK zur „Qualitätssicherung der Lehre" vom 22.09.2005 und den Strategieempfehlungen der HRK (2005/2007) ein Verfahrens- und Maßnahmenkatalog an die Hand gegeben, der die Qualitätssicherung, mithin eine qualitätsgesicherte und kompetenzförderliche Prüfungs- und Benotungspraxis dauerhaft in der Hochschullehre verankern soll. Als unverzichtbare „Kernelemente" eines solchen in Verfahren der Neuen Hochschulsteuerung eingebunden Systems nachhaltiger Qualitätssicherung fungieren u.a.

- ein länder- und hochschulübergreifendes Akkreditierungssystem
- indikatorengestützte Evaluationsverfahren
- qualitätsverbürgende Steuerungen (Zulassung, Auswahl, Anrechnung, Coaching) an den Übergängen Schule/Hochschule, BA/MA-Studium sowie Hochschule/ Beruf
- hochschuldidaktische Angebote und Anreize zur Förderung der Lehrkompetenz
- studieneinführende und -begleitende Beratungs- und Mentorenprogramme zur Vermittlung zumeist überfachlicher Kompetenzen.

Im Rahmen der Hochschulevaluation seien erfolgsorientierte Indikatoren wie Studiendauer, Studienerfolgsquote, Lehr- und Prüfungsorganisation, Kohärenz und Studierbarkeit des Lehrangebots, Internationalität, Genderorientierung, Prüfungs- und Benotungspraxis, Absolvierendenverbleib zu verwenden. Besondere Aufmerksamkeit verdient nach Ansicht der KMK die Prüfungs- und Benotungspraxis (KMK 2005: 7), ohne mit dieser Einschätzung allerdings Problemstellungen oder Leitfragen auszuformulieren oder näher auf die Ausgestaltung von Prüfungsverfahren einzugehen. Anforderungen einer prüfungsspezifischen Qualitätssicherung werden zunächst nicht ausformuliert.

Das in der 3. Mitgliederversammlung der HRK am 22.4.2008 beschlossene und den Hochschulen, Ministerien und Akkreditierungsagenturen zur Würdigung anempfohlene Strategiepapier "Für eine Reform der Lehre in den Hochschulen" (HRK 2008) geht hier einen Schritt weiter. Ausgehend von der Chiffre der Studierendenzentrierung, seien Lehrstrategien, -konzepte und -methoden sowie, komplementär dazu, Prüfungen durchgängig darauf auszurichten,

a) die Studierenden als eigenverantwortlich Lernende anzusprechen und herauszufordern:

„Systematisches und regelmäßiges Feedback für Studierende über ihre Studienleistungen ist heute der Schlüssel zur Unterstützung eines aktiven selbständigen Lernens. Regelmäßige Rückmeldungen über Lernfortschritte wie Probleme der Studierenden sind nicht nur eine wesentliche Aufgabe von Prüfungen, sondern auch laufender Lehrveranstaltungen.
Für den Lernerfolg der Studierenden ist die Gestaltung des Prüfungswesens so bedeutsam wie die Auswahl der Lehr- und Lernformen. Die inhaltliche Ausrichtung und die Standards der Prüfungen müssen unbedingt zwischen den Lehrenden abgestimmt sein, damit die Studierenden wissen, woran sie sich zu orientieren haben" (aaO., S. 4).

b) „die Entwicklung komplexer Kompetenzen und Qualifikationsmuster (zu) fördern" (aaO., S. 4f.) – ohne mit dieser Forderung allerdings näher auf die Operationalisierung, d.h. die Übersetzung von Kompetenzkatalogen in Prüfungsverfahren einzugehen.

Im Weiteren fordert das HRK-Papier die Hochschulen und ihr Lehrpersonal dazu auf, die interne Qualitätssicherung zu institutionalisieren und der „individuellen Lehrkompetenz" einen größeren Stellenwert einzuräumen. Nach ersten Erfahrungen seien entsprechend sensible Berufungsverfahren, Lehrveranstaltungsevaluationen, der kollegiale Austausch von Lehrerfahrungen sowie die Inanspruchnahme von Weiterbildungs- und vor allem von Coaching-Angeboten geeignet, Hochschulen auch didaktisch zu profilieren.

Mit den vom BMBF im November 2010 veröffentlichten „Richtlinien zur Umsetzung des gemeinsamen Programms des Bundes und der Länder für bessere Studienbedingungen und mehr Qualität in der Lehre" werden die auf europäischer und nationaler Ebene diskutierten Ansätze zur Verbesserung von Studienbedingungen und Lehrqualität in ein Hochschulentwicklungsprogramm eingespeist. Dieses stellt hierfür einen Förderplan mit spezifizierten Gegenständen und Förderbedingungen sowie finanzielle Ressourcen bereit.

„Ziele des Programms sind eine Verbesserung der Personalausstattung von Hochschulen für Lehre, Betreuung und Beratung, die Unterstützung von Hochschulen bei der Qualifizierung bzw. Weiterqualifizierung ihres Personals für die Aufgaben in Lehre, Betreuung und Beratung sowie die Sicherung und Weiterentwicklung einer qualitativ hochwertigen Hochschullehre."

Im Einzelnen fallen unter diese Zielvorgabe, mit deren Umsetzung auf die Herausforderungen einer wachsenden und in ihrer Zusammensetzung zunehmend heterogenen Studierendenschaft reagiert wird:

„Maßnahmen zur Qualifizierung bzw. Weiterqualifizierung des Personals und Sicherung der Lehrqualität, insbesondere

a) Qualifizierungsmaßnahmen für neu berufene bzw. eingestellte Kräfte am Beginn ihrer Tätigkeit in Lehre, Betreuung und Beratung,
b) fortlaufende und systematische Weiterbildungsangebote für das gesamte Lehrpersonal sowie Anreize zu deren Nutzung,
c) Unterstützung und Beratung des Lehrpersonals bei der Anwendung bedarfsgerecht differenzierter Lehrmethoden und Prüfungsformen,
d) Einführung, Weiterentwicklung und hochschulweite Nutzung von hochschulinternen Systemen zu Qualitätsmanagement und Qualitätssicherung in der Lehre,
e) fach- oder methodenbezogene Verbünde zur strukturellen Unterstützung von Hochschulen, Fachbereichen und einzelnen Lehrkräften bei der Qualitätsentwicklung des Lehrangebots und zur Professionalisierung der Lehrtätigkeit" (BMBF 2010).

Insgesamt betrachtet fügt sich das vom BMBF aufgelegte Programm in die Strukturdynamik der europäischen Hochschulentwicklung Bologna 2.0, indem es die Relevanz qualitätsgesicherter Lehre unterstreicht. Der Katalog lässt zudem erkennen, dass Maßnahmen zur Implementierung interner Qualitätskulturen zugleich auf externe Unterstützungsangebote aus dem fachlich-methodischen Repertoire der Hochschuldidaktik verwiesen sind. Institutionen der Hochschuldidaktik erfahren somit eine deutliche Aufwertung. Auch wenn die hochschul- und fakultätsinternen Gremien nach wie vor als prädestinierte Orte fungieren, in denen über das curriculare Profil von Studiengängen und die Organisation von Modulen bzw. Prüfungsformaten diskutiert und entschieden wird, und auch wenn hochschuldidaktische Einrichtungen nach wie vor Schwierigkeiten haben, ihre Expertisen in die Organisation der Lehre oder darüber hinaus in Prozesse der hochschulinternen Qualitätssicherung einzubringen (Havnes/Stensaker 2006), so fungieren sie – im Leistungsbereich deutlich erweitert und auf den Ebenen der Länder wie der Hochschulen institutionell fest verankert – nun als Organe, denen hinsichtlich der Lehrqualität und der Qualitätsentwicklung eine wichtige Rolle zugewiesen wird.

Parallel zur operativen Umsetzung des BMBF-Programms können wir auf einen beständig wachsenden Fundus an Fachartikeln, Handreichungen und Fortbildungsangeboten blicken, die es universitär Prüfenden nahebringen wollen, nicht nur „innovative Lehrkonzepte" zu entwickeln, sondern ihre Studierenden auch „anspruchsvoll, angemessen und fair zu prüfen." Diese „Schlüsselaufgabe für Hochschullehrende" beinhaltet nach Seidl/Simschitz (2013: 251) die Fähigkeit,

a) kompetenzorientiert zu prüfen und fachtypische Leistungen handlungsorientiert zu beurteilen
b) Lernziele, Methoden und Prüfungsformen konstruktiv aufeinander zu beziehen
c) über spezifisches Wissen zu verfügen, das sich auf geeignete Prüfungsformate und niveauadäquate Bewertungskriterien bezieht.

In exemplarischer, d.h. aber auch unvollständiger und selektiver Darstellung sollen im folgenden Strukturelemente zur Qualitätssicherung der Lehre und weiterführend zur Implementierung einer neuen Lehr-Lernkultur systematisierend aufgelistet werden. Dies erfolgt über sechs Ebenen, ausgehend von den programmatischen und evaluativen Mitteln offener Koordinierung auf der Ebene transnationaler Bildungsentwicklung, über die nationale Ebene politischer Beschlüsse zur Hochschulsteuerung (Beschlüsse der KMK; Entschließungen der HRK) bis hinunter auf die Ebene konkreter Maßnahmen zur fakultätsinternen Verbesserung von Studienbedingungen und Lehrqualität. Auf der unteren Ebene der Hochschulen und ihrer Fakultäten manifestiert sich die Idee der (internen) Qualitätssicherung in verbindlichen und für die Zuweisung von Mitteln relevanten (Ziel)Vereinbarungen, in institutionellen Angeboten zur Lehr- und Lernbegleitung, in symbolischen Aktionen wie dem „Tag der Lehre" sowie in Anforderungen an ein formalisiertes Berichtswesen. Letzteres umfasst regelmäßige Lehrevaluationen, fakultätsinterne Protokolle, die Berichte des Dekanats sowie – in größeren Abständen – die Selbstdokumentation zur (Re)Akkreditierung von Studiengängen.

Tab. 1: Programme/Instrumente zur Qualitätssicherung der Hochschullehre

Europäische Ebene	
European Ministers of Education, Europäische Kommission (EU COMM), ENQUA	Siehe ausführlich Anlage 1: Synopse
Nationale Ebene	
BMBF	- BMBF: Richtlinien zur Umsetzung des gemeinsamen Programms des Bundes und der Länder für bessere Studienbedingungen und mehr Qualität in der Lehre vom 10.11.2010 - Bund-Länder-Programm für bessere Studienbedingungen und mehr Qualität in der Lehre („Qualitätspakt Lehre" *)

Beschlüsse der KMK Entschließungen der HRK	- Stärkung der internationalen Wettbewerbsfähigkeit des Studienstandortes Deutschland (24.10.97)
- Einführung eines Akkreditierungsverfahrens für BA- und MA-Studiengänge (03.12.98)
- Künftige Entwicklung der länder- und hochschulübergreifenden Qualitätssicherung in Deutschland (01.03.02)
- Anrechnung von außerhalb des Hochschulwesens erworbenen Kenntnissen und Fähigkeiten auf ein Hochschulstudium (28.06.02)
- Qualifikationsrahmen für Deutsche Hochschulabschlüsse (DQR)(21.04.05)
- Entschließung des 204. Plenums der HRK vom 14.6.2005: Empfehlung zur Sicherung der Qualität von Studium und Lehre in Bachelor-und Masterstudiengängen
- HRK Empfehlung des 105. Senates am 16.10.2007: Qualitätsoffensive in der Lehre – Ziele und Maßnahmen
- 3. Mitgliederversammlung der HRK am 22.4.2008: Strategiepapier „Für eine Reform der Lehre in den Hochschulen"
- Beschluss der Kultusministerkonferenz vom 22.09.2005: Qualitätssicherung in der Lehre
- Ländergemeinsame Strukturvorgaben für die Akkreditierung von Bachelor- und Masterstudiengängen (10.10.2003/04.02.2010)
- Weiterführung der Bologna-Reform – Kontinuierliche Qualitätsverbesserung in Lehre und Studium (11.05.10)
- Europäische Studienreform. Gemeinsame Erklärung von Kultusministerkonferenz und Hochschulrektorenkonferenz (Beschluss der HRK vom 10.11.2015 sowie der KMK vom 08.07.2016)
- Qualifikationsrahmen für deutsche Hochschulabschlüsse (Im Zusammenwirken von HRK und KMK und in Abstimmung mit Bundesministerium für Bildung und Forschung erarbeitet und von der Kultusministerkonferenz am 16.02.2017 beschlossen)
Akkreditierungsrat	- Stiftung zur Akkreditierung von Studiengängen in Deutschland

Forschung und Beratung zur HS-Entwicklung und -didaktik	- Deutsches Zentrum für Hochschul- und Wissenschaftsforschung: Anwendungsorientierte empirische Forschung im Bereich des Hochschul- und Wissenschaftssystems (DZHW) - Deutsche Gesellschaft für Hochschuldidaktik (DGHD) - HIS-Institut für Hochschulentwicklung e. V. (HIS-HE)

Ebene der Bundesländer

Hochschuldidaktik	- Hochschuldidaktikzentrum Baden-Württemberg (HDZ) - Zentrum für Hochschuldidaktik (DiZ) als wissenschaftliche Einrichtung der staatlichen bayerischen Hochschulen für angewandte Wissenschaften - Netzwerk hdw nrw, Hochschuldidaktische Weiterbildung - Kompetenzzentrum Hochschuldidaktik für Niedersachsen

Ebene des Bundeslandes Niedersachsen

Niedersächsisches Ministerium für Wissenschaft und Kultur	- Ausschreibung: „Best Practice: Mehr Qualität in der Hochschullehre" – Flankierende Sofortmaßnahme im Rahmen des Fachhochschulentwicklungsprogramms (FEP)
	- Zielvereinbarung zwischen dem NMWK und der Ostfalia 2014-2018, darin Kap. 2: Qualität der Lehre verbessern, S.6f.: Inanspruchnahme des hochschuldidaktischen Angebots durch Lehrende (**)
Studien- und Lebensberatung	- Psychotherapeutische Beratungsstelle des Studentenwerks (Ost-Niedersachsen)
Hochschuldidaktik	- Netzwerktreffen der „Qualitätsoffensive Lehre in Niedersachsen"

Ebene der Hochschulen

Hochschulgebundene Einrichtungen zur Verbesserung der Lehrqualität und zur Unterstützung von Studierenden	- Zentrum für Hochschuldidaktik und Qualitätsentwicklung in Studium und Lehre (ZHQ) an der FH Aachen - Zentrum für Studium, Lehre, Karriere (SLK) an der Universität Bielefeld - Hochschuldidaktische Arbeitsstelle (HDA) an der TU Darmstadt

	- Zentrum für Hochschulbildung (zhb) Bereich Hochschuldidaktik an der TU Dortmund
- Stabsstelle für interne Fortbildung und Beratung (ifb) an der RUB, dort u.a.: Downloadcenter für inspirierte Lehre
- Arbeitsbereich Hochschuldidaktik an der Carl von Ossietzky Universität Oldenburg
- (...)
- Zentrum für erfolgreiches Lehren und Lernen (ZeLL) an der Ostfalia Hochschule für angewandte Wissenschaften
- Tag der Lehre, Ostfalia
Ebene der Fakultät	
	- (Re)Akkreditierung von Studiengängen
- Teilnahme am CHE-Hochschulranking
- Regelmäßige Lehrevaluation
- Zielvereinbarung mit der Hochschule: Qualität der Lehre
- Berichte des Studiendekans (Berichte des Prüfungsausschusses)
- Offene Diskussion in Gremien zur Koordinierung der Fakultät/Lehre in Modulen/Definition neuer Lehr- und Prüfungsformate
- Freiwilliger Besuch von Angeboten der Hochschuldidaktik
- Lerncoaching und Studienberatung; Studentische Tutorien; Mentorenprogramme
- Orientierungstage für Erstsemester & Hochschulwechsler

* BMBF: Bekanntmachung der Verwaltungsvereinbarung zwischen Bund und Ländern gemäß Artikel 91b Absatz 1 Nummer 2 des Grundgesetzes über ein gemeinsames Programm für bessere Studienbedingungen und mehr Qualität in der Lehre vom 18. Oktober 2010, veröffentlicht im Bundesanzeiger 164 (28.10.2010), S. 3631-3633. URL: https://www.bmbf.de/files/Verwaltungsvereinbarung_im_Bundesanzeiger.pdf (22.12.17)

** https://www.mwk.niedersachsen.de/download/94544/Hochschule_Braunschweig_Wolfenbuettel.pdf (22.12.17)

3 „Constructive Alignment"

War die Anfangsphase des Bologna-Prozesses noch von Diskussionen um die Begriffe Modularisierung, Leistungspunktesystem und Berufsqualifizierung geprägt, so rückte mit den Initiativen der Hochschulrektorenkonferenz 2005 und 2007 zur Sicherung bzw. Verbesserung der Qualität von Studium und Lehre die Kompetenzorientierung als strukturgebende Leitidee in den Fokus. „Das bisher gängige Konzept der Qualifikationsorientierung sollte durch eines der Kompetenzorientierung ersetzt werden" (Wannemacher 2009: 74). Hochschuldidaktische Diskussionen und Publikationen versammeln sich nun mit Vorliebe um Kompetenzmodelle und Fragen der Kompetenzerfassung – sei es mit Blick auf die Verheißungen handlungsorientierter Lehr- und Prüfungskonzepte, die kompetenzförderliche Lernumgebungen und Lernszenarien ermöglichen sollen (Alonso 2009); sei es in Erwartung kompetent Lehrender, die „der Spur des Lernenden" (Haertel/Schürmann 2011: 290) folgen und, kreativ in der Gestaltung von Prüfungssettings, den professionellen Umgang mit Lernfortschritts- und kompetenzadäquater Leistungsbeurteilung (Seidl/Simschitz 2013) beherrschen. Die Lehrenden selbst und ihre Lehrprogramme kommen auf den Prüfstand. Dort haben sie zwei zentrale Fragen zu beantworten: Erstens, was bezwecken wir mit Prüfungen; welche Bedeutung haben Prüfungen in Lehr-Lern-Prozessen? Zweitens, was zeichnet gute Prüfungen aus; welche Qualitätskriterien legen wir an? (Nicht zu verwechseln mit: Wann ist ein Leistungsnachweis als „gut" zu bewerten?)

Wenden wir uns der ersten Frage zu, so ist es Aufgabe der in den Hochschulen wirkenden Teilsysteme, fachliche Inhalte, definierte Lernziele, methodisch strukturierte Lehre und Prüfungen zu einer curricularen Einheit zu integrieren.

> „Prüfungen sind (...) nur im Kontext der konkreten Ausgestaltung von Lehr-Lern-Prozessen zu realisieren. Selbstverständlich orientiert sich dieser Prozess am Stand des jeweiligen wissenschaftlichen Wissens, doch ist er immer auch eine didaktische Festlegung, (...) was im Rahmen einer Lehrveranstaltung (wie – J.D.) von den Studierenden gelernt werden soll." (Eugster/Lutz 2004: 15)

Prüfungen sind mithin curricular begründete Konstruktionen, die sich auf Lehr-Lernziele beziehen und das Erreichen dieser Ziele bzw. die erzielten Lernergebnisse dreifach evaluieren sollen:

a) im Hinblick auf die individuelle Lernleistung der Studierenden (Assessment)
b) mit Blick auf die didaktische Lehrleistung der Dozenten (Qualität der Lehre)
c) im Bezug auf die schlüssige Grundkonstruktion und Ausrichtung eines Curriculums (Programmevaluation).

Folgt man den Überlegungen der Hochschuldidaktik, so steht jedwede Studiengestaltung heute vor der Aufgabe, Lehr- und Lernformen zu entwickeln, die über die traditionelle Einteilung nach Fächern und die Vermittlung fachlicher Inhalte hinaus individuelle Lernprozesse und den handelnden Umgang mit Wissen in den curricularen Blick nehmen. Dem Paradigmenwechsel „from teaching to learning" (Barr/Tagg 1995), von der abschließenden Lernkontrolle zur öffnenden Lernbefähigung folgend, soll das klassische Instrumentarium der Prüfung mit (externen) Programmen gekoppelt werden, die auf eine hochschuldidaktisch angeleitete Re-Konzeptualisierung und Professionalisierung von Leistungskontrollen, besser: Lernfortschrittskontrollen setzen.

Nach den Vorstellungen der KMK und der HRK soll die erfolgreiche und studiengangsadäquate Implementierung von Maßnahmen zur Realisierung kompetenzorientierter Curricula durch Hochschul- und Personalentwicklungskonzepte abgesichert werden, die Anreizstrukturen mit Qualifizierungsangeboten und geeigneten Rekrutierungsstrategien verbinden. Mit dem 2010 aufgelegten HRK-Projekt „nexus" wird der Anspruch einer neuen, hochschuldidaktisch akzentuierten Lehr-Lernkultur zudem in einen fortlaufenden Prozess des Wissensmanagements eingebunden, in dem Good-Practice-Beispiele aus den Hochschulen ausgetauscht und bewertet werden sollen. Darin eingeschlossen sind auch Erfahrungen und Empfehlungen, die sich mit den Konsequenzen des o.g. Paradigmenwechsels für die Ausgestaltung von Prüfungen beziehen:

> „Statt Studiengänge über die gelehrten Inhalte zu bestimmen, sollen diese" nach Auffassung der HRK „auf Lernergebnisse bzw. Lernziele ausgerichtet werden. D.h., ein Studiengang wird dadurch definiert, was eine Absolventin bzw. ein Absolvent nach erfolgreichem Abschluss des Studiums können sollte.
> Dies hat Folgen für die Prüfungsgestaltung: Anstatt Inhalte abzuprüfen, muss nun beurteilt werden, welche Kompetenzen die Lernenden nach Abschluss der Module erworben haben. Prüfungsaufgaben sollen sich eng an den Lernzielen orientieren, um den dort festgelegte Kompetenzerwerb der Studierenden zu unterstützen" (HRK 2014: 2).

Wesentlich ist, um damit auch die zweite oben gestellte Frage zu beantworten, dass Lehren, Lernen und Prüfen in allen Phasen – der Planung von Lehrangeboten, ihrer modularen Umsetzung und ihrer Evaluation – aufeinander bezogen werden. „Alle hochschuldidaktischen Diskurse laufen darauf hinaus, dass die Kohärenz zwischen „Learning Outcomes" und Lehr/Lernkonzepten durch kohärente Prüfungen ergänzt werden muss" (Wildt/Wildt 2002: 9).

Für diese Anforderungen an die curriculare Konstruktion von Studienprogrammen oder Studiengängen, einzelnen Bildungsangeboten und Modulen nämlich Kompetenzziele als Richtschnur für die didaktische Gestaltung von Lehr-Lern-Arrangements und Prüfungsformate auszuweisen, haben Biggs/ Tang (2008) die Argumentationsfigur des „Constructive Alignment" geprägt. Im Sinne des „Constructive Alignment" seien folgende Konstruktionsregeln zu beachten (vgl. i.F. in Anlehnung an: Baumert/May 2013: 23; Eugster/Lutz 2004: 15):

a) Lehr-Lern-Prozesse sind angewiesen auf Lernzieldefinitionen.
b) Lernziele sind so zu formulieren, dass das Erreichen dieser Ziele beobachtet und gemessen werden kann, woraus sich prüfbare Kompetenzen ableiten lassen.
c) Prüfungen müssen sich im Format (u.a. additiv vs. integriert, summativ vs. formativ) auf Lernziele beziehen.
d) Prüfungen selbst tragen durch die Bestimmung geeigneter Formen und Formate zum Kompetenzerwerb bei.
e) Lehr-Lernsituationen und Prüfungen sind so aufeinander zu beziehen, dass die Studierenden die angestrebten Lehr-Lernziele auch erreichen können.
f) Prüfungen sind so zu gestalten, dass sie die Lernergebnisse bzw. den Erwerb spezifischer Kompetenzen studienbegleitend und differenziert – als Prüfungsleistung – dokumentieren.
g) Prüfungsleistungen lassen Rückschlüsse zu gleichermaßen auf die Konzeption eines Studiengangs wie auf die didaktisch-konkrete Ausgestaltung von Lehr-Lern-Prozessen.
h) Als Blaupause für die Konstruktion von Studiengängen gilt: Die Kompetenzziele bilden das Fundament, die inhaltliche und didaktische Ausgestaltung der Module den Mittelteil, Prüfungen das Dach. Alle drei Teile seien statisch aufeinander abzustimmen.

Auf den hochschuldidaktisch propagierten Paradigmenwechsel und dessen Adaption durch die KMK und HRK ist in Kap. 4 noch zurückzukommen. In knappen Skizzen soll dort den Fragen nachgegangen werden, welche Probleme die kompetenztheoretische Auslegung der Leitbegriffe „Learning Outcome" und Lernergebnisse aufwirft und vor allem wie in konkreten Verwendungskontexten mit der Verschränkung von Kompetenz- und Lernorientierung gearbeitet wird.

4 Prüfungen – eine Funktionsbestimmung

Mit der Modularisierung von Studiengängen im Zuge des Bologna-Prozesses werden Prüfungen aufgewertet und reorganisiert. Ihr Charakter verändert sich grundlegend. Prüfungen sind nun integrale Bestandteile von Modulen und finden studienbegleitend statt. Mit der Einführung von Leistungspunkten und einem kumulativen System studienbegleitender Prüfungen verbindet sich die Hoffnung, Studienverläufen mehr Struktur zu geben und Lernfortschritte transparenter zu gestalten. „Zugleich versprach man sich von kumulativen Prüfungen implizit eine höhere studentische Lernmotivation und verbesserte Lernerfolge im gesamten Studienverlauf" (Wannemacher 2009: 72ff.). Über die als selbstverständlich unterstellte Zielsetzung hinaus, nämlich den im universitären Lernen erworbenen Wissensstand abschließend zu prüfen und zu zertifizieren, wird ein prozessorientiertes und funktional aufgeladenes Prüfungsverständnis ausformuliert, das aufgrund seiner kompetenzorientierten Verschränkung mit Lehr-Lernprozessen auf operative und strukturbildende Impulse aus der Prüfungsdidaktik angewiesen ist. In ihrer Handreichung zur Ausgestaltung von Prüfungen plädiert die Hochschuldidaktik der Universität Zürich (UZH 2013) deshalb dafür, „anstelle von Prüfungen von Leistungsnachweisen zu sprechen." Zentral sei die Frage, was mit einem Leistungsnachweis bezweckt werde und welche Funktion Leistungsnachweise überhaupt erfüllen.

Die Antworten müssen, da der Funktionsbegriff oft unscharf und auch in der Soziologie uneinheitlich verwendet wird, unterschiedlich ausfallen. Anknüpfend an die von Flechsig (1976) entwickelte Systematik, sollen im Folgenden acht Funktionsbestimmungen für Prüfungen an Hochschulen diskutiert werden:

1) Prüfungen haben zunächst eine **evaluative Funktion**. Sie dienen der Feststellung, ob Studierende die definierten Ziele eines Studienabschnitts oder eines Studiums insgesamt erreicht haben. Hierzu wird auf speziell für diesen Zweck konstruierte Instrumente der Leistungsmessungen bzw. -bewertungen zurückgegriffen. Diese „vergleichen studentische Fähigkeiten und Kompetenzen mit einem äußeren Referenzsystem, indem sie ein Prüfungsergebnis entweder normorientiert in Beziehung zu den Resultaten der übrigen Kandidaten/-innen oder kriteriumsorientiert in Beziehung zu einem von den anderen Individuen unabhängigen Maßstab setzen" (Eugster/Lutz 2004: 2).

2) Prüfungen haben eine **Selektionsfunktion** (vgl. ausführlich Luhmann 2002: 62ff.; Luhmann/Schorr 1999: 250ff.). Leistungsdifferenzierend legen sie fest, wer weiterstudieren darf und wer nicht, sie reihen Studierende nach Kenntnissen und Kompetenzen, und sie eröffnen oder verschließen

künftige Ausbildungs- und Berufswege. Auch wenn Angebote der Studienberatung und der Lernbegleitung inklusiv wirken, so ist damit doch das Prinzip der Selektion nicht suspendiert. Dieses leitet sich ab aus den Anforderungen, die in den Systemen der beruflichen Praxis oder weiterführender Bildungsangebote (insbes. seit Einführung nach BA und MA gestufter Studiengänge) ausformuliert werden. In ihrer Selektionsfunktion greifen Prüfungen allerdings in die Freiheit der Berufswahl ein und müssen daher den Anforderungen des Art. 12 Abs. 1 GG genügen. Aus diesem Grund wird auch die Ausgestaltung von Prüfungen, Leistungsanforderungen und Bewertungskriterien normativ geregelt; Prüfende geraten unter Konsistenzdruck (Luhmann 2002: 64).

3) Indem Prüfungen trivialisierend feststellen, ob Studierende die für den Übergang in die Berufspraxis oder ein konsekutives MA-Studium (vermeintlich) erforderlichen Fachkenntnisse und Kompetenzen erworben haben, nehmen sie eine **allokative Funktion** wahr (vgl. Luhmann 2002: 70f. und 77f.). Das institutionalisierte Prüfungswesen verbindet das Bildungs- mit dem Beschäftigungssystem. Mit Prüfungen werden formale Berechtigungen (Zugangsrechte) erteilt, die gestufte Zugänge zu (Teil)Arbeitsmärkten regulieren und zugleich sicherstellen, dass in Rekrutierungsprozessen fachlich hinreichend qualifizierte und untereinander austauschbare Bewerber/innen zur Auswahl stehen.

4) Erst im formalisierten Akt der Prüfung findet formal-institutionelle Bildung zu sich selbst, wird Wissen zu verwertbarem Kapital. Erst Prüfungen als hochgradig formalisierte (Verwaltungs)Akte schließen jene Bildungsprozesse ab, über die institutionalisiertes Kulturkapital in Form von Zertifikaten, Zeugnissen und Titeln erworben werden kann. Akademische Titel sind **Symbolisierungen kultureller Kompetenz,** „die (formell) unabhängig von der Person des Trägers gelten" und diesem zugleich „einen dauerhaften und rechtlich garantierten konventionellen Wert" attribuieren. Unter bestimmten Voraussetzungen ermöglicht ein solcher Hochschulabschluss den Zugang zu höheren gesellschaftlichen Positionen und Statuslagen, oder, um es mit Bourdieu zur formulieren, ist kulturelles Kapital in ökonomisches Kapital konvertierbar (Bourdieu 2012: 237). Mit Blick auf die gesellschaftliche (Ungleich)Verteilung von Chancen wirken Prüfungen also gleichermaßen allokativ wie herrschaftssichernd: In ihrer symbolischen Manifestation in Form von Zeugnissen und Titeln demonstrieren sie, auch wenn Entwertungstendenzen nicht zu übersehen sind, sozialen Status, die Zugehörigkeit zu einer Fachkultur und professionelle Exklusivität.

Auch im Binnenverhältnis von Studierenden und Lehrenden übernehmen Prüfungen die Funktion, **Herrschaftsverhältnisse** zu reproduzieren. Im formalisierten Prüfungsvorgang kommt dies als Benotung, also als urteilende Entscheidung über Erfolge/Misserfolge zum Ausdruck, im interaktiven Prüfungsgeschehen in der asymmetrisch verteilten Befugnis, die Prüfungssituation verbindlich und handlungswirksam zu definieren. Grundsätzlich bezieht sich dieser Herrschaftsanspruch auf zwei völlig unterschiedliche Prinzipien: Zum einen auf das Prinzip der freiwilligen Unterwerfung unter konsistente Regeln, die den Akt der Beurteilung in ein rechtsförmiges und hochgradig formalisiertes Korsett zwängen; zum anderen auf den Grundsatz der Anerkennung von Wissensasymmetrien, die auf fachtypischer Spezialisierung und/oder einem in langjährigen Karrieren erworbenen Expertenstatus (vgl. Bromme/Jucks/Rambow 2004) beruhen. Dass Prüfungen auch hochschultypische Hierarchien oder den Geltungsanspruch kanonisierter Wissensbestände reproduzieren, sei hier nur am Rande erwähnt.

5) Über den im Herrschaftsbegriff angelegten Rechtsfertigungsbedarf hinaus soll Prüfungen eine gesonderte **Legitimationsfunktion** zugewiesen werden. Diese ist begründet im konstitutionellen Kern moderner Gesellschaften, indem sie Prüfungen auf die zentralen Bildungsversprechen der Aufklärung bezieht:

   a. Jede Prüfung ist Teil der Freiheit von Kunst und Wissenschaft, von Forschung, Lehre und Studium.
   b. Die Bestimmung von Prüfungsinhalten erfolgt in wissenschaftlich-säkularen, vernunftgeleiteten, verständigungsorientierten Diskursen.
   c. Der Zugang zu Bildungsabschlüssen ist grundsätzlich offen und egalitär; niemand darf aufgrund seines Geschlechts, seiner religiösen oder sexuellen Präferenz oder einer besonderen Gruppenzugehörigkeit benachteiligt oder privilegiert werden.
   d. Prüfungen dokumentieren individuelle Leistungen. Dem meritokratischen Prinzip als legitimem Mechanismus für die Verteilung von Gütern folgend, goutieren sie entweder die unternehmerische Investition in Zeit und Lernanstrengungen oder ein (vermeintlich) objektives und gerechtes Maß von Leistung oder Verdienst, das dem Einzelnen zugerechnet wird.
   e. Leistungsbeurteilungen sind dem Prinzip der Gleichbehandlung unterworfen. Ökonomien der Protektion oder der Korruption sind als deviant und disfunktional abzulehnen.

6) Prüfungen bzw. Leistungsfeststellungen haben eine **Steuerungsfunktion**, indem sie den involvierten Akteuren Informationen und Erfahrungen liefern: den Bildungsministerien, Hochschulen und Akkreditie-

rungsagenturen in Form von Kennziffern, die Auskunft geben über die Studierbarkeit eines Studienangebots, die Studiendauer oder den Anteil als besonders förderungswürdig definierter Gruppen; den Fakultäten in Form von Kommunikationen über das Studien- und Prüfungsverhalten, das fachliche Niveau von Lehrangeboten oder die Angemessenheit von Lernzielen; und den Lehrenden in Form von Erfahrungswissen, das Rückschlüsse auf weitere Prüfungsbelastungen, alternative Assessmentverfahren oder Lehrerfolge zulässt. Prüfungen haben „unterschiedliche implizite und explizite Funktionen, (...) deren Relevanz je nach Fach, Prüfungsart oder Prüfer/in erheblich variieren kann" (Müller 2012: 122).

Mit kognitionspsychologischem Blick auf die Studierenden fungieren Prüfungen als „interne Steuerungskonzepte" (Müller 2012: 125). Im multikausalen Kontext habituell verankerter Bildungsdispositionen, schulischer Vorerfahrungen und persönlicher Selbstkonzepte, je konkret kommunizierter Leistungserwartungen und Versagensängste sind Prüfungen mehr als nur verhaltenssteuernd wirksam; sie beeinflussen studentische Lernerfolge und langfristig die Ausbildung von Lernstrategien und individueller oder besser: personaler Bildsamkeit. Die Selektivität von Prüfun-

Abb. 1: Die Steuerung des Lernens durch Prüfungen

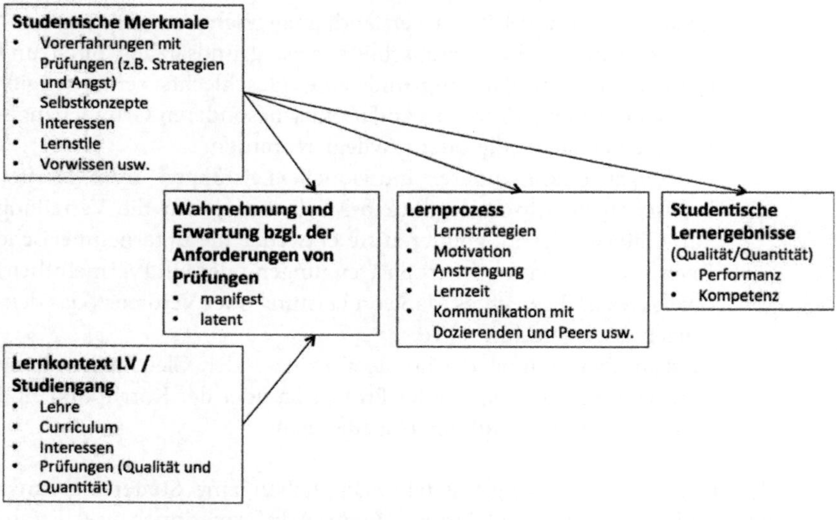

Studentische Merkmale
- Vorerfahrungen mit Prüfungen (z.B. Strategien und Angst)
- Selbstkonzepte
- Interessen
- Lernstile
- Vorwissen usw.

Wahrnehmung und Erwartung bzgl. der Anforderungen von Prüfungen
- manifest
- latent

Lernprozess
- Lernstrategien
- Motivation
- Anstrengung
- Lernzeit
- Kommunikation mit Dozierenden und Peers usw.

Studentische Lernergebnisse (Qualität/Quantität)
- Performanz
- Kompetenz

Lernkontext LV / Studiengang
- Lehre
- Curriculum
- Interessen
- Prüfungen (Qualität und Quantität)

Quelle: Müller (2012, neu gesetzt), in Anlehnung an Prosser/Trigwell (2009)

gen bezieht sich nicht auf den „Erwerb bloßer Kenntnisse", sondern auf die „Lernfähigkeit selbst" (Luhmann/Schorr 1999: 61).

7) Prüfungen haben eine **didaktische Funktion**, indem sie Lehre und Lernen in Form vom Leistungsmessungen/Leistungsnachweisen aufeinander beziehen. Im Rahmen eines Curriculums bilden Ziele, Inhalte, Methoden und Prüfungen ein Regelsystem. Prüfungsergebnisse geben zunächst Rückmeldungen an Studierende, die ihren aktuellen Lernstand abbilden. „Das gilt (..) vor allem für formative Prüfungsformen, die keine Rechtsfolgen haben und daher bewusster als Lernunterstützung wahrgenommen werden können" (Reinmann 2014). Als Lernerfolgskontrollen geben Prüfungen auch Lehrenden ein Feed-back, ob Lehr-Lernziele adäquat ausformuliert bzw. erreicht wurden. Insofern liefern sie Anhaltspunkte, wie Lehr-Lernprozesse und nicht zuletzt auch die Prüfungen selbst zeitlich und inhaltlich zu strukturieren sind, ob Lehr-Lernniveaus angemessen definiert sind oder wie Lehr-Lernleistungen durch Methoden bzw. Techniken aus den Arsenalen der Hochschuldidaktik oder des Wissensmanagements beeinflusst werden können.

8) Prüfungen einschließlich der ihnen vorausgehenden und folgenden Handlungen ermöglichen bzw. sind soziale Erfahrungen. Insofern ist ihnen eine **Sozialisationsfunktion** immanent. Hochschulsozialisation findet statt; sie ist nicht-intentionales implizites Lernen, das quer zu den Bemühungen um curriculare Strukturbildung, evidenzbasierte Fundierung oder Formalisierung unerwartete, nicht berechenbare und paradoxe Effekte hervorbringt. Dieselbe Prüfung ist entweder Anregung für verstärkte Bildungsanstrengungen oder Bestätigung für ein erfolgreiches „muddling through"; entweder strategische Herausforderung oder Auslöser unkontrollierbarer Ängste; entweder Bestätigung akademischer Identität oder Qualifikationsnachweis. Diese Beispiele sind willkürlich und scheinen trivial, verweisen analytisch aber auf Lern- und Prüfungskulturen als (über)komplexe und kaum steuerbare soziale Systeme, in denen Bildungsprozesse durch die habituellen Dispositionen der Akteure oder die im Hochschulalltag generierten Prüfungsusancen und heimlichen Lehrpläne gebrochen werden. Solche Abweichungen vom Ideal objektiver Prüfungen sind notorisch und hinlänglich kommuniziert. Dem Verdacht der Beliebigkeit oder gar Willkür beggnen die Hochschulen und die dort Prüfenden traditionell mit Transparenz, fachlich-kollegialer Kontrolle und vor allem mit Formalisierung.

4.1 Kriterien professionellen Prüfens

Ausgehend von den Konstruktionsmerkmalen und Funktionszuweisungen von Prüfungen, können wir uns nunmehr dem Fragenkomplex zuwenden: Was zeichnet qualitativ gute, was zeichnet professionelle Prüfungen aus? Theoretische und empirisch abgesicherte Zugänge zur Beantwortung dieser Frage bieten Beiträge der Hochschuldidaktik, die – unter Berücksichtigung bildungspolitischer Rahmensetzungen und institutioneller Strukturbedingungen – vier Elemente des Lehr-Lernzusammenhangs aufeinander beziehen:

- die curriculare Konstruktion und Begründung von Prüfungen im Hinblick auf definierte Lernziele
- die Funktion bzw. Ausgestaltung von Prüfungen zur Ermöglichung bzw. Steuerung von Lernprozessen
- prüfungsrelevante Handlungen (auch: Prüfungsvor- und -nachbereitung) im Kontext studentischer Studienmotive
- die Fähigkeiten Hochschullehrender zur Durchführung von Prüfungen.

Besondere Beachtung verdienen an dieser Stelle Untersuchungen, die sich dem Lehr- und Prüfungshandeln in Hochschulen zuwenden. Als theoretischer und normativer Bezugspunkt dieser Studien dient der Begriff der „akademischen Lehrkompetenz", dem im Interesse an einer qualitätsgesicherten Hochschulentwicklung und einer „Professionalisierung" von Lehrtätigkeiten nachgegangen wird: Ausgehend von einer taxonomischen Auflistung hochschuldidaktischer Kompetenzen für die drei Bereiche Lehre, Prüfung und akademische Selbstverwaltung, liefert die von Fiehn et al. (2012) vorgestellte Untersuchung eine Art GAP-Analyse, der wir entnehmen können, welche Teilkompetenzen als relevant angesehen werden für die Durchführung von Prüfungen und wie Lehrende – gemessen am „Kompetenzranking" – das eigene Lehr- und Prüfungsverhalten einschätzen. Auch wenn im Umgang mit dem Begriff der Kompetenz die üblichen definitorischen Unschärfen zu beklagen sind, so liefert die empirisch ermittelte Ordnung prüfungsrelevanter Dispositionen (hier: Teilkompetenzen) doch wichtige Hinweise für unsere weiteren Überlegungen. Als „Kompetenzbilanzierung von Hochschullehrenden" (a.a.O.: 61) beruht sie vor allem auf Erfahrungswissen und ist Teil des habitualisierten Systems „handlungsleitender Lehr-Lernüberzeugungen" (Trautwein/Merkt 2012: 90). Dieses System umfasst, der Relevanz für Prüfungshandlungen nach geordnet (Fiehn 2012: 53): Fachwissen – Prüfungskompetenz (Tautologie?) – Kommunikationsfähigkeit – Feedback geben – Handlungstransparenz – Beratungskompetenz – Empathie – Zielorientierung – Distanzfähigkeit – Ethische Grundhaltung.

Anknüpfend an die Auflistung relevanter hochschuldidaktischer Kompetenzen kann ein differenzierter, normativ begründeter und im konkreten Prüfungsgeschehen erarbeiteter Kriterienkatalog zur Professionalisierung von Prüfungen entwickelt werden. Hierbei sind zwar Anforderungen der Hochschuldidaktik zu berücksichtigen, es darf aber nicht ausgeblendet werden, dass das Prüfungsgeschehen, angefangen bei der Definition der Prüfungsanforderungen und Prüfungsmodalitäten bis zur Zertifizierung, in verrechtlichten und institutionalisierten Bahnen erfolgt. Dies macht es erforderlich, auch Kriterien zur Bewertung administrativer Abläufe, zur Transparenz des Prüfungswesens oder zur Einhaltung verwaltungsrechtlicher Gebote einzubeziehen:

Kriterienbereich I: Ordnung des Prüfungswesen

- Es liegt eine Prüfungsordnung vor. Diese ist akkreditiert und geeignet, Fragen der Zulassung, der Prüfungsberechtigung, des Bestehenszwanges, des Versäumnisses, der Attestierung sowie der Verteilung und Gewichtung der Prüfungen nach Semesterlage, Art und Umfang usf. widerspruchsfrei zu beantworten.
- Studierende und Lehrende sind über die durch das Prüfungsrechtsverhältnis begründeten Rechte (vor allem: das aus dem Grundrecht Art. 12 Abs. 1 auf freie Berufswahl ableitbare „Recht auf Prüfung") und Mitwirkungspflichten grundlegend informiert.
- Grundsätze der Gleichbehandlung, der Verhältnismäßigkeit und der Sachlichkeit werden eingehalten.
- Zur Wahrung der Chancengleichheit im Falle einer Betreuungsverpflichtung oder behinderungsbedingten Beeinträchtigung Studierender ist gewährleistet, das ein angemessener Nachteilsausgleich eingerichtet wird.
- Im Rahmen des Prüfungsrechtsverhältnisses genießen die Studierenden Vertrauensschutz; dies gilt insbesondere für Änderungen in der Studien- und Prüfungsstruktur, die sich auf die Anforderungen an den Studienerfolg, also auf Zulassungsvoraussetzungen, Prüfungsgegenstände, Prüfungsarten und Leistungserwartungen (Bearbeitungszeit, Prüfungsdauer, Umfang einer Ausarbeitung) auswirken. Ggf. werden Benachteiligungen der Studierenden durch Ausnahmeregelungen und Übergangsbestimmungen vermieden.
- Die Studierenden haben bei ablehnenden und belastenden Entscheidungen (Vorwurf der Täuschung, des Plagiats, Fristversäumnis, Nichtbestehen etc.) einen Anspruch auf Anhörung. Gegen belastende Entscheidungen kann innerhalb eines definierten Rahmens (Fristsetzung, Schriftlichkeit, Begründung) Widerspruch eingelegt werden.

- Ergänzend zur Rechtsbehelfsbelehrung werden die Studierenden über die Modalitäten und Chancen eines Widerspruchsverfahrens oder über Verfahrensalternativen erschöpfend und unvoreingenommen informiert.

Kriteriumsbereich II: Prüfungsadministration

- Durch Informations- und Beratungsangebote wird darauf hingewirkt, dass Studierende ihren Mitwirkungspflichten (Informationsobliegenheit, Hinweispflichten) nachkommen können.
- Die Prüfungsordnung sowie weitergehende Informationen zu prüfungsrechtlichen Details, zu Grundsätzen des Prüfungsverlaufs, zur Erreichbarkeit von Funktionsträgern und Verwaltungskräften sowie zu Prüfungsfristen sind fakultätsöffentlich für alle zugänglich; Prüfungsfristen und Änderungen der Prüfungsordnung werden frühzeitig kommuniziert.
- Regelmäßige Sprechstunden zur Klärung allgemeiner Prüfungsfragen oder individueller Prüfungsverläufe werden vorgehalten.
- Studierenden-Servicebüros und fakultätsinterne Prüfungsämter mit regelmäßigen Sprechstunden entlasten Lehrende und unterstützen Studierende in Prüfungsangelegenheiten und gewährleisten insgesamt eine serviceorientierte Prüfungsberatung (Rückert 2011).
- Dem Gebot der Verhältnismäßigkeit folgend, wird umgehend auf die Einreichung bzw. Korrektur von Anträgen und Erklärungen hingewirkt, wenn diese offensichtlich aus Versehen oder Unkenntnis nicht, unvollständig oder unrichtig eingereicht wurden.
- Studierende und Lehrende werden mit der elektronischen Prüfungsverwaltung (ePV) vertraut gemacht, so dass eine eigenständige Prüfungsan- und -abmeldung sowie Notenverwaltung gewährleistet ist.
- Die Funktionalität der ePV ist in Abstimmung mit dem Rechenzentrum gewährleistet.

Kriteriumsbereich III: Prüfungsgegenstände und Prüfungsanforderungen

- Die Bestimmung der Lehrinhalte und Prüfungsgegenstände entspricht dem aktuellen fachlichen Standard der Forschungs-Community.
- Lehrinhalte und Prüfungsgegenstände sind über das Modulhandbuch und die Lehrveranstaltungen hinlänglich definiert; einschlägige Literatur u.a. Quellen zur Prüfungsvorbereitung sind frühzeitig benannt (Transparenzgebot).
- Die Prüfungsinhalte und Lehrmaterialien genügen hinsichtlich ihrer Anspruchsniveaus den Anforderungen, welche der HQR für BA- und MA-Abschlüsse vorsieht.

- Erwartungen an die Leistungen der Kandidaten und Prüfungsverläufe werden frühzeitig kommuniziert.
- Durch eine gute Betreuung, Hilfen zur Begleitung von Lernprozessen (Coaching) und unterstützende Angebote zur Prüfungsvorbereitung (Tutoren, wissenschaftliche Hilfskräfte) werden Studierende in ihrer Selbststeuerungsfähigkeit bestärkt und Prüfungsängste minimiert (Wannemacher 2009: 80f).

Kriteriumsbereich IV: Wahl der Prüfungsarten und Prüfungsformen

- Die gewählten Prüfungsarten und Prüfungsformen sind geeignet, die Lehrinhalte und Lernergebnisse in angemessener Weise abzubilden.
- Die Bestimmung der Prüfungsarten und Prüfungsformen erfolgt modul- und studiengangsübergreifend in gemeinsamer, d.h. Studierende wie Lehrende einbeziehender Verständigung über den Prüfungsauftrag und kreativ in der Konstruktion neuer Prüfungsformate und Prüfungsmethoden.
- So weit möglich, kommen formative, also zeitnahe, prozess- und feedback-orientierte Leistungsnachweise (vgl. Wildt/Wildt 2011: 29ff.) zur Anwendung.
- Bevorzugt werden außerdem komplexe projekt-, forschungs- und entwicklungsorientierte Prüfungsformate (exemplarisch: Prüfungsformat Portfolio)(vgl. ...), die Studierenden die Möglichkeit geben, über fachliche Antwortvorgaben hinaus prozessintegriert Kompetenznachweise zu erbringen.
- Modulprüfungen sind in der Regel integrierte Prüfungen, die über mehrere Lehrveranstaltungen bzw. Teilmodule hinweg feststellen, ob und inwieweit die definierten Lernziele erreicht wurden.
- Kumulationseffekte, die zur einer Häufung summativer Prüfungen zum Semesterende führen, werden vermieden.

Kriteriumsbereich V: Durchführung der Prüfung

- Bei der Durchführung von Prüfungen und der Bewertung von Prüfungsleistungen werden Gebote der Fairness und der Sachlichkeit beachtet.
- Art und Umfang der Prüfung entsprechen den Vorgaben der Prüfungsordnung; die dort definierten Zeiten zur Erbringung einer Leistung werden eingehalten.
- Die Kriterien zur Begründung von Noten sind, je nach Prüfungsart und Lernniveaubestimmung, transparent, verständlich und hinreichend kommuniziert.

- Die Prüfungsaufgaben sind mit unterschiedlichem Schwierigkeitsgrad konstruiert, so dass das erreichte Leistungsniveau differenziert beurteilt werden kann.
- Studierende erhalten die Chance, Prüfung mit einem vertretbaren Aufwand zu bestehen.
- Prüfungen bieten nach Art und Durchführung hinreichend Gelegenheit, fachliches Wissen und (berufsqualifizierende) Fähigkeiten angemessen darzustellen.
- Die Prüfer sorgen für eine förderliche Prüfungsatmosphäre oder stellen zumindest sicher, dass äußere Faktoren, die den Prüfungsverlauf und das Prüfungsergebnis nachteilig beeinflussen können, ausgeschlossen sind.
- Prüfungsverläufe werden formgerecht dokumentiert (Rechtssicherheit); die Notengebung erfolgt in fachadäquater und differenzierter Begründung; hierbei wird die definierte Notenskala verwendet.

Kriteriumsbereich VI: Prüfungsevaluation

- Studierende haben ein Recht auf Einsicht in ihre Prüfungsakten.
- Zeitnahe Angebote zur Einsichtnahme in die kommentierte Prüfungsausarbeitung und zur Erläuterung der erzielten Note erlauben eine individuelle Lernkontrolle bzw. persönliche Rückmeldung zum Leistungsstand der Studierenden; diese ermöglicht ggf. Anregungen zum weiteren Studienverlauf.
- Prüfungsergebnisse werden in aggregierter Form im Bericht des Prüfungsausschusses veröffentlicht; dieser wird bei Bedarf in Diskussionen zur curricularen Weiterentwicklung eines Studiengangs herangezogen.

4.2 Kompetent kompetenzorientiert prüfen?

Die Erweiterung bzw. Modifikation des oben genannten Kriterienkatalogs zum professionellen Prüfen ist eine relativ simple Angelegenheit. Deutlich komplexer und auch kontroverser ist zu diskutieren: Welche Gütekriterien sind an Prüfungen anzulegen, die dem Anspruch der Kompetenzorientierung genügen? Diagnostisch zielt diese Fragestellung gleichermaßen auf die Einschätzung von Kompetenzerwartungen an Studierende, die definierte Kenntnisse und Fähigkeiten erwerben sollen, wie auf die Lehrenden selbst, die für eine Lernwelt, d.h. die didaktische Ausgestaltung von Lehr-Lern-Arrangements und Prüfungen verantwortlich zeichnen, in denen eben diese Kompetenzen erworben werden sollen.

Bzgl. der Kompetenzerwartungen an Studierende bieten europäische und nationale Bestrebungen (Klieme et al. 2007) zur Einführung kompetenzbasierter Standards eine erste Orientierung. Beispielhaft genannt seien der 2007 von der Europäischen Union verabschiedete „Europäische Qualifikationsrahmen für lebenslanges Lernen (EQR)" (EU COMM 2006) oder das von der KMK entwickelte didaktische Konzept der Lernfeld- und Kompetenzorientierung (KMK 2007), das verbindlich und mit Hilfe von Rahmenlehrplänen auf die curriculare Neuordnung der beruflichen Bildung abzielt (vgl. dazu kritisch: Straka 2005). Dieses Konzept stützt sich, wie auch das „Heidelberger Modell der (Aus)Bildungsqualität" (vgl. nachstehend Tab. 2), auf ein mehrdimensional ausdifferenziertes subjektbezogenes Bildungsverständnis. Beachtenswert ist die Verschränkung von fachlicher Qualifikation, Persönlichkeitsbildung und zivilgesellschaftlicher Bemündigung zu einem integrierten Entwurf von Handlungskompetenz. Dieser stellt die Fähigkeit zur sozialen Selbstvergewisserung und eigenständigen Handlungssteuerung in den Mittelpunkt und wird deshalb, wie Rosenstiel/Frey zu Recht betonen, in säkularisierten und demokratischen Gesellschaften als erstrebenswert angesehen:

Tab. 2: Das Heidelberger Modell der Schlüsselkompetenzen

1. Makro-Ebene: Umgang mit Wandel und entscheidungsoffenen Situationen – Identität, Selbstreflexion und Handlungsfähigkeit in der modernen Welt		
2. Meso-Ebene: Vier grundlegende Faktoren von Handeln und Selbststeuerung	3. Mikro-Ebene: Daraus abgeleitete spezifische Fähigkeiten für das jeweilige Bezugsfeld	
	Bedeutung im Studium	Bedeutung im Beruf
Aktive Orientierung: Sich gegenüber Herausforderungen positionieren	Motivation und Interesse entwickeln, das Studium individuell ausrichten	Eigeninitiative entwickeln, Stellung beziehen, zu Entscheidungen bereit sein
Zielbewusstes Handeln: Projekt- und Lebensziele flexibel ansteuern	Zielgerichtet und eigenverantwortlich studieren, Leistungsbereitschaft, Zeitbalance und Zeitmanagement	Vereinbarte Ziele verantwortlich realisieren, in Projektstrukturen arbeiten, Spielräume gestalten
Lebenslanges Lernen: Kenntnisse und Fähigkeiten beständig erweitern	Selbst gesteuert lernen, sich (aus-)bilden und weiterentwickeln	Bereitschaft, sich zu entwickeln und zu verändern
Soziale Kompetenz: Sozial verantwortlich handeln, kommunizieren, kooperieren	Sich aktiv am Diskurs beteiligen, Wissen mündlich und schriftlich präsentieren, im Team arbeiten, Vereinbarungen treffen	Ethisch handeln, sich mit anderen abstimmen, Teamfähigkeit, Führungsfähigkeit, interkulturelle Kommunikation

Quelle: Chur 2012: 300

Am Ende eines Studiums sollte der „Einzelne in der Lage sein (..) autonom zu handeln, d.h. gestützt auf von ihm selbst verantworteten Kriterien ohne Abhängigkeit von Anderen seine Entscheidungen zu treffen, seine Ziele zu verfolgen und dafür auch die Verantwortung zu übernehmen" (von Rosenstiel/Frey 2012: 53).

Obwohl die Vermittlung von Schlüsselqualifikationen keine explizite Forderung in den Bologna-Dokumenten darstellt (vgl. Kohler 2004), ist kaum zu übersehen, dass das Konzept der Schlüsselkompetenzen neben der selbstverständlichen fachwissenschaftlichen Lehre in Hochschulen an Bedeutung gewonnen hat. Angebote wie das der Georg-August-Universität Göttingen[16] oder die Tatsache, „dass in manchen Bundesländern (...) die Genehmigung von Bachelorstudiengängen nur erfolgt, wenn die Vermittlung überfachlicher Schlüsselkompetenzen in eigenen Lehrveranstaltungen zu den strukturbildenden curricularen Elementen gehört"[17], verweisen auf die wachsende Bedeutung, die fachspezifischen und überfachlichen Angeboten beigemessen wird. Das gilt sowohl für die Bewältigung des Studiums selbst als auch im Hinblick auf Anforderungen des nicht-wissenschaftlichen Arbeitsmarktes. Im Wandel von der Industrie- zur Wissensgesellschaft, so die Argumentation aus dem „Deutschen Zentrum für Hochschul- und Wissenschaftsforschung (DZHW)", avancieren Soft Skills „zu einem international wichtigen und wettbewerbsrelevanten Produktionsfaktor für die Hochschulen."[18] Vertiefte Auseinandersetzungen mit kompetenztheoretischen Diskursen offenbaren eine Vielzahl, in unterschiedliche Richtungen weisender Systematiken, die hier nicht aufgearbeitet werden können. Folgende Prämissen für die weiteren Überlegungen sollen jedoch festgehalten werden.

1. Kompetenzen sind individuelle Dispositionen zum selbstgesteuerten Handeln in sozialen Situationen unterschiedlicher Komplexität; diese reichen von der universellen Fähigkeit zum kommunikativen Handeln über die

---

16 Universitätsweites Konzept für Schlüsselkompetenzen, URL: http://www.uni-goettingen.de/de/document/download/a92d9718362a8238dd7a0f35ab6a97a3.pdf/SK-Katalog_SoSe09.pdf (20.8.2018)

17 HRK Bologna-Zentrum: Bologna-Reader III: FAQs - Häufig gestellte Fragen zum Bologna-Prozess an deutschen Hochschulen, Beiträge zur Hochschulpolitik 8/2008, S. 175f., URL: https://www.hrk-nexus.de/fileadmin/redaktion/hrk-nexus/05-Cover-Broschueren-Plakate/Beitr-2008-08_BolognaReader_III_FAQs.pdf (20.8.2018)

18 Scholz, A.-M.: Die Bedeutung von Schlüsselkompetenzen im Bologna-Prozess, April 2009, URL: http://www.forschungsinfo.de/iq/iq_inhalt.asp?agora/Bologna/bologna_inc.htmlXXXDie%20Bedeutung%20von%20Schl%FCsselkompetenzen%20im%20Bologna-Prozess (20.8.2018)

kulturspezifische Fähigkeit zur Selbststeuerung und Selbstoptimierung in der Moderne bis zur Fähigkeit der sachgerechten Ausführung einer konkreten Tätigkeit.
2. Schlüsselkompetenzen sind individuell erwerbbare Kenntnisse, Fähigkeiten und Wissenselemente, die sich nicht unmittelbar auf bestimmte Tätigkeiten beziehen, sondern auf die erfolgreiche Bewältigung nicht vorhersehbarer Handlungsanforderungen im Laufe einer Karriere, eines Studiums oder eines Lebens.
3. Kompetenzen sind interessierte Konstrukte:

- Sie transportieren Ordnungs- bzw. Normalitätsentwürfe für ein „gelungenes" oder als „wünschenswert" deklariertes Leben/Handeln.
- Sie sind relational zu den an das Subjekt gestellten kulturellen bzw. situativen Anforderungen.
- Sie fungieren als Hintergrundchiffren zur Mobilisierung von Ressourcen oder Legitimierung hegemonialer Ansprüche (Beispiele: Interkulturelle Kompetenz, Genderkompetenz, Medienkompetenz, Alternskompetenz).

4. Kompetenzen werden in Modellen dargestellt, die – mehr oder weniger erfindungsreiche – Klassifizierungen, Abstufungen nach Niveaus und eine Ausdifferenzierung nach Komponenten (Teilkompetenzen, Kompetenzprofile) zulassen (vgl. Erpenbeck/v. Rosenstiel 2003).
5. Kompetenzen sind eingebunden in individuelle Motivstrukturen und Relevanzsysteme, in subjektive Theorien, Dispositionen und Gewohnheiten. Im Kontext lebensweltlicher Plausibilitätsannahmen haben sie deshalb die Eigenschaft, uns und anderen nicht bewusst zur Disposition zu stehen.
6. Polanyis Theorie des „implicit knowing" aufgreifend (Polanyi 1985), werden Kompetenzen zumeist in mentalen Prozessen der transaktionalen Verschränkung von alltäglichem Handeln und Erkennen erworben. Sie sind das Ergebnis impliziter Lernprozesse, in denen Routinen, Intuitionen und Erfahrungen eine für die Performanzregulation zentrale Rolle spielen.
7. Im Licht kompetenztheoretischer Konzepte steht die individuell je differente Bewältigung sozialer Situationen oder auch zwischenmenschlicher Kommunikationsanforderungen grundsätzlich unter dem Verdacht, dass man es nicht nur anders, sondern besser oder effektiver machen könnte. Kompetenzorientierte Trainingstechniken, Beratungsangebote und didaktische Konzepte operieren also mit einem Wirkungsversprechen. Sie adressieren „den Menschen als einen Könner/Nichtkönner (..), dessen Fähigkeiten sich nicht unbegrenzt, aber doch immer noch ein wenig mehr steigern lassen" (Gelhard 2011: 10).

Ohne hier die theoretisch und methodologisch verschachtelte Diskussion zur Konzeptualisierung und Messung von Kompetenzen weiter verfolgen zu wollen, scheint unstrittig, dass der universitäre Auftrag und die hochschultypischen Freiheitsgrade eine besondere Lehr- und Lernkultur erfordern, in der die Dimensionen der Fach- und der Methodenkompetenz wissenschaftlich zu akzentuieren sind. Weil Kompetenzen sich darüber hinaus erst in sozialen Handlungen und im individuellen Entscheiden entfalten und bewähren, bedarf es im Umkehrschluss besonderer Lernarrangements, die den Erwerb von Kompetenzen ermöglichen. Wie also, so ist zu fragen, können kompetenzorientierte Lernprozesse im Rahmen universitärer Bildung didaktisch gestaltet werden?

Aus bildungswissenschaftlicher Sicht sind es vor allem anwendungs- und projektorientierte offene Lehr- und Lernformen mit komplexen Problemstellungen, die in den Kontexten der jeweiligen Fachkulturen kompetenzförderlich wirken. Diesem Ansatz folgend, komme es darauf an,

> „so zu lehren und zu lernen, dass über deklarative Wissensbestände hinaus vor allem auch prozedurale Kompetenzen des eigenständigen Problemlösens erworben werden. Lehre ist dann die wirksame Anregung von eigeninitiativen Lernprozessen, und Studium ist der Einsatz individuell angemessener Strategien der Selbststeuerung und Informationsverarbeitung" (Chur 2012: 291f.).

Ein solcher Ansatz, der auf nachhaltige Lernprozesse abzielt, ist vorzüglich über kleinere F&E-Projekte realisierbar, in denen vielfältige Lernoptionen eröffnet werden (exemplarisch: Feldmüller/Weidauer 2014). Je nach Nähe zum Handeln und Entscheiden in authentischen Situationen folgen solche Ansätze dem Modell problemorientierten Lehrens und Lernens (Reinmann-Rothmeier/Mandl 2001) oder Entwürfen zum situierten Lernen. Letztere präferieren offene informelle Lehr-Lern-Kontexte, den Erwerb impliziten (Handlungs-)Wissens (Polanyi 1958; für die Soziale Arbeit: Moch 2012), das Aushandeln von Situationsdeutungen und nicht zuletzt die Übernahme von Verantwortung sowohl für das Erreichen definierter Lernziele als auch für Folgen sozialen Handelns. Mit Hilfe projekt- und problemorientierter Ansätze können spezifische Lernfelder und Lernsituationen eröffnet werden, in denen die Verschränkung von berufspraktischer Pragmatik (kooperatives Beratschlagen und Entscheiden) und systematischer Lehre (theoretisches Nachdenken über Voraussetzungen, Ziele, Mittel und Folgen beruflichen Handelns) in Gestalt einer begleitenden Anregung zur Selbstbildung erfolgt.

Lohnend ist hier ein Blick auf die im theoretischen Kontext des Wissensmanagements (vgl. Hasler Roumois 2007: 46) getroffene Unterscheidung zwischen Inhaltswissen und Handlungswissen. Kompetenz umfasst hier prozedurales Wissen, „wie etwas zu tun ist" (Know-how). Es werde in der Regel über das Handeln selbst erworben. Wissen, „warum etwas so ist" (Know-why), kann hingegen nur über „Beobachtungen zweiter Ordnung" (Luhmann 1990) generiert werden. Es bedarf also der Transformation durch andere, anders formuliert, der begleitenden Expertise, um als Reflexivität (vgl. Huberman, 1995) in das subjektive Kompetenzportfolio einzufließen. Erforderlich ist deshalb eine Lehre, die ein nachhaltiges Lernen ermöglicht, Wege kooperativen Lernens und Problemlösens aufzeigt und zur kritisch-reflexiven Auseinandersetzung mit den Lerngegenständen und den Lernprozessen selbst motiviert.

Diese Zielvorgaben gelten auch für das Prüfen an Hochschulen. Die adäquate Wiedergabe bloßer Lehrinhalte ist weder mit dem Prinzip des Constructive Alignment noch mit einschlägigen Kompetenzmodellen vereinbar. Statt dessen bedürfe es der didaktischen Verschränkung anwendungs- und problemorientierten Lernens mit Prüfungsformen, die konkrete Handlungsvollzüge im reflexiven Bezug auf Referenztheorien thematisieren und auf diese Weise Kompetenzerwerb und Kompetenzassessment miteinander verschränken. In der programmatischen Sprache der HRK:

> „Bei der Konzeption kompetenzorientierter Prüfungen werden weniger wissens-produzierende Prüfformate, sondern vielmehr Formate gewählt, die die Anwendung von Wissen, dessen Umsetzung in Handlungszusammenhängen sowie die Beurteilung und Reflexion von realitätsnahen Problemstellungen fordern und fördern" (HRK 2015: 2).

Dieses zu leisten, mithin über Lehr- und Prüfungskompetenz (Stahr 2009; Trautwein/Merkt 2012) zu verfügen, wird Lehrenden, wie eine zunehmend institutionalisierte und im Zweitakt von Anforderungskatalogen und Wirkungsversprechen operierende Hochschuldidaktik signalisiert, offenbar nur noch partiell zugetraut. Und es ist offensichtlich, dass diese Inkompetenzunterstellung ausdrücklich auch die Ausgestaltung von Prüfungen bzw. Leistungskontrollen einbezieht. Die Orientierung akademischen Lehrens und Lernens am Lernziel Kompetenz erfordere nach Chur (2012) eine neues Verständnis von Bildungsqualität, das die didaktische Ausgestaltung kompetenzförderlicher Lernumgebungen einbeziehe.

> „Das bedeutet für die Hochschulen, bei den Studierenden über das Fachliche und über die intellektuell-kognitive Bildung hinaus eine Persönlichkeitsentwicklung zu ermöglichen und bei den Lehrenden für eine Erweiterung ihrer didaktischen Qualifikationen jenseits der fachwissenschaftlichen Karriere zu sorgen" (Chur 2012: 311).

Die in dieser Argumentationslinie geforderte Öffnung der universitären Lehr- und Prüfungskultur zeugt im erweiterten Kontext des Hochschulreformdiskurses vom „Vertrauensverlust in die Selbststeuerungsfähigkeit der Profession der Professoren" (Kloke/Krüken 2012: 311) und weist über die sporadische und persönlich motivierte Inanspruchnahme von Weiterbildungs- und Trainingsangeboten hinaus. Sie reserviert der Hochschuldidaktik einen prominenten Platz in Angelegenheiten der Personal- und Organisationsentwicklung und zielt perspektivisch darauf ab, Hochschulen und ihre Fakultäten strukturell und strategisch anschlussfähig zu machen an die Expertise der Hochschuldidaktik.

Mit Blick auf das hier diskutierte Anliegen einer neuen Lehr- und Prüfungskultur muss die Frage der Kompetenzbewertung als größte Hürde angenommen und diskutiert werden. Ursächlich hierfür ist die Tatsache, dass sowohl der theoretische Unterbau, was denn nun Kompetenz sei, als auch dessen Operationalisierung in Test- und Trainingstechniken höchst kontrovers diskutiert wird. Grundsätzlich gilt: Kompetenzen sind weder beobachtbar noch messbar! Als individuelle Dispositionen können sie, wie Reinmann zurecht anmerkt, per definitionem nicht direkt erfasst werden. Ausgehend von der sichtbaren Seite des Handelns, der sog. Performanz, werden Kompetenzen also ex post über Akte der Beobachtung und der Bewertung gelungenen oder erfolgreichen Handelns zugeschrieben. Insofern bezeichnet der Begriff der Performanz die Art und Weise, wie Kompetenzen in typischen oder definierten Anforderungssituationen hervorgebracht und zugleich beobachtet und bewertet werden.

> „Prüfungen sind daher Leistungsnachweise und dienen dazu, über spezielle Aufgaben und Kontexte eine Performanz hervorzurufen, aus der man eine Kompetenz (...) erschließt. (...) Das ist eine höchst anspruchsvolle Angelegenheit und setzt nicht nur dazu geeignete Prüfungsformate und -formen voraus, sondern auch Prüfende, die das können, die Zeit dazu haben und dabei auch noch zusammenarbeiten, um der Komplexität überhaupt begegnen zu können" (Reinmann 2014: 4).

Analog zum Prozess der Operationalisierung in der empirischen Sozialforschung ist Performanzbeobachtung angewiesen auf Indikatoren, die Rückschlüsse auf Kompetenzen ermöglichen. Diese müssen den Kriterien der Validität genügen. Dies ist, einmal abgesehen von den grundsätzlichen Problemen theorierelativer Indikatorenbildung (Kuhn 2016), ein riskantes Vorhaben; denn je kompetenter Lehrende im Rahmen handlungs- und problemorientierter Lernprozesse didaktisch steuernd einwirken, desto eher laufen sie Gefahr, Performanzbeobachtung als Selbstbeobachtung zu betreiben. Prüfungen sind dann zirkulär, indem sie – nur schwer unterscheidbar von studentischen Leistungen – immer auch die eigene Lehrkompetenz beurteilen.

Performanz ist mehr als die beobachtbare, messbare und bewertbare Handlung. Sie ist das Ergebnis eines komplexen Herstellungsprozesses, in den neben der besonderen Grammatik einer sozialen Situation auch die Motive, Dispositionen und Interessenlagen der beteiligten Akteure eingehen. „Durchaus einsichtig ist, dass sich Können als Performanz in Praxis ausdrückt, als aktives Verändern objektiver und sozialer Gegebenheiten, als Machbarkeit" (Moch 2012: 558). Gleichwohl kann Performanz weder sozial-technologisch verkürzend auf den Einsatz individueller Fähigkeiten und der daraus resultierenden Ergebnisse reduziert werden, noch weniger lässt sie Rückschlüsse zu auf Strategien erfolgreicher Kapitalvermittlung.

Denn Lernen ist ein (selbst)konstruktiver Prozess, der nur bedingt planbar ist. Die Aufnahme und Verarbeitung von Bildungsinhalten erfolgt in einem gegenüber dem Bildungsangebot autonomen und selektiven Prozess, der alle Situationen alltäglichen Handelns umfasst und immer schon ein lebensweltlich strukturiertes Wissen (Schütz/Luckmann 1975) dessen voraussetzt, was erfahren, erkannt, erlernt und in Gestalt von Kompetenzen abgelagert werden soll. In den Wirkungsversprechen kompetenzorientierter Lehr- und Förderprogramme bleiben diese Zusammenhänge auffallend schwach beleuchtet:

- (Lern)Effekte, die auf den Hinterbühnen der Hochschul-Sozialisation (hidden curriculum) „voll okkasionalistisch" (Luhmann/Schorr 1999: 21) und quasi mitlaufend produziert werden;
- Barrieren, die nicht im Dazu-Lernen, sondern in Momenten notwendigen Ent-Lernens situationsrelevanter Typiken oder tief verinnerlichter Konzepte der selbstregulierten Lebensführung greifbar werden;
- Grenzen, die in der habituellen Rahmung von Kompetenzen begründet sind, also der Tatsache, dass die Erfolgsbeurteilung von Handlungen sich auch daran orientiert, mit welchen Praxen Akteure primäre soziale Zugehörigkeiten definieren; berufliche Kompetenzen zu erwerben, heißt also, Wahrnehmungs-, Denk- und Handlungsschemata, kurz: das „Überzeugungssystem der Kultur zu übernehmen, in der sie gebraucht werden" (Brown/Collins/Duguid 1989, zit. in: Moch 2012: 558);
- nicht zuletzt Paradoxien, die sich performativ auf die fachliche, technologische oder habituelle Nicht-Anschlussfähigkeit hochschuldidaktischer Angebote selbst zurückführen lassen.

Diese grundsätzliche Offenheit pädagogischen Handelns hebt ab auf die im Prinzip nicht technologisierbare Interaktion zwischen Lehrenden (Projekt- bzw. Praxisanleitern) und Studierenden. In pädagogischen Beziehungen solcher Art ist das Wagnis in zweifacher Hinsicht konstitutiv für Bildungsprozesse: Pädagogisches Handeln als soziale Interaktion (!) ist unbestimmt und kann nur durch „Lösung des Problems der doppelten Kontingenz konstituiert werden" (Luhmann 1987), nämlich vormethodisch durch Angebote der Vertrauensbildung.

Didaktische Referenzpunkte für berufsbefähigende Bildungsangebote sind Situationen sozialen Handelns, die für die Berufsausübung als bedeutsam nachvollzogen und als hinreichend komplex bewertet werden können. Insofern ist die Begleitung von Studienprojekten im besten Falle „knowing in action", unterliegt aber dem Risiko der Inkompetenz: sowohl im Hinblick auf die performative (Nicht-)Bewältigung berufstypischer Handlungssituationen, als auch im Hinblick auf das – im Prinzip immer mögliche – Scheitern pädagogischer Anleitung. Es ist offensichtlich, dass unter den skizzierten Bedingungen der Koppelung von Arbeits- und Lernfeld sowie der prinzipiellen Offenheit pädagogischen Handelns jedwede Evaluation auf eine kommunikative und bildungswissenschaftlich strukturierte Verständigung angewiesen ist. Als solche thematisiert sie kulturelle Kontexte, Bildungsziele und Bildungsphantasien, die Lehrbarkeit pädagogischen Handelns und die Abnehmbarkeit pädagogisch inszenierter Identifikationsangebote oder die ungewissen/paradoxen Folgen pädagogisch-anleitenden Handelns.

Insofern wäre es gut und richtig, in Leistungsrückmeldungen auf die persönliche Bildsamkeit, d.h. die Offenheit für pädagogisch strukturierte Interaktion abzuheben. Das Konstrukt einer sich in Noten abbildenden Lernerfolgskontrolle ist dem gegenüber unterkomplex und unterläuft in fahrlässiger Simplifizierung die in Studienprojekten realisierbaren Bedingungen beruflicher und persönlicher Bildung. Ganz abgesehen von der Tatsache, dass bereits beim klassischen Abprüfen von Faktenwissen die vergebenen Noten nur teilweise die gezeigten Leistungen abbilden.

4.3 Auf dem Prüfstand: Prüfen im Bologna-Regime

Heute, nahezu zwei Jahrzehnte nach Bologna, sind die im Begriff der „Curriculum-Revolution" mitschwingenden Euphemismen eher ernüchternden Erfahrungen gewichen. Die erhofften Studienstruktur- und Studienverhaltenseffekte sind nur zum Teil eingetreten. Hingegen wurden steigende Anforderungen an den Aufbau bologna-konformer Prüfungsverwaltungen (HIS 2001), Reibungsverluste im Prozess der Modularisierung von Studienprogrammen, Insuffizienzen des Leistungspunktesystems oder die bürokratischen Realitäten einer teilweise quälenden Lehr-und Prüfungspragmatik (Kühl 5/2011) beklagt. Für Kritiker des Bologna-Prozesses sind viele Befunde zum Studien- und Prüfungsverhalten als Folgen einer Verschulung des Studiums über engmaschige und starre Curricula und permanenten Prüfungsdruck zu interpretieren. Die „Miniaturisierung Prüfungswesen" (Wex 2002) führe zu einer „Verarmung der Prüfungskultur mit der Folge einer monokulturellen Dominanz einzelner vorbereitungs- und korrekturarmer Prüfungsformen" (Wannemacher 2009: 87). Dies dränge die Studierenden zu einer „oberflächlichen, arbeitsökonomischen Optimierung des Studiums" (Grigat 2008). Vielfach scheint die Umsetzung der Strukturvorgaben geradezu das Gegenteil des Beabsichtigten bewirkt zu haben – was sich in großzügiger Auslegung als Exemplifizierung des Weberschen Prinzips der Paradoxie der Wirkung gegenüber dem Wollen deuten ließe: „Über die materiale Rationalität bzw. Irrationalität der Handlung entscheidet allein das Ergebnis, das bekanntlich ganz unerwartet für den Handelnden sein kann" (Norkus 2005: 139). Nun ist es eine leichte Übung, organisationale Paradoxien zu konstatieren. Ungleich anspruchsvoller ist es, die Kontrafinalität der Bologna-Reform prozess- und wirkungsorientiert zu rekonstruieren. Analytisch ist der Frage nachzugehen, wie das BMA-Strukturprogramm unter den konkreten und kontingenten Bedingungen fakultätstypischen Entscheidungshandelns implementiert und in proprietären Lehr-Lern-Kulturen fortgeschrieben wurde.

Wer also die Dynamik des Bologna-Prozesses verstehen will, muss zunächst an dessen Beginn Ende der 90er Jahre zurückgehen. Die Debatte zum Umbau der Hochschulen wurde, wie bereits aufgezeigt, mit Zeitdiagnosen zur Reformbedürftigkeit von Studienprogrammen unterfüttert, die auf die Zukunftsfähigkeit des deutschen Wirtschafts- und Bildungsraumes abhoben. Diese Argumentationsfigur, die Hochschulreform nämlich als unverzichtbare Strategie zur überfälligen Modernisierung von Bildungsstrukturen und zur Standortsicherung zu begreifen, war geeignet, das Bildungsversprechen der Hochschulen, aber auch professionelle Handlungsmuster systematisch unter Druck zu setzen. Im Gegenzug ging von der Vision eines Europäischen Hochschulraumes mit einem gemeinsamen Korsett zur Re-Strukturierung und Steuerung von Studienprogrammen durchaus eine motivierende Kraft aus, die an den Fachhochschulen zudem Hoffnungen auf eine Statusanhebung durch Master-Abschlüsse und ein Promotionsrecht weckte. Die organisatorischen und curricularen Herausforderungen der BMA-Reform wurden in manchen Studiengängen also durchaus als Chance gesehen für eine überfällige und umfassende Studienreform, die pragmatisch aufzugreifen sei. „Nach 25 Jahren eingefahrener FH-Pfade", so Mühlum für die Ausbildung zur Sozialen Arbeit, zeige „die hochschulpolitische Kontroverse um die Stufenabschlüsse eine motivierende, ja befreiende Wirkung: Neues kann gewagt und konzeptioniert werden" (Mühlum 2000). Tatsächlich befanden sich manche Studienprogramme in einem durchaus kritikwürdigen Zustand (vgl. im Folgenden Döbler 2004: 15ff.):

- Innerhalb des Systems der Ausbildung zum wissenschaftlich ausgewiesenen Praktiker sozialer Arbeit war eine Verzahnung von Elementen der Formalisierung mit relativ autonom zusammengebastelten Ausbildungsprogrammen charakteristisch.
- Die im formalen Rahmen der Studienordnung und der Prüfungsordnung definierten Studieninhalte bildeten ein mehr oder weniger zufälliges Sammelsurium ohne zwingende Systematik, so dass einerseits Probleme bei der Ein- und Abgrenzung festzustellen waren, andererseits grenzüberschreitende und interdisziplinäre Lehrangebote allenfalls vereinzelt angeboten wurden.
- Es bestand kaum Einigkeit darüber, welche Wissensbestände und welche Kompetenzprofile für die Sozialarbeiterausbildung relevant seien. Studienprogramme waren Mixturen heterogener und fragmentierter Lehrinhalte, deren additive Zusammensetzung (euphemistisch: Integration) weitgehend den Studierenden überantwortet wurde.
- De facto entschieden Kollegen/innen, je nach berufsbiographischem Hintergrund und disziplinärer Kleingartenpflege, welche Theorien und Inhalte in welcher Tiefe und mit welchem Praxisbezug vermittelt wurden. Lehrangebote wurden nach den Interessen und zeitlichen Präferenzen der Dozenten platziert; Kriterien der Studierbarkeit, der fachlichen Relevanz oder der curricularen Verknüpfung waren nahezu irrelevant.
- Im Ergebnis war die sogenannte „Berufsqualifikation" ein Artefakt, das weitgehend und zufällig davon abhing, welche Eingangsvoraussetzungen Studierende mitbrachten, welche Veranstaltungen sie besuchten, wie viel Zeit sie neben Familie, Beruf und Freizeit in das Studium investierten und nach welchen persönlichen Schemata und Relevanzen sie die angebotenen Ausbildungsinhalte zur „Berufsfähigkeit" zusammenkonstruierten.
- „Das gegenwärtige Studium der Sozialarbeit/Sozialpädagogik" so Kähler/Schulte-Altedorneburg (1995: 4f.) in prägnanter Zusammenfassung, „ist gekennzeichnet durch eine ebenso stille wie stabile Allianz des Verharrens in einer traditionell fächerzentrierten Anbieterdominanz der Lehrenden einerseits und einem [...] primär „kosten"-orientierten Nachfrageverhalten der Lernenden auf der anderen Seite. Diese [..] unheimliche Allianz der Bequemlichkeit [...] erzeugt ein weitgehend kritikimmunes und reformresistentes Gleichgewicht des wechselseitigen Tolerierens und Sich-in-Ruhe-Lassens ..."

Eine zweite hochschulpolitische Anmerkung: Das Bologna-Regime bzw. dessen Auslegung funktionierte und funktioniert nicht ohne die Akzeptanz bzw. Mitwirkung der Unterworfenen.

„Der Bologna-Prozess wurde (..) weder in Bologna, Berlin oder Prag, noch in Bonn, Paris oder Bergen gemacht, sondern überall dort, wo sich Wissenschaftspolitiker/innen, Hochschulangehörige und Bildungsexperten auf die Suche nach der möglichen Bedeutung und den naheliegenden Umsetzungsmöglichkeiten des Bologna-Prozesses gemacht haben. Bologna ist vor diesem Hintergrund eine self fulfilling prophecy, die erst in Erwartung ihrer Realisierung Realität wird" (Maeße 2010a: 109).

Damit rücken diejenigen in den Fokus der Kritik, die für die je konkrete Auslegung und Implementierung der Bologna-Vorgaben verantwortlich zeichnen. Dies sind neben den Agenten der Evaluations- und Akkreditierungsagenturen vor allem die Lehrenden selbst. Und ungeachtet der analytischen, z.T. auch polemischen Schärfe, die den Bologna-Prozess in den vergangenen 18 Jahren begleitet hat, müssen doch einschneidende Veränderungen zur Kenntnis genommen und diskutiert werden. Diese betreffen sowohl die Bemühungen zur Schaffung eines kohärenten Hochschulraumes (EHEA), als auch die auf universitäre Lehr-Lern- und Streitkulturen durchschlagenden, teilweise paradoxen Effekte, die von der Implementierung der skizzierten Struktur- und Formelemente ausgehen. Wir blicken heute auf ein Hochschulsystem, in dem die mit den Begriffen „Modularisierung" und „Leistungspunkte" operierende Bologna-Semantik leicht über die Lippen kommt, nahezu alle Fakultäten/Studiengänge einschlägige Akkreditierungsverfahren hinter sich gebracht und Lehrende wie Studierende sich, wenn auch gelegentlich lamentierend, realitätsgerecht eingerichtet haben. Nachdem auch die Klippen der Anerkennung im Ausland erbrachter Leistungen bzw. beruflich erworbener Kompetenzen gemeistert scheinen, soll nun, unterstützt durch Experten/innen der Hochschuldidaktik, die kompetenzorientierte Ausgestaltung einer neuen Lehr- und Prüfungskultur in Angriff genommen werden. Anreize bietet der bis auf die Ebene der Institute/Fakultäten heruntergebrochene „Qualitätspakt Lehre", Anregungen finden sich in zahllosen Publikationen und Angeboten der hochschulinternen Weiterbildung, die mit kreativen Pilotprojekten oder nützlichen Handreichungen zum Prüfungsdesign beeindrucken.

Strukturprobleme der hochschulinternen Qualitätssicherung

Allerdings ist vieles programmatisch oder pseudo-evident. Seltene Perlen in den methodischen Kramläden des Wissensmanagements und der Hochschuldidaktik sind analytische Beiträge wie beispielsweise die von Havnes/Stensaker (2006) vorgelegten Untersuchungen zu den Schwierigkeiten hochschuldidaktischer Einrichtungen, ihre Expertisen in die Organisation der Lehre oder gar Prozesse der hochschulinternen Qualitätssicherung einzubringen. Bezieht man diese Analysen auf organisationssoziologische Betrachtungen zur hochschulinternen Steuerung von Lehre, so lassen sich strukturelle Barrieren im System der akademischen Lehre identifizieren, die den Einfluss von Akteuren der Qualitätssicherung begrenzen oder gar wirkungslos erscheinen lassen:

1) Die Profession der Lehrenden verfügen über ein hohes Maß an Autonomie. Diese ist „zum einen funktional begründet, da sie auf der Schwierigkeit der Standardisierung und Bürokratisierung von Forschung und Lehre (...) beruht, zum andren aber auch dadurch, dass es den Professionen zumeist gelingt, ihre Autonomie normativ durchzusetzen" (Kloke/Krücken 2012: 312f.).
2) Während diese Autonomie im Bereich der Forschung durch die fachgemeinschaftliche Kommunikation gut abgesichert ist, findet sich für die Lehrtätigkeit kein funktionales Äquivalent. Lehren erfolgt im Wesentlichen in individueller Verantwortung; konzeptionelle bzw. kritische Rückkoppelungen unter Lehrenden sind selten.
3) In dem unübersichtlichen Feld pädagogischer Herausforderungen dürften sich hoch qualifizierte Spezialisten oft inkompetent fühlen: „Expertise in the discipline does not necessarily imply expertise in teaching the discipline" (Havnes/Stensaker 2006: 11). Gleichwohl mag es Lehrenden mitunter schwerfallen zuzugeben, dass die Qualität der Lehre verbesserungswürdig ist – insbesondere, so ist hinzuzufügen, gegenüber Didaktik-Experten/innen, die selbst wissenschaftlich nicht ausgewiesen sind (Chur 2012: 312). Die emphatische Betonung der Freiheit der Lehre erweist sich dann als Barriere für eine offene und kritische Kommunikation der Lehrqualität.
4) Eine hohe Aufgabenlast erschwert es einzelnen Dozenten wie Instituten, lehrentwicklungsbezogene Projekte zu realisieren.
5) Komplementär zur Priorisierung von Forschung gilt die Lehre als Tätigkeit mit eher niedrigem Status. Lehrleistungen sind „im Vergleich zu Forschungsleistungen für die individuelle Karriere und Reputation von untergeordneter Bedeutung" (Kloke/Krücken 2012: 312).
6) Die Möglichkeiten zur direkten und indirekten Beeinflussung von Lehrqualität sind eher gering. Ursächlich hierfür sind die „Nicht-Steuerbarkeit" intrinsischer Motive, begrenzte bzw. unwirksame Mittel für eine lehrleistungsorientierte Besoldung und „verfassungsrechtliche Grenzen des Eingriffs in die Lehre" (Kloke/Krücken 2012: 317).
7) Strukturreformen oder Qualitätsimpulse top-down sind selten geeignet, Begeisterung in akademischen Kulturen auszulösen. Sie hinterfragen die Selbststilisierungen der Professorenschaft und gefährden die in Struktu-

ren und Routinen objektivierten Aushandlungsordnungen. „Um kollektiv bindende Entscheidungen durchzusetzen, fehlt es an deutschen Hochschulen vor allem an Personalmacht (...) und an Organisationsmacht" (Kloke/Krücken 2012: 320).

8) Hochschuldidaktiker werden, wenn überhaupt, als Trainer konsultiert, von denen man praktische Anregungen und technische Unterstützung erwartet. Angebote, welche die Lehrenden selbst als handelnde Personen fokussieren, werden eher skeptisch gesehen.

9) Angebote zur Qualitätssicherung in der Lehre werden dann als hilfreich wahrgenommen, wenn die Bereitschaft und Fähigkeit erkennbar ist, sich auf die Strukturbedingungen, Antinomien und Wagnisse des Lehrens (Hörster 2006) und Prüfens in ihren alltäglichen Manifestationen einzulassen. Denn erst im empirisch-analytischen und im empraktischen Durchgang durch die kulturellen Verwerfungen des Interaktionssystems Lehre erlangt die Expertise der Hochschuldidaktik jene Akzeptanz, die sie auf der Ebene der Theoriebildung so wortreich reklamiert.

10) Unabhängig vom Ausgang solcher Annäherungen an die je konkreten Vermittlungsbedingungen einer Hochschule, einer Fakultät oder eines Studiengangs scheint offensichtlich, dass mit Einrichtungen und Verfahren der Qualitätssicherung primär symbolische und strategische Ziele verfolgt werden: Sie signalisieren nach außen – programmatisch und in symbolischer Inszenierung – die Konformität mit Umwelterwartungen; und sie übernehmen strategisch die Aufgabe, die autonome und interne Organisation von Kernprozessen in den Funktionssystemen Wissenschaft und Bildung gegenüber gesellschaftlichen Leistungserwartungen abzuschirmen (vgl. Kloke/Krücken 2012: 321).

11) Als Teil des Erziehungssystems operiert die Hochschuldidaktik mit dem „Ungenügen" (Luhmann/Schorr 1999: 56f.) vorangegangener Bildungsprozesse. In ihrem Kernanliegen, der intentionalen Veränderung von Personen (Luhmann 2002), zielen ihre Wirkungsversprechen auf Studierende, die Profession der Hochschullehrenden und, wie aufgezeigt wurde, auf die Hochschule als Ort des Lehrens und Lernen insgesamt. Das lässt zwingend und notorisch Zweifel aufkommen, ob ihre Expertisen (Reflexionsformel: Kompetenzorientierung), Mutmaßungen (zur Lehr- und Prüfungskompetenz), methodischen Empfehlungen (neue Lehr- und Prüfungsformen) und Interventionen (in Lehr-Lern-Prozesse) in der real existierenden Bologna-Hochschule praktikabel sind, fachdisziplinären Besonderheiten gerecht werden oder diagnostisch hinreichend sensibel sind für die Studienvoraussetzungen und Studienmotive derer, die heute die Hochschulen bevölkern.

Analytisch hilfreich sind hier kleinere Studien, die das Wagnis einer kritischen Auseinandersetzung eingehen. Deshalb verdient die von Franzke vorgelegte Veröffentlichung zu den Bemühungen, interkulturelle Kompetenz als Bildungsziel im BA-Studiengang „Polizeivollzugsdienst" curricular abzusichern, unsere Aufmerksamkeit. Die Studie analysiert die vielschichtigen Schwierigkeiten, Lernziele in geeignete Prüfungsformate zu übersetzen und die Kompetenzorientierung in Bezug auf konkrete berufstypische Handlungserwartungen einzulösen. Die Studie ist zudem interessant, weil sie offen, also gegen den Trend zur programmatischen Glättung von Studiengangskonzepten die disfunktionalen Folgen aufzeigt, wenn unter restriktiven institutionellen Bedingungen methodisch sinnvolle Lehransätze entwickelt werden müssen. An den Verwerfungen zwischen Kompetenzversprechen und inadäquaten Erwartungen werde Lehre zur harten, von Demotivation und Frustration bedrohten Arbeit (Franzke 2016: 72).

Kritische Einlassungen, die Kompetenzansprüche an Strukturbedingungen und verfügbaren Ressourcen abarbeiten, verdanken wir auch Schwenk-Schellschmidt (2013) und Linssen/Meyer (2016). Die dort präsentierten Ergebnisse offenbaren, was Lehrende tagtäglich erfahren und auch kommunizieren: Studierende weisen z.T. geringe Eingangsqualifikationen in den Bereichen elementarmathematischer Fähigkeiten oder der Lese- und Schreibkompetenz auf. Im Hinblick auf den Erwerb sozialwissenschaftlichen Wissens stelle sich deshalb die Frage,

> „ob die Wissensvermittlung über Vorlesungen, Seminare und das Lesen von Texten (...) überhaupt Erfolge erbringt. Die Erarbeitung von Studieninhalten mit den zurzeit gängigen Lernmaterialien und Einführungen dürfte vielen Studierenden bei den gemessenen (Lese- und Schreib-J.D.)Kompetenzen in einem angemessenen Zeitrahmen kaum möglich sein" (a.a.O.: 45).

Zudem kollidieren studentische Lebens- und Lernkonzepte häufig mit den universitären Anforderungsstrukturen selbstregulierten Lernens, so dass paradoxerweise gerade die als innovativ geltenden Methoden zur eigen-initiativen Erarbeitung einschlägiger fachlicher Inhalte (z.B. Inverted Classroom - ICM), zum selbstgesteuerten oder zum forschenden Lernen (in differenzierter Darstellung: Miehte/Stehr 2007) nur bedingt greifen können. Sie sind inhaltlich voraussetzungsvoll und funktionieren nur, wenn mit Lernzeit, intrinsischen Motiven und thematischem Interesse gearbeitet werden kann – wobei analytische Fragen nach der didaktisch je konkreten Ausgestaltung von Lehr-Lern-Situationen und der Wirksamkeit von Methoden selbsttätigen Lernens (Kraft 2006) an dieser Stelle ausgeklammert werden muss.

Phänomenologie des Hochschulalltags

Im Hochschulalltag häufig diskutierte Realität ist das kurzfristige und punktuelle Bulimie-Lernen („Was kommt dran?"), dem im Anschluss an die Abprüfung korrekter Antworten oder die – gerade noch – termingerechte Einreichung mühsam gepatchter Textfragmente das große Vergessen folgt. Zunehmend, so fasst Kühl die Eindrücke von Lehrenden zusammen, „würden ‚Schmalspurstudierende' die Universität bevölkern, die nur noch mit Hilfe von Anwesenheitskontrollen, wöchentlich abzuliefernden Arbeitspaketen und Multiple-Choice-Klausuren zur Teilnahme an Veranstaltungen zu bewegen seien" (Kühl 5/2011: 2).

Solche zumeist auf Primärerfahrungen gestützte Aussagen sind geeignet, je nach Positionierung im Interdependenzgefüge des universitären Lehr-Lernraumes, Kontroversen zu befeuern. Deshalb soll im Folgenden auf zwei Studien hingewiesen werden, die das Studien- und Prüfungsverhalten empirisch-analytisch unter die Lupe genommen haben: Khlavna geht in ihrer Dissertation (2008) der Frage nach, wie sich die Strukturreformen des Bologna-Prozesses auf verschiedene Dimensionen des Studienverhaltens auswirken und inwieweit sich daraus Folgerungen für die Organisation von Studiengängen ableiten lassen. Die Daten wurden mit Hilfe einer Online-Befragung von 212 Studierenden der Biologie und der Sozialwissenschaft an der Ruhr-Universität Bochum gewonnen.

Während die von Khlavna vorgelegte Studie – auch aufgrund der Beschränkung der Untersuchungseinheit und des geringen Umfangs der Stichprobe (a.a.O.: 166) – leider nur wenig Resonanz erzeugen konnte, haben die Ergebnisse der ZEITLast-Studie (Schulmeister/Metzger 2011), über den Bereich der Hochschulforschung hinausgehend, anhaltende Kontroversen ausgelöst. Aufgrund der entwickelten Methode des Zeitbudgets, der Menge und Qualität der gewonnenen Daten sowie der verlaufsbezogenen Erhebung der empirischen Workload über diverse Parameter der Zeitverwendung und verschiedene Studiengänge hinweg verdient die ZEITLast-Studie als Forschungsschwergewicht besondere Aufmerksamkeit. Ausschlaggebend hierfür ist auch die Erkenntnis, dass die beforschten Studierenden ganz offensichtlich deutlich weniger Zeit für ihr Studium aufwenden, als es die Workload-Vorgaben für BA-Studiengänge vorsehen und als Studien mit klassischem Befragungsansatz dies wahrhaben wollen.

Die besondere Qualität der ZEITLast-Studie liegt vor allem in der sorgfältigen und theoriegeleiteten Ausinterpretation der Untersuchungsergebnisse. Diese ermöglicht es, Fragen zur Planung oder Modifikation von Studienprogrammen neu zu stellen: Wie hoch ist die tatsächliche studentische Workload? Wie verteilt sich der zeitliche Arbeitsaufwand über ein Semester oder über ein 6-semestriges Studium, wie über die verschiedenen Module oder über Zeiten des Selbst- und des Präsenzstudiums? Welche Rolle spielt das Selbststudium im Zeitbudget der Studierenden und welche Optionen gibt es, gestaltend auf Selbststudienphasen einzuwirkenz? Wie sind Praktika sinnvoll zu platzieren? Wie sind Prüfungen zu terminieren? Welchen Einfluss hat die Prüfungsorganisation auf das Lernverhalten von Studierenden? Welche Zusammenhänge gibt es zwischen dem zeitlichen Studienaufwand und dem Studienerfolg?

Schon diese Fragestellungen lassen erkennen, dass die Workload-Analyse sich nicht darin erschöpft, Daten zum zeitlichen Studienaufwand bereit zu stellen oder die universitäre Qualitätstechnokratie mit Kennzahlen zu versorgen. Die wesentliche Funktion des Zeitbudgets ist für Metzger die Überprüfung vorwissenschaftlicher Annahmen und die „Problematisierung eingelebter Überzeugungen" zum lernkulturellen Zusammenhang von Lehrorganisation und Lernverhalten (Metzger/Schulmeister/Martens 2012).

> „Die meisten Vermutungen über das Lernen Studierender, die Wirkung lehrorganisatorischer Maßnahmen und die Interaktion von Lehre, Lernen und Organisation lassen sich nicht auf der hypothetischen Ebene einer vernünftigen Argumentation klären, sofern nicht ein empirisches Korrelat zur Verfügung steht, das klären kann, ob vermutete Ereignisse und Zusammenhänge überhaupt auftreten, in welchem Maße den Annahmen Geltung zukommen kann und ob geplanten Handlungen Erfolg beschert ist" (Metzger 2013: 153).

Insofern zielt die Kritik der ZEITLast-Autoren nicht nur auf die Strukturelemente des Bologna-Regimes, sondern – eine Ebene darunter und völlig zurecht – auf deren Umsetzung im Zuge der Konzeptualisierung von Studiengängen und der je konkreten Organisation von Lehre. Problematisch sind weniger die Strukturvorgaben des Bologna-Prozesses, als vielmehr die Modalitäten ihrer Implementierungen unter lernkulturellen Rahmenbedingungen, die noch im Modus klassischer Lehr- und Prüfungsverständnisse operieren. Die Bologna-Hochschule in ihrer konkreten Gestalt, die dort vorfindbaren Lehr-Lern- und Prüfungskulturen sind also paradoxerweise beides: „ungewollte Nebenfolgen" der Hochschulreform und zugleich Produkte je fakultäts- bzw. institutscharakteristischer Anpassungs- und Aushandlungsprozesse. Unabhängig von den Vorgaben der Bildungsministerien und Agenturen zur Gestaltung Bologna-gerechter Studiengänge ist festzuhalten: „(…) geplant und verabschiedet werden die Regelungen für Studiengänge (..) immer noch auf der Ebene der einzelnen Institute, Fachbereiche und Fakultäten" (Kühl 1/2011: 4). Diese sind also auch Ansprechpartner, wenn es um die Bewertung von Studien- und

Prüfungsstrukturen, insbesondere um die Erhöhung der Prüfungslasten geht. Insofern können die nachfolgenden Zustandsbeschreibungen zum Lehr- und Prüfungsalltag nur eine allgemeine Orientierung geben:

1) „Constructive alignment" ist eine Mystifikation. Gerade in der Anfangsphase des Bologna-Prozesses standen die Vorgaben, „Studienangebote konsequent von den Qualifizierungszielen her zu konzipieren" (Witte et al. 2003: 8), quer zur etablierten Grundstruktur inhaltlich-disziplinären Denkens. Es bot sich also an, das fach- bzw. bezugswissenschaftlich kanonisierte Wissen in modularisierte Lehrangebote zu übersetzen und diesen ex-post in Akten nachholender Etikettierung Lernziele zuzuweisen.

2) Der für die Implementierung der Bologna-Strukturen erforderliche Konsens war umso leichter zu erzielen, je mehr Lehrenden sich die Aussicht bot, ihre Interessen auch in den neuen Strukturen realisieren zu können. Die bologna-gerechte Fakultät ist also das Ergebnis mehr oder weniger zäher Verhandlungen in Gremien und Ausschüssen, mithin eine komplexe soziale Ordnungsleistung (Sofsky 1983), in der die persönlichen, zeitlichen und fachlichen Präferenzen der Lehrenden unter den Anforderungen der Bologna-Transformation in eine sozial verträgliche und institutionell handhabbare Struktur gebracht werden mussten.

3) Unabhängig von fakultäts- und institutsspezifischen Modalitäten, scheinen sich bei der (Neu)Konzeption von Studiengängen hochschul- und fakultätsübergreifend Konstruktionsmängel eingeschlichen zu haben. Deren ungewollte, häufig in Überregulierungen begründete Folgen müssen immer wieder zum Anlass genommen werden, Strukturelemente wie Modulgrößen und Modulkompositionen, Prüfungsarten oder Prüfungsanforderungen zu reformieren. Diese Phänomene, die sich nicht inhaltlichen, sondern Strukturentscheidungen in interdependenten formalisierten Regelsystemen verdanken, hat Kühl (Kühl 1/2011) bildhaft-treffend unter dem Begriff des „Sudoku-Effektes" subsummiert. Dieser kann, ergänzt um weitere Befunde, wie folgt beschrieben werden:

   a) Üblich ist eine starke Ausdifferenzierung der Studiengänge in viele kleine Module oder Teilmodule, die jedes Semester verlässlich anzubieten und abzuprüfen sind. Hierdurch werden die Freiheitsräume sowohl für Studierende wie für Lehrende stark verengt.
   b) Vorgestanzte Studien- und Prüfungsprofile sind kapazitätsmäßig zwar gut planbar, erschweren jedoch die Realisierung individueller Studienverläufe. Auch im Falle der Unzufriedenheit oder der Neuorientierung werden diese Veranstaltungen durchgezogen, um erworbene Leistungspunkte nicht zu verlieren.

c) Integrierte Modulprüfungen sind konzeptionell aufwendig und deshalb selten. Die Regel sind additive Modulprüfungen. Die Noten werden arithmetisch ermittelt, die inhaltliche Integration bleibt den Studierenden überlassen.
d) Die Ausdifferenzierung des Prüfungswesens im Verbund mit studienbegleitenden Modulprüfungen ist mit hohen Anforderungen verbunden: Jede Modulnote findet Eingang in das Abschlusszeugnis und die nach Leistungspunkten gewichtete Gesamtnote. Prüfungsbelastungen kumulieren nun für beide Seiten – Studierende wie Lehrende – am Ende jedes Semesters.
e) „Da jede Leistungsüberprüfung (...) einen formalen Prüfungsakt konstituiert, vermehrt sich der Prüfungs- und Korrekturaufwand erheblich" (Wannemacher 2009: 78). Ohne eine EDV-gestützte Prüfungsadministration und Einhaltung der durch die Prüfungsordnungen gebotenen Mitwirkungspflicht sind die Anforderungen an Fristsetzungen, An- und Abmeldeprozeduren, Notenverbuchungen etc. nicht einzuhalten.
f) Um das hohe Prüfungsaufkommen zu bewältigen und um Freiräume für Forschungs- und Publikationsvorhaben zu gewinnen, müssen effiziente Lehrformen und Prüfungsarten her. Es verwundert also nicht, wenn in den modularisierten Studiengängen in breitem Umfang Massenveranstaltungen zum Einsatz kommen und die "learning outcomes" abschließend über Klausuren als vorbereitungs- und korrektursparsame Prüfungsformen dokumentiert werden.

4) Die Systeme der Vergabe von Leistungspunkten sind Phantasiegebilde. Sie bilden weder die im tatsächlichen Studienverhalten aufgebrachte Workload ab, noch ist die von Studierenden aufgebrachte Zeit ausschlaggebend für den Studienerfolg. Ebenso wenig lässt sich von der Workload auf die „Studierqualität" schließen. Das gilt insbesondere für die Prüfungsmethode der Klausur zum Vorlesungsende, die auf die niedrigsten Lernziele abhebt und bestimmte Lerntypen bzw. Lernstrategien (Bulimie-Lernen) begünstigt. „Die so erzielten Kompetenzen entsprechen nicht den Zielen, die eine Hochschule mit ihrer Ausbildung erreichen will (sollte)" (Schulmeister/Metzger/Martens 2012: 13). Schließlich halten die modularen Leistungspunkte-Gewichtungen einer Überprüfung in der Regel nicht stand. „An der Bologna-Logik geschulte Studierende achten darauf, dass sie immer auch Veranstaltungen belegen (aber natürlich nicht besuchen), wo sie ‚umsonst' Leistungspunkte bekommen. (...) Studiengangsplaner (sitzen) über einer Vielzahl von Tabellen und schauen, bei welchen Leistungspunktezurechnungen für Übungen, Hausarbeiten oder Klausuren alles aufgeht (...)

Hauptsache, man kommt am Ende irgendwie auf die verlangten (..) Leistungspunkte für einen Studiengang" (Kühl 1/2011: 15).

In bemerkenswerter Kontinuität, so ist zusammenfassend festzuhalten, wurden die bewährten Prüfungsformen Hausarbeit, Klausur, mündliche Prüfung, Referat und Bericht in die neuen Studien- und Prüfungsstrukturen hinüber gerettet. Wie diese Prüfungsformen dem Anspruch gerecht werden, Kompetenzen individualisierend zu erfassen, bleibt offen oder wird mit sophistischer Finesse beantwortet: Irgendwie erfordert noch jede erfolgreiche Prüfungsbewältigung Kompetenzen der Verschriftlichung, des Eindrucks-Managements oder der Selbstorganisation.

Moderater formuliert es der 2015 veröffentlichte „Bologna Process Implementation Report", der sich – als Teil des Berichtswesens der Europäischen Kommission – bei der „Evaluation der parallel laufenden nationalen Implementierungsprozesse" (Serrano-Velarde 2009: 194) methodisch allerdings auf die Auswertung nationaler Programm- und Steuerungspapiere beschränkt:

> „The Structural Reforms working group noted that the shift to a student-centred approach based on learning outcomes is difficult to achieve if the attainment of learning outcome, and of the ECTS credits associated with them, is not assessed in a consistent and transparent way (...) The use of learning outcomes in student assessment, however, reveals room for development. (EU COMM 2015: 71f.)

5 Prüfungsregime und Prüfungskulturen

Wer studierend oder lehrend im Sozialsystem Hochschule unterwegs ist, hat sich mit den hier skizzierten Prämissen, Strukturen und Funktionsbestimmungen, aber auch den Paradoxien und Verwerfungen im Prüfungsgeschehen auseinanderzusetzen. Auch wenn dies im Studien- bzw. Lehralltag in der Regel – und je nach Akteur mehr oder weniger kompetent – im (ad-hoc-)Rückgriff auf sozial kommunizierte Wissensbestände oder Plausibilitätsannahmen erfolgt, so werden solche Operationen der Auslegung doch durch spezifische Rahmenbedingungen modelliert. Diese sind vordergründig durch die Hochschule als Institution abgesteckt, können analytisch aber weiter gefasst werden; dies soll im Folgenden im Rekurs auf die Begriffe des „Prüfungsregimes" und der „Prüfungskultur" erläutert werden.

5.1 Prüfungsregime

Unter Prüfungsregimen sollen in einer ersten Annäherung Ordnungs- und Regelungssysteme verstanden werden, die am Zweck der Lernzielkontrolle ausgerichtet sind und die bzgl. der Handlungen, Verfahren und Entscheidungen zur Bewertung von Studienleistungen mit Institutionalisierung und Formalisierung operieren. Gehen wir mit Dirk Baecker (2010) davon aus, dass das Prüfungswesen als der am stärksten institutionalisierte Kern einer sich als Institution verstehenden Universität fungiert, so richtet sich der Blick zunächst auf die ineinander verschränkten Bereiche des Prüfungsrechts und der Prüfungsverwaltung. In dem durch Verfassung, Verwaltungsrecht sowie die Hochschulgesetzgebung präjudizierten Rahmen kommt dem Prüfungsrecht bzw. den jeweils geltenden Prüfungsordnungen die Funktion zu, die „Umgangsweisen der Akteure" (Zürn 2002) im Handlungssystem Prüfung grundlegend zu regeln. Gegenstand eines solchen mit Sanktionen bewehrten Regelwerks sind die aus Prüfungsordnungen hinlänglich bekannten Fragen: Wer darf prüfen? Wer hat das Recht, geprüft zu werden? Wie wird geprüft? Wie werden Prüfungsleistungen dokumentiert? Werden die in anderen Bildungs- und beruflichen Kontexten erbrachten Leistungsnachweise anerkannt? Darf von dem Prinzip der Gleichbehandlung abgewichen werden? Wie und wo sind Mitwirkungspflichten definiert? Welche Rechtsmittel sind verfügbar? Wer wacht über das Prüfungsgeschehen? etc. etc.

Korrespondierend zur rechtlichen Normierung von Prüfungen übernimmt die Prüfungsverwaltung die Aufgabe, das Prüfungswesen zu organisieren, mithin also Strukturen und Prozesse bereitzustellen, die rechtlichen

Vorgaben genügen und die geeignet sind, die Vielzahl der Prüfungsvorgänge zu koordinieren und Routinen im Sinne rationaler Handlungsketten bereitzustellen. Letztere sollen es den Akteuren, Studierenden wie Lehrenden, ermöglichen, ihr Prüfungsinvolvement regelkonform, berechenbar, weitgehend entlastet von Problemen der internen Koordinierung oder von den Komplikationen des Einzelfalles primär fachlich-inhaltlich zu gestalten. Insofern wird den in den Prüfungsverwaltungen Tätigen ein Spagat abverlangt: Vorgänge ohne Ansehen der Person, aber unter Abwägung der „situationsgegebenen Möglichkeiten der Kunden" (Bornewasser/Köhn 2010: 24) zu bearbeiten und darin beides zu sein: „Serviceinstanz und Hüter des ordnungsgemäßen Vollzugs" (aaO.: 46).

Institutionstheoretisch betrachtet, sind Prüfungsregime gegenüber dem übrigen Hochschulbetrieb gesonderte und unabhängige Regelungen, die alle prüfungsrelevanten Handlungen durch Formalisierung regieren. Ihr zentraler und einziger Zweck ist die Festlegung erwartbarer Handlungen, die Präformierung rechtsförmiger Abläufe und regelgemäßer Entscheidungen. In Gestalt von Verwaltungsrecht, Ordnungen oder abgeleiteten Durchführungsbestimmungen legen Prüfungsregime Entscheidungen nahe, machen Verhalten erwartbar und stiften so wechselseitiges Vertrauen in ihre nachhaltige und bedingungslose Geltung. Luhmann nennt dies die Formalisierung von Erwartungsstrukturen: „... man weiß, was in bestimmten Systemen passieren und was nicht passieren kann" (Luhmann 1976: 59). Formale konsistente Erwartungsordnungen reduzieren den Einfluss der Akteure auf die Bedingungen ihres Handelns, verengen den Horizont situativer Auslegungen und bilden auf diese Weise ein „sachliches Orientierungsgerüst, für das ein Monopol auf Legitimität in Anspruch genommen wird" (aaO.: 64). Dieser Legitimitätsanspruch kann aus der vertrauensstiftenden Wirkung verlässlicher und erwartbarer Handlungssysteme abgeleitet werden, aus der grundrechtlich verbürgten Gewährleistung von Chancengleichheit und Gleichbehandlung oder aus der im Prinzip der Formalisierung selbst begründeten Aussicht, institutionalisiertes Kulturkapital zu erlangen. In der alltäglichen Prüfungs(verwaltungs)praxis manifestiert sich dies im Rechtsgrundsatz des „Vertrauensschutzes", dem relativ hohen Aufwand für eine Änderung von Prüfungsordnungen, in den Anforderungen an eine rechtssichere Protokollführung, nicht zuletzt dem Recht der Studierenden, die Einhaltung von Normen einzufordern, Prüfungsentscheidungen erläutert zu bekommen und ggf. anfechten zu können.

Entscheidend für die Legitimität formaler Erwartungsstrukturen ist nach Luhmann jedoch etwas anderes; die soziale Tatsache nämlich, „dass innerhalb des Systems Konsens mit den formalen Erwartungen bei allen Mitgliedern ungeachtet ihrer individuell unterschiedlichen Einstellungen unterstellt werden kann" (aaO., 68). Diese Konsensannahme, die sich übrigens nicht nur auf konkrete Handlungsregeln, sondern generell auf die Regelungsbedürftigkeit prüfenden Handelns bezieht, stützt sich auf formalisierte Rituale der kommunikativen Konsensherstellung, vor allem aber auf die Institutionalisierung von Zugehörigkeiten über sog. Mitgliedsrollen. Die Aufnahme eines Studiums oder die Übernahme einer Lehrverpflichtung impliziert für Studierende wie für Lehrende die freiwillige Unterwerfung unter die jeweils geltenden Prüfungsregime, also die (Selbst)Bindung an Regelsysteme. Die Anerkennung der in Prüfungsregimen formalisierten Erwartungen und die Erfüllung der dort kodifizierten Mitwirkungspflichten ist für Studierende gleichermaßen wie für Lehrende Bedingung für die Mitgliedschaft in einer Hochschule.

Auch wenn die Erfüllung der in einer Mitgliedsrolle angelegten Pflichten u.U. strukturierend auf das Studium, die Lehre oder die sonstige Lebensführung einwirkt, so bleiben diese Sphären und die verschiedenen Rollen, die sich im Agieren einer Person integrieren, doch getrennt. Konstitutiv für das Handeln in Prüfungsregimen ist die „Institutionalisierung der Unpersönlichkeit als Einstellung und Verhaltensstil" (aaO.: 65). Aus der Regimeperspektive sind Operationen der Prüfung also geschlossen gegenüber allen Versuchen, aus anderen Rollenkreisen Ansprüche – etwa der Privilegierung – herzuleiten, oder umgekehrt, diese für andere Zwecke – z.B. der Vorteilsnahme oder der sozialen Disziplinierung – zu nutzen. Insofern haben Mitgliedsrollen und die in ihnen aufgehobenen (rechtlich) formalisierten Erwartungen die Funktion,

- das Auseinanderklaffen von Prüfungsnormen und tatsächlichem Prüfungsverhalten weitgehend zu verhindern
- Prüfungshandlungen von persönlich untragbaren Risiken zu entlasten und Verantwortlichkeiten zu begrenzen
- die dem Prüfungsgeschehen immanenten Ungewissheiten zu minimieren bzw. weitgehend auf fachliche Dimensionen zu beschränken
- Prüfungsregime als vom Einzelfall unabhängige zeitlich, sozial und strukturell relativ stabile Systeme der Erwartungsgeneralisierung zu institutionalisieren.

Im Zuge einer vertieften – theoretischen wie empirischen – Auseinandersetzung mit Prüfungsregimen werden allerdings die Insuffizienzen der bisherigen Überlegungen deutlich. Zum Ersten ist festzuhalten, dass Mitgliedsrollen aus mehreren Segmenten bestehen. Prüfende konzentrieren sich zumeist auf die fachlichen Dimensionen eines Prüfungsgeschehens und sind in der Regel hinreichend damit beschäftigt, die von ihnen besetzten Wissens- bzw. Wissenschaftsräume abzusichern. Probleme der Formalisierung von Prüfungen werden hingegen, sieht man von der Definition geeigneter Prüfungsformate einmal ab, nur zu gerne an Prüfungsausschüsse und Prüfungsverwaltungen delegiert. Besondere Beachtung verdient die verbreitete Praxis, sich den für Hochschulen durchaus üblichen Anforderungen an eine differenzierte Notengebung und eingehende Begründung derselben durch eine partielle Rollenflucht zu entziehen. Mittels Einheitsnoten und Scheinprüfungen werden aus der Mitgliedsrolle all jene Anteile abgespalten, die akademische Bildung und Prüfung zusammen denken. Da die Ausschüttung von Einheitsnoten üblicherweise großzügig erfolgt, wird die in Prüfungsordnungen verankerte Option, Prüfungsentscheidungen anzufechten, nur selten gezogen. Allerdings bieten solche Prüfungsschnäppchen wohl eher kurzfristige Gewinne. Wo im Zugang zu engen Arbeitsmarktsektoren das gatekeeping mit Unterscheidungen arbeitet, die sich auch auf das Kriterium der Wertigkeit eines Hochschulzertifikats bzw. der Hochschulreputation stützen, könnte es schwer werden, das in Schnäppchenjagden akkumulierte Kulturkapital in ökonomisches Kapital umzumünzen.

Zweitens, Prüfungsregime sind als Systeme zu verstehen, die mit Formalisierung operieren; die Systembildung erfolgt also auf der Ebene der Verhaltenserwartungen, nicht auf der Ebene konkreter Handlungen. Im Umkehrschluss heißt dies: Konkrete Prüfungshandlungen können mehreren Systemen zugleich angehören. Trotz rechtlicher Formalisierung sind Prüfungsvorgaben hinreichend offen für kulturelle Auslegungen, für situative und individuelle Interpretationen. Damit ist, um nur ein Beispiel zu nennen, Prüfungswillkür zwar nicht ausgeschlossen; sie muss sich allerdings als formal korrekt tarnen, um nicht als Verletzung des Regelwerks geahndet zu werden. Umgekehrt kann man darauf hoffen, dass es die in Prüfungsregimen angelegten Prinzipien der Regelkonformität oder der Berechenbarkeit erleichtern, ein an eben diesen Prinzipien angelehntes berufliches Ethos zu verinnerlichen. Auf diese Aspekte ist im Zuge der Diskussion von Prüfungskulturen noch zurückzukommen.

Prüfungsregime sind zum Dritten veränderungsresistent. Hochschultypischen Reformanstrengungen zum Trotz definieren sie Pfade der Strukturbildung und der Entscheidungsfindung, die nur schwer zu verlassen sind und als Routinen mehrere Studierendenkohorten überdauern können. Umprogrammierungen sind zumeist auf (verbundene) Elemente einer Prüfungsordnung beschränkt und stehen immer dann an, wenn Regeln in Konflikt geraten mit Umweltanforderungen, die zum Zeitpunkt der Normierung nicht absehbar waren. Dies können neue bildungspolitische Vorgaben sein, Anregungen aus einem Akkreditierungsverfahren oder kollegiale bzw. studentische Interessen an einer Neuausrichtung von Modulen. In manchen Fällen erweisen sich Prüfungsnormen selbst oder spezifische Routinen der Prüfungsadministration als inkonsistent, disfunktional oder zu unelastisch, um den Anforderungen eines Einzelfalls entsprechen oder Prüfungsvorgänge hinreichend differenziert ausgestalten zu können. Dann sind Anpassungsentscheidungen erforderlich. Letztere manifestieren sich dem Beobachter als mehrstufige Prozeduren, die auf der Ebene der Fakultäten in endlosen Gremiensitzungen ihre Schleifen drehen, um endlich auf dem Weg über die Beschlussorgane der Hochschule in die Begutachtungsbürokratie der Akkreditierungsagenturen eingespeist zu werden. Aber das ist für Prüfungsregime irrelevant.

Viertens: Es ist fraglich, ob Systeme formalisierter Verhaltenserwartungen in der Lage sind, sich selbst zu beobachten. Dies ist aber erforderlich, um Routinen als inkonsistent oder disfunktional zu identifizieren und darüber hinaus die Uneindeutigkeiten und Ungewissheiten aufzufangen, mit der jede Organisation permanent konfrontiert wird. Eine Antwort auf dieses Dilemma findet sich in dem von Wolff vorgelegten Versuch, administrative Strukturen handlungstheoretisch zu rekonstruieren:

> Idealtypisch wäre in behördlichen Arbeitssituationen „das Einbringen von subjektiven Deutungsmustern ausgeschlossen; andererseits sind angesichts der Kontingenzen der alltäglichen Berufspraxis permanent individuelle Herstellungsleistungen erforderlich, welche ihrerseits auf subjektive Interpretationsmuster gesellschaftlicher und beruflicher Realität Bezug nehmen müssen (Teutner/Wolff/Bonß 1978: 193)."

Eine systemtheoretische Auflösung desselben Dilemmas findet sich in den Überlegungen Baeckers, der das in Hochschulbürokratien tätige Personal als „Entscheidungsprämisse" identifiziert,

> „die zunehmend an der höchst anspruchsvollen Stelle in Anspruch genommen wird, an der es darum geht, die Kontingenzchancen jeder Entscheidung zu erkennen und mit den Abläufen der Organisation und den Anforderungen der Netzwerke, in denen sie agiert, kompatibel zu machen" (Baecker 2007a: 15). Dabei sei, so führt er weiter aus, für jede Organisation „mehr oder minder präzise voreingestellt (..), wie viel Subjektivität im Sinne erstens einer abweichenden Individualität und zweitens der Möglichkeit der Berufung auf Wahrnehmung in Ergänzung zur Kommunikation erlaubt und erfordert ist" (Baecker 2007b: 30).

Für unsere Fragestellungen heißt dies: Prüfungsämter übernehmen eine kommunikative und Unsicherheit absorbierende Funktion, die durch Formalisierung nicht substituiert werden kann. Sie sind Orte sozialer Handlungen, die nicht nur auf die Administration von Prüfungen ausgerichtet sind, sondern mitlaufend auch Beobachtungen generieren, die sich auf die Regelbefolgung bzw. Nichtbefolgung fomalisierter Verhaltenserwartungen konzentrieren. Beobachtete Regelverletzungen können dann innerhalb der eigenen Systemgrenzen geduldet, abgearbeitet oder an andere Akteure/Organe der Hochschule als Problem weitergereicht werden. Hierbei sind unterschiedliche Konstellationen denkbar und empirische Realitäten:

a) Einzelne Regelverletzungen werden innerhalb der eigenen Routinen formal abgearbeitet bzw. geahndet (Beispiel: versäumte Prüfungsanmeldung, Prüfungsversäumnis).
b) Spezifische Regelverletzungen werden zwecks Prüfung des Einzelfalles und Entscheidung an den Vorsitzenden des Prüfungsausschusses weitergeleitet (Beispiel: begründetes Versäumnis).
c) Einzelne Regelverletzungen werden informell thematisiert (Erinnerung säumiger Kollegen/innen an Termine zur Noteneinreichung).
d) Wiederholte Regelverletzungen werden als solche thematisiert (Gespräch des Vorsitzenden des Prüfungsausschusses mit säumigen Kollegen/innen, ggf. Weiterleitung der Angelegenheit an das Dekanat/die Hochschulleitung).
e) Häufige und/oder kollegiale Regelverletzungen als Folge von Inkonsistenzen werden als ggf. illegale aber funktionale Praxen geduldet oder zum Anlass genommen, Rechtsnormen und administrative Routinen neu zu justieren (Weiterleitung an Beschlussorgane zwecks Revision der Prüfungsordnung).

Voraussetzung für eine interne Differenzierung sowie abgestufte und sozial adäquate Variation der Reaktionsmuster ist allerdings ein Prüfungsamt, das örtlich nah am Soziotop Lehre agiert und mit Verwaltungsfachkräften besetzt ist, die

- ihren Programm-Code beherrschen
- organisationsinterne Kommunikationswege und deren spezifische Regeln kennen
- für organisationskulturelle Besonderheiten hinreichend sensibilisiert sind
- organisationsintern mit Vertrauen als Mechanismus der Reduktion sozialer Komplexität operieren können.

Fünftens: Prüfungsregime ermöglichen für einen spezifischen Teil des sozialen Systems, das Prüfungswesen nämlich, ein hohes Maß an Verlässlichkeit und Berechenbarkeit. Sie erkaufen diese Leistung allerdings „mit den Schwierigkeiten, die entstehen, wenn man eine solche durchkonstruierte Teilordnung in die Lebenswelt faktischen Verhaltens einfügt ..." (Luhmann 1976: 59). Prüfungen sind dann, je nach analytischer Perspektive, gleichermaßen Rechtsakte, die sich auf formalisierte Verhaltenserwartungen beziehen, wie auch soziale Handlungen, die sich akteurstypischen Relevanzentscheidungen und Bedeutungszuweisungen verdanken; mit anderen Worten: Sie sind Prüfungskulturen.

5.2 Prüfungskulturen

Prüfungskulturen sind als ebenso komplexe wie besondere soziale Handlungen zu rekonstruieren, die Akteure im System der Hochschulbildung, vor allem also Lehrende und Studierende, aber auch Verwaltungskräfte als Prüfung definieren. Prüfungen als soziale Praxen zeichnen sich durch eine Reihe von Merkmalen aus:

1. Sie sind „Systeme der Interaktion unter Anwesenden, die unter äußerst scharfen Restriktionen stehen" (Luhmann/Schorr 1999: 289).
2. Prüfungen sind hochgradig formalisierte und rechtlich verregelte Prozeduren.
3. Prüfungen sind, wie bereits eingehend dargelegt, funktional.
4. Prüfungen „eignen sich (...) am ehesten zur Reproduktion von routinemäßig verfügbarem (...) Wissen, eventuell auch von Eloquenz. Sie ermöglichen kaum Rückschlüsse auf Talent, jedenfalls keine gesicherten Schlüsse auf (kompetentes – J.D.) Verhalten in strukturell andersartigen Situationen" (aaO.: 290f.).
5. Sie sind unterteilt in Phasen der Vorbereitung, Durchführung und Auswertung. Jede dieser Phasen ist für die beteiligten Akteure mit spezifischen Anforderungen verbunden.
6. „Prüfungen erzeugen einen situationstypischen Zeitdruck (...) Wie selten sonst beginnt die Zeit zu rinnen (...), jeder Moment wird ergebnisrelevant (...) Die fehlende oder äußerst geringe Zeitelastizität prägt sich dem Erleben ein und wird zur Pression, deren Abarbeiten seinerseits Zeit (und ggf. den Einsatz abpuffernder oder befähigender Begleitangebote – J.D.) kosten mag" (aaO.: 289f.).
7. Die grundsätzliche Differenz zwischen verfügbarem und darstellbarem Wissen schafft Zufälligkeiten. Um zielgerichtetes Lernen zu ermöglichen, Ungewissheiten aushaltbar zu machen und Willkür auszuschließen, ist es erforderlich, den Überschuss an möglichem bzw. für erforderlich gehaltenem Wissen durch Niveaubestimmungen und adäquate inhaltliche Eingrenzungen zu reduzieren.
8. Hauptakteure in Prüfungen sind Lehrende und Studierende, die über ihre sozialen Positionen in ein asymmetrisches Interaktionsverhältnis gesetzt sind. Diese Asymmetrie manifestiert sich vierfach:

a) in der grundlegenden Annahme ungleicher Wissensverteilung
b) in der Definitionsmacht über die Prüfungsperformanz (erkennbar insbes. in mündlichen Prüfungen)
c) in der Deutungshoheit bzgl. der Beurteilung von Prüfungsleistungen bzw. Zuschreibung von Kompetenzen
d) in dem sinnlich unmittelbaren Erleben von Prüfungen.

9. „Die Verwendung ausdifferenzierter Interaktionssysteme zum Prozessieren von Selektion ist außerordentlich zeit- und arbeitsaufwendig." Hochschultypisch ist der Einsatz organisierter, von Forschung und Lehre abgegrenzter und formalisierter „Sonderveranstaltungen für Selektion" (aaO.: 291f.), was indes nicht ausschließt, dass Beurteilungen quasi mitlaufend und lernbegleitend innerhalb handlungsorientierter bzw. studierendenzentrierter Lehrangebote vorgenommen werden.
10. Prüfungen stellen Anforderungen, die über die Organisation der eigenen Lehre/des eigenen Studiums hinaus die tägliche Lebensführung betreffen und denen unter Umständen ein Lebensereignischarakter zugesprochen werden kann.

Die Reihe dieser Merkmalszuweisungen ließe sich fortsetzen und vertiefend diskutieren. Festzuhalten ist: Prüfungen werden in organisationsspezifischen Settings kommunikativ konstruiert. Damit verschiebt sich der Blick weg von den Rationalitätsunterstellungen an formale Organisationen zur forschungsstrategischen Annahme, dass nämlich eine Organisation Kultur „ist" (Baecker 1999: 110), dass Formalität und faktisches Verhalten auseinanderfallen. Wechselt man die Perspektive also radikal und thematisiert nicht Programme oder Verfahren, sondern soziale Systeme, so sind Prüfungen soziale Handlungen, die Akteuren in unterschiedlichen Positionen und situativen Kontexten mit wechselnden thematischen Horizonten zugerechnet werden können.

Die im Prüfungsrecht unterstellte Annahme, nämlich Kommunikationen durch gesetzliche Regelung operativ zu schließen, bricht sich an der Emergenz der kommunikativen Konstruktion prüfungsrelevanten Wissens. Als prüfungsrelevant gilt damit nicht ein fachlich umrissener Wissenskanon, sondern – in Anlehnung an den von Alfred Schütz (1971) definierten Begriff der Relevanz – der gesamte Fundus an Einschätzungen, Kenntnissen, Erfahrungen oder auch „epistemologischen Überzeugungen" (Wegner/Nückles 2012: 71ff.), der als „Bezugsschema der Weltauslegung" (Schütz/Luckmann 1975: 26) dient und dem Anhaltspunkte für einen gelingenden Prüfungsverlauf, eine gelingende Prüfungsorganisation oder angemessene Notenvergabe entnommen werden können. Dies schließt auch Wissen über die innere Logik, die operativen Modalitäten von Prüfungsregimen oder die eigenen Mitwirkungspflichten ein;

dies allerdings unter der Regie dessen, was den jeweiligen Akteuren aus ihrer Weltsicht sinnhaft erscheint.

Diese Sinnbezüge realisieren sich in selektiven Prozessen, in denen eben nicht (nur) Informationen, sondern Erfahrungen, eigene Motive und Wertsetzungen, aber auch typisierende Zuschreibungen, Alltagstheorien und kollektive Mythen (zur kategorialen Bestimmung von Wissen exemplarisch: Willke 2001, Antos 2003) aufeinander bezogen werden. Als Ergebnis solcher Synthesen lassen sich Elemente eines fakultätsintern kommunizierten Wissensvorrats identifizieren, der sich deutend, handlungsleitend und kulturbildend auf Studienangelegenheiten, Prüfungserfahrungen oder Prüfungsanforderungen, insgesamt also auf den Zweck und die Performanz von Prüfungen bezieht. Prüfungskulturen sind insofern interaktiv in gemeinsamen bzw. gemeinschaftlichen Erfahrungen entwickelte und abgeglichene Deutungs- und Handlungsmuster. Diesen qualitativ-sinnerschließend nachzugehen, erfordert Fragestellungen, die quer zur Effizienzorientierung von Prüfungsregimen liegen: Wie ist das prüfungsrelevante Wissen der Akteure strukturiert? Aus welchen Quellen speisen sich Interpretationen? Wie wird mit Wissensasymmetrien umgegangen? Oder: In welchen kommunikativen Kontexten und Konstellationen wird dieses Wissen wie zur Auslegung gebracht?

Mit der analytischen Verschiebung des Blicks von der Steuerung zu akteurs- und situationstypischen Interpretationen wird zugleich klar, dass die dem Begriff der Steuerung unterlegten Rationalitätsannahmen keineswegs ausschließen, dass im täglichen Prüfungsgeschäft Wahrnehmungen inadäquat, Handlungen irrational, Entscheidungen folgenlos, Wirkungen unerwartet, Maßnahmen ineffektiv oder Aussagen mehrdeutig sein können. Die Annahme, Examensnoten würden – relativ im Bezug auf akademische Wissensbestände – (Eigen)Leistungen der Studierenden zurechenbar und vergleichbar abbilden, ist also irrig. Tatsächlich unterliegen, wie auch jüngst Studien zur Notenentwicklung an deutschen Hochschulen (Müller-Benedict/Grözinger 2017) aufgezeigt haben, Prüfungspraktiken nicht-leistungskonformen Einflüssen. Unabhängig von den diskutierten Anforderungen an eine Formalisierung und unabhängig vom tatsächlichen Leistungsniveau der Studierenden sind den Bewertungsroutinen und Benotungsentscheidungen der Hochschulprüfer/innen Wirkfaktoren immanent, die sich in verschiedene Richtungen systematisieren und empirisch als aggregatsspezifische Notenniveaus nachweisen lassen. Weitergehend und in thesenhafter Zuspitzung kann unterstellt werden:

a) Erfolgreich bestandene Prüfungen sagen etwas aus über die Fähigkeit, Prüfungssituationen bewältigen zu können.
b) Bestandene Prüfungen lassen zwingend keine Aussage zu über die nachhaltige und im performativen Kontext erfolgreiche Verfügbarkeit von Kompetenzen.

c) Nicht bestandene Prüfungen schließen nicht aus, dass Wissen im Kontext anderer Prüfungsformen und -settings erfolgreich abgerufen werden kann.
d) Gleichwertige Leistungen werden nicht zwingend gleich bewertet.
e) Bewertungskriterien sind Konstrukte, die auch habituelle Gewohnheiten eines Faches/einer Disziplin reproduzieren.
f) Noten dienen der Statusinszenierung von Hochschulen und Lehrenden.
g) Bewertungskriterien werden, der Dynamik eines Prüfungsgesprächs oder eines Korrekturprozesses folgend, ad hoc entwickelt.
h) Prüfungen sind Kommunikationssituationen, in die Annahmen über die menschliche Natur von Studierenden, persönliche Erfahrungen aus anderen Kontexten oder pädagogische Ambitionen einfließen.
i) Die Notengebung ist das Ergebnis eines Aushandlungsprozesses, in dem Standpunkte im Hinblick auf eine längerfristige kollegiale Anschlussfähigkeit auszubalancieren sind.
j) Die Entscheidung für spezifische Prüfungsformen ist eher arbeitsökonomisch als fachlich oder didaktisch motiviert.
k) Die inter-modulare Verteilung durchschnittlich erzielter Noten ist fakultätsspezifisch vorhersehbar.

Zusammenfassend kann mit Luhmann (1976: 268) festgehalten werden: „Von all den faktischen Erwartungen, die ein soziales Handlungssystem orientieren und sinnhaft bestimmen, ist nur ein geringer Teil formalisiert." Der organisationstheoretisch geschärfte Blick fällt auf die alltäglichen Irrationalitäten und Mehrdeutigkeiten im Prüfungsgeschehen, auf das Neben- und Miteinander mehr oder weniger eingespielter Prüfungsroutinen, auf die Kunst des Sich-Arrangierens oder informelle Praktiken des Unterlaufens und der Subversion. Er fällt aber auch auf die in der Selbstbeobachtung begründeten Option, Zwecke und Mittel neu zu justieren, sich neue Prüfungsroutinen zu geben oder Elemente des Prüfungsregimes in das mikropolitische System (Neuberger 1995) des hochschulinternen Interessenausgleichs einzuspeisen.

Es würde den Rahmen dieser Ausarbeitung sprengen, diesen Skizzen analytisch nachzugehen oder die theoretischen Vorüberlegungen auf Beobachtungstatsachen herunterzubrechen. Stattdessen soll im Folgenden eine Heuristik vorgestellt werden, die geeignet ist, weiterführenden empirischen Untersuchungen zu Prüfungskulturen Struktur und Richtung zu geben. Vorgeschlagen wird, wie auch der nachstehenden Grafik zu entnehmen ist, eine klassisch an Akteuren orientierte Unterteilung: die Hochschule als Lehr- und Lebensort bzw. als Lern- und Lebensort.

5.2.1 Die Hochschule als Lern- und Lebensort

Wenden wir uns zunächst der Hochschule als Lern- und Lebensort, also dem konkreten Handeln im Studienalltag und den Wirklichkeitskonstruktionen der Studierenden zu, so stellt ein Studium – ungeachtet der bolognagerechten Verschulung – hohe Anforderungen an die Selbststeuerungsfähigkeit. Zudem ist die Mitwirkung der Studierenden Funktionsbedingung für das Prüfungssystem. Diese Mitwirkungserwartungen beziehen sich vordergründig auf konkrete Handlungen wie die Prüfungsan- und -abmeldung, die Kontrolle der Notenverbuchungen oder die Ableistung von Prüfungen. Als selbstverständliche Voraussetzung für die kompetente Ausführung dieser Tätigkeiten gilt der/die informierte und sich informierende Studierende. Diese Annahme hat, wie uns die psychologische Kognitions-Forschung oder die Wissenssoziologie lehren, mit der Realität jedoch wenig zu tun. Sowohl auf der Seite des Informationsangebotes als auch auf der Seite der Informationsnachfrage müssen wir vielmehr von einem komplexen Geschehen mit ungewissen Voraussetzungen und prekären Effekten ausgehen. Zu untersuchen ist einerseits, welche Informationssysteme angeboten werden und wie prägnant Prüfungsinformationen

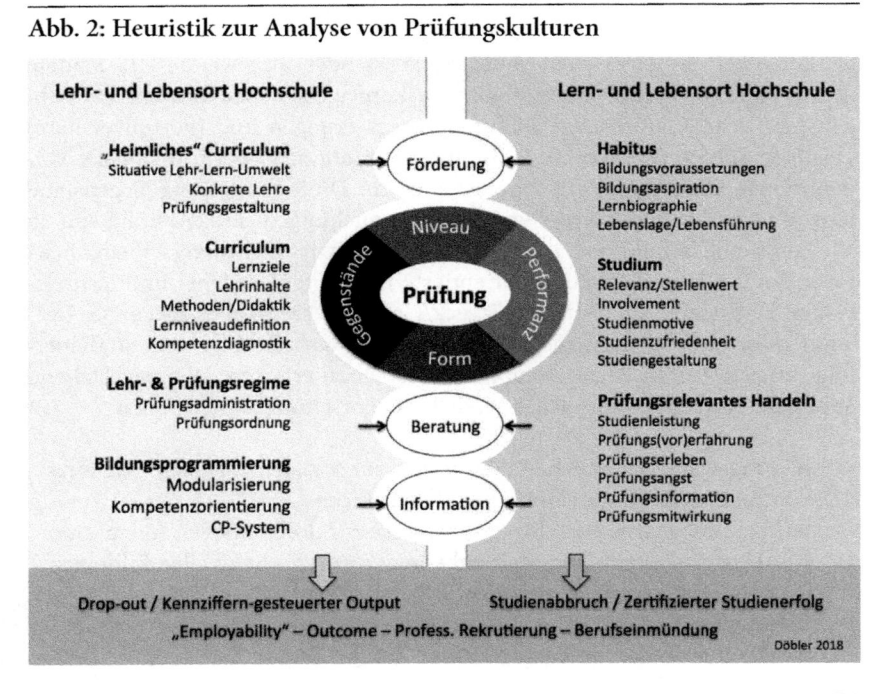

Abb. 2: Heuristik zur Analyse von Prüfungskulturen

Lehr- und Lebensort Hochschule

„Heimliches" Curriculum
Situative Lehr-Lern-Umwelt
Konkrete Lehre
Prüfungsgestaltung

Curriculum
Lernziele
Lehrinhalte
Methoden/Didaktik
Lernniveaudefinition
Kompetenzdiagnostik

Lehr- & Prüfungsregime
Prüfungsadministration
Prüfungsordnung

Bildungsprogrammierung
Modularisierung
Kompetenzorientierung
CP-System

Lern- und Lebensort Hochschule

Habitus
Bildungsvoraussetzungen
Bildungsaspiration
Lernbiographie
Lebenslage/Lebensführung

Studium
Relevanz/Stellenwert
Involvement
Studienmotive
Studienzufriedenheit
Studiengestaltung

Prüfungsrelevantes Handeln
Studienleistung
Prüfungs(vor)erfahrung
Prüfungserleben
Prüfungsangst
Prüfungsinformation
Prüfungsmitwirkung

Förderung → Prüfung (Niveau, Gegenstände, Performanz, Form) ← Beratung ← Information

Drop-out / Kennziffern-gesteuerter Output — Studienabbruch / Zertifizierter Studienerfolg
„Employability" – Outcome – Profess. Rekrutierung – Berufseinmündung

Döbler 2018

inhaltlich und medial konzeptualisiert sind. Andererseits wissen wir, von Primärerfahrungen aus den Prüfungsverwaltungen einmal abgesehen, relativ wenig darüber, woher und wie Studierende ihre Informationen zu Prüfungsangelegenheiten beziehen, inwieweit sie proaktive Strategien der Informationsbeschaffung verfolgen, wie Informationen in subjektive Wissensbestände zum Nachweis von Leistungen integriert werden oder welche Relevanz prüfungsbezogenem Wissen im Hinblick auf das Entscheidungshandeln im Kontext der alltäglichen Kommunikation von Studien- und Prüfungserfahrungen zukommt. Solche Entscheidungen beziehen sich vordergründig auf die Terminierung oder Vermeidung von Prüfungen (etwa durch Krankmeldung), den Besuch von Lehrveranstaltungen (Viebahn 1999; Schulmeister, R./Metzger 2011; Schulmeister 2015), Strategien zur Prüfungsvorbereitung oder auf Präferenzen bei der Wahl eines Moduls, einer Themenstellung, einer Prüfungsart oder einer/s Prüferin/s.

In einem analytisch erweiterten Rahmen können wir das prüfungsrelevante Handeln in ein komplexes „Bedingungsmodell des Studienverhaltens" (Viebahn 1990) stellen, das die bereits angesprochenen Prozesse der individuellen Handlungssteuerung grundsätzlich auf drei Variablenbereiche bezieht: erstens auf die je charakteristischen Lernumwelten, die Modalitäten der Lehrorganisation und (Leistungs-)Anforderungen eines Studiums; zweitens auf die aktuellen Lebensumstände der Studierenden, worüber uns die Sozialerhebungen des Deutschen Studentenwerks oder ausgewählte HIS-Studien im „Forum Hochschule" regelmäßig Auskunft geben; und drittens auf subjektspezifische Faktoren wie Bildungsvoraussetzungen und (voruniversitäre) Lernbiographien (Kiehne 2015), Bildungsaspirationen oder individuelle Studienmotive, die ihrerseits in unterschiedlicher Dimensionierung Gegenstand lern- und motivationspsychologischer Untersuchungen sind. Anknüpfend an Viebahns hochschuldidaktische Überlegungen zur „Lernerverschiedenheit" (Viebahn 2009) und handlungsorientierte Konzepte der „lehr- und lernrelevanten Diversität" (Szczyrba/van Treeck/Gerber 2012), liegt es also nahe, Variationen im studentischen Handeln, mithin also auch die Chancen, Studienerfolge zu erzielen, in einem komplexen Modell zu erfassen. Wie nachstehend abgebildet, integriert ein solches Modell drei Forschungsdimensionen:

- bildungswissenschaftliche Erkenntnisse zur sozialen Ungleichverteilung von Bildungsaspirationen und Studienchancen
- lernpsychologische Forschungsergebnisse zur differentiellen Interaktion von Lernumwelten (hier: Studienbedingungen), individuellen Bildungsprozessen und Lernverhalten sowie
- soziologische Studien, die sich den Lebenslagen und konkreten Lebensumständen Studierender zuwenden.

Abb. 3: Studien- und prüfungsrelevante Diversität

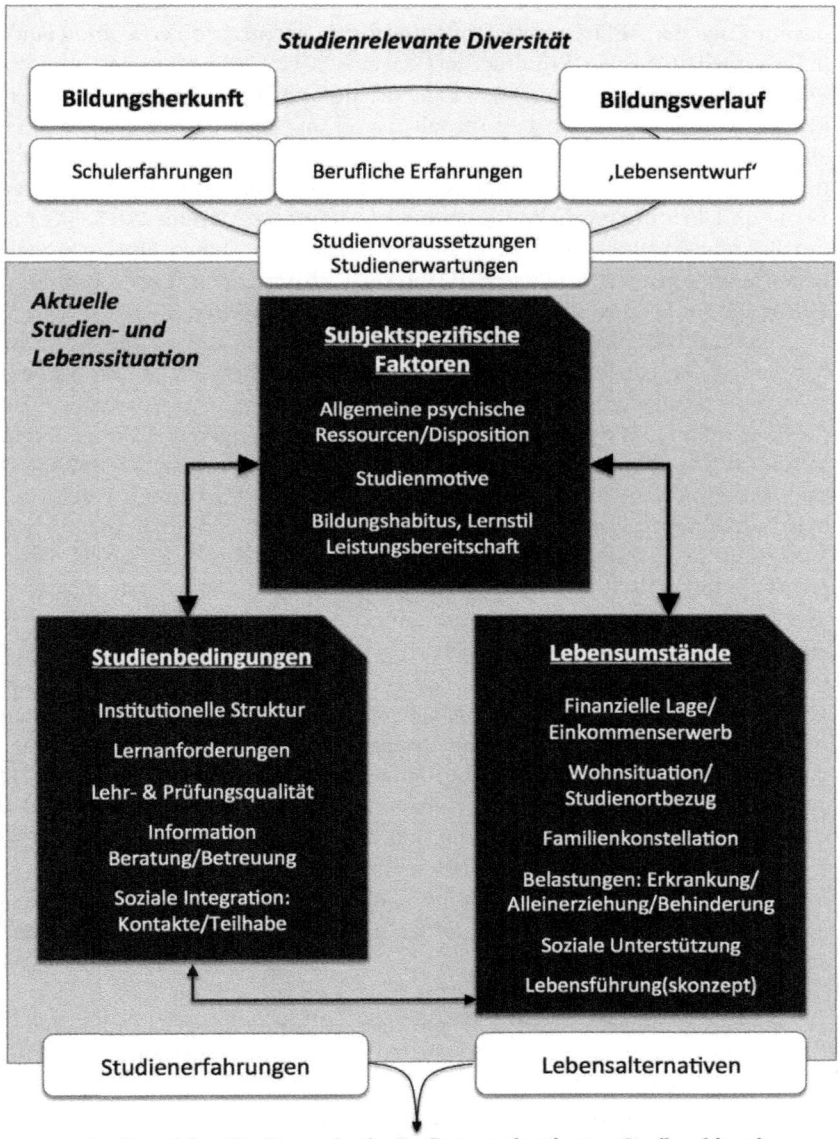

Studienrelevante Diversität

- **Bildungsherkunft**
- **Bildungsverlauf**
- Schulerfahrungen
- Berufliche Erfahrungen
- ‚Lebensentwurf'

Studienvoraussetzungen
Studienerwartungen

Aktuelle Studien- und Lebenssituation

Subjektspezifische Faktoren
- Allgemeine psychische Ressourcen/Disposition
- Studienmotive
- Bildungshabitus, Lernstil Leistungsbereitschaft

Studienbedingungen
- Institutionelle Struktur
- Lernanforderungen
- Lehr- & Prüfungsqualität
- Information Beratung/Betreuung
- Soziale Integration: Kontakte/Teilhabe

Lebensumstände
- Finanzielle Lage/ Einkommenserwerb
- Wohnsituation/ Studienortbezug
- Familienkonstellation
- Belastungen: Erkrankung/ Alleinerziehung/Behinderung
- Soziale Unterstützung
- Lebensführung(skonzept)

Studienerfahrungen — Lebensalternativen

Studienerfolg – Studienwechsel – Studienunterbrechung – Studienabbruch

Döbler 2018

Es ginge zu weit, die Forschungsstände in diesen Dimensionen eingehend zu analysieren. Stattdessen soll exemplarisch auf subjektspezifische Faktoren und das im Zuge der ZEITLast-Studien entwickelte „Integrierte Lern- und Handlungsmodell" (Metzger/Schulmeister/Martens 2012: 39ff.) rekurriert werden. Dabei geht es hier nicht um die Frage, ob dieses Modell hinsichtlich der Erklärung von Diversität im Lernverhalten und im Studienerfolg plausibler ist als soziologische Modelle, die mit Variablen der klassischen Sozialstrukturanalyse operieren. Interessant ist vielmehr die Nähe zum beobachtbaren Lern- und Prüfungsverhalten (Schulmeister/Metzger/Martens 2012: 14f.) in der Bologna-Realität. Auch wenn die nachfolgenden Thesen eine pauschale Aussagenbildung nicht zulassen, so sind sie doch anschlussfähig an Primärerfahrungen im Kontext der Lehre und der Prüfungsbetreuung.

Erstens: Die Aussage, die Aufnahme eines Studiums sei mit Herausforderungen in allen Lebensbereichen verbunden (Hillinger 2012), ist wissenstheoretisch betrachtet keineswegs trivial. In den Fokus möglicher Analysen rückt die Fragestellung: Welche Deutungsmuster und Handlungsmittel (Intentionen) werden für die Verarbeitung der neuen Sozialerfahrung Studium mobilisiert und inwieweit können diese im Zuge der Teilhabe im Sozialraum Hochschule je individuellen Prozessen der Verhandlung und der Modifikation (Berger/Luckmann 1974: 34) unterworfen werden? Mit dieser Ausgangsfrage wird zugleich ein theoretisches Bezugssystem aufgespannt, innerhalb dessen sich auch aktuelle Aussagen/Thesen zur Studierfähigkeit und zur Wirkung von Förderangeboten kritisch diskutieren lassen:

a) Obwohl die Bologna-Reformen auch eingeleitet wurden, um Studienzeiten zu verkürzen und die Zahl der Studienabbrüche zu vermindern, konstatieren aktuelle Studien eine Abbruchquote von 30% (Heublein et al. 2017) und studentische Klagen über ein hohes Stress- und Belastungserleben, gleichzeitig aber einen zeitlichen Studienaufwand, der signifikant unter dem Richtwert von 40 Stunden/Woche liegt.
b) Durchforstet man die Diskurs- und Forschungslandschaft nach Erklärungen zur Studienbelastung, so lassen sich im Prinzip drei Ansätze unterscheiden:

- Die stofflichen Anforderungen seien zu hoch; dies gelte insbesondere für natur-, ingenieur-, wirtschafts- und rechtswissenschaftliche Studiengänge.
- Ursächlich seien die im Zuge des Bologna-Prozesses geschaffenen institutionellen Studienstrukturen mit einer fragmentierten und inhaltlich überfrachteten Lehrorganisation, geringen Entscheidungsfreiheiten und permanentem Prüfungsdruck.

- Ausschlaggebend sind nicht objektive Stressoren, sondern subjektive Belastungserfahrungen, die im Grunde auf eine fehlende oder eingeschränkte Studierfähigkeit zurückzuführen seien.

c) Konzentrieren wir uns im Weiteren auf Erfahrungen und Untersuchungen zur Studierfähigkeit, so sollen hier nur zwei Dimensionen unterschieden werden:

- Die **fach- und wissenschaftsbezogene Studierfähigkeit** umfasst grundlegendes biologisches, chemisches oder mathematisches Wissen, Kenntnisse in Orthographie und Interpunktion, grundlegende Fähigkeiten hinsichtlich der Beschaffung und Bewertung von Informationen, hinsichtlich des Verständnisses wissenschaftlicher Texte, der Begründung von Aussagen und Urteilen sowie hinsichtlich der begrifflich präzisen, gedanklich strukturierten und analytisch abgesicherten Verfassung schriftlicher Arbeiten.
- Mit dem Konzept der **überfachlichen Studierfähigkeit** werden allgemeine, gleichwohl studien- und prüfungsrelevante Verhaltensdispositionen thematisiert; diese umfassen, ohne hier in fachkulturelle Differenzierungen einsteigen zu wollen (vgl. Konegen-Grenier 2001), Fähigkeiten zum selbst-organisierten und selbständigen Handeln, zur zeitlich-präferentiellen Strukturierung von Studien- und sonstigen Aktivitäten, zur Regulation leistungsbezogener Motive (Ausdauer/Intensität der Aufgabenbewältigung) und nicht zuletzt zur emotionalen Selbststeuerung (Umgang mit Frustrationen, Selbstzweifeln, Ängsten etc.) (Viebahn 2009).

Hinsichtlich beider Dimensionen gibt es, wie die Beobachtungen und Studienergebnisse von Ladenthin, Klein (2010), Klein/Jahnke (2012) Metzger/Schulmeister/Martens (2012), Wolf (2016) u.a. verdeutlichen, „eine wachsende Gruppe von Studierenden, die den Anforderungen des gewählten Studiengangs intellektuell und von seinen fachlichen Voraussetzungen her nicht gewachsen sind. Große Schwächen bestehen in der Rechtschreibung, Zeichensetzung, Grammatik und der sprachlichen Ausdrucksfähigkeit. (...) Viele angehende Geisteswissenschaftler verfügen nicht mehr über die Fähigkeit, sich komplexere Texte systematisch durch Beiziehung anderer Texte zu erschließen, kritisch auszuwerten, verschiedene Quellen zueinander in Beziehung zu setzen und am Ende zu einem begründeten Urteil zu kommen, das auch hinreichend sprachlich präzise formuliert wird. Eigene Literaturrecherche wird ersetzt durch blindes Vertrauen in Internetseiten" (Wolf 2016: 11f.) Über die verschiedenen Fachdisziplinen hinweg betrachtet, "scheinen die Studierenden in den Anfangssemestern mehrheitlich nicht in der Lage, komplexe, antinomische und multikausale Prozesse, wie sie heute in allen Wissenschaften üblicherweise beschrieben werden, angemessen aufzunehmen und Vorgänge streng aspektgebunden oder multiperspektivisch zu betrachten." Das Abitur, so Ladenthin (2018) in prägnanter Zusammenfassung, „befähigt inzwischen nicht mehr zum Beginn eines Grundstudiums."

Ausgehend von der motivationspsychologischen Beobachtung, dass erhebliche Teile der Studierendenpopulation unter Lern- und Arbeitsstörungen leiden, entwickeln die Autoren der ZEITLast-Studie eine Typologie, die fünf Profile der motivationalen Regulation unterscheidet (Metzger/Schulmeister/Martens 2012: 42f.). Nur etwa 17% der befragten Studierenden seien dem „selbstbestimmten Motivationstyp" zuzurechnen, sind beim Lernen resistent gegenüber Ablenkungen, haben eine gut funktionierende Emotionsregulation und verfügen über ein hohes Durchhaltevermögen. Sie sind, um es zugespitzt zu formulieren, studierfähig. Dieser Minderheit der eigenverantwortlich und organisiert Lernenden steht eine größere Gruppe von Studierenden gegenüber, die dem Idealbild eines autonomen, selbstkontrollierten und „mit rationalen Entscheidungen aufwartenden Studierenden" nicht oder nur teilweise entsprechen kann. Die emphatische Betonung von Eigeninitiative, Selbststeuerung und Kompetenzerwerb berücksichtige nicht, dass es für einen Großteil der Studierenden „ganz andere motivationale Beweggründe sind, die (ihr) Handeln (...) bestimmen, wie Prüfungsangst, fehlende intrinsische Motivation, Prokrastination und Ablenkungsneigung, die zur Vermeidung von Lernen sowie extensivem Freizeitverhalten, stundenlanger Internet-Nutzung und ausgedehnter Geselligkeit führen" (Schulmeister 2015: 51).

d) Das unter den Chiffren „Durchlässigkeit" und „Öffnung" diskutierte Inklusionspostulat läuft darauf hinaus, dass mehr Studierende und Studienanfänger in der Hochschule ankommen, die sich nicht nur hinsichtlich der Studienvoraussetzungen und biographisch erworbenen Lernprinzipien unterschieden, denen z.T. auch grundlegende Kenntnisse und Fähigkeiten fehlen, um ein Studium erfolgreich aufzunehmen oder abzuschließen. Da es sich aus inklusionsprogrammatischer Sicht verbietet, auf das Problem fehlender Studierfähigkeit ausschließlich mit Selektion zu reagieren, ist das Funktionssystem Bildung gezwungen, das eigene Portfolio um Leistungen zu erweitern, die auf eine nachholende Studierbefähigung abzielen. Warum also, so argumentiert Schulmeister gegen den im Paradigma der Responsibilisierung angelegten Entwurf einer/s informierten, den eigenen Lernprozess autonom und verantwortlich gestaltenden Studierenden, „sollte es dann nicht gerechtfertigt sein, mehr pädagogische Verantwortung zu übernehmen?" Tatsächlich reagieren die Hochschulen auf die hier umschriebenen Defizite mit einer ganzen Reihe unterschiedlich konzipierter Angebote zur Stärkung der individuellen Studienvoraussetzungen, zur fachspezifischen und fachübergreifenden Verbesserung der Studierfähigkeit bzw. zum Erwerb studienrelevanter Kompetenzen:

- **Fachspezifische Brückenkurse** sollen Lücken zwischen der mit dem Abitur attestierten Hochschulreife und der tatsächlichen Studierfähigkeit schließen. In den Sozial- und Geisteswissenschaften zielen solche Angebote, die vorzugsweise im ersten Studiensemester angeboten werden, auf Anleitungen zum Aufbau und zum Schreiben wissenschaftlicher Texte sowie zum korrekten Literaturnachweis.
- Die **fachübergreifenden Orientierungsangebote** sind in der Studieneingangsphase platziert und operieren oft mit Studierenden aus höheren Semesterlagen in Lotsen-Funktion. Ihr Ziel ist neben der Vermittlung grundlegender Studien-Informationen die Inszenierung einer Willkommenskultur, um Schwellenängste abzubauen, soziale Kontakte zu stiften und mit ersten Wegweisungen den Eintritt in den Studienalltag zu erleichtern.
- Davon zu unterscheiden sind **studienbegleitende Förderangebote**, die auf die im Laufe eines Studiums, häufig erst in späteren Fachsemestern zutage tretenden Schwierigkeiten in Bereichen der Selbst- und Studienorganisation einschließlich der Prüfungsvorbereitung zugeschnitten sind. Diese Angebote „verfolgen das Ziel, das studentische Lernen, Studienstrategien sowie die Selbstorganisation zu stärken" (Schmied 2018: 92).

Obwohl Hochschulangebote zur Orientierung und Förderung von Studierenden in der Regel als hilfreich bewertet und mit „positiven Erfahrungen" besetzt werden, ist es um Wirksamkeitsanalysen, die auf Kompetenzgewinne und deren Randbedingungen abheben, eher schlecht bestellt. Wie welche Förderangebote welche Studierenden mit welchen Effekten erreichen, sind nach wie vor offene Fragen, denen auch mit Untersuchungen zur Kompetenzselbsteinschätzung gleich doppelt ausgewichen wird: unter Umgehung beobachtbarer Handlungsperformanzen und, wie Schmied (2018: 193ff.) konzediert, unter Ausblendung der gerade für die Kompetenzentwicklung unabdingbaren Nachhaltigkeit von Förderangeboten. Denn tatsächlich ist kaum zu erwarten, dass die in langjährigen impliziten Sozialisations- bzw. Lernzusammenhängen erworbenen und habituell verankerten Handlungsdispositionen, die nun in der Konfrontation mit den Anforderungen eines Studiums erstmals als Kompetenzdefizite bzw. als Studierunfähigkeit auffällig werden, mit 4-stündigen oder 3-tägigen Kursen nachhaltig modifiziert oder gar entlernt werden könnten. Bildungspolitische Steuerungsinstrumente und hochschuldidaktische Konzepte haben es den Universitäten als selbstverständliche Qualitätsanforderung auferlegt, dort mit „Maßnahmen einer nachlaufenden Studierbefähigung" zu qualifizieren und zu resozialisieren, „wo der sekundäre Bildungsbereich Defizite hinterlassen hat" (Wolf: 2016: 13). Das ist didaktisch und finanziell die zweitbeste Lösung, die mit verlängerten Studienzeiten erkauft wird - es sei denn, Anforderungsniveaus werden abgesenkt, universitäre Bildungsstandards werden aufgegeben.

Zweitens: Dem Studium werden häufig deutlich geringere Zeitkontingente eingeräumt, als Workload-Angaben dies für die BA-Studiengänge vorsehen. Die durchschnittliche Workload liegt international zwischen 21 und 26 Stunden, im Mittel der ZEITLast-Studie bei 23 Stunden pro Woche (vgl. Metzger 2013: 144; Schulmeister 2012: 8). Khlavana (2008) kommt (methodenbedingt) zwar zu höheren Werten, bestätigt aber den Befund, wonach „Bachelorstudierende die von dem Leistungspunktesystem veranschlagte Zeit nicht aufwenden" (a.a.O.: 279); ihr studienbezogenes Zeitbudget unterscheide sich kaum von dem der Diplomstudierenden.

a) Die von den Studierenden tatsächlich erbrachte Workload verteilt sich unterschiedlich über die Module bzw. Lehrveranstaltungen. „Dies kann z. B. auf hohes Interesse (...) an einer bestimmten Veranstaltung oder auf hohe und mit besonderem Nachdruck eingeforderte Anforderungen zurückzuführen sein" (Metzger 2013: 145).
b) Die Zeit, die Studierende täglich mit Lernen verbringen, variiert sowohl zwischen den einzelnen Personen als auch intra-individuell, so dass von mehr oder weniger (dis)kontinuierlichen Lernstrategien auszugehen ist. Auch im Hinblick auf einzelne Tätigkeiten im Selbststudium (z.B. Schreiben, Lesen, Klausurvorbereitung oder Lehrveranstaltungsnachbearbeitung) kann innerhalb eines Studiengangs eine erhebliche Streuung zwischen den Individuen konstatiert werden (vgl. a.a.O.: 146).
c) Die Zeitinvestition der Studierenden im Verlauf eines Semesters oder eines Studiums ist abhängig von der Organisation des Studienangebots und den unterschiedlichen Prüfungsformen. Andere in der Hochschulforschung diskutierte Einflussfaktoren sind die soziale Herkunft, situative Lebensumstände, Lernerfahrungen oder komplexe, im Lernverhalten zum Ausdruck kommende Motivlagen.
d) Bachelor-Studierende investieren zwar mehr Zeit in den Besuch von Lehrveranstaltungen als Diplom-Studierende; der vermehrte Zeitauf-

wand lasse sich aber in erster Linie auf die in den Studienordnungen festgeschriebenen Pflichtveranstaltungen zurückführen (Khlavna 2008: 281). Im Übrigen folge der Besuch von Lehrveranstaltungen ökonomischen Kalkülen: BA-Studierende besuchen kaum eine Veranstaltung, ohne einen Teilnahme- oder Leistungsnachweis darin zu erwerben bzw. einzufordern.

e) Im Vergleich zu Diplomstudiengängen scheint der zeitliche Aufwand für das Selbststudium leicht rückläufig (vgl. Khlavana: 280). Die Substitutionshypothese, eine geringe Studienpräsenz würde durch ein vermehrtes Selbststudium ausgeglichen, ist nach den Daten des ZEITLast-Projekts nicht haltbar:

- Das Selbststudium macht in vielen Studiengängen zwischen 0 und 2 Stunden pro Tag aus, ein Drittel bis zur Hälfte der Studierenden lernt an Wochenenden gar nichts, erst kurz vor den Prüfungen" (Schulmei- ster 2015: 42). „Erstaunliche" interindividuelle Differenzen hinsichtlich der für das Selbststudium aufgebrachten Zeit (Schulmeister/ Metzger/Martens 2012: 6) sollten allerdings nicht verschwiegen werden.
- Eine kontinuierliche Seminarvor- und -nachbereitung zur Vertiefung und Verknüpfung von Inhalten wird von vielen Studierenden nicht geleistet (klassisch: „Wer hat es geschafft, den Aufsatz zur heutigen Sitzung zu lesen?").
- „Die Behauptung, man lerne aus Lehrbüchern oder Skripten, (ist) eine Schutzbehauptung (..), die nach den empirischen Indizien nur auf ganz wenige Studierende wirklich zutrifft" (Schulmeister 2015: 26).
- Methoden selbstständigen Lernens kollidieren oft mit Schwierigkeiten im individuellen Zeit- und Wissensmanagement oder der Neigung von Studierenden, studienferne Präfenzen zu setzen. Hohe zeitliche Investitionen in Selbststudienanteile sind dann oft Ausdruck von Prüfungsängsten oder Versuche, längere Prokrastinations-Phasen auszugleichen (vgl. a.a.O.: 27).
- Tatsächlich ist der Anstieg der Zeitanteile für das Selbststudium unmittelbar vor Klausuren eklatant (vgl. Metzger 2013: 142ff.): Während in den ersten Semesterwochen die für das Selbststudium aufgebrachte Zeit bei etwa 10-12 Stunden pro Woche liegt, steigt dieses Zeitinvestment kurz vor den Prüfungsterminen (cramming) im Mittel um 62% bis 75% an (vgl. Schulmeister 2015: 29).

f) Einhergehend mit einer großen Anzahl an Pflichtveranstaltungen, zeigen die Studierenden häufig ein „minimalistisches Studierverhalten" (Schul-

meister 2015: 30) und verfolgen – komplementär zu entsprechend gestalteten Prüfungsmethoden – oberflächenorientierte Lernstrategien.
g) Die verbreitete Annahme, Studierende würden durch eine ausgedehnte Erwerbstätigkeit (Jobben) an der Wahrnehmung der Workload im Studium gehindert, bestätigt sich im Spiegel der ZEITLast-Studien (vgl. Metzger 2013: 147) und der von Schulmeister vorgelegten Meta-Analyse (2015: 5f.) nicht:

- In den meisten Studiengängen bleibt die für das Jobben aufgebrachte Zeit im gesamten Semester konstant niedrig: 32 % der ZEITLast-Stichprobe waren gar nicht erwerbstätig, 53 % jobbten weniger und nur 14 % mehr als 10 Stunden pro Woche; das ändert sich auch in den Sommermonaten nicht: über 90% der verfügbaren extracurricularen Zeit entfallen auf Freizeit- und Urlaubsaktivitäten, die Anteile fürs Jobben liegen lediglich zwischen 2 und 8 %.
- Im Hinblick auf Studierende der Sozialen Arbeit sind die von Schulmeister u.a. ermittelten Zahlen überprüfungsbedürftig. Diese Studiengänge weisen traditionell ein hohen Anteil Studierender auf, die aufgrund ihrer sozialen Herkunft Schwierigkeiten haben, ihr Studium zu finanzieren.

h) Im Zeitbudget der Studierenden übersteigen Freizeit- und Urlaubsaktivitäten die studienbezogene Workload um das Vier- bis Fünffache, bei Studierenden, „deren Workload unterhalb des Medians liegt (8-23 Stunden pro Woche), sogar das 10- bis 13-fache" (Schulmeister 2015: 8).
i) Grund genug also, den Stellenwert, den das Studium im Leben der Studierenden einnimmt, genauer zu betrachten: Khlavana kann auch hier keine bedeutsamen Unterschiede herausarbeiten; allenfalls überrasche, „dass trotz etwas höherer zeitlicher Belastung der Bachelorstudierenden durch die Lehrveranstaltungen der Anteil derjenigen, für die das Studium die zentrale Rolle im Leben spielt, – wenn auch insignifikant – geringer ist als unter den Diplomstudierenden" (Khlavna 2008: 279). Wie von Treber bereits in den 90er Jahren für Diplom-Studierende im Sozialwesen festgestellt (Treber 1992/1996/1999), scheint unverändert zu gelten: Dem Studium wird im sozialen Haushalt und Lebensfahrplan der meisten Studierenden (im Sozialwesen) eine nachgeordnete Position zugewiesen.

Verschulung, in der Regel diskutiert als disfunktionale und entmündigende Folge des Bologna-Regimes, gewinnt vor dem Hintergrund der ZEITLast-Studien einen neuen Sinn; nun allerdings nicht in Gestalt einer methoden- und lernziel-indifferenten Taktung von Lehre und Prüfung, eines Systems zur Verteilung von Credits, sondern als pädagogisch gestaltete Lernkultur, die sich von der traditionellen Art der Lehrorganisation verabschiedet, indem sie Lernverhalten und Lehrorganisation als komplementäre, dialektisch aufeinander verweisende Komponenten betrachtet (vgl. Metzger/Schulmeister/Martens 2012: 46ff.) Die Verschiedenheit der Studierenden hinsichtlich ihrer Lernmotivation erfordere zum einen die Restrukturierung der Lehrorganisation (thematisch und zeitlich geblockte Module statt klassischer 2-SWS-Veranstaltungen, betreutes Selbststudium, studienbegleitende Prüfungen mit Lernrückmeldungen, obligatorische Anwesenheitspflichten), zum anderen Methoden zur Früherkennung und Förderung von Studierenden mit „vermeidendem Lernverhalten".

Ungeachtet der Plausibilität motivationspsychologischer Modelle zum Lern- und Prüfungshandeln, scheint es nach wie vor lohnend, diese an sozial strukturierte Prozesse der Genese und der kommunikativen, mithin sinnhaften Absicherung von Motiven zurückzukoppeln. Als besonders anschlussfähig könnte sich Bourdieus Habitus-Konzept (Bourdieu 1982: 279) erweisen, indem es das beobachtbare Studien- und Prüfungshandeln als Praxisformen begreift, die durch inkorporierte Schemata zur Strukturierung von Erfahrungen, Deutungen und Motiven hervorgebracht werden (Schmitt 2010). Einem solchen Modell wären dann auch Studien neu zuzuordnen, die studentische Lernstrategien (auch: Wild/Schiefele 1994; Schiefele u.a. 2003; Boerner/Seeber/Keller/Beinhorn 2005), den Veranstaltungsbesuch (Viebahn 1998; Schulmeister 2015), Belastungserfahrungen (Janke/Dickhäuser 2013), Lernstörungen, Prüfungsängste (exemplarisch: Bossong 1995; Grüner 2010; Gruber 1994; Schleider/Güntert 2009) und Studienabbrüche (Heublein et al. 2010/2015), die Nutzung und Wirksamkeit von Beratungs- und Förderangeboten (Ortenburger 2013; Wildt/Redecker 2008; Schmied 2018), die selbstevaluative Bewertung des eigenen Studienerfolgs, aber auch deviantes Handeln (Plagiieren) zum Gegenstand haben. Ihr Ausgangspunkt wären soziale Akteure, deren Studienerwartungen, praktische Beurteilungsschemata und Strategien zur Erlangung definierter bzw. erwünschter Studienerfolge durch die Selektivität lagespezifischer Identifikations-, Erfahrungs- und Kompetenzmuster begrenzt werden.

Für die Studiengänge Sozialwesen bzw. Soziale Arbeit lenkt dieser gedankliche Ansatz den Blick auf einen signifikanten Anteil an „First-Generation-Students" (Bauer 2002; Janke/Rudert/Marksteiner/Dickhäuser 2017), denen studienstrukturelle Entscheidungsfreiheiten kaum zugute kommen, da ihre Studien- und Leistungsdispositionen auf die ökonomische Maximierung kurzfristiger Vorteile ausgerichtet sind. Diesem Habitus ist das Studium nicht gedankliche Auseinandersetzung, nicht (Selbst)Bildung, nicht Lernfreiheit, sondern Schnäppchenjagd, nicht primär diskursive Auseinandersetzung mit Lehrinhalten, sondern Feilschen um Credits und Noten.

5.2.2 Die Hochschule als Lehr- und Lebensort

Wenden wir uns der zweiten Akteursgruppe, den an Hochschulen Lehrenden und Prüfenden zu, so bietet sich ein theoretischer Brückenschlag an, der den von Tsarouha verwendeten Begriff der Prüfungspraktiken in den konzeptionellen Rahmen der Prüfungskultur einbezieht. In ihrer qualitativen Studie zur sozialen Logik der Notengebung definiert Tsarouha (2017: 123) Prüfungspraktiken als „Handlungsweisen im Prüfungskontext", die in ein „bestimmtes Sinnverständnis" der Akteure eingebettet sind und in der komparativen Analyse auf gemeinsame Orientierungs- und Handlungsmuster der Prüfenden schließen lassen. Als Ergebnis vergleichender Betrachtungen könne herausgearbeitet werden, „wie die Unterschiede in der Notenvergabe, die sich nicht auf die erbrachte Leistung zurückführen lassen, in der Bewertungssituation zustande kommen und zu erklären sind" (aaO.: 118). Löst man sich von der Notengebung als Explanandum und lenkt den Blick auf Prüfungshandlungen, so verweisen die im statistischen Vergleich identifizierbaren Einflussfaktoren auf komplexe, in langjährigen hochschul-sozialisatorischen Prozessen erworbene Einstellungen und Deutungsmuster, die in den Subwelten und sozialen Figurationen der Scientific Community kommunikativ abgeglichen und in den akademischen Habitus integriert werden. „Die Zugehörigkeit zu einer bestimmten wissenschaftlichen Disziplin", so resümiert Dinsleder das Ergebnis ihrer Fallstudien zur Entwicklung von Lehrdispositionen im berufsbiographischen Verlauf, „zeigt sich als bedeutendster Faktor in der Herausbildung von professionellen Selbstverständnissen und Lehrdispositionen." Daneben entwickeln sich habitualisierte Praktiken des Lehrens und Prüfens in Abhängigkeit von der „Positionierung der Hochschullehrenden innerhalb des hierarchischen Feldes der Universität" (Dinsleder 2012: 120).

Lehr- und Prüfungsinhalte können also als inhaltlich und sozial hinreichend abgesichert bewertet werden. Hochschullehrende sind disziplinär durch eigene wissenschaftliche Leistungen ausgewiesen und haben eine akademische Sozialisation erfahren, was auch den Erwerb von Wissen darüber einschließt, wie die Aussagensysteme ihrer Disziplin die Realität konstruieren und wie Zugänge zu dieser spezifischen Methodologie der Erkenntnisgewinnung in Lernerfolgskontrollen abgebildet werden können. In der Regel liegt dieses Wissen in einschlägigen Lehrbüchern in kompilierter Form vor, nicht selten mit Hilfe von Kontrollfragen didaktisch aufgearbeitet. Am Ort der Lehre, also in den Fakultäten und Instituten, wird der Konnex von Lehr- und Prüfungsinhalten durch die modulbezogene Auflistung derselben im obligatorischen Modulhandbuch institutionell abgesichert und für alle sichtbar kommuniziert. Im Bezug zu Studierenden ist damit eine Vertragsgrundlage für das Prüfungsverfahren gegeben, in der kollegialen Interaktion eine durch fachlichen Konsens getragene plausible Vergewisserung disziplinärer Profile und ihres jeweiligen Beitrags zur institutionellen Ordnung. Prüfungspraktiken, also alle Usancen, die auf die Betreuung der Studierenden, die Prüfungsvorstrukturierung, die Niveaudefinition, die Art der Leistungskontrolle, die Leistungsbeurteilung und die Modalitäten der Notengebung abheben, sind Teil dieser Plauibilitätsstruktur. Diese ist, von prüferspezifischen Abweichungen einmal abgesehen, weitgehend unbefragt.

Irritationen entstehen am ehesten in kollegialen Prüfungen, in denen fachkulturelle bzw. disziplinäre Lehr- und Prüfungsgewohnheiten aufeinandertreffen. Dies ist vor allem in Studiengängen der Fall, in denen Vertreter verschiedener Fachrichtungen gemeinsam (und gleichberechtigt) über Prüfungsleistungen zu entscheiden haben. In solchen Konstellationen, wie sie für Studiengänge der Sozialen Arbeit üblich sind, treffen unterschiedliche professionelle Selbstverständnisse und Schemata der Leistungsbewertung aufeinander. Ungeachtet eines gemeinsamen Grundverständnisses von Wissenschaftlichkeit, wirken diese Prüfungsdispositionen sich auf die jeweils niveauadäquate Bewertung der gewählten Themenstellung, der gedanklichen Eigenleistung, des theoretischen Abstraktionsgrades, der schlüssigen Argumentation, der bibliographischen Tiefe oder der formalen Fehlerfreiheit für schriftliche Ausarbeitungen aus; wobei de facto die prüfer- und die fachspezifischen Anteile kaum zu unterscheiden sind. Für Lehrende geht es zwar um die Schlüsselfrage, wie Leistungszuschreibungen in den argumentativen Kontexten der Begründung von Fachlichkeit zur Anwendung gebracht werden. In der Regel werden gemeinsame Prüfungen jedoch nicht als Arenen definiert, in denen fachliche Divergenzen ausgetragen oder akademische Distinktionsgewinne erzielt werden können. Stattdessen kann man auf jene Kollegialität vertrauen, die Luhmann in ihren stilprägenden Elementen so beschreibt, als habe ihm die Hochschule selbst als Muster gedient:

> „Eine gewisse Art sich zu geben und den anderen anzuerkennen, eine reservierte Freundlichkeit, die davon lebt, dass sie nicht auf die Probe gestellt wird, eine sorgfältig abgewogene Disziplin des Nicht-zu-Viel und Nicht-zu-Wenig, eine hohe Zuverlässigkeit beschränkter Zusagen und ein gemeinsames Wissen um die Grenzen der Inanspruchnahme bestimmen das Verhalten" (Luhmann 1976: 314).

5.2.3 Exkurs: Mündliche Prüfungen

Zu den nachhaltigen Erfahrungen der sekundären Hochschulsozialisation gehören eigentümliche Konstellationen, die als mündlichen Prüfungen bezeichnet werden. Handlungen dieses Typs haben einen Doppelcharakter: Sie sind einerseits institutionell gerahmte und asymmetrische Kommunikationen, die auf einer eindeutigen Unterscheidung der Rollen in „Verfahrensverwalter" mit Initiativrecht und „Verfahrensbetroffene" (Steuble 1983) mit Reaktionspflicht beruhen. Aufgabe der Prüfenden ist es, das Verfahren formal zu eröffnen, das Gesprächsthema zu definieren, die Studierenden mit „gesprächsaktinitiierenden Steuerungsmitteln" (Dederding/Naumann 1986) zu prüfungsrelevanten Äußerungen zu bewegen, deren Ausführungen stichwortartig zu protokollieren und nicht zuletzt das Verfahren mit einer begründeten Notengebung abzuschließen. Von Studierenden wird erwartet, sich und ihr Wissen in den Erwartungsstrukturen von Prüfungsregimen darzustellen und insgesamt eine „ehrerbietende" Komplementärrolle (Goffman 1986: 54ff.) einzunehmen. Nur dann kann der Prüfungsakt als sinnvolle Interaktion zustande kommen. Insofern werden den Beteiligten in Prüfungsgesprächen bestimmte Positionen und Handlungsräume als institutionelle Struktur zugewiesen.

Andererseits weist Kaufhold zu Recht darauf hin, dass Prüfer und Geprüfte „durch ihr Verhalten diese Unterschiede aktiv mit (produzieren)" (Kaufhold 2005: 68). Wenn aber das Prüfungsgeschehen nicht bloß Institution ist, sondern die interaktive Produktion eines sozialen Vorgangs, dann liegt es nahe, sich auch von institutionstheoretischen Annahmen zu lösen. Der Fokus verschiebt sich auf Prüfungsperformanzen, also auf konkret beobachtbare Muster im non-verbalen und verbalen Prüfungsverhalten (Meer 1998). Dieses kann als interaktive Gesprächsorganisation analysiert werden, an der die Akteure mit situativ ausgehandelten Freiheitsgraden, mit episodisch wechselnder Definitionsmacht und mehr oder weniger kreativen Rolleninterpretationen und Selbstinszenierungen mitwirken. Dabei bedarf es, wie Goffman in seiner „Soziologie der Gelegenheiten" herausarbeitet, nicht einmal der institutionellen Rahmung, um Prüfungshandlungen sozial zu stabilisieren. Wie generell für Verhalten in direkter Kommunikation reicht schon eine „oberflächliche Übereinkunft", in der „jeder temporär die Verhaltensstrategie jedes anderen akzeptiert", um Prüfungsgesprächen eine Ordnung zu geben: „Hat jemand erst einmal eine Verhaltensstrategie präsentiert, dann richten er und die anderen meistens ihre (..) Reaktionen danach und bleiben sozusagen daran kleben" (Goffman 1986: 17). Goffman bezeichnet diese Art gegenseitigen Respekts als „Arbeitskonsensus", dessen Tragfähigkeit unter den asymmetrischen Bedingungen einer mündlichen Prüfung allerdings auf eine besondere

Probe gestellt wird. Zwar käme wohl kaum ein Prüfungskandidat auf die Idee, die Prüfungsperformanz eines Hochschullehrers zu diskreditieren – ganz gleich, was er „wirklich" von dem Gegenüber oder dessen Bemühungen hält. Andererseits bergen gerade mündliche Prüfungen das nur schwer kalkulierbare Risiko, im Selbstwert und in der Wahrung des eigenen Images bedroht zu werden. Je nach Einschätzung des Prüfungsverlaufs entwickeln Studierende ad-hoc Vermeidungs- oder korrektive Strategien zur Wiederherstellung ihres Images; sie bleiben aber, auch wenn Prüfungsbeziehungen in der Regel nicht-öffentlicher Natur sind, auf sozial kompetente Prüfer angewiesen, die bemüht sind, mit „Ausgleichshandlungen" ein „rituelles Gleichgewicht" (aaO.: 25f.) und beiläufig auch die Fiktion einer formal geordneten Kommunikation herzustellen.

5.2.4 Formal illegales Handeln

Wenn die Vorgaben eines Prüfungsregimes inakzeptable Prüfungslasten, unverhältnismäßige Prüfungsfolgen, fachlich nicht vertretbare Prüfungsarrangements oder administrative Regelungsprobleme nach sich ziehen, kommen oft Handlungsstrategien zum Einsatz, die Luhmann als „brauchbare Illegalitäten" bezeichnet. Anders als die klassische Institutionentheorie, die zum Verständnis von Regelbrüchen auf das opportunistische Verhalten von Akteuren rekurriert, deutet die Systemtheorie Normen- und Regelverletzungen als Chance für Strukturveränderungen, als Optionen „für neues, schöpferisches Verhalten und für laufende Anpassung an eine sich verändernde Umwelt" (Luhmann 1976: 304). Um sich gegenüber Irritationen beweglich zu halten, müssen Organisationen demnach Regelbrüche zulassen, „ohne diese (..) gleich selbst zur Regel zu machen." Sie entwickeln „Strategien zur kontrollierten Abweichungstoleranz" (Kabalak/Klett/Priddat 2007: 68). Das Spektrum der funktionalen Illegalitäten reicht von einer Probe auf die Elastizität formaler Erwartungsstrukturen über Praktiken des Unterlaufens als bloß äußerlicher Formen der Regelbefolgung bis zum offensichtlichen Regelbruch:

- Die Protokollierung der Projektsitzungen wird als Prüfungsform Hausarbeit interpretiert, wobei durch die Kumulation der Protokolle die definierte Seitenzahl erreicht werden kann.
- Kurz vor Ablauf der Einreichungsfrist für Abschlussarbeiten stapeln sich in den Prüfungsämtern die mit ärztlichen Attesten hinterlegten Anträge auf Fristverlängerung. Diesen Anträgen wird ausnahmslos und ohne weitere Prüfung entsprochen.

- Im Falle von Fristversäumnissen bei der Prüfungsanmeldung wird Studierenden, um eine unnötige Verlängerung der Studienzeit zu vermeiden, die Gelegenheit eingeräumt, mit einer schriftlichen Begründung eine Einzelfalllösung herbeizuführen.
- Klausuraufgaben werden vorab detailliert kommuniziert, so dass im Ergebnis eine hohe Übereinstimmung der Antworten und eine geringe Streuung der Noten zu bestaunen ist.
- Gemeinschaftliche Referatsleistungen werden, um enervierenden Folgediskussionen über Prüfungsgerechtigkeit aus dem Wege zu gehen, zwar formal getrennt protokolliert, aber nicht differenziert bewertet.
- Obwohl die Prüfungsordnung die Anwesenheit als Prüfungsvorleistung nicht vorschreibt, werden in Seminaren Anwesenheitslisten geführt.
- Studierenden, die die geforderten Anwesenheitspflichten nicht erfüllen (können), werden sog. Prüfungsersatzleistungen angeboten. Diese sind aber durch die Prüfungsordnung nicht definiert.
- Um Studierenden, die eine Modulprüfung endgültig nicht bestanden haben, eine „letzte Chance" zu geben, wird eine mündliche Ergänzungsprüfung angesetzt. Diese sieht das Regelwerk aber nicht vor.
- Amtliche Prüfungsvorgänge werden, um Präsenz- und vor allem Bearbeitungszeiten zu verkürzen, entgegen den Vorschriften zum Datenschutz über den privaten Rechner im Home-Office abgewickelt.

Die Liste der Beispiele ließe sich fortsetzen. Sie umfasst unterschiedliche Figuren der Abweichung, die bei genauerer Betrachtung auf „Grenzprobleme im Inneren" (Luhmann 1976: 306), also Diskrepanzen zwischen der formalen Ordnung des Prüfungswesens und den im sozialen System der Fakultät kommunizierten Normvorstellungen zurückzuführen sind. Erkennbar ist das Bemühen, die Entscheidungslogik des Prüfungsregimes durch persönliche selektive Kriterien aufzuweichen. Allerdings sind solche Praktiken riskant, da eine studentische Abweichungstoleranz in der Regel nicht zu erwarten ist. Die Informationsverarbeitung in der studentischen Community sorgt entweder für eine rege Nachfrage – dann wird aus einem moderatem Maß an Normabweichung die nicht legitimierte Regel; oder die Illegalität wird unbrauchbar, weil der Vorwurf der Ungleichbehandlung im Raum steht. Dann ist ein sinnvolles Operieren in der „Zwischensphäre, in der man sichtbar aber nicht haftbar abweichen kann" (aaO.: 311), nicht mehr möglich.

Eine anschauliche Schilderung „aufgedrängter Illegalität" (aaO.: 306) verdanken wir Kühl. Er beschreibt, wie sich parallel zu den Verregelungen der neuen Bologna-Studiengänge in den Fakultäten eine Vielzahl von kreativen informellen Praktiken ausgebildet hat, um „Regelungsdefizite" zu kompensieren:

„Weil Termine für Modulprüfungen in den Modulbeschreibungen festgelegt sind, datieren Dozenten die Abgabetermine entweder vor oder zurück. Bescheinigungen für Veranstaltungen, die sich als unsinnig herausgestellt haben, werden von den Lehrenden pauschal erteilt. Prüfungsformen in den Modulhandbüchern, die nicht auf die vom Professor durchgeführten Veranstaltungen passen, werden kurzerhand – und entgegen den Regeln – durch andere ersetzt. Mündliche Prüfungen, die jetzt nicht mehr am Ende des Studiums, sondern studienbegleitend durchgeführt werden sollen und deswegen eigentlich wissenschaftliche Mitarbeiter als Beisitzer verlangen, werden jetzt dadurch legitimiert, dass Prüfungsprotokolle am Ende mit fiktiven Unterschriften vermeintlicher Beisitzer ausgestattet werden. Eigentlich als theoretisches Modul geplante Seminare werden unter der Hand zu einer Lehrforschung aufgeblasen, um Studierenden überhaupt die Möglichkeit zu bieten, in einem Profil eine größere empirische Arbeit anzufertigen" (Kühl 1/2011: 20).

Es fällt auf, dass die hier geschilderten Strategien des Unterlaufens und der Regelverletzung kollektiv praktiziert oder doch zumindest geduldet werden. Sie stehen in einem postkonventionellen und über Einzelinteressen hinausgehenden diskursiven Begründungszusammenhang, was die praktizierte Illegalität nicht nur als brauchbare, sondern als verantwortliche Entscheidung erscheinen lässt. Als solche trägt sie bereits die Idee einer besseren Ordnung und die Pflicht zur kooperativen Generierung eines neuen Regelwerks in sich.

5.2.5 Prüfungslasten

Wenn Havnes/Stensaker (2006) recht haben mit der These, dass komplementär zur Priorisierung von Forschung die Lehrtätigkeit mit eher geringen Aussichten auf Statusgewinne assoziiert wird, so schließt dies auch Prüfungshandlungen ein. Tatsächlich ist es für die Mehrzahl der Lehrenden wenig bereichernd, in jedem Semester etwa 1.000 Seiten Prüfungsausarbeitungen zu lesen und mindestens eine Woche in mündlichen Modulprüfungen zu verbringen, insbesondere, wenn der Begutachtungsaufwand kaum über Feedback-Schleifen an studentische Lernprozesse zurückgekoppelt wird. Nur selten nehmen Studierende – zumindest im BA-Studiengang Soziale Arbeit – die Möglichkeiten wahr, Klausuren, Hausarbeiten oder Gutachten einzusehen und die eigene Prüfungsleistung zu reflektieren. Prüfungsarbeit ist weitgehend entfremdete Arbeit.

Um den Lehr- und Prüfungsverpflichtungen unter den Bedingungen einer Massen-Hochschule nachzukommen, ist es unabdingbar, das Prüfungsengagement unter Berücksichtigung verfügbarer Zeitkontingente zu optimieren. Tatsächlich stehen für die Steuerung des Prüfungsaufwands einige Optionen zur Verfügung, die sich organisational den jeweils geltenden Prüfungsregimen, den fakultätsspezifischen Lehrplanungen oder den individuellen Prüfungspraktiken zuordnen lassen:

Tab. 3: Optionen zur Steuerung von Prüfungslasten

Ebene der Prüfungsadministration	
Stellgröße	Bewertung
Formalisierung des Protokollwesens	Aus prüfungsrechtlicher Sicht zu empfehlen!
Schema zur Strukturierung von Gutachten	Aus prüfungsrechtlicher Sicht zu empfehlen; erhebliche Zeitersparnis!
Zeitliche Konzentration/Verdichtung der mündlichen Prüfungen	Komplexe Prüfungsplanung erforderlich, die insbes. zwei Variablen berücksichtigt: die zeitlichen Präferenzen der Prüfenden, die Überschneidungsfreiheit von Modulprüfungen derselben und der folgenden Semesterlage
Delegation der EDV-gestützten Noteneingabe an die Prüfungsverwaltung	Personelle Ausstattung der Prüfungsverwaltung; geringe Fehlerquote!
Delegation von Prüfungsaufsichten (Klausuren)	Im Rahmen qualitätsgesicherter Lehre nicht wünschenswert!
Ebene der Prüfungsordnung	
Zahl der (Teil)Modulprüfungen	Rahmenvorgaben der KMK/HRK; Entscheidungen der Fakultäten
Präferierung von Klausuren	Didaktisch nur für spezifische Fächer sinnvoll; enorme Zeitersparnis; i.d.R. unproblematische Notengebung
Modalitäten der Leistungsbewertung: Differenzierte und abgestufte Notengebung vs. „erfolgreiche Teilnahme"	Nur für ausgewählte Module sinnvoll; Vorgaben des bologna-gerechten Prüfungswesens: Vergabe von Leistungspunkten, gewichtete Notengebung
Definition der Leistungsanforderungen nach Seitenzahl/Prüfungsdauer	Kollegialer Konsens erforderlich; mit Auswirkung auf die Zuweisung der Leistungspunkte

Nicht-Anwendung des 4-Augen-Prinzips	Prüfungsrechtlich bedenklich; in Massenprüfungen und/oder großen Studierendenkohorten aber obligatorisch
Ebene der Studienorganisation	
Alternativseminare durch Erhöhung der Zahl der Lehrenden je (Teil)Modul	Abhängig von der personellen Ausstattung; Kunst der Ausbalancierung größerer und kleinerer Lehrveranstaltungen
Teilnehmerbegrenzung	s.o.; Konflikte mit nicht zugelassenen Studierenden
Ebene der individuellen Prüfungspraktiken	
Integration von Modulprüfungen in die reguläre Lehre (Referatsprüfungen)	Von Studierenden oft nicht gewünscht; ggf. Niveauverluste
Selektives Lesen von Hausarbeiten	Unproblematisch, solange eine differenzierte Begutachtung vorgelegt wird
Verwendung (teil)standardisierter Gutachten (Textbausteine)	Unproblematisch; nicht immer praktikabel
Verminderung des prüfungsrelevanten Beratungs- und Betreuungsaufwands durch ...	
a) Vorstrukturierung der Prüfung nach Inhalt und Ablauf (vgl. Tsarouha 2017: 134) im Rahmen der Lehre	Wünschenswert; in sozialwissenschaftlichen Fächern nur teilweise möglich
b) Standardisierung der Lehrinhalte und Prüfungsgegenstände (nach Lehrbuch)	Geringe Vorbereitungszeit; ermöglicht auch ohne Veranstaltungsbesuch einen erfolgreichen Leistungsnachweis; „MacLehre"!
c) Verengung der Zeitfenster im Rahmen der Sprechstunden	Erfordert effiziente Prüfungsberatung; Grenzen der Steuerbarkeit; Unzufriedenheit und Konflikte bei hoher Nachfrage
d) Absenkung der Beratungsqualität („... na, dann mach'n Sie mal ...")	Im Rahmen qualitätsgesicherter Lehre nicht wünschenswert, aber Hochschulrealität; im Kollegium kaum diskutierbar
Verminderung der Zahl der Prüfungskandidaten/innen durch ...	
a) Teilnehmerbegrenzungen	Erfordert didaktische Begründung, kollegialen Konsens und Kapazitäten; Konflikte mit nicht zugelassenen Studierenden

b) (relativ) hohe Leistungsanforderungen	Disziplinspezifisch und/oder prüferabhängig; evtl. Problem der Mehrbelastung anderer Prüfer/innen; Creaming-Effekte im Rahmen von Wahlpflichtangeboten
c) abschreckende Notengebung	Ethisch nicht vertretbar, aber nicht nachweisbar; in Einzelfällen Hochschulrealität; Effekte nur für Module mit freier Wahl der Prüfer; kollegial nicht diskutierbar

An dieser Stelle soll darauf verzichtet werden, alle aufgelisteten Stellschrauben zur Beeinflussung, Optimierung und auch Minimierung des Prüfungsaufwands eingehend zu diskutieren, zumal dies unter Berücksichtigung disziplin- bzw. fachspezifischer Gegenstandsbestimmungen, studiengangsinterner Betreuungsrelationen oder der Größe von Studiengangskohorten zu erfolgen hätte. Was in ingenieurwissenschaftlichen Studiengängen Sinn macht, wäre in sozialwissenschaftlichen Fächern didaktisch kaum vertretbar; was in kleinen Seminaren mit maximal 25 Studierenden gut funktioniert, wäre in Massenveranstaltungen mit 100, 200 oder mehr Studierenden nicht durchführbar. Ungeachtet dieser Randbedingungen kann, ergänzend zur effizienten Organisation von Prüfungsarbeit, festgehalten werden:

1. Auch Individuallösungen zur Gestaltung des persönlichen Prüfungsaufwands haben u.U. einen organisations- bzw. prüfungskulturellen Impact: Sie sind angewiesen auf Kollegialität und eine Konsensbildung etwa über die Größe von Lehrveranstaltungen oder die Art der Prüfung; sie steuern studentische Entscheidungen zum Besuch von Lehrveranstaltungen; sie sind relevant für Prozesse und Maßnahmen zur Sicherung der Lehrqualität. Strategien der Beratungsverweigerung oder der Abschreckung scheinen als solche nicht thematisierbar, weder im dienstlichen Rahmen noch im informellen Gespräch.
2. Die inter-kollegiale Balance des Prüfungsaufwands gehört traditionell zu den eher heiklen Themen einer fakultäts-/institutsinternen Kulturbildung. Mit Umsetzung des Bologna-Prozesses in den Phasen 1.0 und 2.0 haben sich jedoch, im Gegensatz zum allgemeinen Anstieg der Leistungskontrollen, zusätzliche strukturelle und kapazitäre Möglichkeiten eröffnet, um auf den Ebenen der Studiengangs-, der Lehr- und der Prüfungsplanung nivellierend auf die Verteilung von Prüfungslasten einzuwirken.

3. Die für die Bologna-Hochschule charakteristische Erhöhung und Verdichtung der Prüfungslasten beruht nicht nur auf Akten der vorauseilenden Unterwerfung unter die „Strukturvorgaben für die Akkreditierung von Bachelor- und Masterstudiengängen" (KMK 2003/2010). Die in Studienordnungen fixierten modularen Strukturen sind zugleich Ergebnisse mühsamer Aushandlungsprozesse und komplexer Konstruktionsleistungen auf der Ebene der Studiengangsgestaltung. Änderungen bleiben deshalb zumeist kleinteilig und darauf bedacht, die implizite soziale Balance und die formal-logische Statik eines modularen Systems nicht zu gefährden. Dieser Strukturkonservatismus schließt in aller Regel auch das jeweils geltende Prüfungsregime mit ein.

Abschließend betrachtet ist es aus der Sicht der Prüfenden relevant, über administrative Abläufe alles zu wissen, was die eigene Zeit- und Lebensplanung, die Prioritätensetzungen und vor allem die dienstlich gebotenen Mitwirkungspflichten betrifft. Die Schlüsselfragen lauten: Welche Prüfungsarten kann ich wählen? In welchem Zeitfenster liegen die mündlichen Prüfungen? An welchem Ort habe ich Klausuraufsicht? Wie viele Prüfungen habe ich abzunehmen? Bei wem und wie kann ich Einfluss auf die Terminansetzung nehmen? Bis wann muss ich Formulare, Noten oder Gutachten im Prüfungsamt einreichen? Welche institutionellen Lösungen gibt es für Studierende, die Leistungsanforderungen oder Mitwirkungspflichten nicht erfüllen? Welche Spielräume habe ich bei der Auslegung der Prüfungsordnung? Wie kann ich meine Interessen in Änderungen der Prüfungsordnung oder der Prüfungspläne einbringen? Wie kann ich meine Prüfungslasten reduzieren?

6 Der Prüfungsausschuss

Im Zuge der ökonomischen Positionierung der Hochschulen im europäischen Bildungsraum lag es nahe, vor allem die Serviceleistungen als Teil eines attraktiven Hochschulprofils herauszustellen. Unter der Chiffre der „Kundenorientierung" waren im Mainstream der „Verwaltungsmodernisierung" Heerscharen erfindungsreicher Organisationsspezialisten damit beschäftigt, immer neue Konzepte für effiziente, beratungsorientierte und individualisierte Prüfungsabläufe zu entwickeln. Demgegenüber wurde dem Prüfungsgeschehen als Abfolge rechtsförmiger, durch eine bürokratische Rationalität geprägter Verwaltungsakte (Berechenbarkeit, Unpersönlichkeit, Zuständigkeit, Aktenmäßigkeit) nur wenig Aufmerksamkeit geschenkt. In ihrem umfänglichen Kommentar zum Prüfungsrecht merken Niehues/Fischer/Jeremias (2014) einleitend an, die Bedeutung der rechtlichen Formalisierung des Prüfungsgeschehens erschöpfe sich weitgehend darin, „eine gewisse äußere Chancengleichheit zu gewährleisten." Prüfungen greifen allerdings, so schreiben sie weiter, „in die Freiheit der Berufswahl ein und müssen daher den Anforderungen des Art. 12 Abs. 1 GG genügen." Prüfungserfolge sind Voraussetzung für den Zugang zu entsprechend anerkannten Berufen. Daraus ergibt sich für die Studierenden ein Recht auf Prüfung, das die Zulassung zur Prüfung, die Durchführung des Prüfungsverfahrens und die begründete Aussicht auf einen formalen Abschluss umfasst. Zugleich konstituiert das Recht auf Prüfung ein selbständiges Rechtsverhältnis, das für alle im Prüfungswesen involvierten Parteien – Lehrende, Studierende und Prüfungsausschüsse – mit wechselseitigen Rechten und Pflichten und einem hohen Formalisierungsgrad verbunden ist.

Grundlage für Hochschulprüfungen bzw. die Begründung von Prüfungsrechtsverhältnissen sind Prüfungsordnungen, die – unter Berücksichtigung der Hochschulgesetzgebung sowie verwaltungsrechtlicher Vorgaben – in den Gremien der Fakultäten erarbeitet sowie durch die Beschlussorgane der Hochschulen geprüft und genehmigt werden. Prüfungsordnungen und deren Ergänzungen fungieren als Arbeits- und Entscheidungsgrundlagen für die tägliche Arbeit der Prüfungsausschüsse und ihrer Vorsitzenden sowie der ihnen zur Seite stehenden Prüfungsverwaltungen. **Gegenstand der Prüfungsordnung** eines Studiengangs sind zum einen die im Verlauf eines Studiums zu erbringenden Prüfungsleistungen, zum anderen Regelungen des Prüfungsverfahrens. Üblicherweise beziehen sich die rechtlichen Normierungen auf:

- den Umfang (Regelstudienzeit) und die Gliederung des Studiums
- die Besetzung und Aufgaben des Prüfungsausschusses

- die Prüfungsberechtigung/Bestellung der Prüfenden
- die Struktur der BA/MA-Prüfung und des Leistungspunktesystems
- Zulassungsvoraussetzungen zu den Modulprüfungen/zur Abschlussprüfung
- die Anrechnung von Studienzeiten, Prüfungsleistungen und berufspraktischen Tätigkeiten
- die Einrichtung eines Nachteilsausgleichs und sonst. Schutzbestimmungen
- Bestehensvoraussetzungen und nicht bestandene Prüfungsleistungen
- den Umgang mit Versäumnissen, Rücktritten, Täuschungen und sonstigen Ordnungsverstößen
- Freiversuchsregelungen und Möglichkeiten einer Notenverbesserung
- die Einsichtnahme in Prüfungsakten
- die Ordnung des Widerspruchsverfahrens
- Prüfungsarten und die Modalitäten ihrer Durchführung
- die Ausgabe, Abgabe, Bewertung und Wiederholung der BA-/MA-Arbeit
- die Bewertung von Prüfungsleistungen und die Bildung der (Modul-/Abschluss)Noten
- die Gestaltung von Zeugnis, Urkunde und Diploma Supplement.

Der **fachbezogene Teil der Prüfungsordnung** kann durch Modulhandbücher und/oder Anlagen (exemplarisch in der Anlage) ergänzt werden, die die im Verlauf eines Studiums zu erbringenden Prüfungsleistungen spezifizieren. Gegenstand einer Konkretisierung können sein:

- die Bezeichnung und die Kennziffer, ggf. auch Inhalte und/oder Lernziele eines (Teil)Moduls
- die jeweilige Semesterlage eines (Teil)Moduls im Bezug auf das Regelstudium
- die zu erbringenden Prüfungsvorleistungen (Anwesenheit)
- die mit dem erfolgreichen Abschluss eines (Teil)Moduls zu erwerbenden Leistungspunkte
- die für ein (Teil)Modul zulässigen Prüfungsarten

Der **verfahrensbezogene Teil der Prüfungsordnung** kann durch Erläuterungen und/oder Ausführungsbestimmungen, ggf. durch Informationsangebote ergänzt werden, die sich auf Teile der Prüfungsordnung oder Verwaltungsvorgänge beziehen. Exemplarisch genannt seien an dieser Stelle nur:

- Erläuterungen zum wechselseitigen Zusammenhang von Prüfungsrechten und Mitwirkungspflichten und Handlungsfolgen
- Bedingungen und Modalitäten zur Einrichtung eines Nachteilsausgleichs

- Voraussetzungen und Verfahrensbestimmungen zur Anrechnung beruflich erworbener Kompetenzen
- Modalitäten zur Erbringung und Anrechnung im Ausland erbrachter Studienleistungen
- Anforderungen und Folgen bzgl. eines krankheitsbedingten Prüfungsrücktritts
- Voraussetzungen für eine Zulassung zur Abschlussprüfung.

Auch wenn in den Hochschulgesetzgebungen der Länder die Verantwortung für die Durchführung der Prüfungen vielfach dem Studiendekanat übertragen ist, operieren die Fakultäten in der Regel mit Prüfungsordnungen, in denen die Bildung von Prüfungsausschüssen mit eigenen Aufgabenzuweisungen und Kompetenzen vorgesehen ist. Die Mitglieder eines Prüfungsausschusses werden vom Fakultätsrat gewählt, wobei die Anzahl der für jede Gruppe (Hochschullehrer/innen, wissenschaftliche Mitarbeiter/innen, Studierende) zu wählenden Ausschussmitglieder in der jeweiligen Prüfungsordnung definiert ist. Der/die Vorsitzende eines Prüfungsausschusses muss der Gruppe der Hochschullehrerinnen und Hochschullehrer angehören und wird entweder durch den Fakultätsrat oder durch die Mitglieder des Prüfungsausschusses bestimmt. Dabei ist es zweckmäßig und verbreitete Praxis, dass der/dem Vorsitzenden die Erledigung der regelmäßigen Aufgaben überantwortet wird.

Eine eingehende Darstellung der Zuständigkeiten und Aufgaben, mit denen der Prüfungsausschuss und dessen Vorsitzende/r befasst sind, soll zunächst unterbleiben; im Vergleich der für die jeweiligen Studiengänge geltenden Prüfungsordnungen wird deutlich, dass nicht nur die Aufgabenbereiche der Prüfungsausschüsse, sondern auch die zur regelmäßigen Erledigung übertragenen Pflichten stark variieren. In der Folge lassen sich vermutlich fakultätsspezifische Stile der Entscheidungsfindung identifizieren, an denen auch die Mitglieder der Prüfungsausschüsse mit eigenen Erwartungen an eine Einbindung oder umgekehrt ihre prozessuale Nicht-Einbindung beteiligt sind. Insofern soll hier lediglich festgehalten werden, dass der Prüfungsausschuss die Organisation und Durchführung der Prüfungen sicherstellt und darauf achtet, dass die Bestimmungen der Prüfungsordnung eingehalten werden. Ein Großteil der sich aus diesem Auftrag ergebenden Aufgaben wird de facto der/dem Vorsitzenden und, sofern es sich um Angelegenheiten der routinemäßigen Prüfungsorganisation handelt, Einrichtungen der Prüfungsverwaltung zur Erledigung übertragen. Dies schließt in der Regel auch die Erwartung ein, dass auch nicht-delegierbare Vorgänge (z.B. Widerspruchsverfahren, regelmäßige Berichte über das Prüfungsgeschehen) durch die/den Vorsitzende/n des Prüfungsausschusses entscheidungsreif vorbereitet werden. Die Sitzungen des Prüfungsausschusses sind dann in kleinen, ohnehin für Gremiensitzungen reservierten Zeitfenstern unterzubringen. Zu den Aufgaben von Prüfungsverwaltungen gehört es u.a., semesterweise Prüfungstableaus zu erstellen, prüfungsrelevante Termine zu setzen und deren Einhaltung zu überwachen, ein Formularwesen zur rechtsförmigen Dokumentation von Prüfungen vorzuhalten, Prüfungsan- und -abmeldungen zu ermöglichen, die Vorlage von Attesten und weiteren Nachweisen eines Rücktrittsgrundes zu dokumentieren, die Abgabe der Abschlussarbeiten zu überwachen, Prüfungsergebnisse zugänglich und damit kontrollierbar zu machen, über Prinzipien, konkrete Anforderungen und institutionelle Strukturen des Prüfungswesens (Zuständigkeiten) oder über typische Abläufe (z.B. Procedere zur Einrichtung eines Nachteilsausgleichs) zu informieren.

Prüfungsrechtsverhältnisse

Analysiert man nun das Gesamtgefüge wechselseitiger Prüfungs(rechts)verhältnisse, so sollten, abweichend etwa von den Darstellungen der Universität Duisburg/Essen (UDE-Handbuch 2011), auch die Lehrenden/Prüfenden in die Betrachtung einbezogen werden. Sie sind, sofern die Studierenden mit den Akten der Anmeldung und Zulassung Prüfungsrechtsverhältnisse eingegangen sind, zur Abnahme von Prüfungen verpflichtet und (mit)verantwortlich für die formal korrekte Durchführung derselben. Die in ihrer Mitgliedsrolle angelegten formalen Erwartungen implizieren, dass prüfungsrelevante Informations- und Mitwirkungspflichten zeitig und hinreichend wahrgenommen werden. Dies betrifft beispielsweise das (rechtzeitige) Erscheinen zu Prüfungsterminen, die frühzeitige Kommunikation von Hinderungsgründen, die Beachtung der durch die Prüfungsordnung definierten Anforderungen an die Art, die Dauer oder die Protokollierung einer Prüfung oder die fristgerechte Einreichung von Prüfungsergebnissen. Im Gegenzug können Prüfende erwarten, über Ort und Zeitpunkt einer Prüfung frühzeitig informiert zu werden, im Falle einer Prüfungsverhinderung eine Ersatzlösung angeboten zu bekommen, prüfungsrelevante Unterlagen vollständig zu erhalten und Fristsetzungen den aktualisierten Mitteilungen des Prüfungsausschusses entnehmen zu können. Die Abnahme der Prüfungen selbst fällt nicht in den Bereich der Prüfungsorganisation; dies obliegt den Prüfenden. Im Falle eines Versäumnisses kann der Prüfungsausschuss allenfalls erinnernd tätig werden; im Falle einer Prüfungspflichtverletzung kann er Wege aufzeigen, wie deren Folgen zu heilen und rechtliche Auseinandersetzungen ggf. abzuwenden sind. Sanktionsmöglichkeiten stehen ihm nicht zur Verfügung. Es ist allein Aufgabe des Studiendekanats, darauf hinzuwirken, dass alle Mitglieder und Angehörigen der Fakultät den ihnen obliegenden Prüfungspflichten nachkommen.

Gänzlich anders gestaltet sich der wechselseitige Bezug zwischen Prüfungsausschuss und Studierenden. Die Informations- und Mitwirkungspflichten der Studierenden korrespondieren, wie bereits eingehend erläutert, mit den Fürsorge- und Hinweispflichten des Prüfungsamtes. Die Erfüllung dieser Pflichten ist Bedingungen für die Wahrnehmung des Kerngeschäfts. Dies kann nach Art und Umfang in vier Aufgabenbereiche unterteilt werden:

1. Der Prüfungsausschuss bzw. das Prüfungsamt haben erstens sicherzustellen, dass Prüfungsrechtsverhältnisse begründet oder beendet werden können. Die studentische Initiative zur Prüfungsanmeldung ist also angewiesen auf Informationen und Kommunikationstechnologien. Diese müssen Entscheidungen darüber ermöglichen, ob die Voraussetzungen für ein Prüfungsverhältnis erfüllt sind, welche Anforderungen die erfolgreiche Ableistung einer Prüfung stellt, wann und wie eine Prüfung anzumelden ist, mit welchen Fristen ein Prüfungsvertrag operiert, ob und wie ein Prüfungsrechtsverhältnis gekündigt bzw. beendet werden kann. Studentische Versäumnisse und Rückversicherungen im Prüfungsamt be-

Abb. 4: Prüfungs(rechts)verhältnisse

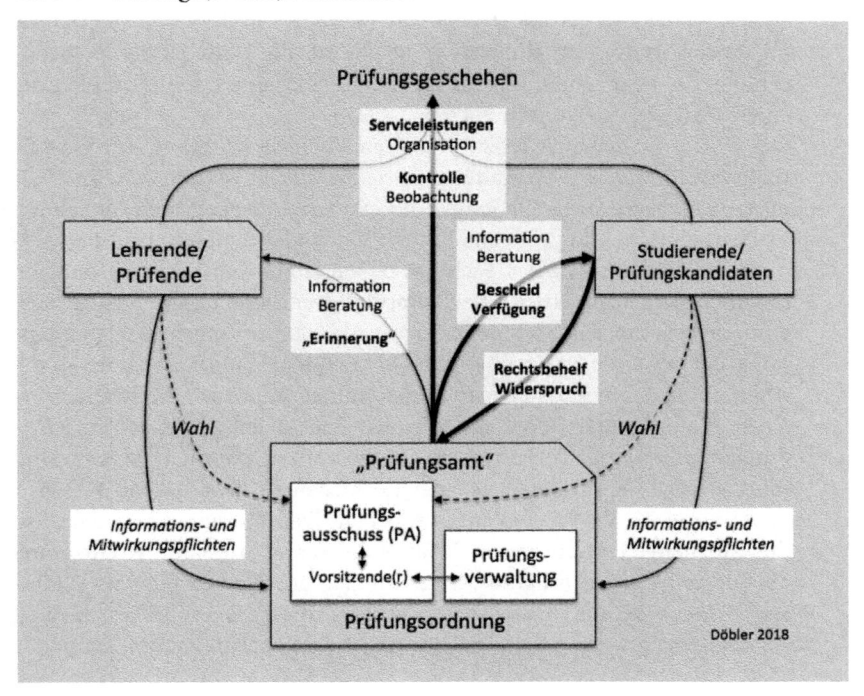

ziehen sich, wie im empirischen Teil dieser Arbeit zu zeigen ist, notorisch auf die Terminierung von Vorgängen, also die rechtzeitige Prüfungsanmeldung und den rechtzeitigen Rücktritt von einer Prüfungsleistung. Prüfungsrechtsverhältnisse werden durch das Bestehen oder Nichtbestehen einer Prüfungsleistung oder einen rechtzeitigen Prüfungsrücktritt beendet.
2. Der Prüfungsausschuss bzw. das Prüfungsamt wachen zweitens darüber, dass Prüfungsabläufe und Prüfungsentscheidungen den legalen Richtigkeitskriterien des Prüfungs- bzw. Verwaltungsrechts genügen. Sie tragen durch Formalisierung der Prüfungsabläufe selbst dazu bei, dass diese Kriterien kommuniziert und eingehalten werden können; und sie agieren zugleich als Prozessbeobachter, die zwar nicht mit Sanktionsmöglichkeiten, wohl aber mit – mehr oder weniger scharfen – Mitteln zur Moderation von Prüfungshandlungen oder weitergehend zur Korrektur von Prüfungsentscheidungen ausgestattet sind. Zu diesen Mitteln gehören u.a. Empfehlungen zur Vervollständigung eines Prüfungsprotokolls oder zur schriftlichen Begründung einer nicht bestandenen Prüfungsleistung, das Aufzeigen möglicher Prüfungsersatzleistungen, die Einsichtnahme in Prüfungsakten, die Anregung zum verwaltungsinternen „Überdenken einer Note" (BVerwG, 09.10.2012 - 6 B 39.12, über dejure.org und juris.de), die Hinzuziehung Dritter, die Bestellung von Beisitzenden, die beobachtende Teilnahme an Prüfungen oder die Einleitung eines Widerspruchsverfahrens.
3. Der Prüfungsausschuss ist zum Dritten Behörde im Sinne des Verwaltungsverfahrens- und Verwaltungsprozessrechts. Er ist in seinen Entscheidungen nicht weisungsabhängig, und er ist als Ausgangsbehörde befugt, Prüfungsentscheidungen gemäß den zugrundeliegenden Prüfungsordnungen zu treffen. In der Sache beziehen sich solche Entscheidungen, die in der Regel mit einer Einzelfallprüfung und konkreten Verfügungen einhergehen, auf das Nichtbestehen von Modulprüfungen, die Anerkennung der an anderen Hochschulen erbrachten Prüfungsleistungen, die Anerkennung beruflich erworbener Kompetenzen oder die Einrichtung eines Nachteilsausgleichs. Ablehnende oder teilablehnende Entscheidungen, die nach der geltenden Prüfungsordnung getroffen werden, sind schriftlich zu begründen, mit einer Rechtsbehelfsbelehrung zu versehen und nach § 41 VwVfG bekannt zu geben. Den Studierenden steht also die Möglichkeit offen, gegen belastende Verwaltungsakte Rechtsmittel einzulegen. Der Prüfungsausschuss fungiert in diesen Fällen als Widerspruchsbehörde, deren Entscheidungen, wird einem Widerspruch nicht abgeholfen, ggf. durch die Verwaltungsgerichte geprüft werden können.

4. Dem Prüfungsausschuss und seiner/m Vorsitzenden ist viertens die selbstreferentielle Beobachtung prüfungsrelevanter Kommunikationen als Zwecksetzung auferlegt. Denn wenn es zutrifft, dass Prüfungen das Studienverhalten steuern (s.o.), so gilt im Umkehrschluss: In der alltäglichen Arbeit eines Prüfungsausschussvorsitzenden werden Steuerungsprobleme erkennbar, die gleichermaßen die Organisation des Prüfungswesens selbst wie die Organisation des Studiums insgesamt betreffen. Seine Aufgabe ist es zu verhindern, dass Deutungs- und Handlungsmuster der Akteure sich von den Imperativen bzw. den Formalisierungen der Organisation abkoppeln. Im Zuge der reflexiven Beobachtung des täglichen Prüfungsgeschehens, der Studienverläufe und der in Berichten aggregierten Daten zur Notengebung bieten sich darüber hinaus Gelegenheiten, die Prüfungsordnung, das operative Prüfungsmanagement und nicht zuletzt auch die Angemessenheit von Lernprogrammen in den Wahrnehmungs- und Beurteilungshorizont der Fakultät zu rücken.

Bei der Wahrnehmung seiner Aufgaben kann die/der Vorsitzende eines Prüfungsausschusses sich auf eine relativ ausgeprägte Definitions- und Strukturierungsmacht stützen; diese ist formal-normativ in einer politisch-rechtlich generalisierten Legitimation begründet, empirisch in einer hohen Kontaktdichte und -intensität sowie einer anschlussfähigen Kommunikation mit unmittelbar Beteiligten. Er agiert, bezogen auf die eingangs getroffene Unterscheidung in Prüfungsregime und Prüfungskulturen, gleichermaßen als Instanz wie als Akteur, wobei der besondere Blick von Prüfungsausschussvorsitzenden in der wechselseitigen Verschränkung beider Perspektiven begründet sein kann. Dabei geht es nicht um vordergründige Ambivalenzen zwischen Recht und Dienstleistung. Für Baecker ist dies vielmehr die Fähigkeit, „gleich weiten Abstand zu halten zu den Klippen sowohl des Anarchismus als auch des Determinismus" (Baecker 2007: 9). Der Ordnung verpflichtet, ist die/der Prüfungsausschussvorsitzende gleichwohl permanent damit beschäftigt, sich mit Ambiguitäten, Abweichungen, Irrationalitäten und Turbulenzen auseinanderzusetzen. Die Sprechstunden und gut gefüllten Mailboxen der Prüfungsausschussvorsitzenden und Mitarbeiter/innen in den Prüfungsverwaltungen geben Zeugnis über die Friktionen und Ungewissheiten, die aufbrechen, wenn Studierende die Imperative formalisierter Ordnungen in ihre subjektive Werttheorie und ihr alltägliches Lebensführungskonzept aufnehmen müssen, um handelnd Strategien zur Bewältigung von Prüfungsanforderungen zu entwickeln.

Der Mehrheit der Studierenden scheint dies, von kleinen Vergesslichkeiten und unglücklichen Prioritärensetzungen einmal abgesehen, gut zu gelingen. Dennoch suchen Studierende das Prüfungsamt auf, weil sie sich Informationen oder Entscheidungshilfen erhoffen. Die Büros der/des Prüfungsausschussvorsitzenden und der Prüfungsverwaltung werden dann zu Orten, in denen Übersetzungsleistungen zu erbringen sind: Der Text der Prüfungsordnung muss umformuliert und erläutert werden, so dass er anschlussfähig ist an die Sprach- und Vorstellungswelt der Ratsuchenden. Dies ist häufig bei Studierenden mit Migrationshintergrund der Fall. Nicht selten stellt sich heraus, dass darüber hinaus Richtigstellungen erforderlich sind, weil für relevante Informationen eben nicht die Prüfungsordnung, sondern das persönliche Netzwerk konsultiert wurde. Dazu ein Beispieldialog:

Student A: ... ich hab' meine Psych-Klausur verhau'n und wollte die Wiederholung eigentlich schieben. Nun hab' ich gehört, das geht nicht. Ist das richtig?	Informationsanfrage
Vorsitzender des Prüfungsausschusses: In §12 Abs. 6 unserer Prüfungsordnung steht: „Wiederholungsprüfungen sollen im Rahmen der Prüfungstermine des jeweils folgenden Semesters abgelegt werden." Das ist keine Muss-Bestimmung, die uns keinen Ermessensspielraum ließe. Wenn Sie die Wiederholungsklausur also im kommenden Semester nicht ablegen, werden wir das nicht sanktionieren.	Prüfungsinformation
Ich weise Sie aber darauf hin, dass es nicht ratsam ist, Prüfungswiederholungen zu lange hinauszuschieben. Das Psychologie-Modul ist mit 9 Credits versehen, und Ihnen fehlen dann evtl. diese Leistungspunkte, um zum Projektstudium zugelassen zu werden.	Vertiefte Erläuterung I
Und denken Sie bitte auch daran: Wir haben nach nicht bestandenen Prüfungen keine automatische Wiederanmeldung. Sie müssen sich also selbst in der ePV anmelden! Bitte beachten Sie die Fristen! Die Zeiten für die Prüfungsanmeldung finden Sie ja im Modulhandbuch.	Vertiefte Erläuterung II
Student A: Ist klar! Ich werde trotzdem schieben!	Informierte Ad-hoc-Entscheidung
Vorsitzender des Prüfungsausschusses: Okay! Kommen Sie, wenn's weitere Fragen gibt, gerne vorbei; Sie sollten sich da nicht zu sehr auf das verlassen, was Ihre Mitkommilitonen glauben zu wissen.	Allgem. Hinweis zum Informationsverhalten unter Bezug auf „... hab' ich gehört ..."

Wie dem Dialogverlauf zu entnehmen ist, können Prüfungsinformationen mit Erläuterungen versehen werden, die vertiefender Natur sind und mit denen sich die Hoffnung verbindet, Impulse für das weitere Studien- und Prüfungsverhalten auszulösen, insgesamt betrachtet also Schritte zu einem erfolgreichen Studienabschluss aufzuzeigen.

Weitergehende Übersetzungsleistungen sind erforderlich, wenn im Laufe einer Sprechstunde komplexere Prüfungsprobleme zutage treten. Diese machen es oft erforderlich, anhand der Prüfungsakte den bisherigen Prüfungsverlauf einzusehen, um gemeinsam mit Studierenden nach Fehlversuchen und ihren Ursachen, vor allem aber nach Anhaltspunkten für ein gelingendes Studium zu suchen. Die Auskunft über Prüfungsangelegenheiten wird dann zur Prüfungs- und weitergehend zur Studienberatung, in der einfache Handlungsimpulse in der Regel wenig hilfreich sind. Erforderlich sind komplexe Lösungsangebote, die dem Einzelfall, also der persönlichen Lebenssituation der Studierenden gerecht werden. Dabei ist es erfahrungsgemäß hilfreich, wenn passend zur Re-Konzeptualisierung des weiteren Studienweges auch aufgezeigt werden kann, wie auf diesem Wege auch Prüfungshürden mit guten Erfolgsaussichten zu nehmen sind. Hier können Vorsitzende von Prüfungsausschüssen, anders als Stellen der allgemeinen Studienberatung, nicht nur Erfahrungswissen, sondern fachliche Autorität sowie ein hohes Maß an Vertrauens- und Glaubwürdigkeit in das Beratungsgespräch einbringen. Dass solche Bemühungen allerdings nicht immer von Erfolg geprägt sind, soll mit einem zweiten Beispieldialog hinterlegt werden:

Studentin B: *... ich komme ins letzte Semester und wollte mal fragen, ob es möglich ist, neben der Bachelorarbeit Modulprüfungen aus dem 4. und 5. Semester nachzuholen?*	Informations-anfrage
Vorsitzender des Prüfungsausschusses: *Wie Sie der Anl.1 zum Modulhandbuch entnehmen können, werden die BA-Arbeit und das Abschluss-Kolloquium nur mit 12 Credits gewichtet. Daneben sind im 6. Semester die Module M11 und M15 mit Anwesenheitspflicht und Klausur und einer Gewichtung von 18 Credits zu absolvieren. Allerdings haben wir bezüglich der Zulassung zur BA-Arbeit eine glasklare Regelung: Zugelassen wird nur, wer mindestens 141 Leistungspunkte erzielt hat.* *Zur Abschlussprüfung wird zugelassen, wer alle Modulprüfungen erfolgreich absolviert hat.*	Prüfungs-information

Um Ihre Frage damit zu beantworten: Ja, Sie dürfen Prüfungen nachholen, so dass Sie im kommenden Semester auf insgesamt 39 mögliche Leistungspunkte kämen.	Prüfungs-information
Ich habe mir aber in Vorbereitung auf unser Gespräch erlaubt, Ihren Prüfungsverlauf einmal einzusehen. Dabei ist mir aufgefallen, dass noch Prüfungen mit insgesamt 15 Credits ausstehen. Sie würden also gar keine Zulassung zur Bachelorarbeit erhalten.	Nachfrage I Sachlage
Studentin B: *Können Sie da keine Ausnahme machen? Ich schaff' das!*	Kerninteresse Verhandlung
Vorsitzender des Prüfungsausschusses: *Nein, das ist leider nicht möglich! Ich bin an die Prüfungs-ordnung und die Beschlüsse des Fakultätsrates gebunden. Unabhängig davon bezweifle ich, dass Ihnen mit einer Einzelfallregelung geholfen wäre.* *Erfahrungsgemäß fallen Bachelorarbeiten schlecht aus, wenn parallel dazu Seminare mit Anwesenheitspflicht besucht und zusätzliche Prüfungen abgelegt werden müssen. Wenn Sie im Zuge dieser hohen Prüfungsbelastung ein oder mehrere Module nicht bestehen, werden Sie ohnehin nicht zur Abschlussprüfung zugelassen.*	Begründete Entscheidung Pädagogischer Einwand
Studentin B: *Die Note ist mir egal.* *Ich muss im nächsten Semester fertig werden!*	Insistierende Interessenarti-kulation
Vorsitzender des Prüfungsausschusses: *Darf ich fragen, warum es Ihnen so wichtig ist, innerhalb der Regelstudienzeit abzuschließen? Niemand hindert Sie, ein weiteres Semester anzuhängen, um ausstehende Prüfun-gen abzuschließen. Außerdem können Sie Ihre Bachelorar-beit dann gelassen vorbereiten.*	Pädagogische Nachfrage: Motiv-erforschung
Studentin B: *Das geht nicht. Ich bin alleinerziehend und bekomme Geld von meinen Eltern. Ich möchte denen nicht länger auf der Tasche liegen.*	Motivation
Vorsitzender des Prüfungsausschusses: Bestätigung der Entscheidung; Hin-wies auf §16 der Prüfungsordnung: Schutzbestimmungen für Mütter und deren Berücksichtigung in Prüfungsverfahren	

Es wäre lohnend, auf diese Dialoge, die nach Struktur und Gegenstand der Beratungspraxis in idealtypischer Rekonstruktion entnommen sind, inhaltsanalytisch einzugehen. Der Fokus könnte sich auf Argumentationsfiguren richten oder auf die Frage, wie mit subjektiven Constraints und Widerständen, die einer rationalen Entscheidung im Wege stehen, umzugehen ist. An dieser Stelle soll jedoch nur deutlich gemacht werden, dass Prüfungsausschussvorsitzende und Mitarbeiter/innen in den Prüfungsverwaltungen in ihren Beratungsstunden häufig mit Prüfungsproblemen konfrontiert werden, die durch die Kommunikationsform „Auskunft" nicht zu lösen sind. Es bedarf des Dialogs mit Studierenden, um tragfähige Lösungen – hier: Entschleunigung des Studiums – zu finden. Wenn solche Verhaltensänderungen durch habituierte Widerstände blockiert werden, ist das Terrain der Prüfungsberatung endgültig verlassen.

Organisationsanalytisch ist zu diskutieren, wie an den Schnittstellen Prüfungsauskunft/Prüfungsberatung und Prüfungsberatung/Studienberatung die Aufgabenbereiche und Zuständigkeiten zu definieren sind. Für die Mitarbeiter/innen in den Prüfungsverwaltungen ist die Antwort klar: Ihre Kompetenzen sind auf den Bereich der Prüfungsauskunft (Information über Prüfungsrecht und Prüfungsabläufe – in der tabellarischen Darstellung der Dialoge grau hinterlegt) beschränkt. Dem Vorsitzenden des Prüfungsausschusses ist mit der Möglichkeit der Einzelfallentscheidung grundsätzlich ein rechtliches Mittel an die Hand gegeben, Prüfungs(verlaufs)optionen eben nicht nur aufzuzeigen, sondern diese auch zu schaffen. Dennoch dürften sich in den konkreten Tätigkeitsprofilen der Prüfungsausschussvorsitzenden Varianzen nachweisen lassen, die auf unterschiedliche Faktoren zurückzuführen sind: den fachtypischen oder fakultätsspezifischen Beratungsbedarf, die im Rahmen der Ermäßigung der Lehrverpflichtung verfügbaren zeitlichen Ressourcen, den persönlichen Stil der Amtsführung, die Akzeptanz des Sprechstundenangebots durch Studierende, nicht zuletzt Beratungsalternativen wie Vertrauensdozentinnen/en oder Einrichtungen der internen/externen Studienberatungen.

Die folgenden empirischen Ausführungen zum Prüfungswesen einer Fakultät, die auf prozessproduzierten Daten eines Prüfungsausschussvorsitzenden beruhen, können in diesem Bedingungsgefüge nur als analytische Annäherungen an alltägliche Entscheidung-, Informations- und Beratungspraxen verstanden werden. Es ist weiterführenden Forschungsvorhaben vorbehalten, diese als Anregungen für qualitative oder quantifizierend-vergleichende Studien aufzunehmen und damit zur organisationalen Entwicklung des Prüfungswesens an Hochschulen beizutragen.

7 Prüfungsregime und Prüfungskultur: Die Fakultät S (2011-2016)

Einschlägige Publikationen zum Prüfen an Hochschulen sind zumeist normativ ausgerichtet: in Form prüfungsrechtlicher Kommentare zur normenkonformen Auslegung und Anwendung von Prüfungsordnungen, mit dem Management-Versprechen einer zeitgemäßen Modernisierung der Prüfungsverwaltung oder, wie eingehend dargestellt, in Gestalt hochschuldidaktischer Empfehlungen zur bologna-gerechten Implementierung kompetenzorientierter Prüfungsformate. Einzelne Hochschulen haben Leitfäden (exemplarisch THM 2013) veröffentlicht, denen Hochschulangehörige, die mit der Erstellung von Prüfungsordnungen befasst sind, Anregungen, Anleitungen und Arbeitshilfen entnehmen können. Nur wenig erfährt man hingegen zu den täglichen Aufgaben und Herausforderungen, vor denen Akteure stehen, die selbst prüfen, Prüfungen verwalten, in Prüfungsangelegenheiten beraten oder kontrollierend und steuernd auf die hochschul- bzw. fakultätsinterne Organisation von Prüfungen einwirken. Dabei lösen jede Prüfungsordnung und jede Prüfungsordnungsänderung komplexe Verfahrensabläufe aus, an denen Akteure, Arbeitsbereiche und Gremien mit unterschiedlichen Funktionen und Interessen beteiligt sind. Im analytischen Spannungsfeld von Prüfungsregimen und Prüfungskulturen soll deshalb im Folgenden der Versuch unternommen werden, das Dunkelfeld Prüfungsalltag in empirischen Annäherungen auszuleuchten.

Dies erfolgt exemplarisch am Beispiel des Prüfungswesens der Fakultät Soziale Arbeit (S) an der Ostfalia/Standort Wolfenbüttel und aus der Sicht eines Lehrenden, der den Übergang zur Bologna-Hochschule in prüfungsrelevanten Teilen mitgestaltet hat und der in den letzten fünf Jahren seiner Berufstätigkeit selbst als Prüfungsausschuss-Vorsitzender für den BA-Studiengang Soziale Arbeit tätig gewesen ist. Auch wenn die in diesem spezifischen Kontext gesammelten Primärerfahrungen eine vergleichende oder verallgemeinernde Aussagenbildung ausschließen, so scheint der nachfolgende Versuch doch gerechtfertigt. Im Spannungsfeld zwischen Prüfungsrecht, administrativem Handeln, Bildungspolitik und Hochschulselbstverwaltung sollen Details einer Realität offen gelegt werden, die Lehrende wie Studierende regelmäßig durchschreiten, ohne dass ihnen die inneren Strukturen, Umweltbezüge oder Entscheidungsprozesse wirklich geläufig wären. Das Prüfungswesen ist allgegenwärtig und doch irgendwie terra incognita und wohl für die wenigsten eine Welt, mit deren Topographie man sich selbst gerne vertraut machen würde.

Gut also, dass es Personen gibt, die ihr Klientel verantwortlich durch das unwegsame Gelände des Prüfungsrechts und des Prüfungsverfahrens zu leiten wissen. Dabei zählen die Tätigkeiten im Prüfungsausschuss und erst recht der Vorsitz eines Prüfungsausschusses unter allen Ämtern, die im selbstverwalteten Organisationsgefüge einer Hochschule zu besetzen sind, vermutlich zu den wenig nachgefragten Leitungspositionen. Vielen gilt diese Tätigkeit als „unbefriedigend", „freundlos", „konfliktreich" und „bürokratisch", ohne attraktive Optionen auf eine professionelle Profilierung und/oder soziale Statusgewinne.

Solchen und ähnlichen Bedenken oder gar Antipathien zum Trotz offenbart sich die Bedeutung der an die Position einer/s Prüfungsausschussvorsitzenden geknüpften Anforderungen und Erwartungen in der alltäglichen Produktion von Entscheidungen und Dienstleistungen. Diese tangieren unmittelbar und durchaus qualitätsrelevant den Lehr-Lern-Kontext und zählen zu den Faktoren, die direkt auf das Betriebs- bzw. Lehr- und Studienklima einer Fakultät durchschlagen. Wohl kaum ein Themenkomplex wird unter Studierenden so ausgiebig und leidenschaftlich kommuniziert wie Prüfungserfahrungen. Dies bezieht sich zum einen auf die fachlich-inhaltlichen Anforderungen von Prüfungen sowie das subjektive Erleben von Prüfungspraxen. Kommuniziert werden zum anderen die Umstände und Abläufe von Prüfungen als Verfahrensanforderungen sowie die in studentische Studien- und Lebensfahrpläne eingreifenden Prüfungsentscheidungen. Diese betreffen mehrheitlich zwar die Notengebung durch die Lehrenden, offenbaren im laufenden Geschäft der Prüfungsämter aber weitere Facetten. Dies wird offensichtlich, wenn man sich konkret dem quantifizierbaren Output, also der Oberfläche aktenförmig fixierter Konstrukte nähert: Bezogen auf den Zeitraum vom Ende Februar 2011 bis Ende Februar 2016, also eine Amtszeit von 5 Jahren, sind an der hier beschriebenen Fakultät etwa 350 Prüfungsbescheide ergangen; etwa 1.200 Abschlusszeugnisse und Urkunden waren zu unterzeichnen; und mehr als 6.000 eMails wurden als prüfungsrelevant archiviert.

7.1 Das Prüfungswesen

Um diesen Zahlen eine Bedeutung zu geben, soll im Folgenden kurz auf die Einbettung des Prüfungsgeschehens in den organisationalen Rahmen der Fakultät eingegangen werden. Die Fakultät Soziale Arbeit ist mit etwa 1.000 Studierenden, davon etwa 820 Studierenden im BA-Studiengang Soziale Arbeit, eine der größten an der Ostfalia. Die rechtlichen Grundlagen für das Prüfungswesen sind in den §§ 7 und 45 des Niedersächsischen Hochschulgesetzes und in den §§ 5 und 6 der Prüfungsordnung (BPO), die sich die Fakultät im Februar 2012 gegeben hat, definiert:

§5 (1) Für die Organisation der Prüfungen und zur Wahrnehmung der durch diese Prüfungsordnung zugewiesenen Aufgaben wird aus Mitgliedern der Fakultät ein Prüfungsausschuss gebildet. Ihm gehören fünf Mitglieder an, und zwar zwei Mitglieder, welche die Gruppe der Professorinnen/Professoren vertreten, ein Mitglied aus der Gruppe der wissenschaftlichen Mitarbeiterinnen/Mitarbeiter oder Lehrkräfte für bes. Aufgaben sowie zwei Mitglieder der Studierendengruppe. (...)

(2) Der Prüfungsausschuss stellt die Durchführung der Prüfungen sicher. Er achtet darauf, dass die Bestimmungen des NHG und dieser Prüfungsordnung eingehalten werden. Er gibt Anregungen zur Reform der Prüfungsordnung und der Studienverlaufspläne. Der Prüfungsausschuss oder die von ihm beauftragte Stelle führt die Prüfungsakten.

(3) Der Prüfungsausschuss berichtet der Fakultät regelmäßig über das Prüfungsgeschehen; hierbei ist besonders auf die Einhaltung der Regelstudienzeit zu achten und die Verteilung der Modul- und Gesamtnoten darzustellen. Der Bericht ist in geeigneter Weise durch die Hochschule offenzulegen.

(7) Der Prüfungsausschuss kann die Erledigung seiner Aufgaben für alle Regelfälle widerruflich auf den Vorsitz und den stellvertretenden Vorsitz übertragen. Die/der Vorsitzende führt die Geschäfte des Prüfungsausschusses, bereitet die Beschlüsse des Prüfungsausschusses vor und führt sie aus. Sie/er berichtet dem Prüfungsausschuss laufend über diese Tätigkeit. (...)

§6 (1) Professorinnen und Professoren, Lehrkräfte für besondere Aufgaben, wissenschaftliche Mitarbeiterinnen/Mitarbeiter und von der Fakultät eingesetzte Lehrbeauftragte sind ohne besondere Bestellung auch die Prüfenden. Prüfungen abnehmen darf nur, wer mindestens diejenige oder eine vergleichbare Qualifikation aufweist, die von den zu Prüfenden angestrebt wird" (Ostfalia 2012).

Hinsichtlich der Organisation des Prüfungswesens waren für den hier betrachteten Zeitraum drei Besonderheiten erwähnenswert: Erstens, der Vorsitz des Prüfungsausschusses wurde nicht durch den amtierenden Studiendekan wahrgenommen, sondern war delegiert an einen gesonderten Prodekan, der für die Wahrnehmung seiner Aufgaben als Vorsitzender des Prüfungsausschusses Lehrentlastungsstunden in Anspruch genommen hat. Diese Aufteilung der Ämter war insbesondere im Hinblick auf die unter (2) und (3) der BPO aufgeführten Aufgaben mit einem erhöhten Abstimmungsbedarf verbunden.

Zweitens, der für Prüfungsangelegenheiten zuständige Prodekan hat in Personalunion auch die Aufgaben eines ECTS-Beauftragten wahrgenommen. Die Betreuung der über das ERASMUS-Programm ins Ausland gehenden Studierenden, die Abfassung der „Learning Agreements" und die Anerkennung der im Ausland erbrachten und im „Transcript of Records" (TOR) dokumentierten Studienleistungen lagen also in einer Hand.

Hervorzuheben ist zum Dritten: Die Fakultät hat die Aufgaben der Prüfungsverwaltung nur teilweise an das zentralisierte Studierenden-Service-Büro (SSB) abgegeben und leistet sich eine eigene Verwaltungsfachkraft, die hausintern für die Administration des BA-Studiengangs Soziale Arbeit und des MA-Studiengangs Präventive Soziale Arbeit zuständig ist. Die Prüfungsberatung, die Planung und Organisation der Prüfungen sowie in Teilen die Abfrage und Eingabe von Daten im Zugriff auf die elektronische Prüfungsverwaltung (ePV) erfolgen in einem eigenen Büro des Prüfungsamtes in unmittelbarer räumlicher Nähe zum Studiendekan und zum Vorsitzenden des Prüfungsausschusses. Diese Besonderheit bietet weitaus mehr als nur zusätzliche Ressourcen zur Verbuchung von Leistungen, die Beantwortung studentischer Anfragen oder die Bewältigung sonstiger Prüfungslasten. Im Hinblick auf die Komplexität der Prüfungsorganisation kann der Vorsitzende des Prüfungsausschusses auf das in dieser Position gesammelte und an diese Position gebundene Erfahrungswissen zurückgreifen, wenn es darum geht, die „Kontingenzchancen" (Baecker 2007:15) prüfungsrelevanter Entscheidungen zu erkennen. Dieses Wissen, das im unmittelbaren Kontakt mit Studierenden und Lehrenden gewonnen wurde, ermöglicht es, (paradoxe) Wirkungen besser abzuschätzen, Unschärfen für Ermessensentscheidungen zu nutzen und Insuffizienzen im Reglement frühzeitig zu erkennen. Die Kenntnis einzelner Prüfer als Personen, ihrer Prüfungsbelastungen und ihrer Gewohnheiten, aber auch das Erfahrungswissen über studentisches Prüfungshandeln schafft Beurteilungsspielräume und zugleich Sicherheiten, die die Institution Prüfungsverwaltung organisational hinreichend offen und Programmabläufe anschlussfähig halten. Administrative Routinen können ad-hoc nachjustiert werden, ohne damit das Prinzip der „verlässlichen Hochschule" (Döbler 2004) aufzugeben.

7.2 Studienorganisation und Prüfungsanforderungen

Die im Zuge des Bologna-Prozesses eingeführten modularen Studienstrukturen haben für die Fakultät nicht nur curriculare Veränderungen in der Lehre hervorgebracht, sondern auch gravierende Veränderungen im Bereich des Prüfungswesens. Dies wird deutlich, wenn wir die Prüfungsanforderungen des vormaligen Diplomstudiengangs Sozialwesen mit denen des BA-Studiengangs Soziale Arbeit vergleichen. Während das Studium unverändert als 6-semestriges Regelstudium mit anschließendem Anerkennungsjahr (Berufspraktikum mit Erwerb der Staatlichen Anerkennung) ausgerichtet ist, hat sich die Zahl der Prüfungen um 45% von 22 auf 32 erhöht.

Tab. 4: Prüfungsanforderungen Diplom/B.A. im Vergleich

	Diplomstudiengang „Sozialwesen"	BA-Studiengang „Soziale Arbeit"
1.-3. Semester	1 Praktikumsbescheinigung 11 Leistungsnachweise	1 Praktikumsbescheinigung 1 Praktikumsbericht 9 Module, davon 6 Teilmodule mit Anwesenheitspflicht 20 Teilmodulprüfungen
	Vordiplom-Prüfung	
4.-5. Semester	1 Projektbericht 2 Leistungsnachweise 1 Praktikumsbescheinigung 5 Lernbereichsprüfungen	1 Projektbericht 7 Module, davon 10 Teilmodule mit Anwesenheitspflicht 9 Teilmodulprüfungen
6. Semester	Diplomarbeit + Abschluss-Kolloquium	BA-Arbeit + Abschluss-Kolloquium
Summe	22 Prüfungen, davon 7 zeugnisrelevant	32 Prüfungen in insgesamt 16 zeugnisrelevanten Modulen

Erster Studienabschnitt

Wie bereits eingehend diskutiert, ist auch für die Fakultät Soziale Arbeit in der Umsetzung der Bologna-Vorgaben eine erhebliche Ausweitung der Prüfungsanforderungen zu konstatieren, so dass die Studierenden insbes. im Grundstudium unter hohem Prüfungsdruck stehen: Im 1. Semester sind (inkl. Praktikumsbericht) 6 Prüfungen zu absolvieren, im 2. Semester ebenfalls 6 Prüfungen, und im 3. Semester gar 8 Prüfungen. Alle ermittelten Noten sind zeugnisrelevant, da sie entweder als Modulnoten ausgewiesen werden oder, gewichtet nach Leistungspunkten, in die Modul- und auch modulübergreifend in die Endnote eingehen.

Ursächlich für diese relativ hohe Prüfungslast ist vor allem die Konstruktion der Module M2 Grundlagen der Sozialen Arbeit und M3 Professionelle Aspekte der Sozialen Arbeit. In diesen Modulen lehren fast ausschließlich Lehrkräfte für besondere Aufgaben, die in der Übergangphase vom Diplom zum B.A. offenbar die Chance sahen, fachqualifikatorische Standards und Statusansprüche durch möglichst viele Teilmodul-Prüfungen abzusichern. Wie dem Prüfungstableau (Anl. 3) unschwer zu entnehmen ist, führt aber auch der Mangel an disziplinübergreifender- und kompetenzorientierter Integration dazu, dass neben den stark segmentierten Großmodulen zur sozialarbeitswissenschaftlichen Fundierung auch die klassischen universitären Disziplinen als sog. Bezugswissenschaften sowie die medien- und bewegungsorientierten Lehrangebote eigene Prüfungsansprüche geltend machen.

Zur Einschätzung konkreter Studien- und Prüfungslasten wäre es hilfreich, summarische Angaben verlaufsbezogen auf Semesterlagen und Studierendenkohorten herunterzubrechen. Auch wenn eine Auswertung individueller Prüfungsverläufe hier nicht erfolgen kann, so sind auf diese Weise doch erste Annäherungen möglich. Nimmt man hierzu die Modulhandbücher und die dort aufgeführten Lehrveranstaltungen zu Hilfe, so lässt sich für jedes der sechs Studiensemester ein typischer Studien- und Prüfungsplan erstellen. Dieser variiert zwar hinsichtlich der individuellen Komposition der Lehrveranstaltungen, lässt aber erste Rückschlüsse zu, wie auf der Mikroebene eines Studiengangs Lernprozesse vorstrukturiert werden. Werfen wir einen Blick zunächst auf den Studienplan für Studierende im 1. Semester des Studiengangs Soziale Arbeit:

Tab. 5: Wochenstudienplan für das 1. Semester

Zeiten	Modul	Lehrveranstaltung	Anwesenheit	Prüfungsart
Montag				
10.15-11.45	M2	Recht & Soziale Arbeit	nein	K
12.15-13.45	M1	Propädeutik	ja	H
14.15-15.45	M2	Sozialformen & Methoden	ja	K
Dienstag				
10.15-11.45	M5	Sozial- & Fürsorgerecht	nein	K*
12.15-13-45	M7	Gesellschaftswiss. Grundlagen	nein	H
14.15-15.45	M5	Verwaltungsrecht	nein	K*
Donnerstag an 6 Tagen im Semester				
14.00-17.00	M2	Praktikumsvorbereitung	Ja	PB**
	* Zu einer Rechtsklausur zusammengefasst ** Das Orientierungspraktikum ist in den Semesterferien platziert. Der Praktikumsbericht (PB) ist erst im 2. Semester einzureichen.			

Quelle: Modulhandbuch des Studiengangs Soziale Arbeit für das WS 2012/13

Da in den (Teil)Modulen Parallelveranstaltungen angeboten wurden, war es den Studierenden weitgehend freigestellt, die Seminarzusammenstellung auf der Grundlage persönlicher Prioritäten zu variieren; auch war es möglich, Veranstaltungen in das folgende Semester zu verschieben. Ungeachtet dieser Nuancen in der persönlichen Studienplangestaltung bleiben die Grundmerkmale der Studienorganisation unverändert:

- Das Präsenzstudium konzentriert sich auf zwei Tage in der Woche, ergänzt um kleinere Blockveranstaltungen im 14-tägigen Turnus. Das Präsenzstudium ist auf 7 Lehrveranstaltungen mit insgesamt 10,5 Stunden pro Woche ausgelegt.
- Von den 7 Veranstaltungsangeboten sind 3 mit Präsenzpflicht ausgewiesen, die Rechtsseminare (M5) werden aufgrund des hohen Bestehensdrucks regelmäßig besucht. Weil zusätzliche Lehrveranstaltungen im Grundstudium nur äußerst selten besucht werden, beschränkt sich die Präsenzzeit auf etwa 9-10 Stunden/Woche.
- Die Prüfungsanforderungen lassen erwarten, dass Eigenstudienzeit im laufenden Semester vor allem für die Anfertigung der beiden Hausarbeiten aufgebracht wird; 3 Klausuren zum Semesterende erfordern das „last-minute-short-term-memory-cramming", wie es palla79 im Blog zur Klausurvorbereitung an der Fern-Universität Hagen[19] so treffend bezeichnet.
- Ansonsten dominiert weitgehend die auch in der ZEITLast-Studie kritisierte Lehrorganisation, die aus parallel angebotenen Modulen mit mehreren überwiegend zweistündigen Veranstaltungen besteht (vgl. Schulmeister/Metzger/Martens 2012: 26). Zur dort beschriebenen Kurs-Konkurrenz kommt es erst im letzten Viertel des Semesters, wenn die Hausarbeiten eingereicht sind und Klausurvorbereitungen die studentische Lernzeit binden. Dann leeren sich die Seminarräume, und Lehrveranstaltungen ohne Anwesenheitspflicht werden zu Studien-Zirkeln, in denen sich Studierende mit ausgeprägt fachlich-inhaltlichem Interesse (und guter Selbstorganisation) versammeln.
- Wie den nachstehenden Ausführungen zu entnehmen ist, wird der erste Studienabschnitt in der Regel erfolgreich absolviert, wobei die erzielten Modulnoten stark variieren. Problematisierungsbedürftig sind Cramming-Effekte, wenn zum Semesterende mehrere Klausuren zu bewältigen sind, und Prüfungsfluchten, wenn Versagensängste eine Prüfungsvorbereitung oder die Anfertigung einer Hausarbeit blockieren. Solche Studienprobleme können sich dramatisch verschärfen, wenn Prüfungen wiederholt geschoben oder nicht bestanden werden.

Zweiter Studienabschnitt

Ein völlig anderes Bild der Studienorganisation ergibt sich bei Erstellung eines Studienplans für das 4. Semester. Anders als in den ersten drei Semestern dominiert nun eine Studienstruktur mit ausgeprägter Projekt-, Handlungs- und Methodenorientierung, Wahlpflichtangeboten und geringer Verschulung. Ein

---

19 https://fernstudiumhagen.wordpress.com/tag/klausurvorbereitung/

zeitlicher Anker ist im Wesentlichen durch die auf den Donnerstag gelegten Begleitveranstaltungen zum Projektstudium gesetzt.

Tab. 6: (Muster)Wochenstudienplan für das 4. Semester

Zeiten	Modul	Lehrveranstaltung	Anwesenheit	Prüfungsart
Mittwoch				
08.15-09.45	M12a	Biografiearbeit als Beratungsmodell	nein	MP/R
10.15-11.45	M12a	Ringvorlesung	ja	MP
3 Tagesblöcke				
	M14	Interkulturalität	nein	H/RP/MP
Donnerstag				
08.15-11.45	M10	Projektberatung	ja	-
12.15-13-45	M10	Projektspezifische Lehrveranst.	ja	-
180 Stunden	M10	Studienprojekt (extern)	ja	-

Quelle: Modulhandbuch des Studiengangs Soziale Arbeit für das WS 2012/13

Im übrigen ist die Studien- und Prüfungsstruktur im zweiten Studienabschnitt durch folgende Merkmale gekennzeichnet:

- Das Studium ist ausgerichtet auf Studienprojekte mit externen sozialen Trägern, in denen neben dem Wissen zur methodischen Strukturierung von Handlungen vor allem soziale Kompetenzen erworben bzw. soziale Tugenden (eingebunden in eine Didaktik des Ethoslernens bei: Bönsch 2006) eingeübt werden können. Lernerfahrungen und Handlungsfolgen sind im nachfolgenden Semester in einem Projektbericht zu dokumentieren.
- Studienprojekte sind – wie auch die fachspezifischen Vertiefungen im Wahlpflichtbereich – zwar wählbar, hinsichtlich der Teilnehmerzahl aber begrenzt. Besonders begehrte Studienprojekte regeln den Zugang deshalb über Bewerbungsgespräche. Den Studierenden wird also abverlangt, Prioritäten zu setzen, Entscheidungen zu begründen und darüber hinaus in Studienalternativen (Plan B) zu denken.
- Ein weiteres Merkmal des zweiten Studienabschnitts sind geblockte Veranstaltungen, die in der Regel auf die Wochenenden gelegt und methodisch-didaktisch auf kleinere Lerngruppen ausgerichtet sind.
- Obligatorisch für das Studienprojekt selbst und projektbezogene Veranstaltungen sind Anwesenheitspflichten. Allein für das Studienprojekt weist das Modulhandbuch ein Soll von 180 Stunden aus, ohne dass allerdings

(gesicherte) Zahlen dafür vorlägen, wie viel Zeit tatsächlich für die externe Projektarbeit aufgewendet wird.
- Für Blockveranstaltungen mit methoden- und interkultureller Orientierung sind Anwesenheitspflichten lt. Prüfungsordnung zwar nicht ausgewiesen; der didaktische Zuschnitt der Lehrveranstaltungen rechtfertigt jedoch die Annahme, dass implizite Erwartungen an eine verlässliche Teilnahme mehr oder weniger konsensfähig sind.
- Die Prüfungen des zweiten Studienabschnitts sind, wie im folgenden Kapitel noch zu erläutern ist, nach Art und Niveau geeignet, gute bis sehr gute Leistungsnachweise zu generieren.
- Herausfordernd sind nicht die zu erbringenden Prüfungsleistungen, sondern offene Studienstrukturen, die – unabhängig von der Heterogenität der Lebens- und Studiensituationen – mit Erwartungen an ein gelingendes Zeit- und Selbstmanagement verbunden sind. Für einen Studiengang mit hohem Frauenanteil sind dies vor allem auch Erwartungen hinsichtlich der Vereinbarkeit von Kind/Familie und Studium.

Im Rückblick auf die fakultätsspezifische Entwicklung des Studienprogramms Soziale Arbeit ist festzuhalten: Obwohl der Kompetenzbegriff sowohl im Begriffssystem der wissenschaftlichen Ausbildung als auch im kategorialen Repertoire der praktischen Ausübung der Sozialen Arbeit einen prominenten Platz einnimmt, konnten die im Prinzip des Constructive Alignment definierten Anforderungen an die curriculare Gestaltung von Studiengängen in der Phase des Übergangs vom Diplom zum Bachelor nicht eingelöst werden. Ausschlaggebend war nicht die Orientierung an Kompetenzzielen, sondern die Beantwortung der profanen Frage: Was können wir inhaltlich qualifiziert und verlässlich unter den neuen Strukturanforderungen vorhalten? Einem in Denominationen gebundenen und fachlich versäulten Lehrkörper musste es gelingen, die eigenen Lehrangebote, das verfügbare Teaching Capital und nicht zuletzt sich selbst quantitativ und qualitativ so zu reorganisieren, dass ein akkreditierungsfähiges Studienkonzept dabei herauskommen konnte. Dieses ist in einem Prozess mühsamer Aushandlung auch gelungen. Die Kompetenzziele wurden den Modulen im Rückgriff auf den „Qualifikationsrahmen Soziale Arbeit (QR SArb)" in nachholender Etikettierung zugewiesen. Die bekannten und im Prüfungsalltag bewährten Prüfungsformen wurden weitgehend beibehalten. Deshalb kommen im 1. Studienabschnitt des BA-Studiengangs neben dem Bericht zum Orientierungspraktikum vor allem Klausuren, Referatsprüfungen und mündliche Prüfungen zum Einsatz. Hausarbeiten werden nur in drei (Teil)Modulen verbindlich, in vier Teilmodulen optional als Prüfungsform angeboten. Alternative Prüfungsformate wurden über lange Zeit nicht diskutiert. Gelegentliche Bemühungen, das Prüfungswesen zu reformieren, folgten weniger prüfungsdidaktischen Erwägungen, als vielmehr dem Interesse, eigene Prüfungslasten zu reduzieren und/oder der studentischen Schnäppchenjagd entgegenzuwirken. Unübersehbar ist allerdings ein Dilemma: Mit dem Modul- und Prüfungstableau wurden – mehr oder weniger ungewollt – Studienstrukturen geschaffen und Prüfungspfade gelegt, die nur in einem gewaltigen Kraftakt der Studien- und Prüfungsreform in kompetenzorientierte Lehr- und Prüfungsprogramme überführbar wären. Vor der hochschuldidaktischen Orchideenzucht stünde also die Lösung des fakultätseigenen Sudoku-Rätsels!

Ob die Fakultätsplaner sich allerdings zum gehobenen Kopfrechnen versammeln sollten, kann mit Blick auf den Zusammenhang zwischen der Autonomie in Studienstrukturen und dem studentischen Belastungserleben bezweifelt werden. Legt man nämlich die von Janke/Dickhäuser (2013) entwickelten Indikatoren zur Bestimmung von Entscheidungsfreiheiten hinsichtlich der Studienplanung und Prüfungsvorbereitung an, so sind kaum Gründe erkennbar, über eine Studienstrukturreform nachzudenken: Das Studium der Sozialen Arbeit konzentriert sich im 1. Studienabschnitt auf lediglich zwei Tage, was den studentischen Interessen an einem De-facto-Teilzeit-Studium durchgängig entgegenkommt; in dem Modul „Gesellschaftswissenschaftliche Grundlagen" besteht die Möglichkeit, Parallelangebote mit unterschiedlichen Themenschwerpunkten zusätzlich und auf Wunsch mit Teilnahmebescheinigung zu besuchen; im 2. Studienabschnitt bietet das Studium diverse Optionen, sich für (Wahlpflicht)Module zu entscheiden; innerhalb der (Teil)Module wird eine große Bandbreite an Seminaren mit unterschiedlichen Themenschwerpunkten und Veranstaltungszeiten angeboten; dies erfolgt oft durch berufserfahrene Lehrbeauftragte, die den von Studierenden und Anstellungsträgern eingeforderten Praxisbezug herstellen; das Projektstudium bietet Gelegenheit für eine Schwerpunktsetzung und berufsvorbereitende Erfahrungen im unmittelbaren Kontext einer sozialen Einrichtung; gestützt auf etwa ein Dutzend Erasmus-Vereinbarungen, bietet die Fakultät hinreichend Gelegenheiten für gut betreute Auslandssemester; schließlich haben Studierende, auch wenn dies in der Prüfungsordnung nicht fixiert ist, de facto die Möglichkeit, die Betreuer/in ihrer Abschlussarbeit selbst zu wählen und in Vorgesprächen Einfluss auf die Themenfindung zu nehmen – diese Freiheit wird nur durch Kapazitäten und substanzielle Vorbehalte gegenüber den von Studierenden präferierten Themenbereichen eingeschränkt.

Resümierend kann – mit Janke/Dickhäuser argumentierend – festgehalten werden, dass die Studienstrukturen der Fakultät geeignet sind, Studierenden ein weitgehend selbstreguliertes, autonomieförderliches und ergo belastungsarmes Lernen zu ermöglichen. Allerdings blendet dieser Forschungsansatz aus, dass ein Großteil der Studierenden mit diesen Entscheidungsfreiheiten entweder nur wenig anfangen kann oder diese nutzt, um mit geringstem Aufwand ein Turbo-Studium zu absolvieren. Hinsichtlich der o.g. Indikatoren zur Bestimmung von Entscheidungsfreiheiten heißt dies:

- Die in der Anwesenheitspflicht angelegte Freiheit, 25% der Veranstaltungen nicht zu besuchen, wird bis an die Grenzen ausgereizt.
- Ausschlaggebend für die Wahl eines Moduls sind oft nicht die Studieninhalte und die jeweils Lehrenden, sondern Kriterien, die in der Tagesstrukturierung bzw. dem persönlichen Zeitmanagement begründet sind.
- Studierende, die Veranstaltungen aus Interesse und zusätzlich besuchen, sind namentlich bekannt und werden gepflegt wie letzte Exemplare einer untergehenden Spezies.
- Die Möglichkeiten für ein Auslandsstudium werden je Semester von 2 von 800 Studierenden genutzt.
- Die in der Prüfungsordnung verankerte Freiheit, bestandene Prüfungen zwecks Notenverbesserung zu wiederholen, wird nur selten und zumeist von Studierenden mit Ambitionen auf einen späteren MA-Abschluss genutzt.
- Ausschlaggebend für die Wahl der Prüfer/innen sind oft die im Rahmen des Projektstudiums gebildeten Vertrauensverhältnisse; wirkmächtig sind auch studentische Narrative, die auf eine vermeintlich wohlwollende Leistungsbewertung und eine gute Betreuung bei der Anfertigung der BA-Arbeit abheben. Die akademische Reputation der Lehrenden ist für die Prüferwahl nahezu irrelevant.
- Optionen, Leistungsnachweise über die „alternative" (Janke/Dickhäuser 2013: 104) Prüfungsform einer Hausarbeit zu erbringen, werden nicht gewählt. Nicht selten sind die erforderlichen Sprach- und Schreibkompetenzen nicht abrufbar; häufig ist die gerade für diese Prüfungsart erforderliche Fähigkeit zur motivationalen Selbstregulation nur schwach entwickelt, so dass Studierende gezwungen sind, zum Einreichungstermin den Notausgang über ärztliche Atteste zu wählen. Strukturelle Autonomie und Autonomieerleben hängen unter den Voraussetzungen einer eingeschränkten überfachlichen Studierfähigkeit und prokrastinierenden Prüfungsplanung eben nicht zusammen!

7.3 Studium, Leistungsbewertung und Studienerfolg

Ungeachtet der Erhöhung und Verdichtung der Prüfungsanforderungen offenbaren die Berichte des Prüfungsausschusses für die Zeit von 2011 bis 2015, dass das Studium der Sozialen Arbeit von einer großen Mehrheit der Studierenden innerhalb von sechs Semestern, also in der für diesen BA-Studiengang definierten Regelstudienzeit abgeschlossen wurde.

Dies verdeutlicht auch die nachstehende Grafik, die für Stichtage der Jahre 2011 bis 2014 die Zahl der Studierenden nach Studiensemestern abbildet. Es ist erkennbar, dass relativ wenig Studierende ein 7., 8. oder gar 9. Studiensemester in Anspruch genommen haben. Für den hier betrachteten Zeitraum betrug die durchschnittliche Studiendauer 6,2 Semester; die Studierenden waren bei erfolgreichem Studienabschluss etwa 26 Jahre alt.

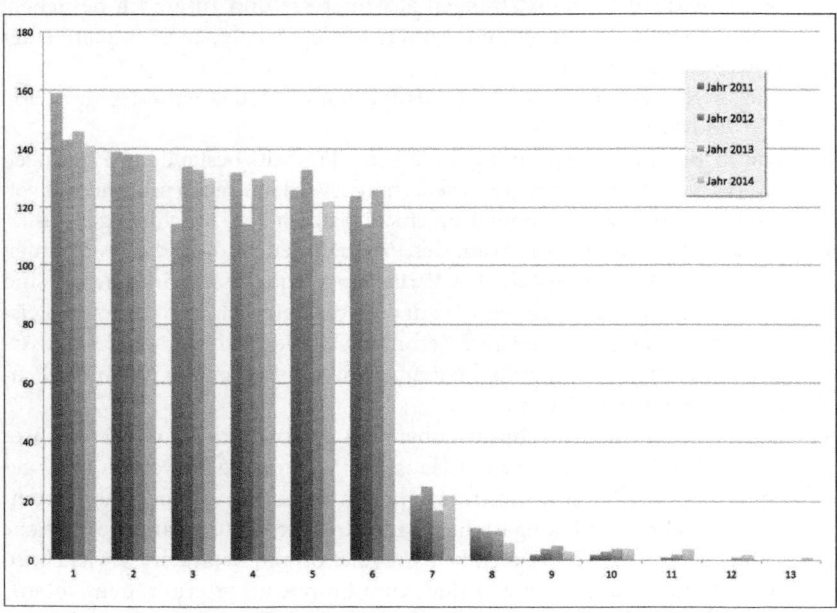

Abb. 5: Zahl der Studierenden nach Semesterlage

Quelle: Berichte des Prüfungsausschusses Ostfalia/Soziale Arbeit (2012-2015) – eigene graphische Darstellung

Ursächlich für ein verlängertes Studium waren zumeist Schwierigkeiten bzw. besondere Herausforderungen im Bereich der persönlichen Lebensführung, die auf Erkrankungen, Einkommensprobleme oder, was bei einem vorwiegend von Frauen gewählten Studiengang nicht verwundern kann, auf die Geburt und (Allein)Erziehung von Kindern zurückzuführen waren. Auffallend selten wurde die Möglichkeit eines Urlaubssemesters in Betracht gezogen, was mit den üblichen Hinweisen auf den niedrigen Bekanntheitsgrad oder Nutzungsbarrieren (vgl. Kunadt et al. 2014: 24) kaum hinreichend erklärt werden kann. Diskontinuitäten in der Zahl der Studierenden nach Semesterlage sind zum einen auf Zulassungsentscheidungen des Immatrikulationsamtes im Kontext der Hochschule zurückzuführen, zum anderen auf eine starken Schwankungen unterliegende Dropout-Quote.

Wie der vorstehenden Grafik für den Untersuchungszeitraum vom SS 2010 bis zum WS 14/15 zu entnehmen ist, wurden pro Semester 15 bis 38 Studierende erfasst, die ihr Studium unterbrochen oder vorzeitig beendet haben. Ausschlaggebend für Studienunterbrechungen waren zumeist Schwangerschaften und gesundheitliche Gründe. Studienabbrecher führten dies, sofern Gründe angegeben wurden, zumeist auf familiäre Umstände, eine berufliche Neuorientierung oder finanzielle Probleme zurück. Von den Studienabbrechern zu unterscheiden sind Hochschulwechsler. Zumeist handelte es sich um NC-betroffene Studierende, die nach einem oder zwei Semestern im Stand-By an ihre Wunschhochschulen bzw. präferierten Studienstandorte wechseln konnten. In einigen Fällen wurden familiäre Gründe für den Wechsel des Hochschulortes angeführt. Bezogen auf die Zahl der Absolvierenden je Semester (im Zeitraum zwischen dem SS 2011 und dem WS 14/15 schwankte diese Zahl zwischen 98 und 131) mussten weniger als 1% der Studierenden im Studiengang Soziale Arbeit die Hochschule wegen einer endgültig nicht bestandenen Modulprüfung verlassen. Leistungsbedingte Studienabbrüche sind kaum zu verzeichnen!

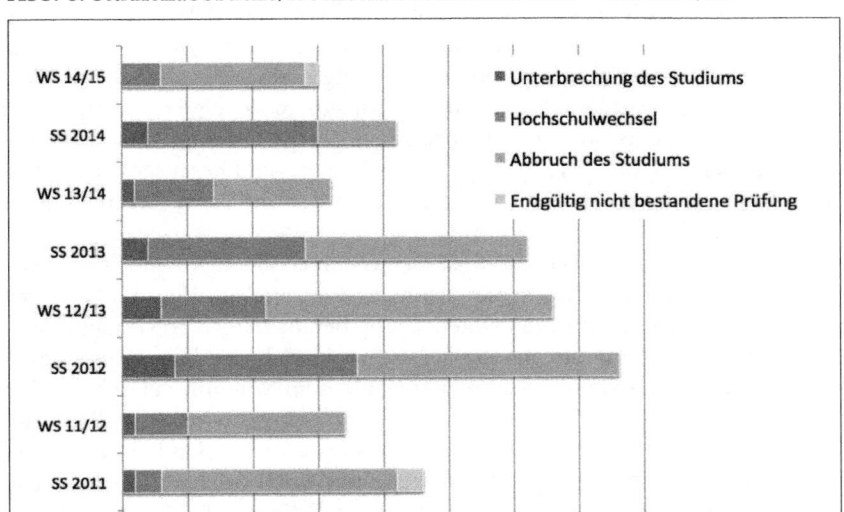

Abb. 6: Studienabbrüche/Hochschulwechsel SS 2010 - WS 2014/15

Quelle: Berichte des Prüfungsausschusses Ostfalia/Soziale Arbeit (2012-2015)
– eigene graphische Darstellung

Die hier im kleinen Ausschnitt präsentierten Zahlen bestätigen in summa die Ergebnisse früherer Studienabbruchstudien, die den Sozialwissenschaften eine vergleichsweise günstige Schwundbilanz attestieren. Dies sei, so mutmaßen die Autoren, auf eine „hohe Fachverbundenheit und überschaubare Leistungsanforderungen (..) zusammen mit klaren beruflichen Vorstellungen" (Heublein et al. 2002: 42) zurückzuführen. Nun soll und kann hier nicht diskutiert werden, inwieweit diese Aussage auch heute noch haltbar ist, ob die „Klarheit" der beruflichen Vorstellungen auch deren Realitätsgerechtigkeit impliziert, und erst recht nicht, inwieweit eine hohe „Fachverbundenheit" auch auf eine gelungene Professionalisierung schließen lässt; diese Frage befeuert die Theoriebildung der Sozialen Arbeit seit mehr als zwei Jahrzehnten (exemplarisch: Heiner 2004; Becker-Lenz et al. 2014). Aus der Sicht eines Prüfungsausschussvorsitzenden, vor dem Hintergrund einer mehr als 20jährigen Lehrtätigkeit, verbunden mit zahllosen kollegialen Diskussionen, steht vielmehr die heikle Frage im Raum, wie die aktuellen Leistungsanforderungen und das Leistungsniveau im Studium der Sozialen Arbeit zu bewerten sind.

Antworten könnten sich auf Untersuchungen zur Workload, also zur studienbezogenen Lernzeit von Studierenden im Sozialwesen stützen. Solche Untersuchungen liegen aber weder vergleichend für verschiedene Studiengänge der Sozialen Arbeit vor, noch mit besonderem Blick auf die hier betrachtete Fakultät. Ergebnis einer solchen Studie wäre vermutlich, dass der von Metzger/Schulmeister (2011) ermittelte Arbeitsaufwand von 20-27 Stunden pro Woche noch deutlich unterschritten wird. Allerdings bliebe zu untersuchen, wie semestertypische und saisonale Prüfungskonstellationen, Prüfungsarten oder prüferspezifische Leistungserwartungen sowie subjektive Faktoren der Studierfähigkeit, des Zutrauens in die eigene Leistung, des Selbstmanagements oder der Stressresistenz solche Ergebnisse modellieren. Generell scheint, wie Schulmeister (2015) überzeugend herausgearbeitet hat, eine Bewertung von Studienleistungen durch den Indikator Zeitinvestment wenig sinnvoll.

Nicht minder problematisch ist es, aus den erzielten Noten auf ein Leistungsniveau oder auf Leistungserwartungen zu schließen. Wie am Phänomen der nicht-leistungskonformen Notengebung bereits dargelegt, können – empirisch mehr oder weniger gut abgesichert – zahlreiche Einflussfaktoren identifiziert werden, die einen Zusammenhang mit dem Notenniveau und darüber hinaus mit der Notenentwicklung aufweisen (Gaens/Müller-Benedict 2017: 39f.). Ob also gute Noten auch auf gute Leistungen schließen lassen oder auf eher überschaubare Leistungserwartungen und wohlwollende Bewertungen, kann erst im relativen Bezug auf Mikrokonstellationen der Scientific Community, fachliche Erwartungen oder die Prüfungsmodalitäten selbst schlüssig beantwortet werden. Dabei ist zu berücksichtigen, dass Praxen der Notenfindung und Standards der Notengebung in den (Teil)Modulen erheblich variieren. Typologisch können unterschieden werden:

Typ I: Lehrende sind alleinverantwortlich zuständig für die Leistungsbewertung innerhalb eines (Teil)Moduls .
Typ II: Lehrende eines (Teil)Moduls teilen die vorliegenden Leistungsnachweise untereinander auf und vertrauen im Weiteren auf die im Prozess der disziplinären Sozialisation erworbenen Standards und Usancen der Leistungsbewertung.
Typ III: Lehrende eines (Teil)Moduls teilen die Prüfungsarbeiten untereinander auf, kommunizieren aber Standards und einigen sich auf Prozeduren wechselseitiger Konsultation.
Typ IV: Prüfungsarbeiten bestehen aus fachlich abgegrenzten Teilen, für deren Beurteilung und Benotung jeweils ein/e Prüfende/r zuständig ist; die so gewonnenen Teilnoten werden gemittelt und als Modulnote ausgewiesen
Typ V: 4-Augen-Prinzip, ggf. unter Federführung einer/s Erstprüferin/s.

Es liegt auf der Hand, dass die hier skizzierten Praxen und ihre vielfältigen Variationen im Prüfungsverfahren einen Einfluss auf die Notenhöhe besitzen. Komplizierend kommt hinzu, dass das Studium der Sozialen Arbeit sich auf fachliche Bezüge einer ganzen Reihe wissenschaftlicher Disziplinen stützt, die ihrerseits als spezifische Einflussgrößen auf die Notengebung einwirken. Dieser Einfluss ist zudem doppelt gebrochen: zum einen durch die Prüfenden als Personen, zum anderen durch die spezifischen Prüfungs- bzw. Benotungskulturen eines Studiengangs. Konkret: In die Kommunikation von Prüfungsangelegenheiten im Studiengang Soziale Arbeit am Standort in Wolfenbüttel waren/sind Vertreter/innen folgender Disziplinen involviert: Rechtswissenschaften, Erziehungswissenschaft, Psychologie, Soziologie, Medizin, Politikwissenschaft, Sportwissenschaft, Wirtschaftswissenschaften, Soziale Arbeit/Sozialpädagogik. Prüfungsberechtigt sind zudem externe Lehrbeauftragte, die in der Regel ein Studium der Sozialen Arbeit/Sozialpädagogik absolviert haben und als berufserfahrene Lehrkräfte in zumeist methodenorientierten Modulen eingesetzt werden.

7.4 Fakultätstypische Modalitäten der Notengebung

In diesem Kontext „pluri-kulturell" (Merchil 2014: 11) strukturierter Leistungserwartungen und Bewertungsstandards lohnt sich ein Blick auf die Notengebung an der Fakultät Soziale Arbeit. Hier liegen für die Zeit vom SS 2011 bis zum WS 14/15 Notentableaus für alle (Teil)Module vor. Diese stützen sich auf Datensätze, in denen ausschließlich sog. BE-Leistungen, also Noten mit wenigstens „ausreichend" (≤4,0) erfasst sind. Dieses Vorgehen, nicht bestandene

Teilmodulprüfungen auszublenden, ist insofern gerechtfertigt, als die leistungsbezogene Dropout-Quote deutlich unter 1% liegt. Dies schließt allerdings nicht aus, dass Teilmodulprüfungen als „nicht bestanden" bewertet werden. Dies sind im Schnitt etwa 5% aller in einem Semester abgelegten Prüfungen. Ein Großteil der „nicht bestandenen" Prüfungsversuche ist allerdings auf Prüfungsabbrüche und versäumte Prüfungsrücktritte zurückzuführen. Ursächlich hierfür waren, wie sich im Rückblick auf eine mehrjährige Tätigkeit im Bereich der Prüfungsberatung sagen lässt, oft nicht zu hohe Leistungsanforderungen, sondern Probleme im Bereich des individuellen Studien- und Prüfungsmanagements.

Tab. 7: Zahl der Prüfungsversuche bezogen auf alle (Teil)Modulprüfungen (SS 2014 und WS 14/15)

	SS 2014	WS 14/15
Bestanden im 1. Versuch	4.516 (95%)	4.200 (95,5%)
Bestanden im 2. Versuch	212 (4,5%)	180 (4%)
Bestanden im 3. Versuch	28 (0,5%)	24 (0,5%)
Summe aller (Teil)Modulprüfungen	4.756 (100%)	4.404 (100%)

Quelle: Bericht des Prüfungsausschusses Ostfalia/Soziale Arbeit 2015

Für einzelne Module sind allerdings signifikante Abweichungen zu konstatieren:

- Im Teilmodul Verwaltungsrecht werden etwa 78% aller Klausuren im Erstversuch bestanden, 2% bis 4% aller Studierenden sind auf einen dritten Prüfungsversuch angewiesen.
- Im Modul Humanwissenschaftliche Grundlagen werden im Mittel etwa 85% aller Prüfungen im Erstversuch erfolgreich absolviert; etwa 15% aller Studierenden müssen die als Prüfungsleistung geforderte Klausur erneut oder gar ein drittes Mal schreiben.
- Die Bestehensquote von 85% im Erstversuch gilt auch für die in den (Teil)Modulen Gesellschaftswissenschaftliche Grundlagen und Ethische Grundlagen der Sozialen Arbeit üblichen Hausarbeiten, deren Konzeptualisierung, Abfassung und termingerechte Einreichung Studierenden häufig erhebliche Probleme bereiten.

Vertiefende Ausführungen zur Notengebung müssen sich auf wenige (Teil) Module beschränken, die hinsichtlich der Bezeichnung (Kennziffer und Titel), der ausgewiesenen Workload und der Prüfungsarten im Untersuchungszeitraum (weitgehend) unverändert geblieben sind. Diese Konstanz im Formalen schließt jedoch nicht aus, dass mit personellen Veränderungen, etwa neu berufenen Dozenten/innen oder Vertretungen in Forschungssemestern, auch deren Eigenheiten signifikant auf die Notengebung an der Fakultät durchschlagen konnten.

Modulspezifische Notengebung

Wenden wir uns im Folgenden der modulspezifischen Notengebung zu, so sollen zunächst zwei sog. bezugswissenschaftliche Module des ersten Studienabschnitts näher betrachtet werden. Mit dem Modul „Humanwissenschaftliche Grundlagen" (M6) wurden drei Teilgebiete der Psychologie angeboten und in Form einer integrierten Klausur (K) in das Curriculum eingebunden. Das Modul M7 umfasste soziologische und erziehungswissenschaftliche Anteile. Den Studierenden war es freigestellt, sich mit einer speziellen Themenstellung schriftlich auseinanderzusetzen. Die Prüfungsleistung war in Form einer Hausarbeit (H) zu erbringen. Hinsichtlich der Notengebung weisen die Module M6 (KZ 2154) und M7 (KZ 2165) eine vergleichbare Entwicklung auf, was die Vermutung nahelegt, dass hier kohortenspezifische Leistungsniveaus abgebildet werden. Solche Niveauunterschiede werden im Hochschulalltag zwar immer wieder diskutiert, dürften aber erst auf dem Aggregationsniveau nachweisbar sein, auf dem die von Müller-Benedict/Grözinger (2017) vorgelegte Studie zur Vergleichbarkeit von Examensnoten operiert. Die dort formulierten Annahmen über den Einfluss formaler Prüfungsbedingungen und Prüfungsverfahren auf die Prüfungsergebnisse können mit Blick auf die zum Einsatz kommenden Prüfungsarten Klausur und Hausarbeit gleichwohl bestätigt werden: Die erzielten Prüfungsergebnisse differieren im Schnitt um etwa eine halbe Note. In Klausuren wurden eher schlechtere Ergebnisse erzielt.

Für die Interpretation dieser Differenz ist es wichtig zu wissen, dass beide Prüfungsarten sich hinsichtlich der Anforderungen an die Prüfungsvorbereitung, die Performanz des Leistungsnachweises und die Bewertung fundamental unterscheiden:

- Klausuren begünstigen Studierende, die ihr Kurzzeitgedächtnis gut trainieren und Memoriertes auch unter Stress abrufen können. Schriftliche Ausarbeitungen begünstigen Studierende, die sich über mehrere Wochen gut organisieren, Wissen systematisch zusammentragen und aufbereiten und Texte gut ausformulieren können.
- Klausurfragen sind zwar klar definierten Wissensgebieten entnommen, hinsichtlich ihrer Auswahl und Ausformulierung aber weitgehend zufällig. Forschungsfragen für schriftliche Ausarbeitungen sind bzgl. des Gegenstandsbereiches oft wählbar und werden inhaltlich abgestimmt.

- Lehrveranstaltungen mit der Prüfungsart Klausur erfreuen sich bis zum letzten Termin einer relativ hohen Anwesenheit, da mit – mehr oder weniger dezenten – Hinweisen auf Prüfungsfragen gerechnet werden kann. Studienangebote mit der Prüfungsart Hausarbeit zeichnen sich durch einen eher lockeren Zusammenhang zwischen Lehrinhalten und den Themen schriftlicher Arbeiten aus. Ab Mitte des Semesters ist in den Lehrveranstaltungen ein Teilnehmerschwund zu beobachten, da viele Studierende sich effizienzorientiert auf die Anfertigung ihrer Hausarbeit und – parallel dazu – die Vorbereitung von Klausuren zum Semesterende konzentrieren. Ungeachtet der umrissenen Differenzen werden beide Module mit einem Faktor von 9/180 in der Workload-Bilanz verbucht.

Abb. 7: Ausgewählte Modulnoten im Studiengang Soziale Arbeit I (2011-2015)

	ePV	Modultitel und Lehrveranstaltungen	SWS	Semesterlage	LP	Prüfung
M6	2154	Humanwissensch. Grundlagen	6	2	9	K
M7	2165	Gesellschaftswiss. Grundlagen	6	1+2	9	H
M4	2133	Sport, bewegungs- und erlebnispädagogische Grundlagen	2	3	3	K (50%)
M4	2134	Anwendung bewegungs- und sportorient. Kenntnisse & Methoden	2	3	3	RP (50%)

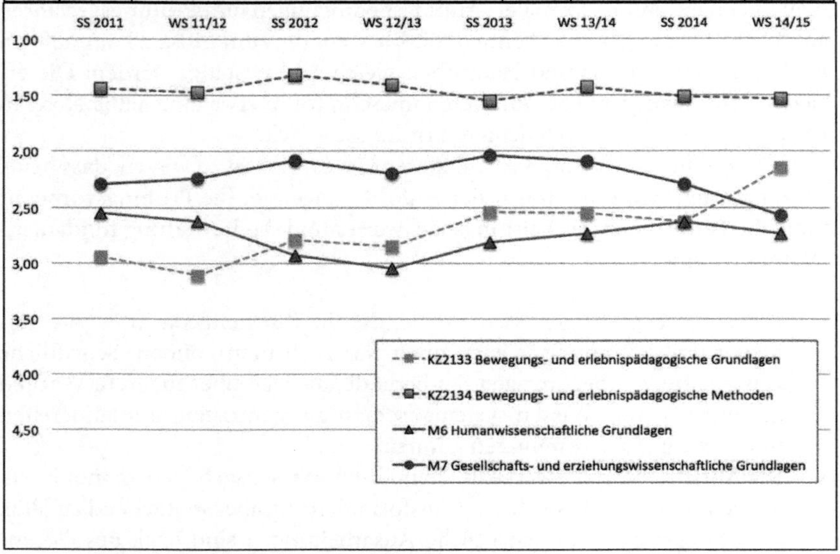

Berichte des Prüfungsausschusses 2012-2015 – eigene graphische Darstellung

Noch deutlicher wird der Einfluss der Prüfungsverfahren bzw. der Prüfungsarten auf das Notenniveau, wenn wir das Modul M 4 Option II „Sport, bewegungs- und erlebnispädagogische Grundlagen" betrachten (siehe vorstehend Abb. 7). Es besteht aus zwei, regulär im 3. Semester angesiedelten Teilmodulen: einem grundlagentheoretischen, das mit einer Klausur abgeschlossen wird; und einem anwendungsorientierten, dem eine Referatsprüfung zugeordnet ist. Das Modul geht insgesamt mit einem Faktor 6/180 in die gewichtete Studiengesamtnote ein. Für die mikrokulturelle Bestimmung (nicht-)leistungsbedingter Einflüsse im Studiengang Soziale Arbeit ist festzuhalten, dass beide teilmodulbezogenen Prüfungen von denselben Dozenten/innen konzipiert und auch abgenommen werden. Personenbezogene Wirkfaktoren sind also auszuschließen. Umso auffälliger ist die Tatsache, dass die Notenniveaus innerhalb desselben Moduls im Schnitt um mehr als eine Note differieren: Die an Faktenwissen und Theoriebildung ausgerichteten Klausuren (K) sind geeignet, eher mäßige Prüfungsergebnisse zu generieren, die auf einem Notenniveau zwischen „gut" und „befriedigend" angesiedelt sind. Demgegenüber ermöglichen die am Methodenwissen und konkreten Handlungsansätzen ausgerichteten Referatsprüfungen (RP) offensichtlich sehr gute Leistungsnachweise.

Gänzlich anders ist die Prüfungskonstellation in dem Modul 5 „Rechtswissenschaftliche Grundlagen der Sozialen Arbeit", das in zwei Teilmodule (KZ 2145 + KZ 2146) mit einer Zuordnung für das 1. + 2. Semester aufgesplittet ist. Beide Teilmodule werden regelmäßig im ersten Studienabschnitt in Form von Vorlesungen und Angeboten zur seminaristischen Vertiefung angeboten. Die Leistungspunkte können über den erfolgreichen Abschluss zweier juristischer Klausuren (K) erworben werden, deren Prüfungsergebnisse gleichgewichtig, zusammen genommen mit einem Faktor 12/180 in die Studiengesamtnote eingehen.

Auffallend ist im Blick auf das Niveau und die Entwicklung der Teilmodulnoten, dass im Schnitt sehr unterschiedlich bewertet wird. Immerhin differieren die Niveaus um mehr als eine Note. Diese Differenz ließe sich auf unterschiedliche Studien- und Prüfungsleistungen zurückführen, die etwa in dem Interesse an den Rechtsgebieten oder der Komplexität der Rechtsmaterie begründet sind. Plausibel ist jedoch eine andere Begründung, die auf die Leistungsbewertung der in diesen Modulen Lehrenden abhebt: einerseits eine klassisch am Niveau juristischer Staatsprüfungen orientierte Notengebung (vgl. Gaens/Müller-Benedict 2017: 20ff.); andererseits eine Prüfungsphilosophie, die bezüglich der Bewertung von Rechtswissen im Rahmen einer Sozialarbeiter/innenausbildung mit deutlich besseren Noten operiert. Ausschlaggebend für die Notengebung sind neben den Studien- bzw. Prüfungsleistungen also unterschiedliche, über die Lehrenden eingebrachte Bezugsnormen. Diese führen dazu, dass das für juristische Prüfungen und die Prüfungsart Klausur charakteristische Notenniveau in der Modulgesamtnote signifikant angehoben wird. Der Notensprung zu Beginn des Untersuchungszeitraum ist als singulärer Effekt gesondert zu betrachten.

Abb. 8: Ausgewählte Modulnoten im Studiengang Soziale Arbeit II (2011-2015)

ePV		Modultitel und Lehrveranstaltungen	SWS	Semesterlage	LP	Prüfung
M5	2145	Sozialverfassungs- und Sozialverwaltungsrecht / Sozialrecht und Fürsorgerecht	4	1	6	K (50)
M5	2146	Familienrecht und Elemente des Zivilrechts / Kinder- und Jugendhilferecht	4	2	6	H (50%)
M 10	2194	Studienprojekt	180 Std.	5	6	PB (40%)
M 10	2196	Projektspezifische Lehrveranstaltung	2	5	3	RP (30%)

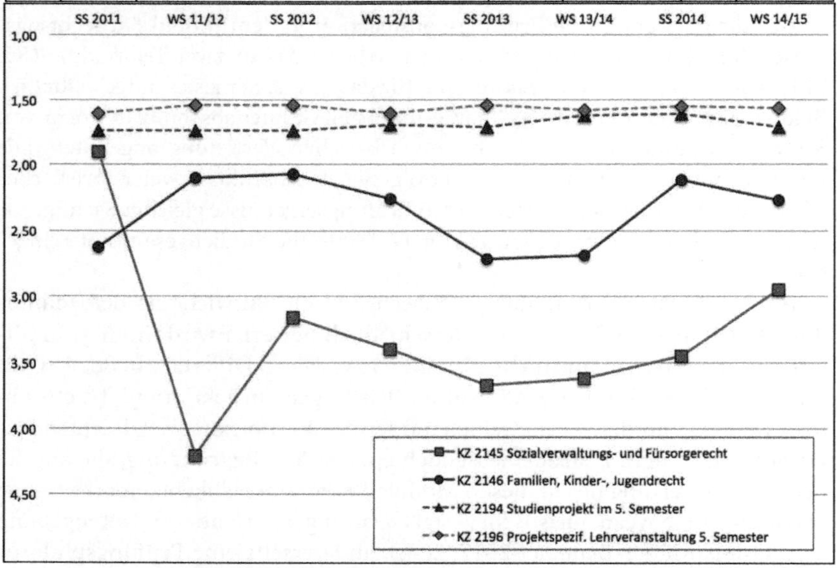

Berichte des Prüfungsausschusses Ostfalia/Soziale Arbeit (2012-2015)
– eigene graphische Darstellung

Verweilen wir auf der Mikroebene der fakultätstypischen Notengebung, so verdient die prüfungskulturelle Situation im projektorientierten Studienmodul 10 unsere Beachtung. Dieses Modul wird im 2. Studienabschnitt in den Semesterlagen 4 und 5 in Gestalt mehr oder weniger frei wählbarer Projektangebote vorgehalten. Charakteristisch für dieses Modulangebot ist die projektorientierte Arbeit in Kooperation mit externen Einrichtungen des sozialen Sektors. Flankierend werden hochschulinterne Begleitveranstaltungen angeboten. Diese haben in der Regel die Funktion, planend, koordinierend, supervisorisch und evaluativ auf den Projektverlauf einzuwirken. Darüber hinaus wird in den Begleitveranstaltungen methodisch-fachliches Hintergrundwissen vermittelt. Didaktisch sinnvoll ist hierbei die Einbindung studentischer Referate (RP), die zusammen mit dem abschließenden Projektbericht (PB) als benotete Leistungsnachweise in die Modulnote einfließen. Diese geht dann mit dem Faktor 36/100 in die Studiengesamtnote ein.

Üblicherweise werden in dem Modul 10, wie der vorstehenden Abbildung 8 für die Teilmodule 2194 und 2196 zu entnehmen ist, gute bis sehr gute Noten vergeben. Dies ist u.a. auf eine hohe Leistungsmotivation zurückzuführen. Viele Studierende sehen das Studium der Sozialen Arbeit als praxisorientierte Berufsausbildung und fühlen sich in dem sozialen Kontext konkreter Projektarbeit deutlich wohler als in theoriebeladenen Seminaren - Zitat: „Wozu brauche ich Psychologie und Soziologie? Ich will Sozialarbeiter werden!" Dennoch ist es keineswegs abwegig, von einer projekttypischen Benotungskultur auszugehen, die eine hohes nicht-leistungsbezogenes Notenniveau begünstigt. Dieses Phänomen kann als eine Art Gefälligkeitsbenotung bezeichnet werden, die unter folgenden Bedingungen zu gedeihen scheint:

a) Gelingt es, in projektbezogenen Arbeitsgruppen ein Klima wechselseitiger Anerkennung und Unterstützung aufzubauen, so ist eine differenzierte, das ganz Notenspektrum ausschöpfende Bewertung der Referatsleistungen oft nur gegen erheblichen Gruppendruck durchzusetzen.
b) Wer sich gegenüber solchen Widerständen dennoch mit einer (trenn-) scharfen Notengebung behauptet, muss im nächsten Turnus mit einer sinkenden, unter Umständen die Projektkontinuität gefährdenden Nachfrage rechnen.
c) Das Interesse an einer Sicherung der Praxiskontakte legt es auch nahe, mit der Notengebung implizit auch soziale Tugenden wie Engagement und Verlässlichkeit als studentische Beiträge für einen erfolgreichen Projektverlauf zu honorieren.
d) Da die Qualität der Anleitung maßgeblich zum Projekterfolg beiträgt, ist die Bewertung studentischer Beiträge immer auch ein gefälliges Urteil über die eigene Leistung.

Im Zuge der Entwicklung des Studiengangs Soziale Arbeit hätte es nahe gelegen, die über ein Jahr laufenden Studienprojekte didaktisch mit den Studienabschlussarbeiten zu verzahnen. In der Diskussion waren unterschiedliche Vorschläge, den Bachelor-Arbeiten als Kooperationsvorhaben zur Konzeptualisierung, zur begleitenden Praxisforschung oder zur Projektevaluation ein F&E-Profil zu geben. Dies hätte es auch ermöglicht, das in den Grundlagenwissenschaften vermittelte Wissen und Können mit konkreten Verwendungsbezügen einzubinden, und darüber hinaus das Studium der Sozialen Arbeit als angewandte Wissenschaft zu profilieren. Immerhin, Ansätze zur Umsetzung eines solchen Forschungs- und Entwicklungsgedankens sind in dem Modul 11 „Intensiv betreutes Praxismodul" realisiert.

Insgesamt gesehen jedoch stellt sich die Studien- und Prüfungssituation des 6. Semesters wie folgt dar: Die Abschlussprüfung, bestehend aus Bachelor-Arbeit und mündlichem Kolloquium ist lediglich mit 12 Leistungspunkten gewichtet. Die übrigen 18 Leistungspunkte verteilen sich auf das Praxismodul (M11) sowie ein aus drei Teilveranstaltungen bestehendes Modul M15 „Konzept und Praxis professioneller Sozialer Arbeit". In zeitlicher Konkurrenz zur Abfassung der Bachelor-Arbeit sind zwingend drei Lehrveranstaltungen zu besuchen, für die eine Anwesenheitspflicht (A) als Prüfungs(vor)leistung definiert ist. Außerdem sind die Studierenden des 6. Semesters aufgefordert, sich auf eine Klausurprüfung im Teilmodul „Professionelle Identitäten" (KZ 2402) vorzubereiten. Im Falle des Nichtbestehens ist diese eine Prüfung geeignet, ihnen den Studienabschluss und den Weg in das Anerkennungsjahr zu versperren.

Unterzieht man die hier skizzierten Studien- und Prüfungsstrukturen des 6. Semesters einer kritischen Bewertung, so scheinen diese, um es polemisch zu formulieren und von Ausnahmestudierenden einmal abzusehen, wenig geeignet, beachtenswerte wissenschaftliche Leistungen zu generieren. Insofern muss ein Blick auf das Niveau und die Entwicklung der Abschlussnoten, wie nachstehend für den Zeitraum vom SS 2010 bis zum WS 2014/15 abgebildet, überraschen. Für den schriftlichen Teil, die Bachelor-Arbeit, haben sich die Durchschnittsnoten bei „gut" (2,0) eingependelt. Noch besser schneiden die Studierenden im abschließenden Kolloquium ab, das in Form einer mündlichen Prüfung die Gelegenheit bieten soll, sich noch einmal reflexiv-kritisch mit der Abschlussarbeit und den dazu abgefassten Gutachten auseinanderzusetzen. Dieses dem akademischen Betrieb entliehene Verfahren einer diskursiven Verteidigung erfolgt offenbar unter Bedingungen, die eher eine Bestätigung oder leichte Verbesserung des Notenschnitts ermöglichen.

Abb. 9: Ausgewählte Modulnoten im Studiengang Soziale Arbeit III (2010-2015)

	ePV	Modultitel und Lehrveranstaltungen	SWS	Semesterlage	LP	Prüfung
M 11	2342	Intensiv betreutes Praxismodul	6	6	9	PB
M 15	2401	Professionelle Identitäten	2	6	3	K
M 15	2402	Qualitätsentwicklung durch supervisionsorientierte Verfahren	2	6	3	- (A)
M 15	2403	Berufsspezifisches Fallseminar	2	6	3	- (A)
M 16	2498	Bachelorarbeit		6	12	H (60%)
	2499	Kolloquium		6		C (40%)

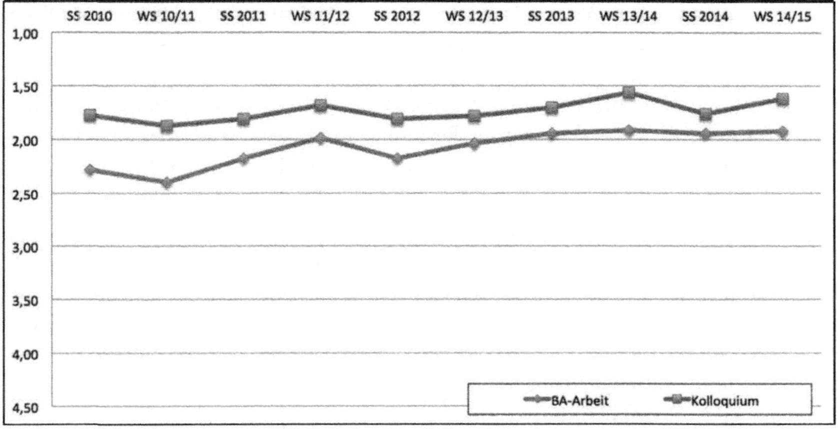

Berichte des Prüfungsausschusses 2012-2015 – eigene graph. Darstellung

Zum vertieften Verständnis des Notenniveaus und der darin auch zum Ausdruck kommenden Prüfungsusancen sei thesenartig nachgetragen:

- Anders als noch die Diplomarbeit, ist die Bachelor-Arbeit eine mäßig gewichtete Modulprüfung unter anderen, die glaubwürdig kaum noch als Visitenkarte für ein erfolgreiches Studium oder gar den Erwerb professioneller Reflexionskompetenz vorgelegt werden kann.
- Diese begrenzte Symbolwirkung wird dadurch unterstrichen, dass mit dem BA als berufsqualifizierendem Abschluss Kompetenzen nachzuwei-

sen sind, die nach der Definition des HQR (HRK/KMK 2017) und der „Dublin Descriptors" dem integrierten Wissen der Fachliteratur (im Engl.: „advanced learning book") entsprechen.
- Für das Studium der Sozialen Arbeit ist es allerdings schwierig, eine solche Niveaudefinition zur Anwendung zu bringen, da es sich – parallel zur Reklamation eines eigenen sozialarbeitswissenschaftlichen Begründungszusammenhangs – inhaltlich auf mehrere Bezugs- bzw. Grundlagenwissenschaften mit je eigenen Beständen kanonisierter Fachliteratur stützt.
- Tatsächlich haben Studierende, um dies exemplarisch zu erläutern, lediglich im 1. Semester Zugänge zur soziologischen Aussagenbildung, im weiteren Verlauf des Studium oft nur noch über selektive und zufällige Verweisungen lehrender Sozialarbeiter/innen.
- Zudem führt die regelmäßig eingeforderte Praxisrelevanz vielfach dazu, dass nicht sozialwissenschaftliches Denken gelehrt und gelernt wird, sondern lehrbuchmäßig verdichtetes und weitgehend unbefragtes Wissen, das ein geringes Abstraktionsniveau aufweist und unmittelbar anschlussfähig ist an eigene Primärerfahrungen und gesinnungsethische Positionen: „Geltungsansprüche und theoretische Modelle Dritter werden so lange anerkannt, wie sie der eigenen Erfahrung entsprechen" (Ladenthien 2018). Eine an sozial- oder auch humanwissenschaftlicher Analytik geschärfte Abschlussarbeit kann unter diesen Umständen kaum erwartet werden.
- Dieser Eindruck bestätigt sich bei Durchsicht der für die Bachelor-Arbeiten ausgegebenen Themen: Vieles ist breit angelegt und hebt eher ab auf vordergründige Gegenstandsbestimmungen und Praxisbeschreibungen denn auf eine „unpraktische Reflexionskompetenz" (Dewe et al. 1995: 80), also auf empirisch-analytische oder theoretische Verunsicherungen sozialarbeiterischen Wissens und Handelns. Abschlussarbeiten fungieren vor allem als formale Qualifikationsnachweise.
- Erschwerend kommt hinzu, dass die für die Anfertigung einer Abschlussarbeit erforderlichen Fähigkeiten nicht erworben werden können, wenn im Studienverlauf die spezifische Prüfungsart der schriftlichen Erschließung komplexer Themen gar nicht oder nur optional angeboten wird, so dass Studierende auf andere Prüfungsarten ausweichen können.
- Diese Faktoren führen insgesamt gesehen dazu, dass viele Abschlussarbeiten das Reflexions- und Abstraktionsniveau der schon im 1. oder 2. Studiensemester vorgelegten Hausarbeiten nur mäßig überschreiten. Allerdings, so sei einschränkend angemerkt, ist eine solche Bewertung zu allgemein, um herausragenden studentischen Leistungen gerecht zu werden.

- Wenn für die Abschlussprüfung trotz der hier skizzierten Bedenken ein gutes Notenniveau zu konstatieren ist, so kann dies als Ausdruck einer fakultäts- oder studiengangstypischen Prüfungskultur mit einer eher geringen Selektionsneigung und der Tendenz zu einer milden Notengebung gewertet werden.
- Die Abschlussprüfung ist zwar nach dem 4-Augen-Prinzip organisiert, verantwortlich für die Themenwahl, die inhaltliche Strukturierung der Arbeit, die Begleitung des Schreibprozesses und die Abfassung des Erstgutachtens sind aber die von den Studierenden gewählten Erstprüfer/innen. Je intensiver nun die BA-Arbeit als Work in Progress begleitet wird, desto eher ist das Prüfungsverhältnis auch eine (temporäre) Prüfungsbeziehung, die tendenziell gegenüber Enttäuschungen abgeschirmt wird.
- Erst- und Zweitprüfer sind gut beraten, wenn sie unterschiedliche Abschlussnoten nur in Ausnahmen arithmetisch mitteln. Kommunikative Techniken der entgegenkommenden Aushandlung sind deutlich besser geeignet, Reziprozität zu ermöglichen und im taktvollen Umgang mit kollegialen Projektionen soziales Kapital zu generieren. Die Note selbst rückt damit in den Hintergrund. Im Übrigen ist eine signifikant abweichende Notengebung mit einem erhöhten Begutachtungsaufwand verbunden.
- Lehrende tun sich oft schwer damit, in die Endphase eines Studiums selektiv und mit scharfer Notengebung einzugreifen. Das für die Ausbildung zur Sozialen Arbeit fundamentale Ethos, Menschen zu befähigen, gesellschaftliche Teilhabe zu ermöglichen und Chancen zu eröffnen, lässt sie wissen: Auch Studierende mit geringer Schreibkompetenz können sich in unstrukturierten beruflichen Praxiszusammenhängen als gute und engagierte Sozialarbeiter/innen erweisen. Oder: Berufliche Praxen entwickeln ihre je eigene Selektivität.

Bezieht man sich bei der Diskussion der Notengebung auf die von Benedict u.a. (2017) vorgelegten Studien als Referenz, so ist für die hier gewählte Untersuchungseinheit, die Fakultät Soziale Arbeit im Zeitraum von 2012 bis 2015, eine empirisch abgesicherte Aussagenbildung nur sehr eingeschränkt, d.h. mit geringer Reichweite möglich. Das ist zum einen in dem engen Zuschnitt der Untersuchungseinheit selbst und dem Verzicht auf komparative Studien, etwa unter Einbeziehung weiterer Studiengänge der Sozialen Arbeit begründet. Zum anderen wurden prozessproduzierte Daten aus dem Bereich der Prüfungsadministration ausgewertet, die ein niedriges Mess- und Aggregationsniveau aufweisen. Statistische Repräsentativität kann also nicht als Kriterium eingebracht werden. Gleichwohl ermöglichen Untersuchungen, die sich auf den Mikrokosmos eines Studiengangs beschränken, spezifische theoretisch-interpretative Zugänge. Die Bewertung von Leistungen und die

Zuweisung von Noten werden in besonderer Weise als soziale Handlungen erkennbar, die Rückschlüsse auf Kontexte und die in ihnen wirkenden Einflüsse zulassen:

- das in der Position und Person der/des Prüfenden selbst erkennbare Prüfungsinvolvement (didaktische Kompetenzen; Hilfen in der Prüfungsvorbereitung, Themenabsprachen und Betreuungsverhältnisse; Prüfungsperformanz etc.);
- die an fachspezifischen oder eher disziplinären Diskursen orientierte Anforderungsniveaus (fachkulturelle vs. disziplintypische Usancen der Leistungsdifferenzierung);
- curricular begründete Verfahren der Leistungskontrolle (Prüfungsarten; Umfang/Dauer und Ausgestaltung der Prüfungsanforderungen; Kompensationsmöglichkeiten; Prüfungsorganisation etc.);
- prüfungsrechtlich abgesicherte Öffnungsklauseln, die Wiederholungsprüfungen vorsehen, einen Notenausgleich zulassen oder Bedingungen für Ergänzungsprüfungen definieren;
- die in der Struktur des Lehrprogramms angelegten Optionen für eine sozial selektive Beurteilung von Leistungen (Wissensvermittlung im Grundstudium vs. handlungs- und methodenorientierte Lehrangebote).

Besondere Aufmerksamkeit verdienen Fragen zum Niveau und zum Umfang der Leistungsanforderungen in sozialwissenschaftlichen Studiengängen im Allgemeinen und in Studiengängen der Sozialen Arbeit im Besonderen. Letztere sehen sich schon traditionell als weich mit inhaltlich niedrigen Anforderungsniveaus, geringem Prüfungsdruck, großen Freiheitsgraden und hoher Bestehensquote klassifiziert. Tatsächlich ist im Zuge einer differenzierten Bestandsaufnahme festzuhalten, dass die große Mehrheit der Studierenden mit guter Gesamtnote und innerhalb der Regelstudienzeit abschließt. Die leistungsbezogene Drop-Out-Quote liegt unterhalb von 1%.

In der Diktion des Hochschulmanagements wird die Einhaltung der Regelstudienzeit zwar auch auf individuelle Leistungen zurückgeführt, sei aber vor allem eine Folge guter „Rahmenbedingungen im Studium wie klare Studienorganisation, kleine Gruppengrößen, gute Studierbarkeit".[20] Mit dieser gefälligen In-Output-Logik ließe sich zur Tagesordnung übergehen, stünden nicht die bereits an anderer Stelle (Kap. 5.2.1) diskutierten Diagnosen im Raum, die sich mit den Dimensionen und Folgen einer eingeschränkten Studierfähigkeit

---

20 CHE Ranking: Mehr Abschlüsse in der Regelstudienzeit an Universitäten, URL: https://www.che.de/cms/?getObject=244&getNewsID=2156&getCB=398&getLang=de (27.9.18)

beschäftigen. Sie rechtfertigen die Annahme, dass auf Schwierigkeiten im Anforderungsbereich der Selbstorganisation und auf eklatante Defizite im Bereich wissenschaftstypischer Leistungsanforderungen mit einer Nivellierung von Ansprüchen sowie einer partiellen Entwertung von Noten reagiert wird. Bereits vor knapp 20 Jahren haben Luhmann/Schorr die Folgen dieser Entwicklungen vorgezeichnet:

> Die Prüfungen als Instrument zur sozialen Selektion müsse ihren Möglichkeiten gemäß neu justiert werden. Andernfalls würde sie „durch Überdehnung ihre Funktion verlieren, sie würde immer mehr Kandidaten mit fast nur noch besten Zensuren auszeichnen und schließlich entarten zu einer Prüfung der Prüfer im Hinblick auf ihre Fähigkeit, Unfähigkeit zu tolerieren" (Luhmann/Schorr 1999: 294).

Was hier in Zuspitzung ausformuliert ist, erweist sich in der konkreten Analyse der Notengebung als eine „Tieferlegung des Selektionsprinzips" (Luhmann/Schorr 1999: 61), die bei differenzierter Betrachtung auf unterschiedliche Einflüsse zurückgeführt werden kann:

- Charakteristisch für die Ausbildung zur/m Sozialarbeiter/in ist die Vielgestaltigkeit der zu einem Studienprofil integrierten Lernbereiche, die es bei regulierter Studiendauer erfordern, deren Zuschnitt, Tiefe und Verzahnung zu reflektieren und zu einem studierbaren Ganzen zu integrieren.
- Der Lehrkörper der Fakultät Soziale Arbeit selbst ist pluri-kulturell strukturiert; unterschiedliche, im akademischen Werdegang begründete Usancen der Notengebung werden rechnerisch und sozial aushandelnd über die Module hinweg nivelliert.
- Wie im Blick auf die sequentielle Organisation des Studiengangs eingehend dargestellt, sind Bestehensprobleme vor allem in Modulen des Grundstudiums zu verzeichnen; die Anforderungen des zweiten Studienabschnitts hingegen werden in der Regel mit guten bis sehr guten Ergebnissen bewältigt.
- Kennzeichnend für das Grundstudium sind Lehrangebote und Prüfungsanforderungen, die sich inhaltlich und formal weitgehend an klassischen universitären Disziplinen orientieren. (Das gilt in Teilen übrigens auch für die als „sozialarbeitswissenschaftlich" deklarierten Module, in die Denkansätze und Forschungserträge der Geschichtswissenschaft, der Soziologie, der Rechtswissenschaft oder der Philosophie eingespeist werden. Sie leben, wie übrigens auch die Pädagogik, von Importen (vgl. Luhmann/Schorr 1999: 51).) Die im ersten Studienabschnitt Lehrenden kultivieren zwar ihre disziplinäre Identität, müssen sich hinsichtlich ih-

rer Leistungserwartungen letztlich aber an sog. Nebenfachstudierenden orientieren, die im universitären Raum in Sonderveranstaltungen für Nicht-Ökonomen oder Nicht-Juristen mehr oder weniger wohlwollend durchgewunken werden.
- Der curriculare Zuschnitt der Module des 2. Studienabschnitts bestätigt die These, dass Studienleistungen nicht gleichzusetzen sind mit Prüfungsleistungen (Bock 2000). Diese Differenz ist erfahrbar in kleinen projekt- und methodenorientierten Lehrveranstaltungen, in denen für die Entwicklung von Fähigkeiten und die Förderung der Anschlussfähigkeit an das berufliche Kommunikationssystem besondere Lernräume und Betreuungszeiten zur Verfügung gestellt werden. In diesen Kontexten sind Prüfungen im Grunde überflüssig, dysfunktional oder gar kontraindiziert; geht es im Kern doch um Bildungsansprüche, die auf die Einübung berufsrelevanter Fertigkeiten und Handlungsdispositionen und zugleich auf die Vermittlung professionsadäquater Haltungen abzielen. Unter dem Zwang, Noten geben zu müssen, geraten die hier Lehrenden unter einen „Konsistenzdruck" (Luhmann 2002: 64), dem in der Regel mit guten Einheitsnoten ausgewichen wird.
- Nivellierend wirkt auch, dass ein Teil der Lehrenden sich Traditionsbeständen der Kritischen Pädagogik verpflichtet fühlt und aktuell in der „inklusiven Pädagogik" eine Reflexionsformel gefunden hat, der auch die lehrende Begleitung zum Erwerb von Mündigkeit und Lernfähigkeit subsumiert werden kann. Die Notengebung als Selektionsverfahren ist in diesem Entwurf befähigender Lehre in der Tat sinnlos.
- Wenn Prüfungen den Anforderungen sozialer Selektion nicht genügen und als bloß rituelle Übungen beibehalten werden, muss die Frage nach Funktion und Folgen neu gestellt werden. Adressiert man diese Frage an Anstellungsträger der öffentlichen und privaten Wohlfahrtspflege, so scheinen Abschlussnoten, einmal abgesehen vom Zugang zu engen und selektiv abgeschirmten Sektoren des Arbeitsmarktes, weitgehend irrelevant. Umso vehementer sind Klagen, die Studienabsolventinnen und -absolventen der Sozialen Arbeit lückenhafte Rechts- und Organisationskenntnisse, Defizite im anwendungsbezogenen Wissen (u.a. Diagnostik, Hilfeplanung, Qualitätssicherung), unzureichende Sozialkompetenzen oder gar eine eingeschränkte Berufsfähigkeit attestieren. Diese Klagen verweisen auf die klassische Auseinandersetzung über den Bildungsauftrag der Hochschulen im Verhältnis zu den Qualifikationserwartungen der Anstellungsträger, die praktisch aber durch nachholende Verfahren zur Feststellung der Berufseignung (Assessment), eine begleitete Berufseinmündung (Mentoring) oder eben gekoppelte Ausbildungsansätze (Anerkennungsjahr) aufgelöst wird; dies nun allerdings im (berech-

tigten) Eigeninteresse und frei von den Imperativen einer öffentlichen, prüfungsrechtlich gefesselten und unter Konsistenzdruck stehenden Selektionsverantwortung![21]
- Von besonderer Relevanz sind Usancen der Notengebung für Studierende, die sich mit ihrem Abschluss für ein (konsekutives) Master-Studium bewerben wollen. Denn ungeachtet aktueller Diskussionen über die Dimensionen und Ursachen von „grade inflation" fungieren Noten in der Regel als Leitkriterium für die Zulassung zu MA-Studiengängen. In ihren Ambitionen, mit einem guten Notenschnitt auch Notenabstandsgewinne zu erzielen, sehen sich diese Studierenden weitgehend auf Module des 1. Studienabschnitts zurückverwiesen, denen im Zuge einer Bewerbung für sozialwissenschaftliche MA-Studiengänge eine besondere, häufig aber zu spät erkannte Bedeutung zuzumessen ist. Auf diesen Aspekt wird noch zurückzukommen sein.

7.5 Die Administration von Prüfungsangelegenheiten

Obwohl die Zahl der Studierenden sich nahezu verdoppelt hat, die zu administrierenden Prüfungslasten also auf das Dreifache gestiegen sind, konnten die quantitativen Herausforderungen durch eine IT-gestützte Restrukturierung der Prüfungsadministration (ePV) aufgefangen werden. Darüber hinaus ist allerdings festzuhalten, dass das Prüfungswesen der Fakultät im Bologna-Prozess einen Komplexitätszuwachs erfahren hat, dessen Bewältigung vor allem dem Vorsitzenden des Prüfungsausschusses und der Prüfungsverwaltungsmitarbeiterin der Fakultät auferlegt ist. Ausschlaggebend hierfür sind eine Reihe von Gründen.

Im Zuge der Implementierung des Bologna-Regimes wurde es erforderlich, die Prüfungsverwaltung stärker mit anderen Akteuren im System Hochschule zu vernetzen und – parallel dazu – kommunikative Funktionen einzufordern, die sich substanziell auf Organisationsleistungen für Lehrende und Studierende, das Lehrveranstaltungsmanagement oder die Studiengangsentwicklung beziehen. Zudem steht die Prüfungsverwaltung vor der Herausforderung, prüfungsrechtlich begrenzte Entscheidungsspielräume serviceorientiert zu verkaufen. Dieser Funktionsgewinn geht, wie Bornewasser/Köhn (i.f. 2010:

---

[21] Vgl. exemplarisch und mit guter Akzentuierung: Positionspapier der Arbeitsgemeinschaft für Kinder- und Jugendhilfe – AGJ: Berufseinmündung in der Sozialen Arbeit: Gemeinsame Verantwortung von Hochschulen und Anstellungsträgern, URL: https://www.agj.de/fileadmin/files/positionen/2010/Berufseinmuendung.pdf (20.09.18)

8ff.) herausgearbeitet haben, mit einem erhöhten Konfliktpotential einher, das analytisch auf unterschiedliche Ursachen wie divergierende Interessenlagen, Informationsmängel, Kommunikationsdefizite, Statusprobleme oder die Komplexität der Verwaltungsvorgänge selbst zurückgeführt werden kann:

- „Lehrende begutachten Klausuren, Hausarbeiten und Abschlussarbeiten nicht in der vorgeschriebenen Frist, sodass weiterführende Termine von den Studierenden etwa für Bafög-Bescheinigungen, Einschreibungsfristen für Masterstudiengänge oder den Berufseinstieg nicht eingehalten werden können."
- „Studierende kennen (..) die sie betreffenden Studien- und Prüfungsordnungen nicht genau und leiten aus den Ordnungen unbegründete Ansprüche gegenüber der Prüfungsverwaltung ab" oder insistieren auf „Ausnahmeentscheidungen".
- Leitungskräften in übergeordneten Hochschuleinrichtungen fehlt oft das Gespür für die richtige Balance zwischen Vereinheitlichung und fakultätsspezifischen Usancen/Regelungen. Sie wollen sich durch neue Standards oder Struktur- und Prozessreformen profilieren.
- Lehrende übersehen in ihrem Reformelan, dass jede Änderung der bestehenden Prüfungsordnung mit einem erhöhten Informations- und Abstimmungsbedarf, vermehrten Verwaltungsvorgängen und erheblichen Anforderungen an die Gestaltung von Übergangsprozessen (vgl. auch Gastbeitrag Rumpf, in: THM 2011) verbunden ist.

Parallel zur Einführung der elektronischen Prüfungsverwaltung sind Schulungen erforderlich geworden, die der unmittelbar involvierten Verwaltungsfachkraft und dem jeweils amtierenden Vorsitzenden des Prüfungsausschusses eine souveräne Nutzung ermöglichen. Dies schließt auch die Kommunikation von Fehlfunktionen, den Zugriff auf studentische Prüfungsverläufe, die Kenntnis der verwendeten Nomenklatur oder die in jedem Semester erforderliche Abgleichung mit den Modul- und Prüfungstableaus ein. Die Einführung der elektronischen Prüfungsverwaltung (ePV) ist auch für die Studierenden mit bis dahin unbekannten Mitwirkungspflichten verbunden. Über die termingerechte An- und Abmeldung zu/von (Teil)Modulprüfungen hinaus sind diese aufgefordert bzw. verpflichtet, alle prüfungsrelevanten Einträge (Notenverbuchungen, Krankmeldungen etc.) zu kontrollieren und Fehleinträge bzw. Fehlfunktionen unverzüglich dem Prüfungsamt zu melden. Die Wahrnehmung dieser Mitwirkungspflichten ist allerdings ohne entsprechendes Know-how nicht möglich. Deshalb sind alle Erstsemester und Hochschulwechsler verpflichtet, an einer fakultätsinternen Einführung in die ePV teilzunehmen. Diese wurde – zusammen mit einer Einführung in die Prüfungsordnung – durch den Vorsitzenden des

Prüfungsausschusses angeboten, der damit zugleich als Ansprechpartner für Prüfungsprobleme identifizierbar war.

Anerkennungen

Mit einem deutlich gestiegenen Arbeitsaufwand sind Einstufungen, Anrechnungen und Anerkennungen verbunden. Diese in Form von Verfügungen erbrachten Dienstleistungen beziehen sich zum einen auf Prüfungen, die entweder an anderen Hochschulen im In- oder Ausland oder im abgewickelten Diplom-Studiengang „Sozialwesen" absolviert wurden. Sie beziehen sich zum anderen auf beruflich erworbene Kompetenzen, die gem. Beschluss der KMK vom Juni 2002 auf ein Hochschulstudium angerechnet werden können, sofern sie im Einzelfall den Teilen des Studiums nach Inhalt und Niveau gleichwertig sind, die sie ersetzen sollen. Zu erwähnen sind ferner Verfügungen zur Einrichtung eines Nachteilsausgleichs sowie Widerspruchsverfahren; letztere gehen mit einem erheblichen Sitzungs- und Dokumentationsaufwand einher. Bezogen auf den Zeitraum vom Ende Februar 2011 bis Ende Februar 2016, also eine Amtszeit von fünf Jahren, kann dieser gutachterliche Aufwand wie folgt konkretisiert werden:

Tab. 8: Verfügungen* – Schriftliche Bescheide im Zeitraum 2.2012-2.2016

Art der Verfügung	Erläuterung	Anzahl
Anerkennung von Studienleistungen und Einstufung - international	Wechsler von ausländischen Hochschulen, die das Studium der „Sozialen Arbeit" aufnehmen: Anerkennung einzelner Leistungsnachweise und Einstufung in ein Fachsemester	8
Anerkennung von Studienleistungen und Einstufung - national	Wechsler von deutschen Hochschulen aus vergleichbaren Studiengängen der „Sozialen Arbeit" oder anderen Studiengängen: Anerkennung einzelner Leistungsnachweise	65
Anerkennung von Studienleistungen: Wechsel aus dem vormaligen Studiengang Sozialwesen (Dipl.)	Langzeitstudierende und Studienabbrecher, die in den BA-Studiengang „Soziale Arbeit" wechseln; ehemals Studierende, die im Diplomstudiengang gescheitert sind und erneut ein Studium aufnehmen wollen	20
Anerkennung im Ausland erbrachter Studienleistungen	Studierende, die im Rahmen des ERASMUS-Programms an europäischen Partnerhochschulen studiert haben (Anerkennung auf der Grundlage der „Learning Agreement" und des „Transcript of Records" (TOR)*	77

Anerkennung beruflich erworbener Kompetenzen		56
Einrichtung eines Nachteilsausgleichs		6
Widerspruchsverfahren	Außerordentliche Sitzung des Prüfungsamtes: Einladung, Zuleitung der Dokumente, Protokoll, Bescheid, Vorlagebericht an das Präsidium der HS	9
Summe		*241*
Sonderbescheinigung	Absolventen/innen, die sich für MA-Studiengänge an Universitäten bewerben: die üblichen Dokumente (Zeugnis, Urkunde, Diploma Supplement, TOR) werden von den aufnehmenden Universitätsverwaltungen als nicht hinreichend definiert	7

* Nicht aufgeführt sind in dieser Aufstellung je Semester etwa 5-10 sog. Gleichwertigkeitsfeststellungen für Studienplatzwechsler auf Anforderungen durch das Immatrikulationsamt. Nach erfolgter Immatrikulation hat eine Einstufung und detaillierte Anerkennung bereits erbrachter Studienleistungen zu erfolgen.

Parallel zur Ausweitung der Aufgabenbereiche sind auch die Anforderungen an den Erwerb und die Kommunikation prüfungsrelevanten Wissens signifikant gestiegen. Das proaktive Sich-Informieren ist der Rolle des PAV als Amtspflicht und zugleich als Voraussetzung für ein rationales und (praktisch) souveränes Entscheidungshandeln (Schimank 2005) auferlegt. Die Verpflichtung, informiert zu sein, bezieht sich einerseits auf verwaltungsinterne Zustände, vor allem aber auf ein Meta-Wissen, das die Beobachtung eigener Kontingenzen ermöglicht und das geeignet ist, die konstitutionellen Elemente des Prüfungswesens zu reflektieren. Begreifen wir das Prüfungswesen als Regime, so ist vor allem die Kenntnis der KMK-Beschlüsse, aktueller Verwaltungsgerichtsurteile und der Kommentare zum Prüfungsrecht erforderlich, um in der fakultätstypischen Gemengelage divergierender Interessen begründete Positionen einnehmen und souveräne Entscheidungen – etwa zu den Dauerthemen: Anwesenheitspflicht oder Anrechnungsverfahren – treffen zu können. Verstehen wir das Prüfungswesen hingegen als Kultur, so ist die kontinuierliche Auseinandersetzung mit den verästelten Diskursen des Bologna-Prozesses unabdingbar, um Trends und Technologien der Hochschulentwicklung – etwa zur „Öffnung der Hochschulen" – in ihren Folgen für das fakultätsspezifische Prüfungsmanagement abschätzen und kritisch gestaltend implementieren zu können.

Aufgabenbereiche im Überblick

Versuchen wir im Folgenden die Aufgaben, die das Prüfungsamt der Fakultät, also die aus dem Prüfungsausschuss, dessen Vorsitzenden und der Prüfungsverwaltung bestehende Organisationseinheit, in dem o.g. Untersuchungszeitraum wahrgenommen haben, zu konkretisieren, so können folgende Bereiche hervorgehoben werden:

1) Die fakultätsinterne Organisation der Prüfungsgeschäfte erfolgt durch eine berufserfahrene Verwaltungsfachkraft, so dass Entscheidungen dem Vorsitzenden des Prüfungsausschusses weitgehend unterschriftsreif vorliegen. Eine Ausnahme bilden Einzelfallentscheidungen etwa bei Fristüberschreitungen oder die Bestellung von Beisitzenden, um krankheitsbedingte Prüfungsabsagen zu vermeiden. Die **Administration der laufenden Prüfungsgeschäfte** erfordert in allen Fällen, die von den üblichen Routinen abweichen (Fristversäumnisse, Fristverlängerungen, Ausfälle etc.) eine zeitnahe Kommunikation mit Prüfenden und Studierenden. Sie umfasst im Einzelnen:

   a) die überschneidungsfreie Planung, Ansetzung und kollegiale Abstimmung von Massenprüfungen zum Semesterende einschließlich der Anlage von Klausurlisten
   b) die Ansetzung und Administration der Fristen für Hausarbeiten und BA-Abschlussarbeiten
   c) die Prüfung der Zulassungsvoraussetzungen zu den BA-Abschlussprüfungen
   d) die Verlängerung der Bearbeitungszeiten zumeist nach Krankmeldungen, in seltenen Fällen auf Antrag der/des Erstprüferin/s
   e) Entscheidungen über (begründete) Prüfungsrücktritte
   f) Entscheidungen bei Fristüberschreitungen, zumeist Prüfungsanmeldungen
   g) die Bestellung von Prüferinnen und Prüfern oder Beisitzenden
   h) Prüfungsneuansetzungen nach Ausfällen und Verlegungen
   i) die Verbuchung der erzielten Noten
   k) schriftliche Bescheide im Falle nicht bestandener Prüfungen

2) Die administrative Umsetzung der in der Prüfungsordnung definierten Anforderungen und Regularien erfordert ein **prüfungsbezogenes Informationsmanagement**. Dieses wurde mit den nachstehend aufgelisteten Bausteinen weitgehend neu aufgesetzt und kontinuierlich aktualisiert:

a) ein verständliches, den Gegenstand hinreichend abbildendes und rechtssicheres Formularwesen (Bescheinigung zum Nachweis von Prüfungsleistungen; Versäumnis einer Prüfung; Krankmeldung; Prüfungsprotokolle; Anmeldung einer Hausarbeit etc.)
b) Einrichtung/Aktualisierung der Internetpräsenz des Prüfungsamtes mit
   - Grundinformationen über das Büro der Prüfungsverwaltung und Sprechstunden des Prüfungsausschussvorsitzenden
   - Optionen zum Download
     ▷ der Prüfungsordnungen
     ▷ der prüfungsrelevanten Formulare
     ▷ der Ausführungsbestimmungen zu den verfahrensbezogenen Teilen der Prüfungsordnungen (siehe Anlagen)
     ▷ der semesterweise aktualisierten Informationen zu prüfungsrelevanten Fristen (auch abgedruckt im Modulhandbuch und im Aushang der Prüfungsverwaltung)
     ▷ der jährlichen Berichte des Prüfungsausschusses
c) Informationsveranstaltungen für Studierende
   - Erstsemestereinführung in die BPO und die ePV (letzteres mit tutorial angeleiteten Übungen)
   - Briefing der Studierenden im 5. Semester: Zulassungsvoraussetzungen zur BA-Arbeit und Ablauf der Abschlussprüfungen, Umgang mit Plagiaten
d) Informationsangebote für Prüfende
   - Prüfungs-FAQ für neue Kollegen/innen
   - Informationsschreiben an Lehrbeauftragte
   - Mitteilungen zum Prüfungswesen in den regulären Dienstbesprechungen

3) Die mit der elektronischen Prüfungsverwaltung geschaffenen Selbstbedienungsfunktionen sind für Studierende und Prüfende erst dann abrufbar, wenn die Prüfungsordnungen in der ePV abgebildet, Datenbankabfragen seitens der Systemadministration ermöglicht und Abfrageroutinen kompetent umgesetzt werden. Dies erfordert regelmäßige Abstimmungen und Aktualisierungen mit dem Rechenzentrum und dem SSB. Die **Administration der elektronischen Prüfungsverwaltung (ePV) umfasst im Einzelnen:**

a) die Abbildung der Prüfungsordnung in der ePV und die semesterweise Aktualisierung des Prüfungstableaus
b) die Eingabe, ggf. Korrektur der Prüfungsnoten und der Prüfungsausfälle

c) die Kontrolle und Meldung von Fehlfunktionen
d) Hilfen für Studierende bei der Anmeldung zu Modulprüfungen und beim Abrufen von Kontoständen.

4) Obwohl der Studienaufbau und die Prüfungsanforderungen gleich zu Beginn des Studiums eingehend dargestellt werden, sind beträchtliche zeitliche Ressourcen für die **Kommunikation mit Studierenden** aufzubringen. Hier decken sich die fakultätsspezifischen Erfahrungen mit denen anderer Universitäten, wonach in modularisierten Studiengängen folgende Tendenzen zu beobachten sind: „Die Anfragen an die Prüfungsverwaltung sind häufig gekoppelt mit Fragen der Prüfungs- und Studienberatung. (..) Die Beratungsanfragen nehmen massiv zu. (...) Studienberatung und Prüfungsberatung gehen in den modularisierten Studiengängen ineinander über" (Peters 2010: 46f.). Darauf ist im empirischen Teil dieser Studie noch zurückzukommen.

Gesonderte Erwähnung verdienen Studierende, die ihr Studium in einem konsekutiven MA-Studiengang fortsetzen wollen und Erwartungen an eine qualifizierte Beratung artikulieren. In solchen Gesprächen hat es sich als hilfreich erwiesen, die Entscheidungsfindung in folgende Richtungen zu unterstützen:

- mit Nachfragen zu Studienmotiven und zur Realitätsgerechtigkeit von Erwartungen an nicht-sozialarbeiterische Karrieren in Leitungsfunktionen oder im Wissenschaftssektor
- mit Anregungen und Kriterien zur Identifikation geeigneter MA-Studiengänge, die doppelt anschlussfähig sind: an die persönlichen Studienerwartungen und das vorausgegangene Studium der Sozialen Arbeit
- mit Hinweisen zur Präzisierung der Zulassungsvoraussetzungen, der Profile und Leistungsanforderungen möglicher MA-Studiengänge
- mit kritischen Nachfragen zum bisherigen Studienverlauf.

Für viele Ratsuchende waren diese Beratungsgespräche und nachfolgende Recherchen mit der Erkenntnis verbunden, dass die sozialarbeitswissenschaftliche Akzentuierung des Studiengangs vor allem Profilierungs- und Statusbedürfnisse der Lehrenden bedient, sich für Studierende mit Ambitionen auf einen MA-Abschluss aber als Akademisierungssackgasse erweisen kann. Zahlreiche universitäre MA-Angebote erwarten in ihren Zulassungsvoraussetzungen Leistungsnachweise in klassischen sozial- und/oder humanwissenschaftlichen Disziplinen, die den für das Studium der Sozialen Arbeit definierten Standard deutlich übersteigen.

Es ist nachvollziehbar, dass mit solchen Zulassungsvoraussetzungen steuernd auf die vertikale Mobilität von Studierenden eingewirkt wird. Es ist allerdings ein administratives Ärgernis, wenn die aufnehmenden Universitätsverwaltungen zusätzliche Hürden aufbauen, indem sie die üblichen Dokumente, nämlich Zeugnis, Urkunde, Diploma Supplement und TOR, als „nicht hinreichend" definieren und zusätzliche Leistungsbescheinigungen einfordern.

5) Im Zuge der Implementierung des Bologna-Regimes an der Fakultät sind die Anforderungen an eine **rechtssichere Anerkennung der an anderen Hochschulen bzw. in anderen Studiengängen erbrachten Studienleistungen** gestiegen. Dabei sind grundsätzlich folgende Konstellationen zu unterscheiden:

- Studierende des vormaligen Diplomstudiengangs Sozialwesen, die nach einer Studienpause oder nach Abbruch bzw. erfolglosem Studium ihren Abschluss im B.A. Soziale Arbeit erwerben wollen
- Studierende der Sozialen Arbeit, die, hochschulintern (Studiengang Soziale Arbeit am Standort Suderburg) oder von anderen deutschen Hochschulen kommend, den Studienplatz wechseln wollen
- Studierende der Sozialen Arbeit, die im Rahmen des ERASMUS-Programms Studienleistungen an ausländischen Partnerhochschulen (outgoing) erbracht haben
- Studierende von ERASMUS-Partnerhochschulen (incoming) , die im Studiengang Soziale Arbeit einzelne Leistungsnachweise erbringen wollen
- Studierende der Sozialen Arbeit, die im Zuge eines Wohnortwechsels von ausländischen (europäischen und nicht-europäischen) Hochschulen kommen und einzelne Leistungsnachweise oder Studienabschlüsse anerkannt haben wollen
- Studierende sozialwissenschaftlicher Studiengänge an deutschen Hochschulen, die im Zuge eines Studienfachwechsels einzelne Leistungsnachweise anerkannt haben wollen.

Es ist offensichtlich, dass jede der hier benannten Konstellationen mit spezifischen Anforderungen bzgl. des Anerkennungsverfahrens verbunden ist. Erforderlich ist in allen Fällen, die beigebrachten Leistungsnachweise zu verifizieren und zu kontextualisieren. Voraussetzung für eine **Gleichwertigkeitsfeststellung** ist die Auseinandersetzung mit der curricularen Struktur des abgebenden Studiengangs. Darüber hinaus erfordert die Anerkennung von Studienleistungen eine Kompatibilitätsabschätzung, in der Modulbezeichnungen und -inhalte unterschiedlicher Curricula gegeneinander abgeglichen werden. Die beigebrachten Studiengangsbeschreibungen sind im Hinblick auf Studieninhalte, Lernziele und Qualifikationsniveaus zu prüfen, um Leistungsnachweise nach Leistungspunkten und Noten mehr oder weniger griffsicher auf das eigene Modulsystem beziehen und angemessen anerkennen zu können. Dies erfordert ein disziplin-übergreifendes begriffliches Wissen, um Bezeichnungen, Systematiken und curriculare Elemente der oft recht eigenwilligen Zeugnisse anderer Hochschulen adäquat bewerten zu können. In einzelnen Fällen (insbes. disziplinäre Benotungs-Kulturen) empfiehlt es sich, den Rat von Fach-Kollegen/Innen einzuholen. Das Anerkennungsverfahren vollzieht sich als abwägende Entscheidung, die fördernde Anerkennung und Niveausicherung ausbalanciert.

Unverzichtbar ist zudem **Kontextwissen**, das sich – je nach Konstellation – auf die Logik des ERASMUS-Programms, dessen Beschreibungsmuster und Formelemente (Learning Agreement, TOR) oder auf die Intentionen und Probleme der „Lissaboner Anerkennungskonvention" (Council of Europe 1997; vgl. exemplarisch: Englmann/Müller 2007: 41.ff.) bezieht. Die Bedeutung dieses Kontextwissens für die Qualität des Verfahrens kann einer Schilderung hochschulinterner Entscheidungsprozesse entnommen werden, die auf eine disparate Vielfalt, z.T. uninformierter und/oder idiosynkratischer Anerkennungspraxen schließen lässt:

„Derzeit entwickelt jede Fakultät bei uns diese Prozesse lokal für sich weiter, jeder so gut er/sie kann, mit jedem Amtswechsel etwas anders. Wir hatten vor nicht allzu langer Zeit einen PAV (Prüfungsausschussvorsitzenden - j.d.) an einem Standort, der grundsätzlich in einem Module alle fehlenden Teile mit 5 angesetzt hat und aus der sich dann ergebenden Mischung die anzuerkennende Leistung bzw. Note rechnerisch ermittelt hat. An einem anderen Standort hat ein 3/4 fertiger Wechsler mit guten Leistungen einer anderen Hochschule von „uns" die Mitteilung erhalten, man könne ihm (bei gleichem Studientitel) fast gar nichts anerkennen, weil seine Module anders heißen würden oder jeweils um ein Credit zu groß oder zu klein wären. Viele Fakultäten gehen mit großem Einsatz und Kreativität an ihre Aufgabe und kommen zu sehr unterschiedlichen Ergebnissen. Das „nicht von mir gehalten, kann nicht optimal sein" gibt es vereinzelt auch an dieser Hochschule unter heute 200 Kolleginnen und Kollegen." (Archiv Prüfungsangelegenheiten, Mail vom 25.3.13, 17:23 h)

6) Den Vorgaben der KMK (2002/2008) folgend, wurde in die Prüfungsordnung 2012 auch die **Anerkennung beruflich erworbener Kompetenzen** aufgenommen. Obwohl das Anerkennungs- und Anrechnungsverfahren

in rigider Auslegung erfolgte (siehe Info-Blatt, Anl. 6; zur Anerkennungspraxis der Hochschulen im empirischen Vergleich der AnHoSt-Studie: Hanft/Brinkmann/Gierke/Müskens 2014), gab es in jedem Semester etwa 5-10 Studierende, die außerhalb der Hochschule erworbene Erfahrungen und Kompetenzen nachweisen konnten oder wollten. Diese hatten sie im Rahmen qualifizierter beruflicher Tätigkeiten in Einrichtungen des sozialen Sektors, zumeist in sozialarbeiterischer Funktion erworben. Da die Voraussetzungen für eine pauschale Anrechnung an der Fakultät nicht gegeben waren, erfolgte die Anerkennung und Anrechnung auf der Grundlage einer individuellen Einzelfallprüfung. Diese wurde, abweichend von den ANKOM-Empfehlungen (ANKOM 2012), durch den Vorsitzenden des Prüfungsausschusses und nicht durch die Modulkoordinatoren/innen vorgenommen. Gegenstand der Äquivalenzprüfung waren die von den Antragstellern/innen beigebrachten Unterlagen, zumeist Arbeitszeugnisse, Zwischenzeugnisse, qualifizierte Arbeitsplatzbeschreibungen und nicht zertifizierte Fortbildungsbelege, die nach Form und Inhalt Rückschlüsse auf qualifizierte Praxiserfahrungen, also auf non-formale und informale Lernprozessen in beruflichen Tätigkeiten zugelassen haben. Die Anerkennung erfolgte für zwei als Praktika konzipierte Module, wobei der Leistungsnachweis Projektbericht von der Anrechnung ausgenommen blieb. Anerkennungsgespräche wurden nicht geführt; die Antragsteller wurden in Vorgesprächen aber darauf hingewiesen, dass Anrechnungen im Diploma-Supplement als sog. Ersatzleistungen nach Art und Umfang ausgewiesen werden. Regelmäßig ergingen ablehnende Bescheide im Falle einer Doppelanrechnung. Zumeist waren Studierende betroffen, die auf der Grundlage der Rahmenvereinbarung über Fachschulen (KMK vom 7.11.2002 i.d.F. vom 19.5.2017) eine Hochschulzulassung erhalten hatten und ihre Tätigkeiten als Staatlich anerkante/r Erzieher/innen nun auch im Studium als „gleichwertig" angerechnet wissen wollten.

8 Prüfungsrelevante Kommunikation: Empirische Bestandsaufnahmen

Insgesamt betrachtet sind die mit der Prüfungsverwaltung einhergehenden Kommunikationsanforderungen nicht nur komplex, sondern auch im Umfang erheblich. Deshalb soll im Folgenden der Versuch unternommen werden, diese einer empirischen Bestandsaufnahme zu unterziehen. Ziel ist es, prüfungsrelevante Kommunikationen auf Akteure im System der Prüfungsorganisation zu beziehen, indem Kommunikationsgegenstände thematisch zunächst identifiziert und zu wiederkehrenden Kernthemen zusammengefasst werden. Diese sollen dann auf Kommunikationsanforderungen bezogen werden.

8.1. Forschungskonzept

Gegenstand und Ausgangspunkt dieser Untersuchungen sind prozessproduzierte Daten, konkret die in der Position und im Erfahrungsraum eines Prüfungsausschussvorsitzenden (PAV) generierten „Vorgänge". Dabei handelt es sich nicht um studentische Prüfungsakten, was übrigens mit analytischem Blick auf Studien- und Prüfungsverläufe nahegelegen hätte, sondern um eMail-gestützte Vorgänge, die an den oder vom PAV adressiert waren. Im analytischen Zugriff auf diese eMails werden rechtstatsächliche Kontexte und Abläufe erkennbar, die darauf schließen lassen, wer welche Prüfungsanliegen thematisiert, wie Prüfungsentscheidungen getroffen und begründet werden, wie Strukturvorgaben der KMK umgesetzt werden oder inwieweit sich in der Summe der Vorgänge der Einfluss der/des PAV auf die Prüfungskultur der Fakultät erkennen lässt. Formal werden diese Mail-Vorgänge zwar durch administrative Strukturen, also inner- und interorganisationale Verwaltungsabläufe zusammengehalten. Gleichwohl bedarf es der ordnenden Hand der/des PAV einer Fakultät, oder besser: der dieser Schlüsselposition zugeschriebenen Deutungshoheit, um Prüfungen als Vorgänge und als soziale Handlungen in eine kommunikative Ordnung zu bringen. Zur Herstellung dieser Ordnung sind Kommunikationsmodi verfügbar, die in vier Richtungen typisiert werden können:

Sich und andere informieren!
Andere beraten!
Sich mit anderen abstimmen!
Entscheiden!

Auch wenn die auf Prüfungsangelegenheiten bezogenen Austauschprozesse in einem institutionell hochgradig strukturierten und formalisierten Feld erfolgen, so bekommen die thematisierten Sachverhalte und die Kommunikationsmodi ihre Bedeutung erst in der „Anschließbarkeit" (Knoblauch 2017: 190) an die Erwartungen und Einordnungen der beteiligten Akteure, also deren Aussicht, mit Informationen, Beratungsangeboten, Entscheidungen und Verständigungsofferten etwas anfangen zu können. Diese Erwartungen an die Prüfungsausschüsse der Fakultäten und deren Vorsitzende fallen, je nach Interessen und Funktionen der Akteure im Prüfungssystem einer Hochschule, unterschiedlich aus.

Tab. 9: Akteure im System prüfungsrelevanter Kommunikation

Akteure	PAV/PVFK: Kommunikationsmodi			
	Informieren	Beraten	Abstimmen	Entscheiden
HS-Präsidium	xx		xxx	
I-Amt			x	xxx
SSB	xxx		x	x
RZ	xxx		x	
Dekanat	x		xxx	
PVFK	xxx		xxx	
Lehrende	xx	x	x	x
Studierende	xx	xxx		xxx
Alumni	x			
Interessierte	x			
	x : bedarfsweise	xx: regelmäßig		xxx: zentral

Beziehen wir also die prüfungsrelevante Kommunikation auf Funktionsträger im Organisationsgefüge der Hochschule, so werden, wie der vorstehenden Matrix in einer ersten Einschätzung zu entnehmen ist, unterschiedliche Erwartungen an die Kompetenz der PAVs erkennbar. Während es etwa für die Hochschulleitung von Interesse ist, Prüfungsstandards mit den Prüfungsämtern der Fakultäten abzustimmen und aus gegebenem Anlass über geplante Änderungen in der Prüfungsordnung informiert zu werden, ist es für das Immatrikulationsamt wichtig, dass zügig und formgerecht über beigebrachte Leistungsnachweise von Studienplatzbewerbern entschieden wird. Studierende werden zwar regelmäßig und mit Hilfe verschiedener Medien über Prüfungsangelegenheiten informiert, artikulieren in Einzelfällen aber einen hohen Beratungsbedarf, dem zumeist auch mit Gesprächsangeboten entsprochen wird. Zurecht verlassen sie sich darauf, dass über ihre Anträge und Prüfungsangelegenheit zügig entschieden wird. Für eine reibungslose Führung der Prüfungsamtsgeschäfte ist es unerlässlich, dass die/der PAV und die Prüfungsverwaltungsfachkraft (PVFK) sich regelmäßig und wechselseitig c.c. über konkrete Vorgänge informieren und sich darüber hinaus auf Standards und Usancen einigen, wie Abläufe auszugestalten sind und wie in typischen Fällen (z.B. Versäumnis einer Prüfungsanmeldung) zu verfahren ist.

So weit erste skizzenhafte und exemplarische Erläuterungen zu prüfungsrelevanten Kommunikationsanforderungen; sie sollen nachfolgend in empirischer Detaillierung vertieft werden. Grundlage hierfür ist ein Datensatz, bestehend aus 6.022 eMails, die der Mail-Box des PAV entnommen sind und die sich, wie der nachstehenden Übersicht zu entnehmen ist, mit unterschiedlichen Häufigkeiten auf 11 Kontakte/Akteure verteilen.

Abb. 10: Zahl der eMail-Kontakte 2.2011 - 2.2016 nach Akteuren

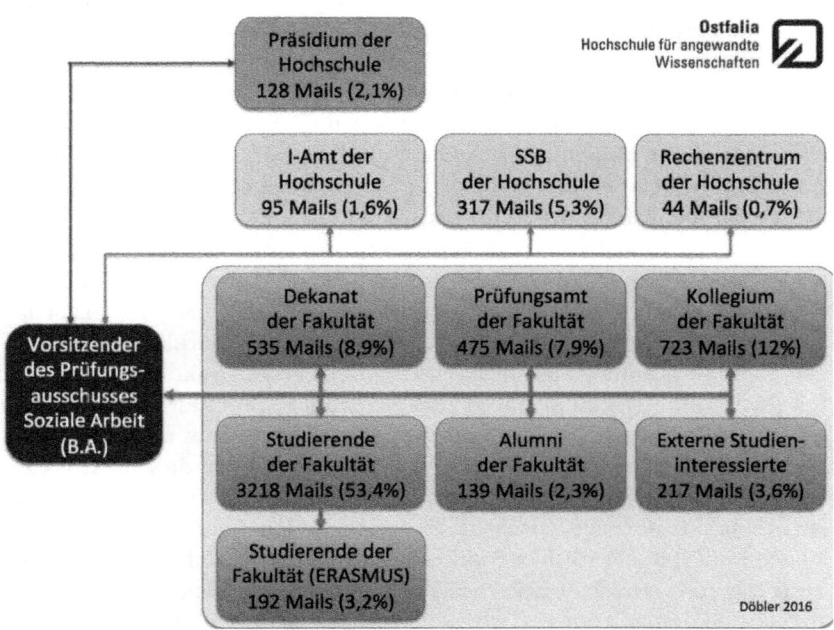

- Präsidium der Hochschule: 128 Mails (2,1%)
- I-Amt der Hochschule: 95 Mails (1,6%)
- SSB der Hochschule: 317 Mails (5,3%)
- Rechenzentrum der Hochschule: 44 Mails (0,7%)
- Vorsitzender des Prüfungsausschusses Soziale Arbeit (B.A.)
- Dekanat der Fakultät: 535 Mails (8,9%)
- Prüfungsamt der Fakultät: 475 Mails (7,9%)
- Kollegium der Fakultät: 723 Mails (12%)
- Studierende der Fakultät: 3218 Mails (53,4%)
- Alumni der Fakultät: 139 Mails (2,3%)
- Externe Studieninteressierte: 217 Mails (3,6%)
- Studierende der Fakultät (ERASMUS): 192 Mails (3,2%)

Döbler 2016

Etwa 90% aller eMails sind fakultätsintern adressiert. Alle eMails, die gem. §5 (7) der Prüfungsordnung (BPO) als „Regelfälle" klassifiziert waren, liegen für den Zeitraum vom Februar 2011 bis Ende Februar 2016 in vollständig archivierter Form vor. Parallel zu den in Schriftform (§ 126b BGB) mit Unterschrift und Widerrufsbelehrung verfassten Verfügungen handelt es sich um elektronisch verfasste Texte, die als Mitteilung aus einem, ansonsten aus zwei oder mehr quasi-dialogisch und asynchron abgefassten Teilen bestehen. Ein prüfungsrelevanter „Vorgang" besteht also aus wenigsten einer eMail, zumeist aus mehreren, sich aufeinander beziehenden eMails, die innerhalb der Datenbank nach Akteuren und Themen gruppiert und fortlaufend nach dem Absende-Datum geordnet sind.

Bezieht man die Summe aller Vorgänge/Themen auf die Summe aller eMails, so erhält man je nach Akteur einen charakteristischen Quotienten, der auf die Art der Vorgänge schließen lässt. Für die Kommunikation mit dem Studierenden-Servicebüro (SSB) wurden 317 eMails archiviert, die sich auf 203 Vorgänge (= 64%) verteilen. Zahlreiche eMails enthalten also einseitige Mitteilungen. Für die Kommunikation mit Studieninteressierten wurden 217 eMails archiviert, die sich auf 105 Vorgänge (50%) beziehen. Diese sind offensichtlich nach einem einfachen Frage-Antwort-Schema strukturiert. Wenn wir uns der Gruppe der Studierenden zuwenden, liegt der Quotient Vorgänge/eMails – wie zu erwarten – deutlich unter 50%. Themen werden quasi-dialogisch, häufig mit Nachfragen, Erläuterungen oder Einwänden abgearbeitet.

Auch wenn eMails in der nicht-öffentlichen Kommunikation eine prototypische Form der E-Mail-Nutzung aufweisen (Ziegler/Dürscheid 2016), variieren die Texte hinsichtlich des Planungsgrades, der Präzision, mit der die Anliegen/Themen definiert werden, und hinsichtlich der Sorgfalt, mit der die Texte grammatikalisch wie syntaktisch durchformuliert werden, beträchtlich. Insbesondere studentische Texte lassen – bei aller Zwanglosigkeit und ungeachtet der Abweichungen von schriftsprachlichen Normen (Dittmann 2015) – Schwierigkeiten erkennen, Prüfungsprobleme durch ein eindeutiges Labeling, eine sorgfältige Wortwahl und eine verständliche Satzkonstruktion vorzubringen. Dann ist es unumgänglich, die elektronische Prüfungsakte aufzurufen und mit Rück- und Verständnisfragen zum Kernanliegen vorzudringen. Trotz des teilweise beträchtliche Zeitaufwandes, der für die Pflege des prüfungsbezogenen eMail-Verkehrs aufgebracht werden muss, sind die in diesem Arbeitsbereich generierten Texte eher flüchtiger Natur und werden nur in Ausnahmefällen in eine aktenförmige Verschriftlichung bzw. Ablage überführt. Im Vergleich zu den etwa 300 schriftlichen Bescheiden wird gleichwohl deutlich, dass diese Texte das Alltagsgeschäft einer/s PAV ausmachen und, je nach Adressat bzw. Akteur und dessen Anliegen, sehr wohl geeignet sind, Informationsbedürfnisse zu befriedigen, prüfungs- und studienrelevante Anschlusshandlungen auszulösen oder auch nur kognitive Konstrukte zu irritieren.

Abb. 11: eMail-Wechsel Student – PAV mit prüfungsrelevantem Anliegen

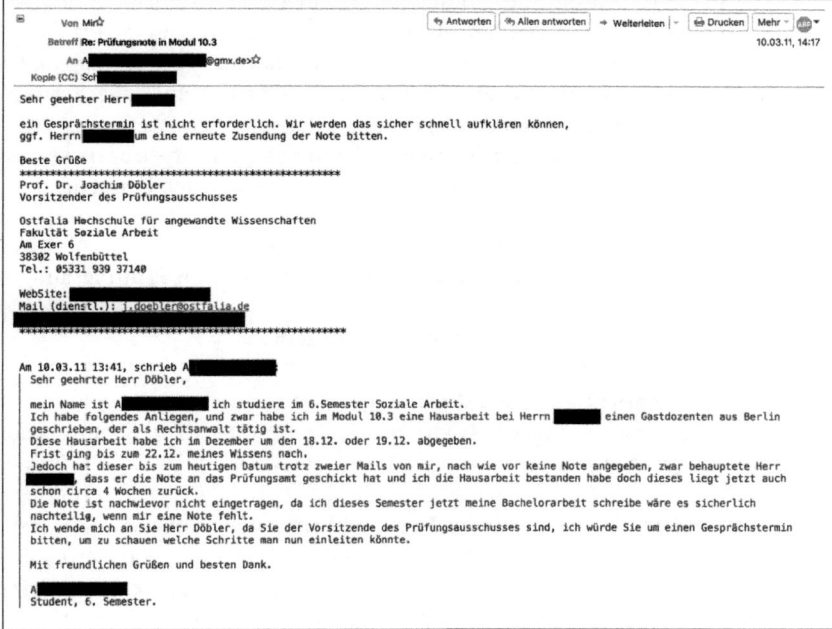

```
Von Mir
Betreff Re: Prüfungsnote in Modul 10.3                                      10.03.11, 14:17
An A█████████████████@gmx.de
Kopie (CC) Sch███████

Sehr geehrter Herr ████,

ein Gesprächstermin ist nicht erforderlich. Wir werden das sicher schnell aufklären können,
ggf. Herrn ██████ um eine erneute Zusendung der Note bitten.

Beste Grüße
***************************************
Prof. Dr. Joachim Döbler
Vorsitzender des Prüfungsausschusses

Ostfalia Hochschule für angewandte Wissenschaften
Fakultät Soziale Arbeit
Am Exer 6
38302 Wolfenbüttel
Tel.: 05331 939 37140

WebSite:
Mail (dienstl.): j.doebler@ostfalia.de
███████████████████████████████
***************************************

Am 10.03.11 13:41, schrieb A████████:
 Sehr geehrter Herr Döbler,

 mein Name ist A███████ ich studiere im 6.Semester Soziale Arbeit.
 Ich habe folgendes Anliegen, und zwar habe ich im Modul 10.3 eine Hausarbeit bei Herrn ████ einen Gastdozenten aus Berlin
 geschrieben, der als Rechtsanwalt tätig ist.
 Diese Hausarbeit habe ich im Dezember um den 18.12. oder 19.12. abgegeben.
 Frist ging bis zum 22.12. meines Wissens nach.
 Jedoch hat dieser bis zum heutigen Datum trotz zweier Mails von mir, nach wie vor keine Note angegeben, zwar behauptete Herr
 ████, dass er die Note an das Prüfungsamt geschickt hat und ich die Hausarbeit bestanden habe doch dieses liegt jetzt auch
 schon circa 4 Wochen zurück.
 Die Note ist nachwievor nicht eingetragen, da ich dieses Semester jetzt meine Bachelorarbeit schreibe wäre es sicherlich
 nachteilig, wenn mir eine Note fehlt.
 Ich wende mich an Sie Herr Döbler, da Sie der Vorsitzende des Prüfungsausschusses sind, ich würde Sie um einen Gesprächstermin
 bitten, um zu schauen welche Schritte man nun einleiten könnte.

 Mit freundlichen Grüßen und besten Dank.

 A█████
 Student, 6. Semester.
```

Quelle: Archiv Prüfungsangelegenheiten, Mailwechsel vom 10.3.11, 13:41//14:17 h

Beispielhaft dafür ist der vorstehende Mailwechsel, der ein studentisches Prüfungsanliegen und die am selben Tage ergangene Antwort des PAV dokumentiert. Unterziehen wir diesen Mailwechsel einer knappen inhaltsanalytischen Betrachtung, so ist festzuhalten:

1) Der Vorgang besteht aus zwei quasi-dialogisch abgefassten Texten; die hier abgedruckte Mail des PAV verwendet ein indirektes Quoting.
2) Der Student hat für sein Anliegen eine distanzsprachliche Form gewählt, die hinsichtlich der Syntax nur geringe Normabweichungen aufweist. Er präsentiert sich damit als kompetenter Akteur, der die Kommunikationsregeln formalisierter Systeme beherrscht.
3) Die studentische Mail ist als instrumentelle Sprechhandlung konzipiert, die den PAV als Adressaten zu einer konkreten sozialen Handlung bewegen will.

4) Der (prüfungs)relevante Bezug (Thema) ist in der Betreffzeile eindeutig formuliert, was die verwaltungsförmige Typisierung des Textes als Vorgang und dessen Einspeisung in administrative Programmabläufe erleichtert.
5) Die für eine Prüfung des Anliegens grundlegenden Informationen zur Identität des Absenders erlauben einen gezielten Zugriff auf die Prüfungsakte (ePV), sieht man von der fehlenden Matrikelnummer einmal ab. Im Interesse eines erfolgreichen Verwaltungshandelns ist auch die Verwendung einer nicht hochschulbezogenen Mail-Identität zu monieren.
6) Das Anliegen ist verständlich und mit klaren Bezügen vorgetragen, so dass die für einen solchen Fall vorgesehenen Routinen anlaufen können:

   a. Kontrolle der elektronischen Prüfungsakte
   b. Kontrolle, ob (und seit wann) die Prüfungsnote im Prüfungsamt vorliegt
   c. Ggf. Anfrage beim prüfenden Gastdozenten
   d. Einpflegen der Note in die ePV
   e. Benachrichtigung des Studenten
   f. Ggf. Bestimmung der Faktoren, die den internen Verbuchungsstau begünstigt haben.

7) Der Student unterstreicht die Dringlichkeit seines Anliegens mit dem Hinweis auf die anstehende BA-Arbeit und der Bitte um einen Gesprächstermin. Die Vermutung, „es wäre sicherlich nachteilig, wenn mir eine Note fehlt", ist prüfungsrechtlich uneindeutig, aus arbeitsökonomischer Sicht sinnvoll. Sie hat vor allem die symbolische Funktion, sich als ernsthaften Studenten zu präsentieren, der auch deshalb eine seriöse Lösung seines Problems erwarten darf.
8) Auffallend ist, dass die Antwort des PAV auf die offensichtlichen Sinnbezüge nicht näher eingeht. Mit dem Umfang der eMail, dem sprachlichen Ausruck „sicher schnell aufklären können" und dem knappen Hinweis, ein Gesprächstermin sei „nicht erforderlich", zielt er vielmehr auf eine gelassene Entdramatisierung der Angelegenheit und das Versprechen einer raschen Problemlösung.
9) Dahinter steht das strategische Interesse, zeitaufwendige vis-a-vis-Gespräche auf Fälle zu beschränken, in denen, um Habermas' Theorie kommunikativen Handelns zu bemühen, ein „Einverständnis über Situationen und erwartete Konsequenzen" (Habermas 1983: 144) auszuhandeln ist.
10) Voraussetzung für eine solche Technik der Entdramatisierung ist zum einen Erfahrungswissen, zum anderen die Gewissheit, dass die spezifizierten Routinen umgehend durch die PVFK eingeleitet werden.

Es ist offensichtlich, dass der für diese Studie verfügbare Datensatz nicht in der exemplarisch aufgezeigten Weise aufgeschlüsselt und einer inhaltsanalytischen oder gar textlinguistischen Interpretation zugeführt werden konnte. Stattdessen kam ein mehrstufiges induktives Verfahren der Typisierung zur Anwendung. Dazu mussten die eMail-Texte im ersten Schritt danach befragt werden, welches prüfungsrelevante Kernanliegen (Thema) in ihnen artikuliert wird. Mit diesem Schritt der Identifikation wurde zugleich eine Benennung vorgenommen. Für die exemplarisch vorgestellte eMail-Korrespondenz mit dem Studenten „A....." lautet diese: „Ausstehende Notenverbuchung". Die so identifizierten und benannten Themen wurden im nächsten Schritt zu typischen Themenbereichen, sog. Kernthemen verdichtet und anschließend hinsichtlich ihrer Häufigkeit ausgezählt. Ein Programm zur automatischen Verarbeitung natürlichsprachiger Texte (NLP) kam aus arbeitsökonomischen Gründen nicht zur Anwendung. Diese Vorgehensweise ist methodisch und analytisch zwar nicht spektakulär, präsentiert im Ergebnis aber die Essenz dessen, womit der PAV der Fakultät S sich in Regelfällen auseinanderzusetzen hatte. Insofern genügen die hier präsentierten Ergebnisse auch dem eingangs formulierten Anspruch, das Dunkelfeld Prüfungsalltag in empirischen, weitgehend deskriptiven Annäherungen aufzuhellen. Weiterführende Verfahren der qualitativen Sozialforschung, die in Texten nach latenten Bedeutungsstrukturen und sinn-generierenden Regeln fahnden (Heinze 1995), kommen nicht zur Anwendung.

Dennoch sind einige gewichtige methodenkritische Argumente und Bedenken ins Feld zu führen. Zunächst: Die hier gewählte Vorgehensweise kann den für die empirische Sozialforschung geltenden Qualitätskriterien der Validität und der Reliabilität nicht entsprechen. Das gilt vor allem für den Schritt der Benennung, also der Reduktion des Textes auf einen Zweck oder Anlass, der zu dessen Abfassung geführt hat. Viele Texte haben, ungeachtet ihrer organisationalen Zwecksetzung und ihrer kommunikativen Erfolgsorientierung, verständigungsorientierte Anteile und lassen, wie dem Beispiel „A......" zu entnehmen ist, in der Interpretation unterschiedliche Bezüge zu: gewählt wurde hier „Ausstehende Notenverbuchung"; die eingehende Schilderung des Kommunikationsverlaufs mit dem Gastdozenten legt es aber auch nahe, diesen Text mit „Versäumnis und Pflichtverletzung" zu codieren; dabei bliebe es gleichwohl offen, ob sich dieses Versäumnis auf Lehrende oder Fachkräfte in der Prüfungsverwaltung bezieht. Selbst im Rahmen dieses einfachen Verfahrens der Benennung/Typisierung gibt es also das in der objektiven Hermeneutik hinreichend diskutierte Problem der Validität von Interpretationen.

Im Rahmen qualitativer Verfahren ist es deshalb üblich, zur Geltungsbegründung auf ein approximatives und intersubjektives Verfahren zu vertrauen, in dem die Beschränkungen von Einzelinterpreten durch die Diskussion einer Interpretengruppe relativiert und ggf. korrigiert werden. Ein solches Verfahren kam im Rahmen dieser Studie aber nicht zur Anwendung. Stattdessen muss von einer doppelten Beschränkung ausgegangen werden: Alle Texte sind formal, inhaltlich und in ihrer Zwecksetzung auf den PAV bezogen, der – nun in der Rolle des Sozialwissenschaftlers – die auf seine Position (und Person) bezogenen Texte zugleich interpretativ auslegt. Er selbst ist also Teil des „dialektischen Verhältnisses von Lebenspraxis und Ausdrucksgestalt" (Heinze 1995: 131), das zu analysieren er vorgibt.

Die hier präsentierten Ergebnisse beziehen sich auf einen spezifischen BA-Studiengang Soziale Arbeit. Auch wenn im Kontext dieser Ausarbeitung auf Dokumente und Forschungen mit größerer Reichweite zurückgegriffen wird, so muss doch offen bleiben, ob der enge Zuschnitt der Untersuchungseinheit verallgemeinerbare Aussagen, analoge Schlüsse oder auch nur lohnende Blicke über die Grenzen der jeweils eigenen und vertrauten Prüfungskultur zulässt.

8.2 Prüfungsrelevante Kommunikation: Kernthemen

Den praktischen Routinen des Prüfungsausschussvorsitzenden und seiner Textproduktion folgend, werden im nachstehenden Kapitel prüfungsrelevante Kommunikationen herausgearbeitet. Die Darstellung ist nach Akteuren geordnet und bedient sich eines einfachen Schemas, das den Ordnungsmerkmalen der „Häufigkeit der eMail-Kontakte" und den diesen Kontakten hinterlegten Kommunikationserwartungen folgt. Darauf aufbauend werden typische Thematisierungen, sog. „Kernthemen", vorgestellt und – mehr oder weniger eingehend – erläutert. Dies erfolgt unter Ausblendung der Tatsache, dass die Intensität der Kontakte (Quotient Vorgänge/Mails) nicht nur zwischen den, sondern auch innerhalb der Akteursgruppen variiert. Das gilt insbesondere in den Binnenverhältnissen zu Lehrenden und zu Studierenden. Mit anderen Worten: Relativ viele Vorgänge mit intensiver eMail-Kommunikation beschränken und beziehen sich auf wenige Akteure. Anlass dazu geben zum einen schlecht oder häufig (re)organisierte Module, eigensinnige Auslegungen von Fristen und/ oder Leistungsanforderungen (insbes. auch durch Lehrbeauftragte), notorisch hohe Prüfungslasten, zum anderen Probleme in den Bereichen der persönlichen Lebensführung, der Studienmotivation sowie der Prüfungsplanung. Dass auch „Chaoten" und „Querulanten" dazu beitragen, der Arbeit im Prüfungsamt die richtige Würze zu geben, ist hinlänglich bekannt, darf hier aber nur am Rande erwähnt werden.

Insgesamt gesehen kann es sich als hilfreich erweisen, die Thematisierung von Prüfungsangelegenheiten auf das interdependente und dynamische Gefüge der in wechselseitigen Abhängigkeiten befindlichen Akteure einer

Fakultät zu beziehen. Diese Abhängigkeiten werden zum einen durch Lehr-, Lern- und Prüfungsverhältnisse konstituiert; mindestens ebenso bedeutsam sind zum anderen die im hochschultypischen Spannungsfeld von gouvernementaler Steuerung, relativer Autonomie und klassischer Selbstverwaltung oszillierenden und sich überlagernden Machtbalancen, an denen Kolleginnen und Kollegen sowie die Beschluss- und Selbstverwaltungsorgane der Fakultät mit charakteristischen Deutungen und Entscheidungen, Mustern der Artikulation und Regulierung von Interessen sowie Modalitäten der reflexiven Beziehungsgestaltung beteiligt sind. Dieser Blick auf je konkrete Interdependenzen rekurriert auf den von Elias (1986) eingeführten Begriff der „sozialen Figuration", der mit analytischem und praktischem Interesse für fakultätstypische Prüfungskulturen zur Anwendung gebracht werden kann. Erst in Kenntnis der figurativen und sich wandelnden Muster, in denen Studierende und Lehrende sowie die im Dekanat, in den Verwaltungen und in der Hochschulleitung positionierten Akteure ihre Motive ausbilden, ist es den Prüfungsausschussvorsitzenden möglich, Ermessens- und Entscheidungsspielräume auszuloten und das Prüfungswesen als einen plan- und gestaltbaren, gleichwohl kontingenten Spielraum zu verstehen.

8.2.1 AKTEUR: PRÄSIDIUM DER HOCHSCHULE
Kontakthäufigkeit: 128 Mails von 6.022 = 2,1%

Kernthemen:
I. Änderung der Prüfungsordnung (BPO):
   Einsichtnahme und Veröffentlichung im Verkündungsblatt; Hinweise zum Vertrauensschutz; verwaltungstechnische Folgenabschätzung
II. Prüfungsadministrative Abstimmung:
   Zuständigkeit für Klausuraufsichten; Nachteilsausgleich; Implementierung der relativen ECTS-Noten; Dokumentation von Anerkennungsverfahren; Gleichwertigkeitsfeststellung; Langzeitarchivierung von Prüfungsunterlagen
III. Terminabsprachen:
   Fakultätsübergreifende Treffen der PAVs; Arbeitssitzung mit dem SSB und dem RZ betr. EDV-Zugriffsrechte
IV. Erstellung beglaubigter Leistungsnachweise:
   Anforderung von Sonderaufstellungen „Erbrachte Studienleistungen" durch externe Hochschulen - Abstimmungsbedarf SSB - PAV

Kommunikationsanforderungen:
Für das Präsidium als Hochschulleitung ist es bedeutsam, eine Balance zwischen individueller Wissenschaftsfreiheit, kollegialer Koordination und politi-

schen Zielvorgaben herstellen zu können. Im Rahmen dieser Strukturverantwortung wird sie es „aushalten können und müssen, dass es auch anderswo in der Universität starke und profilierte Positionen gibt, die nicht unbedingt dieselben Ziele verfolgen wie die Universitätsleitung, die aber mit ihr kooperieren müssen" (Stichweh 2005: 128). Es genügt, sich mit Hilfe von Leitlinien, Berichtsanforderungen und regelmäßigen Treffen der Prüfungsausschussvorsitzenden über Prüfungsstandards und Anforderungen an eine rechtssichere Formalisierung der Prüfungsverfahren zu verständigen, über zuweisungsrelevante Kennziffern (z.B. drop-out; Studienerfolge etc.) informiert zu werden und insgesamt zu wissen, dass die Fakultäten eine rechtskonforme und reibungslose Administration der Prüfungsangelegenheiten gewährleisten. Im Rahmen des Untersuchungszeitraums wurden bilateral besondere Abstimmungsbedarfe artikuliert, die sich im Wesentlichen auf folgende Problembereiche bezogen:

- hochschulinterne Regelungen zur Wahrnehmung/Delegation von Klausuraufsichten
- Empfehlungen zur Einrichtung und Ausgestaltung eines Nachteilsausgleichs bei attestierter Legasthenie
- statistische Anforderungen an die Ermittlung relativer ECTS-Noten
- Vorgaben zur Feststellung der Gleichwertigkeit von Studiengängen mit dem Abschluss Soziale Arbeit sowie zur rechtssicheren Dokumentation von Anerkennungsverfahren für Studien- und Prüfungsleistungen, die an anderen Hochschulen erbracht wurden
- Infrastrukturanforderungen an die Archivierung von Prüfungsunterlagen.

Obwohl die Fakultäten einer Hochschule sich hinsichtlich ihrer Prüfungsregime und Prüfungskulturen z.T. erheblich unterscheiden, bieten die – mehr oder weniger – regelmäßig anberaumten Treffen der Prüfungsausschussvorsitzenden vielfältige Gelegenheiten, Erfahrungs- und Handlungswissen zu kommunizieren. Das in solchen Communities of Practice ausgetauschte Know-how bezieht sich

a) auf die Umsetzung von Strukturvorgaben und Standards, die aus dem Präsidium der Hochschule an die Fakultäten herangetragen werden
b) auf die strukturelle und prozessuale Administration von Prüfungsroutinen
c) auf Entscheidungsoptionen in Konflikten, die typischerweise im Falle von Prüfungsrechts- oder Mitwirkungspflichtverletzungen (Plagiate, Fristversäumnisse etc.) aufbrechen.

Regelmäßig werden über die Selbstverwaltungs- und Beschlussorgane der Fakultäten Erwägungen ins Spiel gebracht, die auf eine Modifikation oder Neufassung von Prüfungsordnungen hinauslaufen. Je nach Anlass für solche Initiativen können die Prüfungsausschüsse mit einer wohlwollenden Rückendeckung durch die Hochschulleitung rechnen, wenn sie den kollegialen Reformeifer aus einer Position kommentieren, die auf das rechtsstaatliche Prinzip des „Vertrauensschutzes" (vgl. dazu ausführlich: Niehus/Fischer/Jeremias 2014: 29f.) verweist; dies auch, weil Fakultäten, die mit mehreren Prüfungsordnungen operieren, nicht selten mit erheblichen Problemen zu kämpfen haben. Diese bleiben als Reibungsverluste im Bereich verwaltungstechnischer Abläufe zumeist zwar außerhalb des kollegialen Wahrnehmungs- und Relevanzhorizontes. Das gilt jedoch nicht für die prüfungsrelevante Kommunikation mit Studierenden. In der unmittelbaren Folge von Prüfungsordnungsänderungen werden Prüfungsvorgespräche regelmäßig durch Auslegungsunsicherheiten und Irritationen, Nachfragen und ratlose Verweise an die Prüfungsämter bzw. die Vorsitzenden der Prüfungsausschüsse belastet.

Als Angelegenheiten des fakultätsinternen Regelsystems werden die dysfunktionalen Folgen von Prüfungsordnungsänderungen zwischen Prüfungsamt und Hochschulleitung in der Regel nur selten kommuniziert. Den Vorgaben der Hochschulgesetzgebung entsprechend, beschränkt sich deren Tätigkeit weitgehend auf die formale, einer Verabschiedung durch die Hochschulgremien vorgelagerte Kontrolle, ob Prüfungsordnungen den Vorgaben des Grundgesetzes und des Verwaltungsrechts, den landesspezifischen Regelungen des Hochschulgesetzes (NHG), den Strukturvorgaben der KMK sowie den hochschulinternen Leitlinien entsprechen.

8.2.2. AKTEUR: IMMATRIKULATIONSBÜRO
Kontakthäufigkeit: 95 Mails von 6.022 = 1,6 %

Kernthemen:
I. Studienplatzwechsler:
   Gleichwertigkeitsfeststellung anderer Studiengänge; pauschale Anerkennung von Leistungsnachweisen und Einstufung zugelassener Studienplatzwechsler
II. Anerkennungskonkurrenz der Hochschulen
III. Regelung des Anerkennungsverfahrens für Abschlüsse an ausländischen Hochschulen
IV. Problematik von Spätzulassungen

Kommunikationsanforderungen:
Als Teil des Studierenden-Service entscheidet das Immatrikulationsbüro über die Zulassung und den Zugang von Studienbewerbern zu den hochschulspezifischen Studiengängen. Das sog. Zulassungsverfahren erfolgt auf der Grundlage der

a) allgemeinen Hochschulzugangsberechtigung (§18 NHG)
b) hochschulspezifischen Immatrikulationsordnung (siehe Quellenverzeichnis)
c) durch die Fakultäten definierten studiengangsbezogenen Zulassungsvoraussetzungen (siehe Quellenverzeichnis)
d) zwischen Hochschule und Fakultäten vereinbarten Zulassungszahlen.

Verwaltungsförmig wird entschieden, ob die Bewerbungsunterlagen fristgemäß und vollständig eingereicht wurden und ob die Studienplatzbewerber/innen die definierten Voraussetzungen für eine Zulassung und anschließende Immatrikulation erfüllen. Haben Studienplatzbewerber/innen anrechenbare Leistungen aufgrund eines vorangegangenen Studiums oder aufgrund von beruflicher Qualifikation erbracht, so sieht §1 (4) der Immatrikulationsordnung der Ostfalia vor, dass Studienplatzwechsler

„auf Antrag für das entsprechend höhere Fachsemester aufgrund einer Anrechnungsbescheinigung der hierfür zuständigen Stelle (Studiendekan/in bzw. Prüfungsausschuss) eingeschrieben (wird)."

Das Immatrikulationsbüro der Hochschule ist also auf Bescheide angewiesen, die eine Zulassung und semesterbezogene Einstufung von Studienbewerbern anderer Hochschulen bzw. Studiengänge ermöglichen. Voraussetzung für solche Bescheide ist die Prüfung und Feststellung der „Gleichwertigkeit" von Studiengängen und Studienleistungen sowie, darauf aufbauend, die Einstufung in ein Fachsemester. Hierbei hat es sich arbeitsökonomisch als hilfreich erwiesen, zunächst mit summarischen Anrechnungsbescheinigungen zu operieren und erst nach erfolgter Immatrikulation eine modulbezogene Leistungsprüfung und -anerkennung vorzunehmen. Denn immer wieder kommt es vor, dass Studienbewerber/innen ihren Antrag nach eingehender Prüfung der Bewerbungs- unterlagen und nach ergangenem Bescheid zurückziehen oder auf die generöse Anerkennung anderer Hochschulen verweisen (Anerkennungskonkurrenz).

Im Rahmen des Untersuchungszeitraums wurde seitens des Prüfungsamtes ein besonderer Abstimmungsbedarf artikuliert, der sich auf sog. „Spätzulassungen" bezog. Quer zum Interesse der Hochschule, freie Studienplätze ggf. im Nachrückverfahren zu besetzen, steht hier das Interesse der Fakultät, grundsätzlich alle neu immatrikulierten Studierenden zu Semesterbeginn in die Informations- und Orientierungsangebote sowie in die Verteilungsprozeduren für Seminare mit Teilnehmerbegrenzung einzubeziehen. Später zugelassene Erstsemester sind oft nur mit erheblichem Beratungs- und Betreuungsaufwand und zusätzlichen tutorialen Kapazitäten in den regulären Lehr- und Prüfungsbetrieb integrierbar.

Insgesamt betrachtet ist es für die Kommunikation zwischen den Akteuren Prüfungsamt und Immatrikulationsbüro vor allem bedeutsam, zulassungsrelevante Verwaltungsabläufe, aber auch fakultätsspezifische Erstsemesterzugänge zeitlich und formal abzustimmen. Die studiengangsspezifischen Zulassungsordnungen werden, obwohl die Voraussetzungen für die Aufnahme eines Studiums der Sozialen Arbeit regelmäßig und kontrovers diskutiert werden, nur in Ausnahmen thematisiert. In der Regel sind solche Diskussionen kollegial informeller Natur und erfolgen auf den Projektionsflächen berufsbiographisch generierter Idealisierungen einer „guten" oder „kompetenten" oder als „professionell" bezeichneten Sozialarbeit.

8.2.3 AKTEUR: STUDIERENDEN-SERVICE-BÜRO (SSB)
Kontakthäufigkeit: 317 Mails von 6.022 = 5,3 %

Kernthemen:
I. Leistungsverbuchungen:
   Beruflich erworbene Kompetenzen; ECTS-Anerkennungen; Einstufung von Studienplatzwechslern; Kontrolle der Einträge in die Elektronische Prüfungsverwaltung (ePV)
II. Anforderung von Unterschriftsleistungen:
   Zeugnisse; Leistungsnachweise für das Bafög-Amt; Studienverlaufsprognosen, Unbedenklichkeitsbescheinigungen; beglaubigte Leistungsnachweise für MA-Bewerbungen,
III. Klärung studentischer Prüfungsverläufe
IV. Zeugnis-Gestaltung:
   Zeugnis-Layout; Anfertigung von Sonderzeugnissen; Bescheinigung zusätzlich erbrachter Leistungen im Diploma Supplement; Eintrag der relativen ECTS-Noten
V. Abstimmungsgespräche:
   Aufgabenverteilung fakultätsinternes Prüfungsamt mit dem SSB

Kommunikationsanforderungen:
Das Studierenden-Service-Büro (SSB) muss, um Prüfungsergebnisse einbuchen, Zeugnisse und Bescheinigungen erstellen zu können, die modularen Strukturen eines Studiengangs kennen und zeitig über Änderungen einer Prüfungsordnung informiert werden. Termine sind semesterweise, Aufgabenbereiche sind regelmäßig mit dem fakultätsinternen Prüfungsamt abzustimmen. Hilfreich ist ein kurzer Draht zu den Vorsitzenden der Prüfungsausschüsse, um BAFöG-Anträge, Studienprognosen oder Fehlbuchungen zeitnah abarbeiten zu können.

Auffallend ist bei Betrachtung der bilateralen Kommunikationsanforderungen die relativ geringe Zahl der Verwaltungsvorgänge. Hier ist zu berücksichtigen, dass die laufenden Prüfungsgeschäfte der Fakultät S durch eine eigene Verwaltungsfachkraft wahrgenommen werden. Deren hohe Fachkompetenz, die räumliche und soziale Anbindung an die Fakultät sowie die bereits hinlänglich beschriebenen Kontingenzchancen ermöglichen eine serviceorientierte und effiziente Prüfungsverwaltung mit beachtlichen Optionen für eine reflexive Kommunikation von Prüfungsangelegenheiten. Im Übrigen werden prüfungsadministrative Vorgänge zumeist auf der Ebene der Verwaltungsfachkräfte und nur in Ausnahmen in direktem Kontakt zwischen dem Prüfungsausschussvorsitz und dem SSB abgearbeitet. Gleichwohl sind für den Untersuchungszeitraum folgende Kernthemen dokumentiert:

- die Zuleitung von Anrechnungsbescheinigungen zwecks Verbuchung von Studien- und Prüfungsleistungen für definierte Module
- die Anforderung von Buchungsprotokollen zur Verifikation studentischer Prüfungsan- und -abmeldungen (Wahrnehmung von Mitwirkungspflichten) bzw. Klärung studentischer Prüfungsverläufe
- Terminvereinbarungen zur Erbringung diverser Unterschriftsleistungen
- Absprachen zur Gestaltung/Erstellung von Sonderzeugnissen und Diploma Supplement
- Abstimmung der Aufgabenbereiche zwischen SSB und fakultätsinternem Prüfungsamt

8.2.4 AKTEUR: RECHENZENTRUM (RZ)

Kontakthäufigkeit: 44 Mails von 6.022 = 0,7 %

Kernthemen:
I. Semesterweise Aktualisierung der ePV gem. Anl. 1 zur BPO
II. Informationen zu Fehlfunktionen der ePV
III. Datenanforderung zum jährlichen Bericht des PAV
IV. Zugriffsrechte zur ePV
V. Ermittlung der relativen ECTS-Note

Kommunikationsanforderungen:
Um ihren Verwaltungsaufgaben nachgehen zu können, bedienen sich das SSB, das fakultätsinterne Prüfungsamt und vor allem die Studierenden einer elektronischen Prüfungsverwaltung (ePV), die gestaffelte bzw. hierarchisierte Zugriffsrechte einräumt und Datensätze zur Identität und zum Prüfungsverlauf von Studierenden ständig aktualisiert. Für die technische Umsetzung ist

das Rechenzentrum (RZ) zuständig, das seinerseits darauf angewiesen ist, von den Prüfungsämtern semesterweise und differenziert nach Änderungsversionen der Prüfungsordnung über die modularen Strukturen eines Studiengangs (Modulbezeichnungen, Prüfungsarten, Notengewichtung, Semesterlage einer Prüfung, Leistungspunkte, Zuordnung der Prüfenden) informiert zu werden. Für die jährlichen Berichte des Prüfungsausschusses und des Studiendekans wurden Datensätze angefordert, die – bezogen auf den Studiengang Soziale Arbeit und aggregiert nach Semestern – Aussagen ermöglichen über die durchschnittliche Studiendauer, die Zahl der Studierenden nach Semesterlage, das Durchschnittsalter, bezogen auf Studienbeginn und -abschluss, die durchschnittlich erzielten Noten je (Teil)Modul, die Zahl der Prüfungsversuche je (Teil)Modul sowie die Gründe von Exmatrikulationen.

Neu immatrikulierten Studierenden wird seitens des RZ ein Manual zur Verfügung gestellt, das eine Einführung in die Handhabung der ePV gibt. Dieses schriftliche Informationssystem wird ergänzt um eine Präsentationseinheit, die Routinen der Prüfungsan- und -abmeldung durchspielt und allen Erstsemestern verpflichtend die Gelegenheit bietet, diese Routinen unter tutorialer Anleitung einzuüben. Studierenden wird also das informationstechnische Know-How vermittelt, um prüfungsrechtlich gebotenen Mitwirkungspflichten nachzukommen zu können.

8.2.5 AKTEUR: DEKANAT DER FAKULTÄT S
Kontakthäufigkeit: 535 Mails von 6.022 = 8,9 %

Kernthemen:
I. Besetzung des Prüfungsausschusses
II. Stelle der Prüfungsverwaltungsfachkraft im Prüfungsamt
III. Entwicklung einer Vorlage zur Neufassung der BPO
IV. Administrative Routinen:
Schnittstellengestaltung Dekanatsverwaltung – Prüfungsamt; Urlaubsvertretung; semesterweise Aktualisierung des Modulhandbuches (Anl. 1 zur BPO; Informationen aus dem PA; Abstimmung der Prüfungstermine); Verabschiedung der Absolventen/innen; Weiterleitung fehladressierter Anfragen
V. Grundlegende und aktuelle Informationen zum Prüfungswesen:
Regelmäßige Dienstbesprechungen; Info-Blatt für Lehrbeauftragte
VI. Kommunikation von Gremienbeschlüssen und präsidialen Initiativen:
Änderungen im Prüfungsregime; Archivierung von Prüfungsakten; Programm „Offene Hochschule"; Einführung einer elektronischen Anerkennungsakte

VII. Kommunikation der Lehr- und Prüfungskultur:
Studentische Beschwerden zur Qualität und Terminierung der Lehrangebote; unzulässige Prüfungsanforderungen; Anwesenheitspflicht; „Turbostudium"
VIII. Kommunikation kollegialer Prüfungspflichten:
Klausuraufsicht (auch Prüfungsvertretung); Einsichtnahme in Klausuren; Erläuterung der Prüfungsnote; Einhaltung von Prüfungsterminen; unzulässige Prüfungsanforderungen; Anwesenheitspflicht

Kommunikationsanforderungen:
Das Dekanat und das Prüfungsamt einer Fakultät sind vereint in dem Interesse, einen Studiengang so zu organisieren, dass die in den Vereinbarungen zwischen der Hochschule und dem Niedersächsischen Ministerium für Wissenschaft und Kultur ausformulierten strategischen Ziele (Quellenverzeichnis: Zielvereinbarung 2014, S. 5-14) gleichermaßen erreicht werden, wie die fachlich-disziplinär als wissenschaftlich abgesichert und konsensfähig geltenden Lern- bzw. Studienziele. Letztere finden sich explizit kodifiziert in dem „Qualifikationsrahmen Soziale Arbeit" (QR SozArb 2016), der als Referenzgrundlage der Disziplin und Profession Sozialer Arbeit fungiert und als solche in den Anerkennungsgesetzen der Länder für die Studiengänge Sozialer Arbeit herangezogen wird. Über das Akkreditierungsverfahren werden die im Qualifikationsrahmen ausformulierten Kompetenzziele auf die Ebene fakultäts- bzw. studiengangsspezifischer Studienprogramme heruntergebrochen. In den semesterweise veröffentlichten Modulhandbüchern manifestieren sich diese Programme in Gestalt modularisierter Lehrangebote, die zeitlich, räumlich und inhaltlich strukturiert sind, eine definierte Workload unterstellen und curricular durch ausgewiesene Prüfungsformen geschlossen werden.

Im Zuge der Implementierung des Bologna-Regimes wurden Verantwortungsübernahmen eingefordert, die sich zunächst auf Studienstrukturreformen im Sinne modularisierter Studiengänge bezogen; in der zweiten (anhaltenden) Phase des Bologna-Prozesses richten sich Erwartungen auf die Implementierung interner Qualitätssicherungssysteme. Ein besonderer Fokus ruht auf qualitätsgesicherten Curriculum-Reformen, die sich bezüglich der Studien-, Lehr- und Prüfungsqualität am Prinzip der kompetenzorientierten und individualisierenden Lernbegleitung orientieren (vgl. ausführlich Kap. 2.3). Dies erfolgt idealerweise in einem permanenten Prozess der fakultätsinternen Abstimmung, der sich, wie dem von Metzger (2013) vorgestellten Modell qualitätsgesicherter Lehrentwicklung entnommen werden kann, auf vier Handlungsfelder bezieht. Idealerweise sind die Mitglieder der Prüfungsausschüsse bzw. deren Vorsitzende – gleichermaßen als Funktionsträger wie als Lehrende – in allen vier Feldern in Prozesse der Qualitätsentwicklung involviert:

Abb. 12: Handlungsfelder im Qualitätszirkel (Quelle: Metzger 2013: 152)

HANDLUNGSFELDER

LEHRENTWICKLUNG
Studiengangs-/Modulentwicklung
Lehrorganisationsreform
Blended Learning etc.

LEHRQUALIFIKATION
Personalentwicklung
Hochschuldidaktik
Medienkompetenz
Coaching etc.

QUALITÄTSENTWICKLUNG
Kennziffernanalyse
Evaluation
Workload-Analyse
Akkreditierung etc.

Rückmeldekultur
Betreutes Selbststudium
Kompetenzentwicklung
Partizipative Lehrevaluation
Studienberatung

STUDIERQUALITÄT

QUALITÄTSZIRKEL

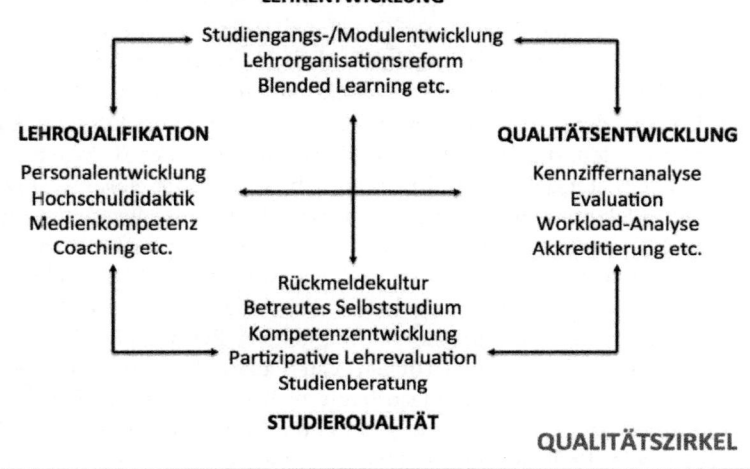

- mit besonderen Erfahrungen und Kompetenzen hinsichtlich der Selbstbeobachtung, Beurteilung und Weiterentwicklung von Prüfungsanforderungen in der fakultätsinternen Gremienarbeit (Lehrentwicklung)
- mit der Bereitstellung prüfungs- und studienverlaufsbezogener Kennziffern sowie mit inhaltlichen und formalen Vorarbeiten für fakultätspolitische Entscheidungen (Qualitätsentwicklung)
- mit Expertisen zur Entwicklung kompetenzförderlicher Prüfungspraxen bzw. generell einer studierenden- und feed-back-orientierten Prüfungsdidaktik (Lehrqualifikation)
- mit spezifischen, in Beratungsgesprächen über die Kontrolle von Prüfungsverläufen und die Beobachtung prüfungsrelevanter Usancen gewonnenen Rückmeldungen zur Struktur des Studienprogramms, zur Organisation des Studiums (insbes. Qualität und Terminierung von Lehrangeboten; Studierbarkeit), zur Feed-Back-Kultur (Kontrolle von Studienleistungen) sowie zur praktischen Verwendung von Prüfungen (Studierqualität).

Beispielhaft für die Problematisierung der Studierqualität ist die – teilweise nur im Handlungskontext des Prüfungsamtes mögliche – Beobachtung, dass ein beträchtlicher Teil der Studierenden dazu tendiert, das Studium der Sozialen Arbeit mit geringstem Aufwand in möglichst kurzer Zeit zu absolvieren. Diese

Beobachtung aus dem Studien- und Prüfungsalltag verweist auf wichtige Qualitätsaspekte und darüber hinaus auf Grundfragen des Studienniveaus und der Professionalisierung für soziale Dienste. Deshalb wurde es als genuine Aufgabe des Prüfungsausschussvorsitzenden angesehen, diese Beobachtungen problematisierend in den fakultätsinternen Qualitätsdiskurs einzuspeisen.

Dass die „Umsetzung des Qualitätszirkels (..) eines ständigen Diskurses zwischen allen an Studium und Lehre direkt oder indirekt Beteiligten" (ebda.) bedarf, kann in dem hier diskutierten Zusammenhang allerdings als Aussage gewertet werden, die normativer Natur ist und von eher geringem analytischem Nutzen. Tatsächlich sind prüfungs- bzw. qualitätsrelevante Diskurse eingebettet in fakultäts- bzw. institutsspezifische Gefüge wechselseitiger Interdependenzen, in denen die mikropolitisch kalkulierte Artikulation von Interessen gleichermaßen auf den Verlauf und den Ausgang von Reformdiskursen einwirkt wie der argumentative Dialog. Das Gremium als sozialer Ort ist insofern gleichermaßen „Schauplatz kommunikativer Rationalität" (Habermas) wie Bühne für Qualitätsinszenierungen. Curriculare Argumentationsfiguren sind gleichermaßen verständigungsorientierte wie strategische Handlungen, wobei letztere von Eigeninteressen – etwa einer Verminderung eigener Prüfungslasten, einer Reduzierung von Pflichtveranstaltungen oder auch nur einer Fortschreibung bewährter Lehrangebote – geleitet sein können. Insofern stehen die im Dekanat (und im Prüfungsamt) tätigen Kolleginnen und Kollegen, die i.d.R. Studien-/Prüfungsreformprozesse bzw. Organisationsentwicklungen vorbereiten und moderieren, vor der schwierigen und mit erheblichen Konfliktpotentialen verbundenen Herausforderung,

1) fakultätsintern Verantwortung und Autonomie auszubalancieren
2) die Autonomie der Fakultät und der in ihr Lehrenden zu wahren und zugleich qualitätsorientierte Steuerungsanliegen zu kommunizieren
3) Studiengangsentwicklungen zu initiieren, ohne kollegial akkumulierte Kapitalien, die oft über Jahre gepflegten Komfortzonen, ernsthaft anzutasten
4) nach außen eindrucksvolle Symbole des Reformwillens zu produzieren, ohne intern gewachsene – und oft vehement abgeschirmte – fachliche Identitäten zu gefährden
5) diese Balanceakte selbstreflexiv ohne nennenswerte Beschädigungen zu überstehen.

In der Kommunikation zwischen Dekanat und Prüfungsausschussvorsitz ist es zwar hilfreich, wenn die Beteiligten sich hinsichtlich der Studiengangsentwicklung in den o.g. Feldern abstimmen und einen konsensualen Arbeitsstil pflegen; qualitäts- und prüfungsrelevante Initiativen, die etwa die Rekonfiguration einzelner Module, Änderungen im Curriculum oder eine Neufassung der Prüfungsordnung betreffen, sind aber immer auch vom Rollenverständnis der zwischen professoraler Autonomie und Steuerungserwartungen vermittelnden Funktionsträger geleitet (vgl. Kloke/Krücken 2012: 321f.). Letztlich sind es also positions- und akteursabhängige Einschätzungen zum organisationskulturellen Hintergrundrauschen, die den Kontingenzraum für ein fakultätsintern realisierbares Qualitätsmanagement abstecken.

Welche Rolle die Vorsitzenden der Prüfungsausschüsse in den hochschulinternen Gremien, Arbeitsgruppen oder Dienstbesprechungen einnehmen, inwieweit sie mit Initiativvermögen, Gestaltungsmacht oder Lenkungskompetenz an Deutungs- und Aushandlungsprozessen beteiligt sind, hängt von einer Reihe Faktoren ab, unter anderem davon

- in welchem Umfang und mit welchen Autonomiezuschreibungen die Vorsitzenden der Prüfungsausschüsse mit Verwaltungs- und Entscheidungsroutinen befasst sind
- welche zeitlichen Ressourcen ihnen für ihre Tätigkeit in der Selbstverwaltung zugemessen werden
- in welcher Prüfungskultur sie agieren: in einer eher konfrontativen mit einem hohem Anteil an Konflikten und Verwaltungsgerichtsverfahren oder in einer ausgleichenden mit einem hohen Beratungsaufwand
- wie sie als Personen und/oder als fachlich anerkannte Autoritäten mit Rechts-, Verwaltungs- und Hochschulentwicklungswissen in ihren sozialen Bezugssystemen positioniert sind
- ob sie durch Einheiten des Hochschul-Managements in prüfungsrelevante Sondierungen zur Qualitätsentwicklung eingebunden werden
- mit welchem Rollenverständnis und mit welchen Ambitionen sie Gestaltungsräume besetzen
- welche Erfahrungen, Typisierungen und Beurteilungsschemata habituell in die jeweiligen Stile ihrer Amtsführung eingewoben sind.

Unterhalb der Ebene strategischer Überlegungen zur Studiengangsentwicklung, was auch die Kommunikation von Gremienbeschlüssen und präsidialen Initiativen einschließt, zielt die Mehrzahl der zwischen Prüfungsausschussvorsitz und Dekanat kommunizierten Themen allerdings auf operative Routinen, z.B. die Aktualisierung von Mitteilungen und Informationen aus dem Prüfungsamt, die semesterweise Veröffentlichung der Prüfungstermine oder die Überarbeitung der im Modulhandbuch veröffentlichten Anlagen zur Prüfungsordnung.

8.2.6 AKTEUR: KOLLEGIUM DER FAKULTÄT S
Kontakthäufigkeit: 723 Mails von 6.022 = 12 %

Kernthemen:
I. Prüfungsrecht und Studienorganisation:
   Stellungnahme zur Änderung der BPO; Zulassung zum II. Studienabschnitt
II. Kommunikation von Prüfungspflichten im Einzelfall:
   Klausuraufsicht; Prüfungsbeisitz und Prüfungsvertretung; Prüfer/innenzuordnung; Anforderung von Noten, ggf. Fristverlängerung; Abstimmung von regulären und Sonderprüfungsterminen
III. Prüfungsstandards/Prüfungsqualität:
   Informationsanlässe: Dienstbesprechungen; Info-Brief für Lehrbeauftragte; Briefing neuer Kolleginnen und Kollegen
   Informationen zur Prüfungsadministration: Verwendung von Prüfungsformularen; Fristsetzung/Fristverlängerung; Noteneinreichung; Verbindlichkeit von Klausurterminen; Themenänderung der BA-Abschlussarbeit
   Kommunikation von Prüfungsstandards: kreative Umsetzung der in der BPO definierten Prüfungsarten; nachteilsausgleichende Prüfungsoptionen; zeitlicher Umfang von Prüfungen; Identifikation und rechtssichere Dokumentation von Plagiaten; Anforderungen an eine differenzierte und begründete Notengebung; Gruppenreferate und individualisierte Notengebung; Ausgestaltung des Abschluss-Kolloquiums; Prüfungsanforderungen an ERASMUS-Studierende (incoming)
IV. „Anwesenheitspflicht":
   Prüfungsrechtliche Voraussetzungen; rechtssichere Dokumentation von Anwesenheit insbes. im Projektstudium; Ermessensspielräume für (Prüfungs-)Ersatzleistungen; Härtefälle und studentische Mitwirkungspflichten
V. Kommunikation studentischer Beschwerden:
   „veränderte" Prüfungsgegenstände; versäumte Prüfungsanmeldung; Krankmeldung; unzulässige Prüfungsanforderungen; „ungerechte" Notengebung; Fristsetzung für Hausarbeit; Klausureinsicht und Erläuterung der Note
VI. Einzelfallentscheidungen C.C. zur Kenntnisnahme an den PAV:
   Plagiate; nicht bestandene (Teil)Modulprüfungen
VII. Einzelfallanfrage zum „Überdenken" einer Note
VIII. Anerkennung beruflich erworbener Kompetenzen:
   Einbindung Modulkoordinator in ein Anerkennungsverfahren
IX. Vereinbarung von Gesprächsterminen

Kommunikationsanforderungen:
Wie bereits erläutert, gehen Studienprogramme und tatsächliche Studienanforderungen im lehr- und prüfungskulturellen Alltag keineswegs ineinander auf.

Dies ist auf Spielräume in der Programmauslegung und die prinzipielle Offenheit auch stark formalisierter Organisationen (vgl. Kap. 4.3) zurückzuführen. Entscheidend ist jedoch das Autonomieversprechen, das konstitutionell begründet ist in der Freiheit von Wissenschaft, Forschung und Lehre im Sinne des Art. 5 Abs. 3 Satz 1 GG. Hochschullehrende können ihre Vorlesungen, Seminare und Übungen inhaltlich und didaktisch frei gestalten. Auch wenn es eine organisationale Entscheidung (Luhmann 2000) ist, bestimmte fachwissenschaftliche Inhalte in ein Studienprogramm aufzunehmen, so wird mit dieser Entscheidung die freie Äußerung der Lehrinhalte und Lehrmeinungen keineswegs suspendiert – dies auch in der Gewissheit, dass die eigenständige Vertretung eines wissenschaftlichen Faches nicht in bloßer Dezision gründet, sondern in der diskursiven Konstruktion wissenschaftlicher Ordnungen und in fachlich begründeten Plausibilitätsstrukturen. Darüber hinaus impliziert die Übernahme der Mitgliedsrolle als Hochschullehrende die Erwartung,

- sich der Begründung und Vermittlung wissenschaftlicher Aussagen in den eigenen (inter)disziplinären Kontexten zu vergewissern
- die diskursive Einlösung von Geltungsansprüchen zu ermöglichen
- sich organisational gebotenen Formalisierungen und Pflichten zu unterwerfen (etwa Lehrveranstaltungen anzubieten oder Prüfungen abzunehmen, wie sie in den jeweiligen Studien- bzw. Prüfungsordnungen definiert sind),
- Verantwortung zu übernehmen für die Entwicklung der Organisation, insbes. in den Bereichen von Forschung und Lehre, aber auch der Administration und Steuerung von Hochschulangelegenheiten.

Um ihre Dienstleistungs- und Kontrollfunktion im Prüfungsrechtsverhältnis wahrnehmen zu können, sind Prüfungsausschussvorsitzende also darauf angewiesen, dass Lehrende den ihnen durch die Übernahme der Mitgliedsrolle auferlegten Erwartungen an ein regime-konformes Prüfungshandeln weitgehend genügen. Solche Erwartungen richten sich billigerweise auf die Kenntnis und Einhaltung

- der Prüfungsordnung, insbesondere der dort definierten Leistungsanforderungen nach Prüfungsart, Dauer oder Umfang
- des prüfungsbezogenen Zeitregimes, insbes. der für die Hochschule/Fakultät jeweils geltenden Zeitfenster für Klausuren sowie der durch das Prüfungsamt festgesetzten Orte und Zeiten für Einzelprüfungen
- der durch die Semesterzeiten und Studienprogramme abgesteckten Fristen zur Einreichung von Prüfungsgutachten bzw. Noten
- der im Modulhandbuch fixierten Vorgaben zur Bestimmung von Lehr- und Prüfungsgegenständen

- der fachlich und formal gebotenen Kriterien für eine differenzierte, begründete und am Prinzip der Gleichbehandlung orientierte Leistungsbewertung bzw. Notengebung
- der studentischen (Rechts)Ansprüche auf eine Einsichtnahme der Prüfungsunterlagen, eine rechtzeitige Definition der Prüfungsgegenstände, eine eingehende Erläuterung der formalen Prüfungsanforderungen sowie eine Benennung einschlägiger Quellen (Literatur, Studienskripte, Vorlesungen) für eine inhaltlich angemessene Prüfungsvorbereitung.

Um diesen Erwartungen zu entsprechen, wird Lehrenden/Prüfenden ein proaktives Informationsverhalten unterstellt, das sich gleichermaßen auf Routinen und reguläre Abläufe wie auch die Modalitäten des Umgangs mit Sonderfällen bezieht. Tatsächlich thematisieren die hier untersuchten 723 eMail-Kontakte (12% aller prüfungsrelevanten Vorgänge) zwischen dem Vorsitzenden des Prüfungsausschusses und den lehrenden Kolleginnen und Kollegen der Fakultät vor allem auf Sonderfälle, Abweichungen und Regelverletzungen gerichtete Kommunikationserwartungen. Herauszuheben sind prüfungsrechtlich und -administrativ prioritäre Entscheidungen, die sich unmittelbar auf studentische Rechtsansprüche bezogen: die Bestellung von Prüfenden und Prüfungsbeisitzenden, Fristsetzungen für Prüfungstermine und Noteneinreichungen, die Bereitstellung von Informationen und Lehrmaterialien für eine inhaltlich und zeitlich angemessene Prüfungsvorbereitung sowie – nicht selten angeregt durch studentische Beschwerden – die Kommunikation von Prüfungsstandards.

Betreff: Praktikumsanalyse
Sehr geehrte Kollegin xxxx, Frau xxx hat mit mir Kontakt aufgenommen, um Ihre Prüfungsangelegenheit M2 KZ 2114 Projektbericht zu klären. Frau xxx teilt mir mit, sie habe 2 Mal bei Ihnen bzgl. des Berichts angefragt und erst jetzt, 3 Monate nach Einreichung, die Mitteilung bekommen, der Bericht liege nicht vor. Gem. handschriftlichem Vermerk im Prüfungsamt wurde die Analyse aber am 29.09.2015 mit dem Vermerk „Praktikum anerkannt" an Sie weitergeleitet. Ich bitte Sie deshalb dringend um Prüfung Ihrer Unterlagen. Sollte der Bericht wider Erwarten nicht auffindbar sein, autorisiere ich Sie - auch in Ihrem Interesse - ersatzweise eine protokollierte mündliche Prüfung abzunehmen. Frau xxx wäre damit einverstanden. (...) MfG. xxxx Vorsitzender des Prüfungsausschusses (B.A.)

Quelle: Archiv Prüfungsangelegenheiten, Mail vom 2.2.16, 12:18h (Auszug, neu gesetzt)

Dem Themengebiet Prüfungsstandards sind auch Anfragen und Hinweise zuzuordnen, die Prüfungssonderfälle wie Leistungsanforderungen an Erasmus-Studierende aus europäischen Partnerhochschulen, nachteilsausgleichende Prüfungsoptionen, Prüfungsersatzleistungen, Nachschreibetermine für Klausuren oder etwa die Notengebung in Gruppenreferaten zum Gegenstand hatten. Exemplarisch dazu die nachstehende Mail des Vorsitzenden des Prüfungsausschusses zum Thema „Nachschreibetermin", die sich inhaltlich auf nicht bestandene oder nicht angetretene Klausuren im letzten Studiensemester bezieht. Sie ist zugleich als vertrauensgestütztes Verständigungsangebot zu werten, um im prüfungskulturellen Raum soziale Bindungen und Handlungsoptionen zu generieren. Andernfalls wären die Folgen für Studierende gravierend, da sie zum einen das Studium um ein weiteres Semester verlängern müssten, zum anderen die zu diesem Zeitpunkt oft schon aquirierten und für die Berufseinmündung bedeutsamen Anerkennungsstellen verlieren könnten:

Betreff: Wiederholung M15-Klausur
Liebe xxxxx, sehr geehrte Frau xxxxx, mir liegen 3 eMails von Studierenden vor, die an der M15-Klausur heute nicht teilnehmen konnten: in 2 Fällen aufgrund einer kurzfristigen Erkrankung; in einem Fall war witterungsbedingt eine Anreise aus dem Hochharz nicht möglich. Die Studierenden fragen an, ob noch vor den Abschluss-Kolloquien ein Nachschreibetermin angeboten wird oder ob sie ihr Studium um 1 Semester verlängern müssen. Letzteres wäre sicherlich eine große Härte. §12 (6) unserer BPO schreibt vor: „Wiederholungsprüfungen sollen im Rahmen der Prüfungstermine des jeweils folgenden Semesters abgelegt werden." Deshalb habe ich den Studierenden wie folgt geantwortet: „Die BPO schreibt Wiederholungsprüfungen erst für das nächste Semester vor. Deshalb sind wir auf den ‚guten Willen' der in M15 Lehrenden angewiesen, mit denen ich umgehend Kontakt aufnehmen werde. Die feste Zusage eines Ersatztermins ist mir aber nicht möglich." Vor diesem Hintergrund also meine Anfrage, ob Du/Sie einen solchen Nachschreibetermin anbieten kannst/können bzw. willst/wollen!? Es gibt keine Verpflichtung und wäre ein persönliches Entgegenkommen. Damit verbunden wäre auch die Notwendigkeit, die Klausuren rasch, also noch vor dem Abschluss-Koll. durchzusehen und zu bewerten. Ich habe das im letzten Semester vertretungsweise für xxxxx übernommen und pro Klausur etwa 15-20 Minuten Lese- und Korrekturzeit benötigt.

Quelle: Archiv Prüfungsangelegenheiten, Mail vom 5.1.16, 11:37h (Auszug, neu gesetzt)

Auch wenn in Dienstbesprechungen regelmäßig über den Stand und Entwicklungen im Prüfungswesen berichtet wird, dokumentiert die eMail-Kommunikation weitergehende individuelle Informations- und Beratungsbedarfe, denen regelmäßig mit Empfehlungen bzw. Anregungen zum Auffinden sowie zur Gewichtung und Dokumentation von Plagiaten, zur kategorialen Strukturierung von Gutachten, zur Führung von Anwesenheitslisten oder zur rechtssicheren Protokollierung von mündlichen Prüfungen und Klausuraufsichten entsprochen wird. Einschränkend ist allerdings anzumerken, dass solche Empfehlungen im Regime-Code abgefasst sind, sich also weitgehend auf Anregungen zur formalen Ausgestaltung prüfungsrelevanter Dokumente oder zur Strukturierung von Prüfungsabläufen beschränken. Inhaltliche Prüfungsstandards, die fachlichen Kontexten oder einem allgemeinen Verständnis von Wissenschaftlichkeit entnommen sind, werden im Wesentlichen kollegial, also im situativen Rückgriff auf disziplinäre Benotungskulturen und eingespielte Verständigungsroutinen ausgehandelt. Dies schließt, wie im Blick auf die Notengebung des Abschluss-Kolloquiums (Kap. 7.3) und in den Analysen zu mündlichen Prüfungen (Kap. 5.2.3) bereits eingehend diskutiert, auch die performative Ausgestaltung bzw. Steuerung von Prüfungsgesprächen ein. Seitens des Prüfungsausschusses können Leistungserwartungen und die in ihnen mitschwingenden Niveauannahmen allenfalls im allgemeinen Verweis auf die Kompetenzbestimmungen des EHEA-QF und des HQR thematisiert werden. Die in Prüfungspraktiken und in attributive Akte der Notengebung einfließenden nicht-leistungskonformen Einflüsse (Kap. 5.2) hingegen entziehen sich, solange sie nicht als offensichtliche Verletzung des Gebots der Gleichbehandlung identifizierbar sind, weitgehend einer Problematisierung durch den Prüfungsausschuss - was allerdings den intensiven Erfahrungs- und Meinungsaustausch im informellen Rahmen kollegialer Reziprozität nicht ausschließt.

Anwesenheit – Abwesenheit

Zu den Kernthemen, die in den archivierten Prüfungsangelegenheiten besonders häufig auftauchen, gehört das „scheinbar triviale Problem der Abwesenheit (von Studierenden – j.d.) von Lehrveranstaltungen", das nach Schulmeister auf die „ethische Grundproblematik des Hochschullehrer-Berufs" verweist: „Wie kann man jemandem den Studienerfolg garantieren, der nicht das Studienangebot wahrnimmt und der nach gesicherter Erkenntnis der Bildungsforschung schlechtere Leistungen erbringt und abbruchgefährdet ist?" (Schulmeister 2015: 2). Allgemein formuliert: Einerseits die im Individualisierungsentwurf moderner Gesellschaften angelegte Zuweisung von Autonomie und Eigenverantwortlichkeit, auf die im Grunde auch das Niedersächsische Hochschulgesetz im Passus zur bedingten Anwesenheitsverpflichtung rekurriert:

„Studien- und Prüfungsordnungen dürfen eine Verpflichtung der Studierenden zur Anwesenheit in Lehrveranstaltungen nur vorsehen, wenn diese erforderlich ist, um das Ziel einer Lehrveranstaltung zu erreichen" (§7 Abs. (4) NHG in der nichtamtlichen Fassung vom 15.12.2015).

Andererseits die bildungswissenschaftlich gesicherte Erkenntnis, dass Studierende oft noch nicht über jenes Maß an motivationaler (Selbst)Regulation verfügen, das es rechtfertigt, An- bzw. Abwesenheitsentscheidungen als eigenverantwortlich zu bewerten:

> „Die Berufung auf eine angeblich vorhandene Selbstkontrolle ignoriert die Schwächen studentischer Motivation und wird" nach Schulmeister „an der geringen Autonomie der Studierenden scheitern ..." Insofern sei es absurd, „die ‚freie' Entscheidung, der Lehre fernzubleiben, als Beitrag zur Stärkung der ‚Eigenverantwortlichkeit' betrachten zu sollen" (Schulmeister 2015: 4).

Im Prüfungsalltag der Fakultät Soziale Arbeit wurde das Phänomen der Abwesenheit in zwei Varianten als regulierungsbedürftig diskutiert:

A) Für einzelne, zumeist methoden- und handlungsorientierte Lehrveranstaltungen ist in der Prüfungsordnung die „Anwesenheit" als Prüfungsvorleistung ausgewiesen; dennoch wird diese Studienleistung in dem vorgeschriebenen Umfang von 75% (9 von 12 besuchten Lehrangeboten) nicht erbracht.
B) In seminaristischen Veranstaltungen wird durch Lehrende eine Anwesenheit eingefordert, obwohl die Prüfungsordnung diese Studien- bzw. Prüfungsvorleistung nicht vorsieht.

Ad A) Grundsätzlich gilt eine Studienleistung als nicht erbracht, wenn – etwa mit Hilfe von Anwesenheitslisten – der Nachweis gelingt, dass Studierende an den Lehrveranstaltungen zu weniger als den geforderten 75% teilgenommen haben. In Einzel- bzw. Härtefällen konnte diese Regelung jedoch ausgesetzt werden, wenn besondere Umstände es angemessen erscheinen ließen, statt der Anwesenheit eine Ersatzleistung einzufordern bzw. anzuregen. Allerdings waren Prüfungsersatzleistungen in der Prüfungsordnung nicht vorgesehen. Deshalb lagen Lösungen nicht nur im individuellen und auf die besonderen Umstände des Einzelfalles bezogenen Ermessen der Prüfenden; sie bedurften auch der formalen Zustimmung der Geprüften. Hier konnte der Prüfungsausschuss in besonderen Härtefällen zwar anregen, hatte aber die aus dem Prinzip der Gleichbehandlung abgeleitete Pflicht zur Spezifikation des Einzelfalles im

Auge zu behalten. Um zudem einer allgemeinen Aufweichung der Prüfungsrechtsnorm entgegenzuwirken, bot es sich an, die Anwesenheitspflicht in ihrem bildungstheoretischen Begründungszusammenhang fakultätsöffentlich zu kommunizieren:

Betreff: Frage zur Anwesenheitspflicht

Sehr geehrter Herr xxxx,
(...) In dem Modul 15 „Qualitätsentwicklung durch supervisionsorientierte Verfahren" bei Herrn xxx, indem eine Anwesenheit von 75% besteht, habe ich derzeit vier Fehltage. Zwei dieser Fehltage lagen in dem Zeitraum der China-Exkursion von Herrn xx. Aus diesen Gründen war es mir leider nicht möglich, in der Zeit an dem Seminar teilzunehmen. Ich bin leider davon ausgegangen, dass Fehlzeiten aufgrund von Exkursionen nicht ‚zählen' würden. Herr xxxxx verwies mich diesbezüglich an Sie, da Sie über die Situation individuell entscheiden müssten. Wird mir das Seminar dennoch anerkannt?
(...)

Betreff Re: Frage zur Anwesenheitspflicht

Sehr geehrte Frau xx,
(...) Um's kurz zu machen: Ihre Annahme war falsch, und bedaulicherweise haben Sie es versäumt, sich im Rahmen Ihrer Mitwirkungspflichten vorab zu informieren.
Herr xxxxx kann und darf zu recht auf 75% Anwesenheit bestehen. Ich habe keine (prüfungs)rechtliche Handhabe, auf ihn einzuwirken. Deshalb mein Rat: Versuchen Sie im einvernehmlichen Gespräch mit Herrn xxxxx, eine Ersatzleistung zu vereinbaren. Sofern er sich nicht „erweichen" lässt, haben Sie die Folgen Ihrer Prioritätensetzung zu tragen. Die Seminarteilnahme würde dann nicht (!) bescheinigt.(...)
MfG.
xxxx
Vorsitzender des Prüfungsausschusses (B.A.)

Quelle: Archiv Prüfungsangelegenheiten,
Mails vom 04.12.2013, 23:32h/05.12.2013, 22:17h (neu gesetzt)

Ad B) Grundsätzlich darf eine Abwesenheit von Studierenden von Lehrveranstaltungen nur dann sanktioniert werden, wenn in den Ausführungsbestimmungen zur Prüfungsordnung die „Anwesenheit" als Prüfungsvorleistung ausgewiesen ist. Dennoch ist den hier ausgewerteten eMail-Vorgängen zu entnehmen, dass Lehrende in (didaktisch teilweise durchaus nachvollziehbaren) Einzelfällen versucht haben, für ihre Lehrveranstaltungen eine außerordentliche Anwesenheitspflicht durchzusetzen:

Betreff: Prüfungszulassung

Sehr geehrter Herr xxxx,
Wir nehmen die Anfrage des u.a. Studierenden zum Anlass für eine Anfrage. Konzeptionell ist es wichtig, dass die Studierenden aufgrund des Patientenkontaktes zuvor möglichst an allen Veranstaltungen teilnehmen. In der Anamnese mit den Patienten kann dann das zuvor erworbene Wissen angewandt und vertieft werden. Die reine Prüfungsteilnahme ist vor diesem Hintergrund nicht möglich (...). Wird ein solches Vorgehen auch von der Ostfalia begrüßt und mit getragen und wie können wir diese Anforderungen in Zukunft besser kommunizieren (z.B. bei der Veranstaltungsankündigung?). Für eine kurze Rückmeldung wäre ich Ihnen sehr dankbar.
Mit freundlichen Grüßen,

XXXXXX

Betreff Re.: Prüfungszulassung

Sehr geehrter Herr XXXXXX,
ich verstehe Ihr - methodologisch begründetes - Anliegen sehr gut! Die weitergehende Frage der regelmäßigen Teilnahme bzw. regelmäßigen Nicht-Teilnahme unserer Studierenden beschäftigt uns Semester für Semester. Aber als „Wächter" über das Prüfungsgeschehen ist es lediglich meine Aufgabe, auf die Einhaltung der in der BPO definierten Prüfungsanforderungen und Prüfungsvorleistungen (Anwesenheit) zu achten bzw. diese (von beiden Seiten) im Sinne einer rechtlich formalisierten und verbindlichen Regelung einzufordern (...).
Für das Modul M12b ist nun, wie Sie der Anl.1 zur BPO (...) entnehmen können, keine Anwesenheitspflicht definiert. Dort finden Sie übrigens auch die verbindlich definierten Prüfungsarten. Auch dürfen wir Studierenden, die sich per ePV zur Prüfung angemeldet haben, selbige nicht verweigern. Sie sehen also, wir goutieren das unten beschriebene Verhalten keineswegs, sind aber in unseren Mitteln verwaltungs- bzw. prüfungsrechtlich gebunden.
Grundsätzlich begrüße ich dieses rechtlich kodifizierte Prinzip einer „verlässlichen Hochschule" als Gegenkonzept zu Prüfungswildwuchs und - leider auch - Prüfungswillkür, wie sie jahrelang verbreitet waren. Dies führt in Einzelfällen (wie Ihrem) leider auch zu unbefriedigenden Regelungen. Zudem ist das sog. „Bulimie-Studium" mittlerweile an allen Hochschulen und in allen Disziplinen verbreitet (http://www.podcampus.de/nodes/3778), und wir haben gerade intensiv darüber diskutiert, ob bzw. wie wir unsere Studierenden (als vernunftbegabte und rational entscheidende Subjekte) dazu bringen können, mehr als 10 Stunden/Woche (!) ins Studium zu investieren...

> Da wir nun offenbar keine Möglichkeit haben, Herrn xxxxxx zu einer regelmäßigen Teilnahme an Ihrem Angebot zu bewegen (was ja nur zu sinnvoll wäre), bleibt nur die Möglichkeit, dieses Studienverhalten (genauer: den Nicht-Erwerb von Kompetenzen) über die Ausgestaltung der Prüfungs(anforderungen) zu sanktionieren. Hier sollten Sie dann, um einem Widerspruch keine Chance zu geben, auf eine sorgfältige Dokumentation des Prüfungsverlaufs und Begründung Ihrer Note achten.
> Ich bedaure sehr, Ihnen in dieser Sache keine andere (und befriedigendere) Antwort geben zu können. Auch in Zukunft werden wir für einzelne Veranstaltungen keine Sonderlösungen/-anforderungen definieren. (...)
>
> Mit freundlichen Grüßen (...)

Quelle: Archiv Prüfungsangelegenheiten, Mails vom 24.05.2012, 13:48h/18:11h
(neu gesetzt)

Die vorstehend abgebildeten eMail-Wechsel stehen im Kontext der fakultätsinternen Lehr-Lernkultur und permanenter Diskussionen, wie die studentische Abwesenheit von Lehrveranstaltungen zu bewerten und wie ihr zu begegnen sei. Diese Auseinandersetzungen zirkulieren unterhalb der Ebene einer systemischen Analyse auffallend emotionalisiert durch das figurative Gefüge der Fakultät, wobei mit unterschiedlichen Lösungsansätzen und also auch motivationstheoretischen Annahmen argumentiert wird:

- In Seminaren mit handlungs- und methoden-orientierten Lehrinhalten dominieren Argumentationsfiguren, die mit einem Sicherheitsversprechen operieren: Die Teilnahme ermögliche den Erwerb von Kompetenzen, denen im Vorgriff auf berufliche Handlungszusammenhänge eine unmittelbare Relevanz oder gar Verwendbarkeit zugesprochen werden kann.
- Vorlesungen, die durch Klausuren mit hohem Bestehensdruck abgeschlossen werden, operieren traditionell mit Ungewissheit. Hinter der klassischen Frage „Was kommt dran?" werkelt ein Motivationssystem, das im Zweitakt von Prüfungsangst und Erlösung funktioniert. Auf Erlösung – ganz im protestantischen Sinne – darf nur hoffen, wer ausharrt und fleißig prüfungsrelevante Hinweise sammelt. Treibend ist die Hoffnung, das Studium selbst erfolgreich abzuschließen.
- Als anwesenheitsstimulierend erweisen sich in diesen und anderen Lehrzusammenhängen Skripte und vor allem Präsentationsfolien. Sie sind selten selbsterklärend, was es erforderlich macht, das nötige Auslegungswissen durch eine regelmäßige Seminarteilnahme und ein fleißiges Mitschreiben zu erwerben.

- Seminare, in denen die Lehre sich auf das Wegmoderieren studentischer Referate beschränkt, sind kaum noch geeignet, Begeisterung auszulösen. In solchen Konstellationen wird oft mit der vermeintlichen Pflicht argumentiert, durch persönliche Anwesenheit auch die vortragenden Mitkommilitonen/innen zu supporten.
- Es ist eine Fiktion, dass gute Lehre, die verständlich ist, diskussionsorientiert, niveauvoll und auch unterhaltsam, die Nicht-Wissen produziert und Neugier weckt für komplexe Zusammenhänge, auch durch studentische Beteiligung honoriert wird. Von dieser Fiktion kann offenbar die Hochschuldidaktik nicht lassen. Ihre Vertreter, so Schulmeister, hätten „selbst noch nicht angeboten oder durchgeführt und erlebt, nämlich dass viele Studierende auf innovative Veranstaltungen und aktive Lernmethoden auch nicht anders reagieren als auf die ‚langweiligen' Vorlesungen" (Schulmeister 2015: 50). Kritik an „schlechter Lehre" käme zumeist, und auch dann zu einem geringen Prozentsatz, von leistungsschwächeren Studierenden, die einen Vorwand für ihre Abwesenheit suchten - was zu dem Urteil führe: „experiencing teachers and subjects as unsatisfactory are some of the least important factors related to student absenteeism..." (Longhurst 1999, zit. in: Schulmeister 2015: 39).
- Das werden auch Dozenten/innen so sehen, die mit förmlicher Kontrolle durch Anwesenheitslisten oder der Androhung einer Prüfungsverweigerung operieren.
- Wenig Vertrauen in gute Lehre haben offensichtlich auch Lehrende, die zur Herstellung von Anwesenheit auf symbolische Belohnungen setzen, beispielsweise die Ausgabe von Anwesenheitszertifikaten. Diese operieren verhaltenstheoretisch mit Anreizen und mit zwei aufeinander verweisenden Distinktionen: der förmlichen Selbststilisierung eines Seminars als besonders zertifizierungswürdig wohnt das Versprechen inne, in Schlüsselsituationen der Berufseinmündung persönliche Vorteile ableiten zu können.
- Die Einforderung studien- und lernprozessbegleitender Teilleistungen ist eine unspektakuläre Möglichkeit, Anwesenheit durch Prüfungsverfahren zu erzeugen. Im Rahmen von Massenveranstaltungen mit 100 bis 120 Teilnehmenden, wie sie vor allem im Grundstudium anzutreffen sind, ist dies jedoch mit einem kaum leistbaren Begutachtungs- und Betreuungsaufwand verbunden.
- Auch wenn die Idee projektorientierten Lernens höchst unterschiedlich interpretiert und umgesetzt wird, so gilt das sog. Projektstudium im Rahmen des Studiengangs Soziale Arbeit doch als Lernrahmen, in dem der gebotenen Anwesenheitspflicht zumeist klaglos entsprochen wird. Es verbindet die von Studierenden mehrheitlich favorisierte Handlungs-

orientierung mit einer Lehrorganisation, die durch geblockte und über zwei Semester laufende Module, eine sozial zuträgliche Größe, die Kooperation mit externen sozialen Diensten und nicht zuletzt integrierte Feed-Back-Angebote (Coaching, Supervision) eine intensive, kontinuierliche und selbstreferentielle Auseinandersetzungen mit einem berufsfeldnahen Themenbereich ermöglicht.

In der Summe der zwischen Lehrenden und dem Vorsitzenden des Prüfungsausschusses kommunizierten Themen sind studentische Beschwerden zwar nachrangig (vgl. dazu auch die im folgenden Absatz aufgeführte Grafik); dennoch kommt ihnen im alltäglichen Prüfungsgeschäft eine besondere Bedeutung zu. Diese ist begründet in der grundsätzlich regime-typischen Asymmetrie von Prüfungsverhältnissen, die nicht nur den eigentlichen Prüfungsvorgang einschließlich Leistungsbewertung betrifft, sondern auch die vor- und nachgelagerten Prozesse der Prüfungsadministration. Was für Dozenten/innen eine Lappalie sein mag, eine Nachlässigkeit oder eine Folge von Arbeitsüberlastung, die schnell und folgenlos korrigierbar ist, erscheint Studierenden oft als unkontrollierbarer Vorgang mit gravierenden Folgen und hohem Panikpotential. Hierauf gilt es, die lehrenden Kollegen und Kolleginnen immer wieder hinzuweisen und darauf hinzuwirken, dass die im Prüfungsregime angelegte strukturelle Asymmetrie nicht als Gewaltverhältnis oder gar als Prüfungswillkür wahrgenommen werden kann.

Betreff: Beschwerde
Guten Tag, uns wurde gesagt das man sich bei ihnen beschweren soll. Wir sollen uns nun für die Prüfungen im neuen Semester anmelden. Aber wir haben leider immer noch nicht alle Noten aus dem Vorsemester. Und zwar fehlt noch die Note von M8 bei mir direkt wären das Frau xxx und Herrn xxxx. Auch die Ethiknote von xxxx wurde erst an diesem Montag online gestellt. Gerade dieses Semester wo es für viele wichtig war, da es nun in das Projekt geht, finde ich geht das gar nicht. Wenn man bis zum Ende nicht sicher sein kann ob man wirklich weiter ist, bzw. nicht wirklich planen kann weil man nicht weiß welche Vorlesungen man nun doch wiederholen muss. (...)

Quelle: Archiv Prüfungsangelegenheiten, Mails vom 05.03.2014, 10:44h (neu gesetzt)

Der Umgang mit Kollegen/innen, die im alltäglichen Prüfungsgeschehen durch die (notorische) Missachtung von Mitwirkungspflichten (u.a. verspätete Einreichung der Noten; Delegation von Klausuraufsichten), die Verweigerung von Leistungsrückmeldungen (unkommentierte Einsichtnahme in Klausuren ohne explizite Notenbegründung) oder gar Vergehen gegen die Prüfungsordnung (unzulässige Prüfungsanforderungen) auffällig werden, ist schwierig. Als Adressat studentischer Beschwerden hat der Prüfungsausschuss, eine Bewertung des Beschwerdeanlasses vorausgesetzt, nicht selten abzuwägen, ob eine bilaterale Klärung möglich ist oder inwieweit es Sinn macht, das Dekanat metakommunikativ und mit allen unberechenbaren Folgen in eine Problemlösung einzubeziehen.

8.2.7 AKTEUR: STUDIERENDE DER FAKULTÄT S
Kontakthäufigkeit: 3.218 Mails von 6.022 = 53,4 %

Kernthemen:
I. Anerkennungen/Bescheide/Bescheinigungen (350 Vorgänge)
II. Zulassung zu den Abschlussprüfungen (187 Vorgänge):
   Zulassungsvoraussetzungen BA-Arbeit/Kolloquium; ausstehende Modulprüfungen; Fristverlängerungen; Prüfersuche/Prüferzuweisung; Themenänderung; Rücktritt
III. Zulassung zum Projektstudium im II. Studienabschnitt (118 Vorgänge)
IV. Verletzung studentischer Mitwirkungspflichten (168 Vorgänge):
   Versäumte bzw. falsche Prüfungsanmeldung; Versäumter Prüfungsrücktritt; Prüfungsveräumnisse
V. Prüfungsrücktritte/Fristverlängerungen/Nicht-Bestehen (142 Vorgänge):
   Rücktritte von Prüfungen, Verlegung von Prüfungsterminen und Fristverlängerungen für die Einreichung von Hausarbeiten i.d.R. mit Krankmeldungen; Nicht-Bestehen von (Teil)Modulprüfungen (inkl. BA-Arbeit); Verletzung der Anwesenheitspflicht
VI. Versäumnisse und Pflichtverletzungen durch Prüfende (123 Vorgänge):
   Fehlende Veranstaltungsangebote; Kritik der Lehrqualität; Fehlende Noteneinreichung; unzulässige Prüfungsanforderungen (Prüfusngsform, Seitenzahl, Bearbeitungszeit); Einforderung von Anwesenheit; Prüfungsausfälle, eigenmächtige Verlegung eines Prüfungstermins; Verweigerung der Prüfungsteilnahme; Fehlende Information über Prüfungsgegenstände; „unklare" oder „veränderte" Prüfungsgegenstände; Kritik von Benotungen als „ungerecht"; Einsichtnahme und Erläuterung einer Note; Nicht-Erreichbarkeit von Lehrenden

VII. Informationen (121 Vorgänge):
   Änderungen der Prüfungsordnung/der Prüfungsgegenstände; Freiversuchsregelung; Notenverbesserung; nicht bestandene Teilmodulprüfung; gewichtete Ermittlung der Abschlussnote; Einsichtnahme in Prüfungsunterlagen; Ablauf eines Widerspruchsverfahrens; Exmatrikulationsverfahren;

Dokumentation zusätzlich erbrachter Leistungen; Schutzbestimmungen für Mütter; Nachteilsausgleich
VIII. Klärung von ePV-Einträgen (38)
IX. Beratung und Einladung in die Sprechstunde (145):
Studien- und Prüfungsberatung (Erstsemester, Studiengangswechsler, Wiederaufnahme des Studiums); Prüfungsverlaufsempfehlungen unter Einsichtnahme in die ePV

Kommunikationsanforderungen:
53,4% aller während des Erhebungszeitraums archivierten eMail-Vorgänge waren von oder an Studierende der Fakultät Soziale Arbeit adressiert: 3.218 eMails, die dokumentieren, in welchem Umfang der Vorsitzende des Prüfungsausschusses täglich in studentische Überlegungen und Entscheidungen zum Studien- und Prüfungsverlauf involviert war. Er agierte im Zentrum eines Systems, das Studierenden nicht selten undurchschaubar erscheint und das zudem die Macht zu haben scheint, den Erwerb von Berufschancen und die Planung von Lebensverläufen nachhaltig zu beeinflussen. Am Beginn eines Studiums stand deshalb für alle Erstsemester eine Informationsveranstaltung des Prüfungsamtes, die vor allem zum Ziel hatte, Rechte und (Mitwirkungs)Pflichten als Teile eines hochformalisierten und auf Berechenbarkeit ausgelegten Prü-

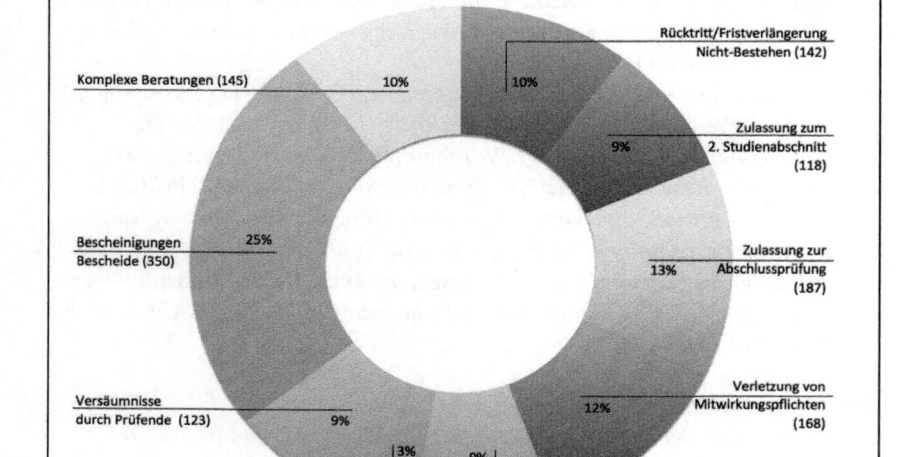

Abb. 13: Kernthemen in der Kommunikation mit Studierenden

- Komplexe Beratungen (145) — 10%
- Rücktritt/Fristverlängerung Nicht-Bestehen (142) — 10%
- Zulassung zum 2. Studienabschnitt (118) — 9%
- Bescheinigungen Bescheide (350) — 25%
- Zulassung zur Abschlussprüfung (187) — 13%
- Verletzung von Mitwirkungspflichten (168) — 12%
- Versäumnisse durch Prüfende (123) — 9%
- Klärung von EPV-Einträgen (38) — 3%
- Information (121) — 9%

Döbler 2018

fungssystems, insgesamt einer „verlässlichen Hochschule" darzustellen. Die Studierenden wurden ermuntert, das Prüfungsamt als unabhängige und ggf. zur Verschwiegenheit verpflichtete Instanz zu sehen, die zwar nicht über die Gerechtigkeit von Leistungsbeurteilungen, wohl aber über die Chancengleichheit der Prüflinge und die Rechtsförmigkeit von Prüfungsvorgängen wacht; dies auch im Interesse der Hochschule selbst, der daran gelegen sei, mittels Strukturgebungen, Entscheidungen, Beratungen und Informationen zu gelingenden Studienverläufen beizutragen. Wie der Fülle der eMail-Anfragen zu entnehmen ist, scheint diese Botschaft auch angekommen zu sein. Das wird durch etwa zehn mündliche Beratungskontakte pro Woche noch unterstrichen. Die mehr als 3.000 Mails können, wie vorstehend abgebildet, in neun Kernthemen gruppiert und nach Häufigkeit gewichtet werden.

Kernthema I: Anerkennungen/Bescheide

Wenden wir uns den kommunizierten Themen im Einzelnen zu, so dominierten zunächst eMail-Korrespondenzen, die Bescheinigungen und Bescheide zum Gegenstand hatten: zumeist An- und Rückfragen sowie Bestätigungen mit Zusendung des Dokuments. Hierauf wurde bereits ausführlich eingegangen.

Kernthema II + III: Studiengangsinterne Zulassungen

Etwa 300 Vorgänge betrafen Zulassungen zum 2. Studienabschnitt bzw. zur Abschlussprüfung. Beide Zulassungen markierten Übergänge im Studienprogramm, die mit der Erwartung verbunden waren, dass Studierende einen definierten Umfang an Modulen erfolgreich absolviert hatten. Ausschlaggebend für diese studiengangsinternen Zulassungshürden, die übrigens mit einer Kulanz von 9 Leistungspunkten zur Anwendung kamen, war das curriculare Argument eines an Lernprozessen und Lehrniveaus orientierten modularen Aufbaus. Mindestens ebenso gewichtig war der organisatorische Hinweis, dass ein Studiengang ohne konsekutive Struktur, also mit ungeregeltem Zugang zu den Lehrangeboten zeitlich, räumlich und personell kaum planbar gewesen wäre. Im Rahmen dieser Studienstruktur war es Aufgabe des Prüfungsamtes, die studiengangsinternen Zulassungsbeschränkungen zu administrieren, ohne damit individuelle Studienverläufe unverhältnismäßig zu verzögern und insgesamt die durchschnittliche Studiendauer zu verlängern. Es liegt auf der Hand, dass studentische Informations-, Beratungs- und Interventionserwartungen an diesem Dilemma ansetzten. Das Prüfungsamt wurde vor allem dann in Anspruch genommen, wenn Studierende eine Zulassung zum 2. Studienabschnitt bzw. zur BA-Arbeit erreichen wollten, obwohl die erforderlichen (Teil)Modulprüfungen noch nicht absolviert oder nicht bestanden waren.

Das heißt im Umkehrschluss aber auch: In studienverlaufsrelevanten Passagen fungierte das Prüfungsamt als Anlaufstelle für Studierende mit unterschiedlich gelagerten Schwierigkeiten, ein Regelstudium zu realisieren. Anders als die – zumeist (lern)psychologisch ausgerichteten – Angebote der allgemeinen Studienberatung agierte das Prüfungsamt bzw. der Vorsitzende des Prüfungsausschusses als Instanz und ausgestattet mit einem Wissen, das eine kundige Rückkoppelung individueller Prüfungsgeschichten und Prüfungsstrategien an die Imperative und die Risiken des Prüfungsregimes zuließ. Die in Beratungsgesprächen herausgearbeiteten Ad-hoc-Empfehlungen wurden deshalb von einer hohen Akzeptanz getragen, obwohl dem studentischen Interesse an einer Einzelfallregelung nur in Ausnahmen entsprochen werden konnte.

Exemplarisch für die Initiierung solcher Beratungsvorgänge stehen die nachfolgenden eMails. Es würde den Rahmen dieser Arbeit sprengen, diese Texte sprechakttheoretisch aufzuschlüsseln und inhaltlich vertiefend zu erläutern; im analytischen Blick auf prüfungsrelevante Wissensbestände, die verwendeten Perlokutionen sowie die Argumentationsfiguren und ihre emotive Einfärbung wird jedoch noch einmal deutlich, wie stark sich Regime- und Kulturbezüge in der Kommunikation mit Studierenden überlagern:

> „Aufgrund eines Magen-Darm-Infekts konnte ich an der M6 Prüfung nicht teilnehmen. Nun habe ich die Befürchtung nicht ins 4. Semester zugelassen zu werden, da mir die Leistungspunkte fehlen.
> Findet Ihre Sprechstunde Morgen wie gewöhnlich um 10.30 statt? Es wäre mir sehr wichtig, mit Ihnen darüber zu sprechen." (Mail vom 28.1.13, 13:02h)

> „... wie es aussieht, habe ich die 81 Credits nicht erreicht und würde mit ihnen gerne besprechen was ich nun tun kann. Bitte melden sie sich kurz zurück. Gern auch telefonisch (0177xxxxxxx), da ich mich gerade im Umzugsstress befinde." (Mail vom 3.2.16, 13:29h)

> „... da ich derzeit mitten im Stress stecke und seit Wochen total verzweifelt versuche alles zu organisieren, hätte ich eine Frage bezüglich der Bachlorarbeit. Gerne würde ich M13 (Projektmanagement) und M14 (Rechtsextremismus) auf das 6te Semester schieben. Das würde mir enorm viel Druck nehmen.
> Ist das möglich, sodass ich trotzdem im nächsten die Bachlorarbeit schreibe?" (Mail vom 17.11.15, 14:44h)

> „Ich habe gehört, dass man einen Antrag stellen kann, wodurch ich trotz der fehlenden Credits das Projekt antreten kann." (Mail vom 2.3.16, 11:57h)

> „Ich habe soeben ein Schreiben erhalten in dem stand ich sei nicht zum Kolloquium zugelassen, da mir Credits fehlten. Ich kann mir beim besten Willen nicht erklären wo diese denn fehlen sollen und bin nun sehr sehr verzweifelt." (Mail vom 10.8.15, 12:11h)

> „Ich habe bereits mein Thema für die Bachelorarbeit und Frau Prof. Dr. xxxxx als Prüferin. Nun wurde mir mitgeteilt, dass mir 6 Credits fehlen um die Bachelorarbeit anzumelden. Ich bin durch zwei Prüfungen im letzten Semester durchgefallen, da ich aus persönlichen Gründen nicht wirklich in der Lage war diese mit vollem Verständnis durchzuführen. Die Prüfungen werde ich auf jeden Fall in diesem Semester nachholen.
> Gibt es irgendeine Möglichkeit diese Credits nachzuholen, so dass ich die Bachelorarbeit dieses Semester trotzdem anmelden kann?" (Mail vom 8.9.15, 07:43h)

> „... da ich derzeit mitten im Stress stecke und seit Wochen total verzweifelt versuche alles zu organisieren, hätte ich eine Frage bezüglich der Bachlorarbeit. Gerne würde ich M13 (Projektmanagement) und M14 (Rechtsextremismus) auf das 6te Semester schieben. Das würde mir enorm viel Druck nehmen. Ist das möglich, sodass ich trotzdem im nächsten die Bachlorarbeit schreibe?" (Mail vom 17.11.15, 14:44h)

Kernthema IV: Versäumnisse

168 Vorgänge sind als „Verletzungen von Mitwirkungspflichten" klassifiziert. Unter diesem Topic sind studentische eMails subsumiert, mit denen das Prüfungsamt sich in zwei Wellen auseinander setzen musste: nach Ablauf der im Modulhandbuch veröffentlichten Frist mit Mail-Anfragen wegen versäumter oder falscher Prüfungsanmeldungen, später im Semester dann wegen versäumter Prüfungsrücktritte. In allen Fällen ging es darum, trotz Überschreitung der Anmeldefristen eine nachträgliche Zulassung bzw. Abmeldung von Modulprüfungen zu erwirken:

> (...) leider musste ich gerade mit Erschrecken festellen, dass ich mich bei der Prüfung für Herrn xxxxxx 2127 nicht zur Klausur angemeldet habe. Die Klausur findet am 06.01.2016 statt. :(
> Besteht die Möglichkeit mich irgendwie doch noch zu zulassen??
> Bitte In sehnlichster Erwartung einer positiven Rückmeldung.
> (Mail vom 14.12.15, 19:15h)

> (...) Ich störe Sie auch wirklich ungern, doch ich habe eben bemerkt, dass ich mich dummerweise - aus Gründen, die mir auch nicht ganz ersichtlich sind - nicht für die Klausur für Sozialarbeitswissenschaften (M3a) angemeldet habe.
> Ich würde Ihnen an dieser Stelle wirklich gerne einen guten Grund nennen, warum es zu diesem Missgeschick kam, doch möchte ich mir auch nichts aus den Fingern ziehen und lieber bei der Wahrheit bleiben.
> Mir ist es einfach nicht aufgefallen und anscheinend war ich etwas unaufmerksam. (Was nie wieder vorkommen wird!) Ich hoffe, dass Sie mich ausnahmsweise nachträglich für diese Klausur anmelden können. (Mail vom 3.1.16, 23:37h)

> ... ich habe leider ein großes Problem. Ich möchte morgen die Klausur für Sozialarbeitswissenschaften M3a mitschreiben. Ich hatte es leider nicht geschafft mich rechtzeitig anzumelden. (...) Ich bitte Sie daher sehr darum, mich für die genannte Prüfung nachzutragen. Bei mir ist es leider durch Arbeitsalltag und eigenen Kindern durchgerutscht. (Mail vom 5.1.16, 12:15h)

Im Umgang mit solchen Pflichtverletzungen hatte sich im Einvernehmen mit der Prüfungsverwaltungsfachkraft eine Praxis eingespielt, die auf eine rigide Ahndung von Terminversäumnissen durch Nichtzulassung zu Prüfungen verzichtete. Statt dessen lag es im Ermessen des Prüfungsamtes, im Einzelfall eine Zulassung auszusprechen und selbst die Einbuchung in die ePV vorzunehmen. Voraussetzung hierfür waren eine zeitnahe Kontaktaufnahme der Studierenden mit dem Prüfungsamt sowie die Einreichung eines schriftlichen Antrags unter Nennung triftiger Gründe für die Nichtwahrnehmung der Mitwirkungspflichten. Anfragen mit einem Zeitverzug von mehr als 2 Wochen (in den vorstehenden Fällen mehr als 2 Monate!) wurden ersatzweise auf eine Teilnahmebescheinigung mit Notenverbuchung im darauf folgenden Semester verwiesen. Ausschlaggebend für die moderate Sanktion von Versäumnissen war ein Amtsverständnis, das zwar auf die Vorzüge eines durch Formalisierungen minimierten Verwaltungsaufwandes nicht verzichten mochte, zugleich jedoch anschlussfähig bleiben wollte an die Lebenswelt studentischen Studien- und Prüfungshandelns. Hier bot das Mittel der Ermessensentscheidung* hinreichend Spielräume, um im formalen Akt der Zulassung „Unpersönlichkeit" (Luhmann 1976: 65) zu symbolisieren, zugleich jedoch Unsicherheiten zu absorbieren und Schwierigkeiten aufzufangen, die Studierende damit hatten,

---

* An dieser Stelle geht mein Dank mit mehr als 40-jähriger Verspätung an Walter Kristof, seinerzeit Prof. für Soziologie der Universität Hamburg, ohne dessen Zulassungsentscheidung dieses Buch nie entstanden wäre.

- das sinnhafte Gefüge persönlicher Relevanzen abzustimmen auf die organisationalen Rationalitätserwartungen einer Hochschule
- Entscheidungsanforderungen und subjektive Entscheidungsfindung zeitlich zu synchronisieren
- die Folgen ihres Prüfungshandelns realitätsgerecht abzuschätzen.

Ein besonderes Augenmaß erforderte auch die Bewertung „versäumter Prüfungsrücktritte", war jede studentische Anfrage doch gleichbedeutend mit der Absicht, ein bereits eingegangenes Prüfungsrechtsverhältnis wieder aufzulösen. Auch hier wurde auf eine rigide Durchsetzung des Zeitregimes verzichtet, zumal, wenn es sich im Zuge der Einzelfallprüfung herausstellte, dass versäumte Prüfungsabmeldungen auftraten als ungewollte Folgen einer Kette von Fehleinschätzungen, was die Inhalte von Lehrveranstaltungen, die antizipierten Prüfungsbelastungen oder die Auswirkungen unerwarteter Lebensereignisse betraf.

Kernthema V: Prüfungsrücktritte und Fristverlängerungen
Etwa 10% aller eMail-Korrespondenzen mit Studierenden waren Anfragen, Anträge und Auskünfte, die prüfungskritische Vorgänge zum Gegenstand hatten. Verhandelt wurden mehrheitlich Prüfungsrücktritte und Fristverlängerungen für schriftliche Ausarbeitungen. Allerdings sind auch dringende Anfragen nach nicht bestandenen (Teil)Modulprüfungen zu nennen, mit denen Studierende sich Empfehlungen für eine prüfungsrechtliche und -strategische Absicherung ihres weiteren Studiums erhofften.

Besonders diskussionswürdig sind Anträge auf Fristverlängerung für Hausarbeiten, die gehäuft unmittelbar vor den Abgabeterminen eingereicht wurden. Da § 11 Abs. (2) der Prüfungsordnung (BPO) für Fristverlängerungen nur besondere Gründe gelten lässt und den „Nachweis der eingeschränkten Prüfungsfähigkeit" verlangt, ist der mehrmalige Tod der Großmutter – „Grandma died again" (O'Dell/Hoyert 2008, zit. in: Schulmeister 2015: 37) – zwar eine Anekdote wert, viel geübte und auch geduldete Praxis ist jedoch die Vorlage ärztlicher Atteste. Mit anderen Worten: Zu bestimmten Semesterzeiten füllen sich die Arztpraxen mit Studierenden, die sich Magen-Darm-Probleme, Schwindelattacken oder sonstige Insuffizienzen attestieren lassen, um mehr Zeit für die Abfassung ihrer schriftlichen Ausarbeitungen zu gewinnen. Diese Erfahrungen decken sich weitgehend mit den von Schulmeister gesammelten Forschungsbefunden zur individuellen Begründung verpasster Prüfungstermine: „... personal illness was used most often as a phony excuse. Participants responded that phony excuse was invented for the purpose of gaining additional time and would most likely be repeated" (Ferrari/Beck 1998, zit. in: Schulmeister 2015: 38).

Den ausgewerteten Studien kann cum grano salis zugestimmt werden, wenn sie erfundene Entschuldigungen und Prokrastination in einen Zusammenhang bringen. Hinsichtlich der durch Krankmeldungen „erschlichenen" Fristverlängerungen für Hausarbeiten sind jedoch weitere Erklärungsansätze diskussionswürdig:

a) Ein beachtlicher Teil der Studierenden der Sozialen Arbeit hat große Schwierigkeiten mit der Abfassung schriftlicher Arbeiten. Das betrifft nahezu alle Phasen und Elemente der Erarbeitung eines Themas bzw. einer wissenschaftlichen Fragestellung: die systematische Literaturrecherche und die Literaturbeschaffung, die selektive Lektüre und das Verständnis wissenschaftlicher Texte, die Strukturierung des Materials und die argumentative Ordnung von Gedanken, die Ausformulierung verständlicher Texte und nicht zuletzt das zeitliche wie materiale Management dieses Produktionsvorhabens.
b) Ein kleinerer Teil der Studierenden sieht sich spätestens zum Ende des Schreibprozesses mit zeitlichen Problemen konfrontiert, weil die Arbeit zu ambitioniert angelegt wurde. Komplexe oder durch Publikationen schlecht abgedeckte Fragestellungen führen dann ebenso in die Selbstüberforderung wie Orientierungsprobleme im Literaturdschungel oder Versuche, teutonische Theoriegebilde zu stemmen.
c) Die (selbst auferlegte) Zielvorgabe, das Studium in der Regelstudienzeit abzuschließen, führt Studierende immer dann in eine Arbeitsüberlastung, wenn (Teil)Module nicht erfolgreich abgeschlossen werden konnten. Im persönlichen Prüfungsmanagement versprechen Anträge auf Fristverlängerung dann jene Zeitgewinne, um nachgeholte und reguläre Prüfungsherausforderungen in einem Durchgang zu meistern.
d) Überforderungen wären u.U. durch gute, d.h. den Produktionsprozess anleitende und begleitende Betreuungsverhältnisse vermeidbar. Häufig kommen diese jedoch nicht zustande, wofür verschiedene Ursachen diskutiert werden können:
   • die Fülle der angenommenen bzw. zugewiesenen Hausarbeiten lässt eine intensive Betreuung nur in Einzelfällen zu
   • eigene Forschungs- und Publikationsvorhaben lassen wenig Zeit für die Betreuung von Hausarbeiten
   • Betreuungsangebote werden aus unterschiedlichen Gründen (Hochschwelligkeit; Versagensängste; Prokrastination; Selbstüberschätzung etc.) nicht oder zu spät in Anspruch genommen.
e) Wie nicht nur der Fülle studentischer Anträge, sondern auch den notorischen Schwierigkeiten schreibender Kolleginnen und Kollegen, Manuskripte termingerecht einzureichen, entnommen werden kann, sind Frist-

verlängerungen üblich. Erst im normativen Kontext prüfungsrechtlicher Sanktionen wird die durch ärztliches Attest abgewehrte Fristverletzung zum „fake excuse" oder gar zu einem Tatbestand, der als „rechtswidrig", „erlogen", „phony", „unethical" oder „academic dishonesty" (vgl. im Rekurs: Schulmeister 2015: 37ff.) gelabelt werden kann.

Kernthema VI: Versäumnisse durch Prüfende
Wie den oben aufgelisteten Themen zu entnehmen ist, wurden im Untersuchungszeitraum 123 Vorgänge dokumentiert, in denen Studierende Versäumnisse und Pflichtverletzungen durch Prüfende monierten und sich eine Intervention des Prüfungsamtes erhofften. Bei der Bewertung der Zahl der Vorgänge ist zu berücksichtigen, dass sich in diesem Themenbereich eMail-Anfragen verschiedener Studierender auf denselben Anlass und Tatbestand bezogen (Mehrfachbetroffenheit). Für alle hier versammelten – und nachfolgend exemplarisch aufgeführten – Vorgänge lassen sich vier Gemeinsamkeiten herausarbeiten:

1. Hauptmotiv ist in der Regel die Sorge, Handlungen oder Versäumnisse der Prüfenden hätten gravierende Folgen für eine rechtzeitige Semesterplanung (fehlende bzw. verspätete Noteneinreichungen bzw. -veröffentlichungen in der EPV, oft im Verbund mit „nicht erreichbaren" Lehrenden), das persönliche Zeitbudget (unzulässige Teilnahme- bzw. Leistungsanforderungen) oder den Prüfungs- oder gar Studienerfolg (verweigerte Prüfungsteilnahme; „unklare" oder „veränderte" Prüfungsgegenstände; Prüfungsausfälle).
2. Die individuelle oder kollektive Motivbildung erfolgt in Konstellationen, die von Asymmetrien, Verunsicherungen und Vertrauensverlusten geprägt sind. Die geringe bzw. fehlende Überzeugung der Studierenden, Verhalten beeinflussen, Ereignisse kontrollieren und Wirkungen abschätzen zu können, führt zu dem Entschluss, den Prüfungsausschuss einzuschalten.
3. Die je konkreten Anliegen sind zugleich mit hohen Erwartungen an die/den (Vorsitzende/n des) Prüfungsausschuss(es) unterlegt: Sie/Er soll Recht durchsetzen, für Ordnung sorgen, Gerechtigkeit ermöglichen und nicht zuletzt auch Vertrauen wiederherstellen.
4. Als konkret handelnde Repräsentation der Institution befindet sich die/der Vorsitzende des Prüfungsausschusses in einem Dilemma: Sie/Er kann als Person nur bedingt einlösen, was konstitutiv ist für die Legitimität der Institution. Ggf. wird es deshalb erforderlich, Vorgänge in „Verfahren" zu transformieren. Als solche werden sie auf der nächsthöheren personenunabhängigen Ebene dann als „Widersprüche" behandelt und beschieden.

Mit den drei folgenden Vorgängen werden Konflikte illustriert, die (vermeintlich) unangemessene, d.h. prüfungsrechtlich nicht abgedeckte Leistungsanforderungen zum Gegenstand haben:

Zunächst ein Vorgang, in dem die studentischen Einwände berechtigt waren. Die lehrenden Kollegen reagierten einsichtig, die monierte Praxis der Prüfungsgestaltung wurde abgestellt. Interessant ist im prozessanalytischen Rückblick, dass die unzulässigen Leistungsanforderungen im Grunde auf ein mismatch zurückzuführen waren: Personellen Veränderungen mit neuen Lehrinhalten stand eine Modulbeschreibung mit Prüfungsanforderungen gegenüber, die aufgrund der Einbettung in das modulare Gesamtkonzept des Studiengangs ad-hoc nicht veränderbar war. Erst in der Folge ähnlich gelagerter Fälle und einer im Kollegium verbreiteten Unzufriedenheit mit 10 bis 15-seitigen Hausarbeiten kam es zu einer Änderung der Prüfungsordnung: Der Richtwert für Hausarbeiten wurde auf 20 Seiten angehoben.

Betreff: Hausarbeit Modul 8

Sehr geehrter Herr xxxx,
ich wollte mich mal über die Richtlinien für das Modul 8 erkundigen, da diese große Missverständnisse aufwerfen! Ich habe mich für die Hausarbeit bei Herrn xxxx (Erstprüfer) und Herrn xx entschieden. Jedoch war ich der Auffassung, dass nach Hausarbeitstyp I 10- 15 Seiten gefordert sind. Doch nach den beiden Dozenten sollen wir 30 Seiten themenübergreifend schreiben.....
Nun weiß ich nicht, genau wie viele andere Studenten, nach was wir uns richten sollen ?! (...)

Betreff Re: Hausarbeit Modul 8

Sehr geehrte Frau x,
nachstehend eine Mail, die ich heute dem Kollegen xx zugesandt habe, Ihnen und Ihren Kommilitonen/innen zur Kenntnis:
****
Sehr geehrter Kollege xx,
(...) Es haben mich in der Tat mehrere Studierendengruppen aufgesucht, um mündliche Beschwerden (kein formaler Widerspruch) gegen die M8-Prüfungsgestaltung einzulegen. Im Kern habe ich drei Auskünfte gegeben:
1) Welche Art der Modulprüfung gewählt wird, liegt im Ermessen der Prüfenden. Es dürfen aber nur die Prüfungsarten gewählt werden, die in der Anlage 1 (Modulhandbuch S. 21) definiert sind.
2) Welche Inhalte zum Gegenstand einer Prüfung gemacht werden, liegt in der Freiheit der Lehre. Diese Gegenstände dürfen über die im Modulhand-

> buch definierten nicht hinausgehen. Die Freiheit in der Bewertung von Prüfungsleistungen ist rechtlich gebunden an eine Begründungspflicht.
> 3) Anlage 1 zur PO-BA sieht für M8 als Prüfungsform u.a. „H I" vor. Diese Prüfungsform ist in der PO spezifiziert als Hausarbeit im Umfang von 10-15 A4-Seiten. Mehr darf nicht eingefordert (!), mit Einverständnis der Prüfenden aber erbracht werden. In Ihrem Fall scheint die Kunst, wenn ich die Studierenden richtig verstanden habe, also darin zu bestehen, eine Themenstellung zu finden, die zwei Themengebiete integriert und auf max. 15 Seiten darstellbar ist. Oder!??
> *******************************
> Ich wäre allen Beteiligten dankbar, wenn Sie auf der Grundlage meiner Rechtsauskunft eine interne Einigung fänden.
>
> MfG.xxxx
> Vorsitzender des Prüfungsausschusses

Quelle: Archiv Prüfungsangelegenheiten,
Mails vom 14.12.2011,17:36h/18.12.2011, 15:48h (neu gesetzt)

In dem zweiten hier vorgestellten Vorgang zum Thema „unzulässige Prüfungsanforderungen" war ein vergleichbares Anschreiben des Prüfungsausschusses insofern produktiv, als es bei der lehrenden Kollegin eine besondere und durchaus verbreitete Technik des Unterlaufens provozierte: In ihrem speziellen Lehrgebiet sei die in der BPO definierte Leistungsanforderung nicht hinreichend „für ein Gelingen" bzw. „für eine gute Note". Wenn Studierende anschließend auf ihre Beschwerde im Prüfungsamt hin angesprochen werden, sind die Machtverhältnisse auf perfide Weise klar gerückt: Die persönliche Prüfungsnorm ist durchgedrückt, die Studierenden „tauchen ab", und der Vorsitzende des Prüfungsausschusses „hält still", um die befürchtete Benachteiligung von Studierenden abzuwenden:

> Betreff: Hausarbeit in _____
>
> (...) Im heutigen Gespräch mit Frau Prof. xxxxx bezüglich der Hausarbeit habe ich sie auf die für mich gültige Prüfungsordnung angesprochen. Sie war jedoch der Meinung, dass eine Hausarbeit mit nur 10 bis 15 Seiten nicht gut werden kann und den Anforderungen an ein Thema nicht gerecht werde. Ihr Anhaltspunkt für ein Gelingen liege bei mindestens 20 Seiten. (...)
> Um keine Nachteile zu haben und weil anscheinend die Prüfungsordnung hier doch nicht greift, werde ich die von Frau xxxxx gestellten Anforderungen erfüllen. Ich möchte Sie hiermit auch nur über den Sachverhalt in Kenntnis setzen und bitte Sie, diese Mail nicht mehr an Frau xxxxx weiterzuleiten. Ich möchte keine Nachteile durch diesen Konflikt haben. (...)

> Betreff Re: Hausarbeit in _____
>
> (...) Ihre Entscheidung zu deeskalieren, kann ich nachvollziehen. Ihre Schlussfolgerung, „die Prüfungsordnung greife nicht", ist falsch. Alle (!) Koll. sind an die jeweils geltende PO gebunden. Um Ihnen ggf. keine Nachteile entstehen zu lassen, werde ich Koll. xxxxx aber nicht (!) ansprechen. (...) Sollten weitere Verletzungen der PO vorkommen, wenden Sie sich bitte umgehend an mich. Wir sollten dann vorab „Vertraulichkeit" vereinbaren, und ich werde über geeignete Wege nachdenken, um ein rechtskonformes Handeln einzufordern bzw. mit Ihnen gemeinsam die Möglichkeiten eines erfolgreichen Widerspruchs auszuloten.
> Ein fachlicher Nachtrag: Themenstellungen sind unabhängig von der Seitenzahl wissenschaftlich (!) bearbeitbar. Es stellen sich bei kürzeren Arbeiten nur höhere Anforderungen an die Eingrenzung und Verdichtung, d.h. sie sind tatsächlich schwerer zu schreiben. (...)

Quelle: Archiv Prüfungsangelegenheiten, Mails vom 17.10.2012, 12:22h/13:40h (neu gesetzt)

In dem dritten hier exemplarisch ausgebreiteten Vorgang ist die Rechtslage eindeutig. Diskussionswürdig ist allenfalls der etwas harsche Kommentar des PAV, der im Nachhinein nur im Kontext einer angespannten Arbeitssituation zu verstehen ist. Kritische Erwähnung verdient auch die Tatsache, dass in der geschilderten Referatsprüfung zwar ein differenzierter Beurteilungsbogen verwendet wurde, dies vermutlich aber ohne die gebotene Transparenz. Legen wir die zuvor entwickelten Standards für die Durchführung professioneller Prüfungen (Kap. 4.1) zugrunde, so ist es Qualitätsstandard, die für Referate geltenden Kriterien zur Begründung von Noten vorab, verständlich und vollständig zu kommunizieren. Dies scheint nicht geschehen zu sein.

> Betreff: Frage zur Prüfungsordnung
>
> Sehr geehrter Herr xxxx,
> vielleicht könnten Sie mir eine Frage bezüglich der Prüfungsordnung beantworten. Ich hatte kürzlich eine Präsentation bei Herrn xxx gehalten und war etwas verwundert über den Bewertungsbogen, den er mir im Anschluss vorgelegt hat. In diesem wurden verschiedene Teilbereiche wie z.B. Zeitmanagement, Abschlussdiskussion, Inhalt, die Art des Vortragens etc. zu gleichen Anteilen bewertet. Das war mir neu und ich habe mich gefragt, ob dieser Bewertungsbogen eventuell Teil der neuen Prüfungsordnung ist. Da ich noch nach der alten Prüfungsordnung geprüft werde, wäre ich über eine Rückmeldung sehr dankbar.
> Zudem sollte ich am Freitag vor meinem Vortrag ein Expose einreichen. Da ich seitens Herrn xxx darauf keine Rückmeldung erhalten habe, bin ich

davon ausgegangen, dass der Inhalt (Inhaltsverzeichnis) und die Literatur (Literaturverzeichnis) in Ordnung seien. Im Anschluss an meinen Vortrag teilte er mir dann mit, dass ich meinen Schwerpunkt falsch gesetzt hätte und meine Literatur zu alt gewesen sei. Ebenso hat er mich vor dem Vortrag gefragt wieviel Zeit ich benötigen würde, ich habe 30 Minuten angesetzt und das schien für Herrn xxx in Ordnung zu sein. Im Anschluss gab der mir auf das Zeitmanagement eine 4, da mein Vortrag 35 Minuten in Anspruch genommen hat.
Leider war ich an Ort und Stelle nicht so schlagfertig und ich frage mich nun, ob das alles so richtig gelaufen ist. Vielleicht könne Sie mir ja weiter helfen. (...)

Betreff Re: Frage zur Prüfungsordnung
Sehr geehrte Frau xx, nachdem die Hochschule mehrere Verwaltungsgerichtsverfahren verloren hat, weil Noten nicht differenziert begründet wurden, soll dem nun mit neuen Protokollvorlagen für mündl. Prüfungen und Referate abgeholfen werden. Mit der jeweiligen Version der BPO hat das nichts zu tun. Die Pflicht zur Begründung einer Note ist, wenn Sie so wollen, der Preis für die Freiheit der Lehre, die auch die Freiheit einschließt, Prüfungsleistungen nach fachlichem Ermessen differenziert zu beurteilen. Das ist in Ihrem Fall, auch wenn Sie damit nicht einverstanden sein mögen, ganz offensichtlich geschehen. By the way: Auch in Masterprüfungen gibt es regelmäßig Notenabzüge, wenn die vorgegebenen Zeiten überschritten werden. Was nun das Exposee betrifft, so lesen Sie bitte nach in der 2007er BPO S.9, §18(2): Ein(e) Referat/Präsentation umfasst eine eigenständiges Exposé im Umfang von ca. 3 Seiten unter Einbeziehung der einschlägigen Literatur, eine mediengestützte Darstellung des bearbeiteten Gegenstandes sowie eine anschließende Diskussion auf der Grundlage des Vortrages und der schriftlichen Ausarbeitung. Die Bearbeitungszeit beträgt maximal 4 Wochen. Daran sind alle, also Lehrende wie Studierende, gebunden. (...) Ihre Annahme war - ich bedaure, das so deutlich sagen zu müssen - uninformiert und falsch. (...)   MfG.xxxx Vorsitzender des Prüfungsausschusses

Quelle: Archiv Prüfungsangelegenheiten, Mails vom 24.07.2013, 20:28h/04.08.2013, 16:23h (neu gesetzt)

Unter allen Themen, mit denen das Prüfungsamt und der Prüfungsausschuss sich auseinanderzusetzen haben, gehören studentische Klagen über eine „ungerechtfertigte", „unfaire" oder „ungerechte" Notengebung zu den zwar seltenen, aber eher heiklen Angelegenheiten. Auslösend sind erfahrungsgemäß nicht die hier eingehend diskutierten grundsätzlichen Probleme nicht-leistungsbezogener Notengebung, sondern Verfahrensmängel bei der Notenfindung, die – aus welchen Gründen auch immer – nicht im direkten Austausch mit den Prüfenden zur Sprache gebracht werden. Dies betrifft weniger standardisierte Klausuren, in denen Faktenwissen mit geringen Antwortspielräumen abgefragt wird, als vielmehr schriftliche Ausarbeitungen, die – abweichend vom 4-Augen-Prinzip – im Rahmen der Modulprüfungen von nur einer/m Prüfenden begutachtet werden. Solchen Beschwerden kann in der Regel unterhalb der Schwelle eines formellen Widerspruchsverfahrens abgeholfen werden.

Die Qualität schriftlicher Arbeiten insbes. in sozialwissenschaftlichen Sektoren bemisst sich u.a. an der Fähigkeit, die Entscheidungen für definierte Modelle von wissenschaftlicher Wahrheit zu begründen, sich mit diesen kritisch auseinanderzusetzen und darauf aufbauend sozialarbeiterisches Handeln zu reflektieren. Ausschlaggebend für eine differenzierte Notengebung sind, ausgehend von der grundsätzlichen Positionalität des Erkenntnisprozesses, die Ordnung, Präzision und Tiefe der Argumentation sowie die Verständlichkeit und Offenheit der Aussagenbildung für Kritik bzw. alternative Denk- und Handlungsansätze. Naturgemäß erfolgt die Bewertung einer schriftlichen Ausarbeitung in einem Rahmen, der zwar durch die Niveaubestimmung des HQR begrenzt ist, in der konkreten Auslegung der Kriterien wissenschaftlichen Arbeitens aber Spielräume und Toleranzen aufweist. Unschärfen in der Notengebung sind nicht nur unvermeidbar, sondern verweisen auf Interpretations- und Gewichtungsspielräume, die im konstitutionellen Kern wissenschaftlich-säkularer und verständigungsorientierter Aussagenbildung angelegt sind. Differenzen hinsichtlich der Notengebung, wie sie in den Abschlussprüfungen auftreten können, sind innerhalb dieses Rahmens kollegial zumeist auflösbar und unter bestimmten Voraussetzungen bzw. in bestimmten Konstellationen sogar offen für systemfremde Kriterien, wenn etwa versucht wird, personenbezogene Urteile wohlwollend ins Spiel zu bringen:

> *„Ich habe X im Studienprojekt als sehr engagiert und zielstrebig kennengelernt ..."*
> *„Ich find's toll, wenn jemand sich mal an ein sozial-medizinisches Thema rantraut ..."*
> *„Wir sollten ihr den Wechsel in ein Master-Studium nicht verbauen ..."*

Was prüfungsrechtlich als „Bevorteilung" von Prüflingen, mithin als rechtsfehlerhafte Verletzung der Chancengleichheit (Niehues/Fischer/Jeremias 2014: 139) gesehen werden kann, funktioniert im kollegialen Binnenverhältnis als von Wohlwollen und Sympathie getragene Aushandlung. Wie auch immer das Ergebnis dieser Aushandlung ausfällt; es ist nach außen problemlos als fachlich begründete Urteilsbildung darstellbar, die auf einem soliden Sockel wissenschaftlicher Expertise ruht.

Ausgehend von einer Diskrepanz zwischen Selbsteinschätzung und Fremdbewertung, sind studentische notenbezogene Gerechtigkeitsurteile oft emotional aufgeladen und weisen einen klaren Bezug auf: Man selbst sei inadäquat bewertet worden. Oft gehen solche Überzeugungen auf Fehler im Verfahren der Begutachtung zurück, etwa wenn sich herausstellt, dass bei der Lektüre von Klausuren oder Hausarbeiten Antworten oder Textteile übersehen wurden. Solchen Beschwerden kann rasch abgeholfen werden. Deutlich schwieriger gestaltet sich die Auseinandersetzung, wenn in die studentische Urteilsbildung argumentative Figuren einfließen, in denen

- der vermeintlich betriebene Aufwand als Maß für eine „gerechte" oder „faire" Note herangezogen wird
- den Prüfenden die fachliche Kompetenz oder gar Urteilsmächtigkeit abgesprochen wird
- aus sozialen oder persönlichen Merkmalen der Vorwurf einer „voreingenommenen" Leistungsbewertung oder Benachteiligung abgeleitet wird.

Beispielhaft für das Argumentationsmuster „Befangenheit" ist die nachstehende Mail, die, ohne „vernünftige und objektiv fassbare" Gründe (aaO.: 140f.) zu nennen, vage auf eine „nur aus persönlicher Sicht" erklärbare Notengebung, vermutlich also auf eine mutmaßliche Voreingenommenheit der Prüferin abhebt:

Betreff: Klausur Frau x
Sehr geehrter Herr xxxx, nach nach Einsicht in die EPV habe ich erfahren, dass Frau x meine Klausur mit 3,7 bewertet hat. Ich bin entsetzt über die Note, bin der Meinung, dass es absolut nicht gerechtfertigt ist. Ich kann mir diese Bewertung nur aus persönlicher Sicht erklären. Ist es möglich, dass ein zweiter Gutachter Einsicht in die Klausur bekommt? (...)

In der Antwort des Prüfungsausschussvorsitzenden ist es eine strategische Entscheidung, weder auf das Deutungsangebot einer „nur aus persönlicher Sicht" erklärbaren Note noch auf das Anliegen eines Zweitgutachtens einzugehen. Statt dessen wird der Studierende zunächst auf den Weg einer Einsichtnahme verwiesen. Ihm wird damit Gelegenheit gegeben, die fachliche Begründung der Note und damit die substanzielle Grundlage für die Selbsteinschätzung zu verifizieren. Darüber hinaus werden, versehen mit gewichtigen Hinweisen auf die Rechtsprechung, weitere prüfungsrechtliche Schritte aufgezeigt. Damit diese nun nicht umgehend als Handlungsimpuls aufgegriffen werden, ist eine Einschätzung nachgeschaltet, welche die Erfolgsaussichten eines Widerspruchsverfahrens kritisch abschätzt. Dem Verdacht einer Befangenheit wird damit der Raum für eine Explikation entzogen – ohne damit abschätzen zu wollen, inwieweit dieser Verdacht gerechtfertigt ist. Aus der Sicht des Prüfungsausschusses stellt sich damit weniger die Frage, ob Notenentscheidungen leistungsgerecht sind oder nicht, sondern vielmehr, ob sie im Zweifelsfalle vor dem Verwaltungsgericht bestehen können. Nicht „Gerechtigkeit", sondern „Recht" ist das Leitkriterium.

Betreff Re: Klausur Frau x
Lieber Herr xxx,
bei Einwänden gegen eine Note sehen die PO und die Rechtsprechung folgenden Weg vor: Gem. Protokoll der Sitzung des Fakultätsrates (TOP 5) vom 25.5.2011 wurde wurde §16 der PO-BA (betr. Recht der Studierenden auf Einsicht der Prüfungsakten) wie folgt geändert: „Die Studierenden haben das Recht, innerhalb von sechs Monaten nach der Bekanntgabe einer Entscheidung über das Ergebnis einer Prüfung (§12) ihre schriftliche Prüfungsarbeit (§18 Abs. 2) und die dazu ergangenen Voten, Gutachten und Prüfungsprotokolle persönlich einzusehen."   Diese Formulierung ist völlig konform mit der Rechtsprechung der Verwaltungsgerichte, die den fachlichen Beurteilungsspielraum des Prüfers grundsätzlich akzeptiert, dieses Recht aber an die in Art 19 Abs. 4 GG und Art. 20 Abs. 3 GG begründete Pflicht zur schriftlichen Begründung einer Bewertung bindet: „Das in Art. 19 Abs. 4 GG verankerte Recht auf effektiven Rechtsschutz setzt zum Schutz des Grundrechts auf freie Berufswahl (Art. 12 GG) voraus, dass die Prüfer die tragenden Erwägungen darlegen, die zur Bewertung der Prüfungsleistung geführt haben..."(Oberverwaltungsgericht Münster, Urteil vom 28.02.1997, 19 A 2626/96 juris)   „Im Rahmen des Verfahrens des Überdenkens, das einen unerlässlichen Ausgleich für die unvollkommene Kontrolle von Prüfungsentscheidungen durch die Verwaltungsgerichte darstellt und damit zugleich - in Ergänzung des gerichtlichen Rechtsschutzes - eine Komplementärfunktion für die Durchsetzung des Grundrechts der Berufsfreiheit erfüllt, haben sich die Prüfer mit den Einwänden des Prüflings auseinanderzusetzen und, soweit die Einwände berechtigt sind, die Möglichkeit, ihre Bewertung der betroffenen Prüfungsleistung zu korrigieren (BVerfG, Beschluss vom 17.04.1991 - 1 BvR 419/81. u.a. -, BVerfG 84, 34; BVerwG, Urteil vom 24.02.1993 - 6 C 35.92 -, BVerwG 92, 132). Sie können ihre Bewertung ändern oder aber zu dem Ergebnis kommen, dass sie ihre erste Bewertung nach wie vor für zutreffend halten. In diesem Fall haben sie die Gründe, die das Ergebnis des Überdenkens bestimmen, unter Vermeidung früherer Begründungsmängel

> Überdenkens bestimmen, unter Vermeidung früherer Begründungsmängel anzugeben."(http://lrbw.juris.de/cgi-bin/laender_rechtsprechung/ document.py?Gericht=bw&nr=11346)
> Sie stellen bei Frau xxxxx unter Bezug auf die PO einen Antrag auf Einsicht der Klausur. Sollte die Notengebung nicht hinreichend begründet sein/werden, legen Sie förmlich Widerspruch ein. Dann wird der Prüfungsausschuss einberufen und das Ganze nimmt seinen Gang durch alle Instanzen, wobei Prüfer erst einmal zum „Überdenken" aufgefordert werden.
> Mein Tipp: Gegen eine Note, wenn Sie hinreichend begründet ist (!), gibt's praktisch kein Ankommen. Ihrem Widerspruch wird nur stattgegeben, wenn Formfehler gemacht werden, also der o.g. Begründungspflicht nicht entsprochen wird, zwischen Note und fachlichen Beurteilungskriterien also kein Zusammenhang hergestellt werden kann.(...)
>
> Vorsitzender des Prüfungsausschusses

Quelle: Archiv Prüfungsangelegenheiten, Mails vom 26.08.2011, 18:05h/22:16h (neu gesetzt)

Die in studentischen Communities generierten Erzählungen über „Bevorzugung" und „Benachteiligung" sind Teil von Prüfungskulturen und hinsichtlich ihrer Plausibilität wie Wirkung nur schwer abzuschätzen. „Befangenheit" ist in der Regel objektiv kaum fassbar, geistert als Mythos gleichwohl durch die Sinnwelt prüfungsbezogener Narrative. Dabei werden im Kontext von Gerechtigkeitsurteilen die hier bereits diskutierten Rationalitätspotentiale, die nur einen Schluss zulassen: „Gerechte Noten gibt es nicht!", mehr oder weniger ausgeblendet:

- die Blindheit des meritokratischen Prinzips gegenüber individuell und sozial unterschiedlichen Voraussetzungen für die Erbringung von Leistungen
- die selektive Funktion von Leistungsprüfungen
- die soziale Tatsache nicht-leistungsbezogener Notengebung und institutionell eingespielter Attributionsprofile (regelmäßig veröffentlicht in den Notentableaus des Studiengangs)
- die rechtliche Ordnung des Prüfungsgeschehens
- die Wahrung der grundrechtlich verbürgten Chancengleichheit durch formalisierte Verfahren
- die diskursive Konstruktion wissenschaftlicher Wahrheiten.

Insgesamt betrachtet kann die Einschaltung des Prüfungsausschusses als Hinweis gewertet werden, dass die studentischen Gerechtigkeitsurteile im grundsätzlichen Vertrauen auf die Durchsetzung einer Prüfungs- und Benotungskultur erfolgen, deren Legitimität unbefragt und begründet ist in den hinlänglich diskutierten Ordnungsmerkmalen des Prüfungswesens sowie in aller Regel auch der Anerkennung des fachlich ausgewiesenen Wissensvorsprungs derer, die prüfen und bewerten. Im Vergleich zu Studienerfahrungen, die der Autor in den 70er Jahren gesammelt hat, ist dies als eine hohe Konformität zu werten, die sich hinsichtlich der Gerechtigkeit von Noten auch eher im Selbstbezug als in ordnungsbezogenen Urteilen über das System der Notengebung offenbart. Teil dieser affirmativen Haltung ist ein verbreiteter „consumerism", also eine an Tauschwerten orientierten Mentalität: „That is, students have come to understand the purposes of education in metaphors of currency - whether it is money or knowledge" or credits or grade - so ist hinzuzufügen (Hassel & Lourey 2005, zit. in: Schulmeister 2015: 44): „Bekomm' ich dafür Credits?" steht nicht für die kontinuierliche Verwandlung von Lernen in Bildung und auch nicht die in Gutachten übersetzte Wertigkeit einer intellektuellen Leistung, sondern die Akkumulation von Credits und/oder Noten in ihrer entleerten Form. Im institutionalisierten Kulturkapital, so ließe sich Bourdieu auf Marx analoge Überlegungen zum Kapitalfetisch (Marx, K.: Das Kapital Bd. 3, MEW 25: 405) zurückführen, tragen Noten, Zertifikate und Zeugnisse „keine Narben ihrer Entstehung" mehr.

Kernthema VII: Informationsanfragen
In 121 Vorgängen wurden studentische Informationsanfragen bearbeitet. In der Regel konnten diese Anfragen mit einem Verweis/Link auf Informationsblätter beantwortet werden, die über die Internetseite des Prüfungsamtes einsehbar sind. Eher seltene Anfragen bezogen sich auf die rechnerische Ermittlung der nach Credits gewichteten Abschlussnote, die formgerechte Durchführung eines Widerspruchsverfahrens sowie die Dokumentation zusätzlich erbrachter Studien- und Prüfungsleistungen im Diploma Supplement.

Kernthema VIII: ePV-Probleme
Sehr wenige Anfragen bezogen sich auf noch ausstehende oder fehlerhafte Einträge in der ePV; diese wurden an das fakultätsinterne Prüfungsamt oder das SSB weitergeleitet.

Kernthema IX: Beratungsangebote
In 145 Fällen wurden Studierende zwecks ausführlicher Beratung in die wöchentlich anberaumte Sprechstunde eingeladen. Zu unterscheiden sind im Wesentlichen zwei divergierende Beratungsanliegen:

a) Informationen zum Studienverlauf, zu den Prüfungsanforderungen sowie zur Anerkennung bereits erbrachter Studienleistungen für Studiengangswechsler aus anderen Hochschulen/Studiengängen oder Studierende, die nach einer längeren Auszeit die Wiederaufnahme eines Studiums ins Auge gefasst hatten.

b) Studien- und Prüfungsverlaufsempfehlungen für Studierende, die aus unterschiedlichen Gründen von einem Abbruch oder Scheitern ihres Studiums bedroht waren. Die Beratung erfolgte auf Ersuchen oder nach Einladung, wenn im Zuge von Mailanfragen gravierende Studienprobleme erkennbar wurden. Grundlage für eingehende Beratungsleistungen war, ermöglicht durch Zugriffsrechte über die ePV, eine Einsichtnahme in den persönlichen Prüfungsverlauf. Allerdings kamen solche Studien- und Prüfungsberatungen mehr oder weniger zufallsabhängig zustande. Gemeinsam mit dem SSB wurde deshalb die Möglichkeit eines „credit point monitoring" (Sauers et al. 2005, zit. in: Schulmeister 2015: 50) erprobt, nämlich mit Hilfe der ePV geeignete Indikatoren für eine frühzeitige Erkennung von Problemfällen mit ungewöhnlich vielen Prüfungsrücktritten, wiederholt nicht bestandenen Teilprüfungen und Abbruchgefährdungen zu entwickeln. In einigen Fällen konnte so ein Besuch der psychologischen Studienberatung angeregt werden.

8.2.8 AKTEUR: ALUMNI DER FAKULTÄT S
Kontakthäufigkeit: 139 Mails von 6.022 = 2,3 %

Kernthemen:
Studienbescheinigungen:
Berufseinmündung; Zweitstudium (im Ausland)
Zulassung zu einem MA-Studium

Kommunikationsanforderungen:
In dem Untersuchungszeitraum wurde ein beträchtlicher Recherche- und Schreibaufwand geleistet, um ehemaligen Studierenden des Fachbereiches Sozialwesen (bis zum Jahre 2009) bzw. der Fakultät Soziale Arbeit Sonderbescheinigungen auszustellen. Diese wurden scheinbar erforderlich, weil ein Zweitstudium aufgenommen oder eine Zulassung zu einem Master-Studium erreicht werden sollte.

Tatsächlich kann die Mehrzahl der ausgestellten Bescheinigungen aus administrativer Sicht als unsinnig oder überflüssig bezeichnet werden. Unsinnig und überflüssig sind etwa gesonderte Leistungsaufstellungen, denen faktisch nicht mehr zu entnehmen ist als dem Abschlusszeugnis und dem Diploma Supplement. Solche Aufstellungen, wie sie im Zuge von Bewerbungsverfahren für MA-Studiengänge angefordert wurden, boten unter Umständen aber die Möglichkeit, bescheinigte Studienleistungen inhaltlich neu und passgenau für den angestrebten Studiengang zu systematisieren.

Sehr geehrter Herr xxxx,
mit dem Abschluss meines Studiums, habe ich mich für die Bewerbung des Masterstudiengangs Praxisforschung in Berlin entschieden. In der hiesigen Studienberatung hieß es es, dass ich für die Zulassung 210 ECTS benötige. Nun habe ich in meinem Diploma Supplement gesehen, dass ich insgesamt an sechs zusätzlichen Seminaren teilgenommen habe. Allerdings steht nicht vermerkt, wie viel ECTS mit der Teilnahme verbunden sind. Meine Frage ist, ob ich einen Nachweis erhalten kann, indem meine zusätzlichen Leistungen mit ECTS ausgewiesen werden. Geht das oder gibt es einen anderen Weg? (...)

Sehr geehrte Frau xxx,
210 Credits einzufordern ist ein Witz, da das BA-Studium per definitionem (!) mit 180 Credits ausgestattet ist. Außerdem sind es am Ende ohnehin die PA-Vorsitzenden der Studiengänge, die entscheiden, ob Module/ Prüfungsleistungen anerkannt werden oder nicht, (...) Was also soll der Zirkus, den die Berliner Kollegen da veranstalten?? Mein Rat: Hinterlegen Sie Ihre Teilnahmebescheinigungen mit einer Kopie der Anl.1 aus dem Modulhandbuch. Jeder halbwegs bewanderte und wohlgesonnene PA-Vorsitzende kann in max. 5 Minuten die erforderlichen Abgleichungen (Modulbezeichnung - Credits) vornehmen und einen Bescheid erlassen.

Slightly irritated,
herzlichst xxxx

Sehr geehrter Herr xxxx,
(...) Ihrem Rat folgend, habe ich meiner Masterbewerbung das Diploma Supplement mit meinen zusätzlich erbrachten Leistungen und eine Kopie der Anl.1 aus dem Modulhandbuch zur Prüfung der Anerkennung beigelegt. Über folgenden Verlauf möchte ich Sie nun in Kenntnis setzen: In einem ersten Bescheid der Hochschule erhielt ich vorerst eine Ablehnung mit der Begründung, dass ein Erwerb von 210 Creditpunkten nicht gegeben sei (...) Nach Erhalt des Ablehnungsbescheids habe ich mich an das Immatrikulationsamt der ASH mit der Bitte gewandt, meine Sachlage erneut zu prüfen. Ich appellierte an die Anerkennung der von mir besuchten Lehrveranstaltungen bzw. Modulen auf der Basis von Creditpunkten gemäß des Modulhandbuchs der Ostfalia. In der Rückmeldung der ASH hieß es, dass die von mir zusätzlich erworbenen Creditpunkte von der Auswahlkommission zunächst aufgrund der unförmlichen Art und Weise der Aufstellung der zusätzlich erbrachten akademischen Leistungen unberücksichtigt geblieben sind (...). Entgegen des Ablehnungsbescheides, wurde meine Bewerbung dann nun doch in das Zulassungsverfahren mit einbezogen. Eine erneute Bescheidung ergab eine Zulassung für den Masterstudiengang, welche ich gestern

> per Bescheid erhalten habe! Aus diesem geht jedoch hervor, dass dieser vorläufig vorbehaltlich des Nachweises der durch die HS Ostfalia autorisierten Orginalgesamtaufstellung meiner zusätzlich erworbenen Creditpunkte erfolgt (...)

Quelle: Archiv Prüfungsangelegenheiten, Mails vom 31.03.14 und 27.08.14 (neu gesetzt)

Unsinnig ist auch die Anforderung eines Transcript of Records (TOR) für Studierende des vormaligen Studiengangs Sozialwesen auf der Grundlage eines Diplomzeugnisses und klassischer Scheine. Diesen Anforderungen, die von Universitäten in Spanien, England, Kanada und Australien ausgingen, war nur mit einem doppelten und in mehrfacher Hinsicht unzulässigen Übersetzungsvorgang zu entsprechen: Seminare mussten zu Modulen gruppiert und diese dann mit international üblichen (englischsprachigen) Modulbezeichnungen gelabelt werden. Hinsichtlich der Zwecksetzung hat sich diese Praxis „brauchbarer Illegalität" aber als erfolgreich erwiesen!

8.2.9 AKTEURE
A) PRÜFUNGSAMT DER FAKULTÄT S – PVFK
B) MITGLIEDER DES PRÜFUNGSAUSSCHUSSES
Kontakthäufigkeit: 475 Mails von 6.022 = 7,9 %

Kernthemen A:
I. Interne Abstimmungen
Prüfungstermine/Klausurpläne/Fristen; Einträge in das Modulhandbuch; Informationsmanagement für Lehrende + Studierende; Eckdaten ePV/RZ; Anmahnung Prüfer/innen betr. Noteneinreichung; Formularwesen; Einzelfallentscheidungen: u.a. nachträgliche Prüfungsanmeldungen etc.; Anträge auf Notenverbesserung
II. Weiterleitung studentischer Anliegen zur Klärung von Unstimmigkeiten, meist im Dreiecksverhältnis mit Prüfenden
III. Bitte um Notenverbuchung (alternativ auch an das SSB)
IV. Mails C.C. an Akteure im Prüfungssystem
V. Terminvereinbarungen
VI. Arbeitsplatzbeschreibung

Kernthemen B:
I. Einladung zu Sitzungen des PA: regelmäßige und außerordentliche (letztere in Widerspruchsverfahren)
II. Genehmigungen im Umlaufverfahren

III. Protokolle der Sitzungen des PA; Einzelfallentscheidungen; Info-Blätter; Jahresberichte des Prüfungsausschusses
IV. Vergewisserung bzgl. rechtlicher Einschätzungen

Kommunikationsanforderungen:
Kommen wir abschießend zu den Kommunikationsanforderungen im Binnenverhältnis zur PVFK und zu den Mitgliedern des Prüfungsausschusses, so bilden die archivierten Vorgänge im Wesentlichen die hier bereits ausgebreiteten Prüfungsangelegenheiten ab. Das gilt insbesondere für die Mail-Wechsel mit der PVFK, auf deren besondere Stellung in der fakultätsspezifischen Prüfungsadministration ja bereits hingewiesen wurde (vgl. Kap. 7.1). Charakteristikum dieses Binnenverhältnisses war ein regelmäßiger, durch wöchentliche Dienstbesprechungen abgesicherter Erfahrungs- und Meinungsaustausch, der über die interne Abwicklung und Abstimmung von Prüfungsroutinen hinaus auch die (Re)Strukturierung von Verwaltungsabläufen sowie die (Weiter)Entwicklung von Informations- und Formularsystemen zur Kontrolle und Steuerung prüfungsbezogener Handlungen umfasste. Bedingt durch die räumliche Nähe und relative Niedrigschwelligkeit, wurde das Büro der PVFK häufig auch zur ersten Anlaufstelle für abbruchgefährdete Studierende, die anschließend in ein Beratungsgespräch mit dem PAV übergeleitet werden konnten. Selbstverständlich war die PVFK an allen Informationsveranstaltungen für Studierende (Erstsemestereinführung; Briefing für die Abschlussprüfungen) beteiligt.

Charakteristisch für die Organisation des Prüfungswesens an der Fakultät Soziale Arbeit an der Ostfalia Hochschule für angewandte Wissenschaften ist traditionell die weitgehende Delegation der Prüfungsgeschäfte an den PAV gem. § 5 Abs. (7) der BPO. Folgerichtig beschränkte sich die Kommunikation zwischen PAV und den Mitgliedern des Prüfungsausschusses auf die Einladung zu konstituierenden, regelmäßigen und außerordentlichen Sitzungen – letztere ausnahmslos zwecks Verhandlung und Bescheidung von Widersprüchen, mit denen Studierende eine Exmatrikulation nach endgültig nicht bestandenen Modulprüfungen abwenden wollten. Die Sitzungsprotokolle und die Jahresberichte des Prüfungsausschusses sowie die Ausführungsbestimmungen zu den verfahrensbezogenen Teilen der Prüfungsordnung (Informationsblätter, auch in der Anl.) wurden im Umlaufverfahren zur Einsicht gegeben, ggf. korrigiert und genehmigt. Alle übrigen Einzelfälle wurden durch den PAV ohne weitere förmliche Konsultationen beschieden, wobei es sich in Zweifelsfällen als hilfreich erwies, die juristische Kompetenz der dem Prüfungsausschuss angehörenden Kollegen/innen „auf dem kurzen Dienstweg" in Anspruch nehmen zu können.

Im Zuge einer evaluativen Rückbetrachtung sollte auch nicht unerwähnt bleiben, dass dieser Stil der Amtsführung von den studentischen Mitgliedern des Prüfungsausschusses mitgetragen wurde. Ihren Rückfragen und Einwänden ging immer die Einsicht voraus, dass in den Sitzungsräumen von Prüfungsausschüssen zwar nicht über bildungspolitisch grundlegende Fragen zur Programmierung von Prüfungen an Hochschulen entschieden wird, wohl aber über kollektive Studienverläufe und persönliche Lebensentwürfe.

9 Schlussbetrachtungen

Wer sich publizierend mit dem Themenfeld „Prüfen an Hochschulen" auseinandersetzt, ist gut beraten, sich im Normativen zu bewegen oder mit Vorschlägen zur Konzeptualisierung und verfahrenstechnischen Umsetzung von Elementen aus dem Baukasten der Hochschulentwicklung zu profilieren. Eine solche Empfehlung zielt – das Matthäus-Prinzip aufnehmend – auf die dem Distinktionsgewinn vorausgehende Notwendigkeit, Aufmerksamkeit durch die Inszenierung von Innovation zu erzeugen. Dabei kann in diesem Symbolvertrieb, der primär an programmatischen Neuschöpfungen interessiert ist, von Skeptikern kaum eine Gefahr ausgehen. Nur selten wird veröffentlicht, was wenig glanzvoll in den administrativen Routinen der Organisation Hochschule versandet oder in den Hochschulgremien kleingearbeitet wird, was wirkungslos bleibt oder im alltäglichen Hochschul- bzw. Prüfungsbetrieb unterlaufen wird. In diesem Spannungsfeld zwischen dem Nominellen und dem Konkreten, zwischen Wollen und Wirkung haben es Untersuchungen, die sich der Realgestalt des Prüfungswesens zuwenden, nicht leicht. Das ist auf den ersten Blick überraschend, kreist die alltägliche hochschulinterne Konversation doch oft um Fragen, Erfahrungen und Ratschläge, die sich auf das Prüfungsniveau, die Art und den Verlauf von Prüfungen, die Prüfungsvorbereitung, den Aufwand für Korrekturen, die Modalitäten der Notengebung oder etwa die berufliche Relevanz des Abgeprüften beziehen. Auffallend ist dabei die hohe Signifikanz des Kommunizierten. In Gesprächen über Prüfungsangelegenheiten schwingen häufig Deutungen mit, die auf mehr oder weniger eindrücklichen und emotional besetzten Schulerlebnissen beruhen oder die geeignet sind, die eigene Studienzeit zu mystifizieren und persönliche Bildungs- und Karrierekonzepte zum Maßstab für Studien- und Leistungserwartungen zu machen.

Während die verzweigten und theoretisch gut abgesicherten Beiträge der pädagogischen Psychologie keine Schwierigkeiten haben, im Konkreten mit empirischen Untersuchungen, Empfehlungen und Interventionen etwa zur Studienmotivation, zum Prüfungsverhalten, zur Prüfungsangst, zur studentischen Selbstregulation, zur akademischen Identitätsbildung oder zur Leistungsbeurteilung anzusetzen, liegen soziologische Studien bislang kaum vor. Dabei bieten Ansätze der Organisationsforschung und Beiträge der Wissenssoziologie methodisch und theoretisch vielfältige Optionen, Prüfungen bzw. das Prüfungswesen von Hochschulen zu thematisieren:

- als **sozial sinnhafte Handlungen**, die auf die Aggregatzustände professionellen Wissens verweisen: **biographisch erworbene „Lehr-Lern-Philo-**

sophien" (Trautwein/Merkt 2012), konkrete **Lehr- und Prüfungsdispositionen** (Dinsleder 2012; Egger 2012), im Berufsleben angeeignetes **Erfahrungswissen**, „**Denkmodelle**" (David 2018: 27) zur Reflexion oder sekundäre Legitimationen des Handelns selbst
- als fachspezifische **Kultur der Bewertung** von Leistungen und der Attribution von Noten
- als „**System der Interaktion** unter Anwesenden" (Luhmann/Schorr 1999: 289)
- als **formalisiertes System** zum Prozessieren pädagogischer Selektion
- als autonomen und mit spezifischer Definitionsmacht ausgestatteten **Sektor der Hochschulverwaltung**
- als **organisationale Verschränkung von Forschung und Lehre**, von Freiheit und Verantwortung
- als **Gegenstand von Aushandlungen** im Gefüge unterschiedlicher Akteursinteressen
- als **qualitätsrelevante und professionalisierbare Binnenstruktur**.

Die Liste der Forschungszugänge ließe sich ausdifferenzieren und, wie in vermittlungswissenschaftlichen Brückenschlägen angedeutet, um Themenfelder erweitern. Das Prüfen als Lernleistungskontrolle kann so auf die Reflexion didaktischen Handelns, auf die Organisation beruflicher Wissensarbeit oder auf die Evaluation bzw. Begleitung individueller Bildungsgänge bezogen werden. Um nicht in der Breite und Tiefe der umrissenen Analyseoptionen die Orientierung zu verlieren, sind soziologische Beobachtungen zum Prüfungswesen angewiesen auf theoretische Abstraktionen. Diese sind, wie auch die vorangegangenen Überlegungen zur gesellschaftlichen Funktion von Prüfungen, zur Absorption von Ungewissheit durch die Formalisierung des Prüfungswesens oder zur internen Kommunikation prüfungsrelevanter Entscheidungen erkennen lassen, primär von der soziologischen Organisationsforschung zu erwarten.

Als analytisch hilfreich erweist sich das auf Luhmann zurückgehende Reflexionsangebot, die Hochschule als spezifische Organisation zu verstehen, die „gleichgewichtig an zwei Funktionssystemen der modernen Gesellschaft partizipiert: am Erziehungssystem und am Wissenschaftssystem." Dabei ist unter Erziehung die „Einrichtung von Sozialsystemen" zu verstehen, „in denen es um die intentionale Veränderung von Personen geht" (Stichweh 2005: 123), also um Bemühungen, „Fähigkeiten von Menschen zu entwickeln und ihre soziale Anschlußfähigkeit zu fördern" (Luhmann 2002: 15). Die Organisationstätigkeit der Hochschule manifestiert sich nach Stichweh vor allem im Erziehungssystem: „Bestimmte Erziehungs- und Ausbildungsangebote, die Curricula und die zugehörige personelle und materielle Infrastruktur sind

Angebote der Universität und ihrer Subeinheiten, die diese organisatorisch leisten und verantworten müssen" (ebda.). Verantwortlich zeichnen, auch wenn Bildungsprozesse über Lehrende als Personen vermittelt sind, formal die Organe der internen Selbstverwaltung, sozial die durch kollegiale Kommunikation und Mitwirkungspflichten konstituierte „Kollektivität" der Hochschullehrenden.

Interessant ist nun, dass Bildung innerhalb der Hochschulen von Personen betrieben wird, „die mit der anderen Hälfte ihrer Identität in die Kommunikationszusammenhänge des Wissenschaftssystems verwickelt sind." Verantwortlichkeit definiert sich in dem Funktionssystem Wissenschaft über die normative und kognitive Bindung an „Epistemische Communities": „Diese Bindungen beziehen sich immer auf ein bestimmtes Sachthema gesellschaftlicher Kommunikation, und sie beziehen sich auf den Wissensbestand, der mit diesem Sachthema verknüpft ist" (Stichweh 2005: 124ff.). Anders als Organisationen können wissenschaftliche Communities also auf Mitgliedsrollen und Mitgliedschaftsregeln als Prinzipien der Systembildung und Sozialintegration verzichten.

Um Prüfungen als organisierte und Prinzipien der Formalisierung unterworfene soziale Handlungen zu verstehen, wird im Weiteren vorgeschlagen, das Recht als drittes Funktionssystem in die Betrachtungen einzubeziehen. In der Konkretisierung als Prüfungsrecht stellt es ein Konditionalprogramm bereit, das die organisationale Leistungserbringung eben nicht nur an Kriterien der Persönlichkeitsbildung und der Wissensgenerierung, sondern auch an Kriterien der Erwartungsstabilisierung und der Konfliktregulierung bindet. Die Organisation der Hochschule partizipiert an diesen drei Funktionssystemen durch die Institutionalisierung lernförderlicher, wissenserweiternder und kontingenzreduzierender Subsysteme – letzteres durch Strukturen der administrativen Formalisierung, die ihrerseits Verbindlichkeit herstellen und an die Imperative des Verwaltungsrechts gebunden sind. Interessanterweise kann dieses theoretische Konstrukt problemlos auf Studierende als Akteure bezogen werden: Innerhalb der Hochschule als Organisation wird vorausgesetzt,

- dass sie kognitiv in der Lage sind, das auf Hochschulniveau angebotene Wissen zu verstehen (Studierfähigkeit)
- dass sie Wissen erwerben wollen und bereit sind, sich auf die angebotenen Lehr-Lern-Arrangements einzulassen (Bildsamkeit)
- dass sie die im „temporären Mitgliedschaftsstatus" (Stichweh 2005: 129) angelegten Erwartungen an ein informiertes und regelkonformes Prüfungsverhalten erfüllen (Mitwirkungspflicht).

Analog dazu wird bei der Berufung von Hochschullehrenden bzw. bei der Vergabe eines Lehrauftrags an Dozenten/innen vorausgesetzt,

- dass sie einschlägig als Wissenschaftler/innen bzw. berufserfahrene Kapazitäten ausgewiesen sind (Expertenschaft)
- dass sie Wissen, den Strukturvorgaben eines Curriculums folgend, didaktisch kompetent vermitteln können (Lehrbefähigung)
- dass sie die in ihrer Mitgliedsrolle angelegten Erwartungen hinsichtlich einer unabhängigen, sachlichen, inhaltlich angemessenen und rechtskonformen Durchführung des Prüfungsverfahrens erfüllen (Prüfungspflichten).

Für die Prüfungsverwaltung als weiterer Akteur innerhalb der Hochschule ist eine vergleichbare Koppelung von Funktionssystemen nicht gegeben. Sie agiert, gebunden an die Grundsätze des Verwaltungsrechts und an die Vorgaben der jeweiligen Prüfungsordnung, auf der Mikroebene als ordnende Hand und als Adressat für prüfungsrelevante Anliegen – dies allerdings unter vollständiger Ausklammerung von Fragen, die sich auf wissenschaftliche Inhalte und deren didaktische Vermittlung beziehen.

Diesen theoretischen Vorüberlegungen folgend, ermöglicht die Beobachtung von Prüfungsregimen und Prüfungskulturen auf besondere Weise Einblicke in die interne Organisation von Hochschule. Diese lassen sich auf Umweltanforderungen und zugleich auf verschiedene Kommunikationsebenen beziehen. Der klassischen soziologischen Theoriebildung folgend, wird die Organisation als zwischen gesellschaftlichen Strukturen (Makro) und individuellen sozialen Handlungen (Mikro) vermittelnde Mesoebene konzipiert, auf der, ausgehend von prüfungsrelevanten Erwartungen, Entscheidungen getroffen werden.

Für den hier verhandelten Gegenstandsbereich heißt dies: Die hochschulinterne Erbringung von Prüfungsleistungen, die Bewertung derselben und die Zuweisung von Noten wird in besonderer Weise als soziale Handlung erkennbar, die in mikro-, meso- und makrostrukturelle Wirkungskontexte eingebunden ist und zugleich Anforderungen aus den drei Funktionssystemen Wissenschaft, Recht und Erziehung erfüllt. Mit Hilfe dieser Systematik können prüfungsrelevante Handlungen gleichermaßen kontextualisiert wie konkretisierend heruntergebrochen werden auf die Mikroebene von Fakultäten, Fachbereichen oder Instituten und die in diesen Einheiten tätigen Akteure. Damit sind zugleich Optionen geschaffen für vergleichende Untersuchungen. Deren Zuschnitt lässt sich unter Zuhilfenahme einer struktur-funktionalen Matrix, also durch Kombination der dort aufgezogenen Felder, gut konzipieren:

Tab. 10: Leistungserbringung und -bewertung im struktur-funktionalen Kontext

		Funktionssysteme		
		Wissenschaft	Recht	Erziehung
Struktur	Makro	A Disziplinär kommuniziertes Wissen	B Grundsätze des Verwaltungsrechts; Chancengleichheit; Berufsfreiheit	C Bildungsparadigmen/ -technologien (Bologna 1.0/2.0)
	Meso	D Fachspezifisch organisiertes Wissen	E Prüfungsordnung: Gesetzmäßigkeit der Prüfungsverwaltung	F Lehrplan-/ Curriculum (-entwicklung)
	Mikro	G Selektiv vermitteltes Wissen	H Prüfungspraxis als konkrete Rechtsauslegung; Verwaltungsinterne Ordnung des Prüfungswesens; Artikulation prüfungsrelevanter Anliegen	I Lehre und Lernleistungskontrolle als Interaktion

Döbler 2018

Untersuchungen in den Feldern |A|D|G| gehen im Funktionssystem Wissenschaft etwa der Frage nach,

- wie auf der Ebene von Fakultäten unterschiedliches disziplinäres Wissen verschnitten bzw. kombiniert wird, sodass Studiengänge sich mit charakteristischen Profilen präsentieren bzw. als mehr oder weniger heterogene Fachkulturen analysiert werden können;
- wie Lehrende ihr disziplinär erworbenes Wissen reduzieren, um es unter den konkreten Bedingungen eines Studiengangs oder eines Moduls vermittelbar zu machen;
- inwieweit bei der Eingrenzung der Wissensgebiete wissenschaftliche mit didaktischen Kriterien (Niveaubestimmung nach HQR; Annahmen zur Studierfähigkeit bzw. Lernerverschiedenheit) (Felder |D|G|F|I|) gekoppelt werden.

Untersuchungen in den Feldern |C|F|I| werfen im Funktionssystem Bildung beispielsweise die Frage auf

- ob und wie die im Zuge des Bologna-Prozesses entwickelten Paradigmen und Technologien (Modularisierung; Kompetenzorientierung; Qualitätssicherung) in die curriculare Konstruktion von Studiengängen implementiert wurden
- wie Anforderungen an die interne Steuerung bzw. Sicherung der Lehrqualität umgesetzt werden, ob sie sich als wirksam erweisen, wie sie ggf. unterlaufen werden
- welche – mehr oder weniger eigenständigen – Akteure und Instanzen hinzugezogen werden, um Qualitätsansprüche zu realisieren
- inwieweit im Zuge der Implementierung der Qualitätssicherung die „plurale Autonomie" (Stichweh 128) als organisationales Spezifikum der Hochschule aufgeweicht wird zugunsten fest gekoppelter Teilsysteme (vgl. Kloke/Krücken 2012: 312) mit zentralisierten Initiativrechten und Steuerungsansprüchen.

Die für die Prüfungsverwaltung geltende Beschränkung auf das Funktionssystem Recht muss für den Prüfungsausschuss bzw. dessen Vorsitzende/n erweitert werden. In der vergleichenden Analyse können verschiedene Modalitäten der Koppelung von Recht, Lehre und Forschung identifiziert werden, die sich typologisierend zu spezifischen Stilen der Amtsführung verdichten lassen:

- Grundsätzlich kann das Kerngeschäft des Prüfungsausschusses innerhalb des Funktionssystems Recht den Feldern |E|H| zugeordnet werden; diese Tätigkeit umfasst Anregungen zur Abfassung der Prüfungsordnung, die administrative Regelung des Prüfungswesens, die Kontrolle der Rechtsauslegung durch Lehrende und Studierende, nicht zuletzt Entscheidungen im Falle prüfungsrelevanter Anliegen.
- Entscheidungen bzgl. der Anerkennung von Studienleistungen, die an anderen Hochschulen erbracht wurden, sind ohne kundige Rückversicherungen auf den fachwissenschaftlichen und curricularen Kontext (Felder |D|F|), in dem diese Leistungen erbracht wurden, qualifiziert nicht möglich.
- Die verfügbaren zeitlichen Ressourcen, aber auch die Philosophie der Amtsführung und deren Perzeption durch Studierende können als Randbedingungen gesehen werden, inwieweit die/der Vorsitzende des Prüfungsausschusses die in ihrer/seiner Position und ihrem/seinem spezifischen Wissen begründete Autorität nutzt, um auf studentische Studien- und Prüfungsentscheidungen einzuwirken. Diese Tätigkeiten der

Information und der Beratung erfolgen zwar im Kontext der Artikulation prüfungsrelevanter Anliegen (Feld |H|), sind wirksam aber nur, wenn sie in Kenntnis des Curriculums/des Studienprogramms, der individuellen Lern- und Prüfungshistorie und unter Abschätzung der Studienerfolgsaussichten erfolgen.

Umgekehrt bedeutet dies: Prüfungsängste sind sehr wohl situationsabstrakt steuerbar, nämlich durch formalisierte Strukturen, deren erwartungsstabilisierende und Sicherheit stiftende Funktion allerdings anschlussfähig kommuniziert werden muss. In den konkreten Tätigkeiten der/des Prüfungsausschussvorsitzenden in den Feldern |E|F|H|I| werden auf diese Weise die beiden Funktionssysteme Recht und Bildung zu dem Entwurf einer integrierten Studienberatung gekoppelt, ohne dass dies notwendig in der Strukturbeschreibung der Organisation ausformuliert ist.

In der unmittelbaren Interaktion mit Studierenden ist es nicht ausgeschlossen, dass diese auch das fachliche und didaktische Niveau von Lehrveranstaltungen ansprechen; dieses Wissen tangiert allerdings unmittelbar die professorale Autonomie und ist deshalb organisationsintern kaum kommunizierbar.

- Interessante Einsichten ermöglicht eine Koppelung der Felder |A|D|G|I| mit Blick auf das bereits ausführlich angesprochene Problem der Niveaubestimmung: Die Anfrage eines neu berufenen Kollegen, warum Studierende des 2. Semesters im Studiengang Soziale Arbeit sich denn nicht mit medizinischen Datenbanken auskennen, mag man als naiv abtun, sie verweist analytisch aber auf grundsätzliche Probleme: Welches disziplinäre Wissen ist auf welchem Niveau und in welchem didaktischen Zuschnitt in ein Studienprogramm eingebunden?

Daran schließt sich eine zweite Fragestellung an: Wie gehen wir damit um, dass die Funktionssysteme Wissenschaft und Bildung sich zunehmend entkoppeln: Auch wenn die „forschungsorientierte Lehre" als Konzeption von (Fach)Hochschule weitgehend Zustimmung findet, so ist doch zu konstatieren, dass Forschung und Lehre auf personaler Ebene in der Währung von Opportunitätskosten gegeneinander verrechnet werden. Festzuhalten ist auch: Im Rahmen von Forschungs- und Publikationsvorhaben wird „viel an Spezialwissen generiert (..), das in der Lehre kaum relevant ist" (Egger 2012: 36). Was in der Scientific Community Anerkennung findet, ist im Kontext von Lehre – zumindest auf BA-Niveau – kaum noch oder allenfalls in homöopathischen Dosen vermittelbar. Für Lehrende wird der Abstand zwischen eigenen Forschungsleistungen und erwartbaren Studienleistungen größer. Studierende (der Sozialen Arbeit) wünschen sich mehrheitlich eine berufliche Qualifizierung mit ausgeprägter Methoden- bzw. Handlungsorientierung. Theoriebezüge, Abstraktionen und das Denken in alternativen Erklärungsansätzen gilt vielen als Zeitverschwendung. Beobachtbar ist eine schleichende, durch die insuffiziente Gymnasialbildung beschleunigte Entfremdung zwischen Forschung und Lehre. In deren Verlauf scheinen die Interessen der Lehrenden, studentische Studienmotive und Qualifikationserwartungen der Anstellungsträger zunehmend auseinanderzudriften. Unverändert gilt Trebers ernüchterndes Anforderungsprofil für Hochschullehrende: „Gefragt ist (...) der zuverlässige Anbieter von verwertbarem Wissen" (Treber 1992: 68).

Diese Beobachtung einer Entfremdung zwischen Wissenschaft und Bildung, zwischen Forschung und Lehre kann im Kern auf den bei Luhmann/Schorr (2012) entwickelten Gedanken der Ausdifferenzierung des Erziehungssystems bezogen werden: „Das Ungenügen wissenschaftlicher Forschung als Form der Produktion von unterrichtsfähigen Themen führt zur Forderung einer Fachdidaktik und besonders einer Hochschuldidaktik (...) Was Wissenschaft (...) für den Erziehungsprozess leistet, erscheint heute nicht mehr als ohne Weiteres brauchbar, sondern bedarf nochmaliger systeminterner Aufbereitung" (a.a.O.: 57). In der organisationshistorischen Konkretion dieser Überlegung zeigt sich, wie vor allem das bildungspolitische Inklusionspostulat die Hochschulen gezwungen hat, die interne Koppelung zwischen dem Wissenschafts- und dem Erziehungssystem neu zu justieren. Dies erfolgte in den beiden letzten Jahrzehnten unter der mythischen Formel des „Bologna-Prozesses" und mit konkreten Erwartungen an eine Re-Konfiguration von Studienstrukturen. Wurden Lehrpläne in der Anfangsphase des Bologna-Prozesses noch an den Kriterien der „Studierbarkeit" und der „Vergleichbarkeit" ausgerichtet, so steht der Leitbegriff der „Qualitätssicherung" für den erweiterten Anspruch, die Organisationsformen von Lehre und Prüfung und nicht zuletzt die Professionalität der Lehr- und Prüfungstätigkeit an den Reflexionsformeln der „Kompetenzorientierung", der „Studierendenzentrierung" und der „Diversitätssensibilität" abzuarbeiten.

Auch wenn die hochschuldidaktische Expertise sich – wie eingehend dargestellt – mit strukturellen Hemmnissen und Widerständen auseinandersetzen muss, so schließt das doch keineswegs aus, dass Fragen der Strukturierung von Studienprogrammen, der Niveaudefinition, der Lehr- und Prüfungsgestaltung, der Studienbegleitung und nicht zuletzt der „Öffnung" und der „Durchlässigkeit" in den Teilsystemen der Hochschule kommuniziert werden. Zumeist ausgehend von Anregungen aus den Hochschulleitungen, werden diese Themen über die Dekanate in die Kollegien getragen und dort auf charakteristische Weise reformuliert. Die Fakultäten, ihre Gremien und Konferenzen bilden dann die rituellen Ordnungen, in denen Fragen der Hochschulgestaltung in Subthematisierungen überführt und an Partikularinteressen abgearbeitet werden. Auch wenn dies in einem relativ engen Horizont erfolgt, der zumeist durch das Interesse an einer Reduzierung vom Prüfungslasten abgesteckt wird, so schwingt weiterführend in der Reflexion des Prüfungswesens doch ein grundsätzliches Unbehagen mit:

> „Auf der einen Seite lässt sich akademische Bildung nicht ohne Prüfungen denken. Auf der anderen Seite aber ist es der akademischen Bildung abträglich, wenn sich Lehren und Lernen vorrangig an Prüfungen ausrichten." Ungeachtet aller Bemühungen um eine neue Prüfungskultur finde man an den Hochschulen einen Lehr- und Prüfungsalltag, „mit dem kaum einer so richtig zufrieden ist: Es gibt zu viele Prüfungen, die Art des Prüfens ist insgesamt betrachtet einseitig, und dass wirklich Kompetenzen erfasst werden, darf getrost bezweifelt werden" (Reinmann 2004: 5).

Tatsächlich verweisen die hier artikulierten Zweifel auf die Selektionsfunktion des Bildungssystems, um genau zu sein: die Selektion, die in der Hochschule als Bildungseinrichtung selbst doppelt angelegt ist, nämlich als Bewertungs- und als Bestehensentscheidung (Luhmann/Schorr 1999: 292). **Bewertungsentscheidungen** liegen in der **pädagogischen Verantwortung** von Lehrenden und heben ab auf deren Fähigkeit, begründet – und mehr oder weniger plausibel – Urteile darüber abzugeben,

- welche Lernvoraussetzungen Studierende mitbringen
- inwieweit Lehrangebote geeignet sind, studentische Bildungsprozesse zu irritieren
- ob die gesetzten Lernziele erreicht werden.

Von diesen Vorgängen der Bewertung – übrigens auch der eigenen Lehrleistung – sollen **Bestehensentscheidungen** abgegrenzt werden. Auch sie prozessieren Unterscheidungen, dies aber „unter Aufsicht" und mit Hilfe

- standardisierter Bewertungskriterien
- ausdifferenzierter „Sonderveranstaltungen" fürs Prüfen
- strukturierter Urteile (erfolgreich/nicht erfolgreich; kompetent/nicht kompetent)
- formaler Symbolzuweisungen (Qualifikation BA/MA, Noten, Zeugnisse).

Dabei, so notieren Luhmann/Schorr bereits vor 40 Jahren, gelte die Sympathie eindeutig der Bildung, nicht der Selektion: „Offenbar würde man am liebsten Selektion als einen naturalen Prozess ansehen, der von selbst abläuft und für den man nicht verantwortlich ist" (Luhmann/Schorr 1999: 256).

Das gebrochene Verhältnis zur Selektionsverantwortung aufnehmend, gibt es zahllose und hinreichend diskutierte Vorschläge, Lehre und Prüfung zu entkoppeln, so dass wenigstens „nicht jede gezeigte (und nicht gezeigte) Leistung erfasst" (Reinmann 2014: 7) und in Bestehensentscheidungen überführt wird. Auch mag es als entlastend wahrgenommen werden, dass es eine grundsätzliche Differenz gibt zwischen formaler Qualifikation und tatsächlicher Berufseignung. Über letztere urteilen Anstellungsträger, die sich mit Bewerbungsgesprächen, Probezeiten oder „Traing on the Job" Instrumente geschaffen haben, um im Zuge von Performanzbeobachtungen eigene Bewertungskriterien anzulegen und interne Selektionsentscheidungen zu treffen. Über F&E-Kooperationen mit Hochschulen, berufsfeldnahe Studienprojekte, duale Studiengänge oder die Abstellung von Lehrbeauftragten ist es ihnen zudem möglich, auf die immanente Selektivität der Hochschullehre, auf Lehrinhalte und das tatsächlich realisierte Lernniveau einzuwirken. Bestehensentscheidungen bleiben gleichwohl der rechtlich gefesselten und unter Konsistenzdruck stehenden Selektionsverantwortung der Hochschule vorbehalten.

Den Hochschullehrenden ist diese Verantwortung als Prüfungsverpflichtung auferlegt. Wie dieser entsprochen wird, kann nur im Zuge empirischer Lehr-Lernforschungen beantwortet werden. Positionen, die Hochschullehrenden a priori einen Professionalisierungsbedarf oder gar Prüfungsinkompetenz unterstellen, sind wenig hilfreich. Sie sind wissenschaftlich nicht abgesichert und operieren zudem mit einem Verständnis von Kompetenz, das sich nicht einmal die Mühe macht, Handlungsperformanzen zu beobachten und dabei der Frage nachzugehen, wie „Prüfungen" im Hochschulalltag hergestellt werden. Prüfungsordnungen, Formulare, Prüfungsprotokolle, Bescheide, Prüfungspläne, Noteneinträge oder prüfungsrelevante eMails sind diesem Produktionsvorgang gleichermaßen zuzuordnen wie beobachtbare Verhaltensweisen im situativen Rahmen von Lehrveranstaltungen, Beratungsgesprächen, mündlichen Prüfungen, Klausuren oder studentischen Arbeitsgruppen zur Prüfungsvorbereitung. Ein wesentliches Merkmal dieser Produktionsprozesse ist, dass sie zumeist in direkter Kommunikation von Akteuren erfolgen, die daran mit typischen Interessenlagen, eigenen Motiven und Projektionen, mit Erfahrungswissen und alltagsweltlichen Deutungen beteiligt sind. Das Prüfungswesen einer Fakultät ist also mehr als ein Dienstleistungssystem oder eine formale Organisation; es ist auf komplexe Weise Teil einer sozialen Ordnungsleistung, die als „System" analysiert und als „Prüfungskultur" beschrieben werden kann. Für einen „Qualitätsvergleich" oder eine komparative Organisationsanalyse taugt diese Erkenntnis sicher nicht; vielleicht aber als Wegweisung oder Kontrastfolie, die eigene Lehr-Lernwelt „Hochschule" noch einmal anders oder als „gar nicht so anders" zu sehen.

Quellen- und Literaturverzeichnis

Quellen

Vorsitzender des Prüfungsausschusses der Fakultät S an der Ostfalia – Archiv Prüfungsangelegenheiten:
- eMail-Kommunikation im Zeitraum Februar 2011 bis Juni 2016
- Sammlung aller im Zeitraum Februar 2011 bis Juni 2016 ergangenen Bescheide/Prüfungsentscheidungen
- Sammlung aller im Zeitraum Februar 2011 bis Juni 2016 veröffentlichten Informationsblätter zum Prüfungswesen

Ostfalia Hochschule für angewandte Wissenschaften
- Zielvereinbarung 2014 - 2018 gem. § 1 Abs. 3 des Niedersächsischen Hochschulgesetzes zwischen dem Niedersächsischen Ministerium für Wissenschaft und Kultur und der Hochschule Braunschweig/Wolfenbüttel, Ostfalia Hochschule für angewandte Wissenschaften, URL: http://www2.ostfalia.de/cms/de/hl/intranet/download/Zielvereinbarung_2014-2018_end.pdf
- Verkündungsblatt Ostfalia Hochschule für angewandte Wissenschaften, Hochschule Braunschweig/Wolfenbüttel, 19. Jahrgang Wolfenbüttel, den 14.07.2016, Nummer 27: Neufassung der Immatrikulationsordnung der Ostfalia Hochschule für angewandte Wissenschaften – Hochschule Braunschweig/Wolfenbüttel, URL: https://www.ostfalia.de/export/sites/default/de/rechtliches/verkuendungsblaetter/2016/27-2016_Immatrikulationsordnung.pdf
- Verkündungsblatt der Fachhochschule Braunschweig/Wolfenbüttel, 11. Jahrgang Wolfenbüttel, den 04.07.2008, Nummer 20: Neufassung der Zulassungsordnung für die zulassungsbeschränkten grundständigen Studiengänge der Fachhochschule Braunschweig/Wolfenbüttel
- Verkündungsblatt Ostfalia Hochschule für angewandte Wissenschaften, Hochschule Braunschweig/Wolfenbüttel, 15. Jahrgang Wolfenbüttel, den 06.03.2012, Nummer 07: Prüfungsordnung für den Bachelorstudiengang „Soziale Arbeit" der Ostfalia Hochschule für angewandte Wissenschaften – Hochschule Braunschweig/Wolfenbüttel, Fakultät Soziale Arbeit, URL: https://www2.ostfalia.de/export/sites/default/de/s/download/Pruefungsamt/BPO_SA.pdf

Literaturverzeichnis

AfH: Leistungsnachweise in modularisierten Studiengängen. Dossier der Arbeitsstelle für Hochschuldidaktik, Universität Zürich 2007, URL: www.fwb.uzh.ch/services/ leistungsnachweise/Dossier_LN_AfH.pdf (25.06.16)

Ala-Vähälä, T./Saarinen, T.: Building European-level Quality Assurance Structures: Views from Within ENQA. In: Quality in Higher Education 2/2009, pp. 89-103.

Albrecht, F./Haertel, T.: Kompetenzen in der Kompetenzerfassung. Gemeinsame Veranstaltung in den Sektionen Wissenschaftssoziologie und Professionssoziologie der DGS und des ‚House of Competence' am KIT am 1. Und 2. 7.2011. Karlsruhe 2011.

Alonso, G.: Kompetenzförderung an der Hochschule. Eine hochschuldidaktische Konzeption und Evaluation von Lernszenarien zur integrativen Vermittlung von Schlüsselkompetenzen. Göttingen: Sierke 2009.

Anderson, L. W. et al.: A taxonomy for learning, teaching, and assessment. A revision of Bloom's taxonomy of educational outcomes. New York: Longman 2001.

ANKOM –Wissenschaftliche Begleitung der BMBF-Initiative „Anrechnung beruflicher Kompetenzen auf Hochschulstudiengänge (ANKOM) " (Hg.): ANKOM-Arbeitsmaterialie Nr. 3: Verfahren und Methoden der individuellen Anrechnung. Hannover: HIS 2012, URL: http://ankom.dzhw.eu/pdf_archiv/M3_Ankom.pdf (05.12.17)

Antos, G.: „Wissen": Positionen einer Debatte. In: Kolloquium „Transferwissenschaften: Theorie, Steuerung und Medien des Wissenstransfers", Göttingen, 5. bis 7. September 2001 in der Niedersächsischen Staats- und Universitätsbibliothek (SUB), Georg-August-Universität Göttingen 2003.

Antunes, F.: Globalisation and Europeification of Education Policies. Routes, Processes and Metamorphoses. European Educational Research Journal 1/2006, pp. 38-56.

Arbeitsgruppe Hochschuldidaktische Weiterbildung an der Albert-Ludwigs-Universität Freiburg i. Br.: Besser Lehren. Heft 10: Mündliche Hochschulprüfungen. Weinheim: Beltz 2000.

Artelt, C.: Strategisches Lernen. Münster: Waxmann 2000.

Aufenanger, St.: Kompetenzorientiertes Prüfen. In: Teaching is touching the future. Emphasis on skills. GLK-Tagungsband. Bielefeld: Univ.-Verl. Webler 2014, S. 181-191.

Auferkorte-Michaelis, N.: Innerinstitutionelle Hochschulforschung – ein hochschuldidaktischer Forschungstyp als Reflexionsinstrument für eine Hochschule. In: Schneider, R. et al. (Hg.): Wandel der Lehr und Lernkulturen. Bielefeld: Bertelsmann 2009, S. 220-231.

Bachmann, H.: Kompetenzorientierte Hochschullehre. Die Notwendigkeit von Kohärenz zwischen Lernzielen, Prüfungsformen und Lehr-Lernmethoden. Bern: HEP Verlag 2011.

Baecker, D.: Korrektur. In: Horst, J.-C. (Hg.): Unbedingte Universitäten. Das Bologna-Bestiarium. Zürich [u.a.]: diaphanes 2013, S. 165-173.

Baecker, D.: Forschung, Lehre, Verwaltung. Zu|schnitt 020 (Diskussionspapiere der Zeppelin University Friedrichshafen), Februar 2010, URL: https://www.zu.de/info-wAssets/zu-schnitt/zuschnitt_020.pdf (04.07.16)

Baecker, D.: Das Personal der Universität. Zu|schnitt 013 (Diskussionspapiere der Zeppelin University Friedrichshafen), Februar 2007a, URL: https://www.zu.de/info-wAssets/zu-schnitt/zuschnitt_013.pdf (04.07.16)

Baecker, D.: Das Personal der Universität. In: Abschlussdokumentation zur 50. Jahrestagung der Kanzlerinnen und Kanzler der deutschen Universitäten. Entscheidungen delegieren – Verantwortung tragen – Ressourceneinsatz optimieren: Grenzen und Chancen der Budgetierung von Personalmitteln. Gießen: Justus-Liebig-Universität 2007b, S. 17-44. URL: https://www.uni-giessen.de/org/admin/kb/jahrestagung/abschlussdokumentation-1 (23.09.17)

Baecker, D.: Organisation als System. Frankfurt a.M: Suhrkamp 1999.

Bakman, N.: Hochschulprüfungen: Hürde oder Alptraum? Beratung und Therapie von Prüfungsängsten. In: Schweizer Archiv für Neurologie und Psychiatrie 1/2003, S. 5-10.

Bambach, H. (Hg.): Prüfen und beurteilen: Zwischen Fördern und Zensieren. Seelze: Friedrich 1996.

Barkholt, K.: The Bologna Process and Integration Theory. Convergence and Autonomy. In: Higher Education in Europe 2005, pp. 23-29.

Barr, R. B./Tagg, J.: Shift from Teaching to Learning – A New Paradigm for Undergraduated Education. Change Management. November/December 1995, pp. 13-15.

Barnett, R.: Being a Student in an Age of Uncertainty : managing, developing and educating horizons of learning. In: Kossek, B./ Zwiauer, Ch. (Hg.): Universität in Zeiten von Bologna. Zur Theorie und Praxis von Lehr- und Lernkulturen, Göttingen: University Press 2012, pp. 31-44.

Barrett, T./ Moore, S. (Ed.): New approaches to problem-based learning. Revitalising your practice in higher education. New York: Routledge 2011.

Bartels, C./Bauer, Y./Gilch, H.: Reorganisation der Prüfungs- und Studierendenverwaltung. In: Moog, H./Vogel, B. (Hg.), HIS:Forum Hochschule 01/2006: Bachelor- und Masterstudiengänge – Materialien zur Organisation und Ressourcenplanung. Hannover: HIS 2006, S. 20-37.

Barth, M./Godemann, J./Rieckmann, M./Stoltenberg, U.: Developing key competencies for sustainable development in higher education. In: International Journal of Sustainability in Higher Education 8/2007, pp. 416-430.

Bartosch, U.: Bildung gleich Kompetenzentwicklung? Vortrag zur Tagung „Tragweite und Funktion universitärer Bildungsziele. Bologna in Marburg", Philipps-Universität Marburg, 26. Oktober 2009, URL: https://www.uni-marburg.de/studium/bolognaworkshop/bartoschvortrag.pdf (15.08.16)

Bauer, G.: Simulation von mündlichen Hochschulprüfungen: Chance für Transparenz und soziales Lernen. In: Gruppendynamik. Zeitschrift für angewandte Sozialpsychologie, 4/1979, S. 249-262.

Bauer, U.: Selbst- und/oder Fremdsozialisation: Zur Theoriedebatte in der Sozialisationsforschung. In: Zeitschrift für Soziologie der Erziehung und Sozialisation 2/2002, S. 118-142.

Bauer, Th./Zimmermann, K. F.: Studienverhalten und Prüfungserfolg. Ergebnisse einer Studentenumfrage. In: Wirtschaftswissenschaftliches Studium. Zeitschrift für Ausbildung und Hochschulkontakt, 27. Jahrgang, H.1, München u. a. 1998, S. 159-161.

Baumert, B./May, D.: Constructive Alignment als didaktisches Konzept. Lehre planen in den Ingenieur- und Geisteswissenschaften. In: journal hochschuldidaktik 1-2/2013, S. 23-27.

Becker, H. S./Geer, B./Hughes, E. C.: Making the Grade. The academic side of college life, 1995, first published: New York 1968.

Becker-Lenz, R./Ehlert, G./Busse, St./Müller-Hermann, S. (Hg.): Bedrohte Professionalität. Aktuelle Gefahren und Einschränkungen für Soziale Arbeit. Wiesbaden: Springer 2014.

Berbuir, U.: Organisation der Prüfungsverwaltung im Spannungsfeld von Bürokratisierung und Serviceorientierung. In: Degenhardt, L./Stender, B. (Hg.): Forum Prüfungsverwaltung 2009 (HIS: Forum Hochschule 15/2010). Hannover 2010, S. 77-81.

Berendt, B./Voss, H.-P./Wildt, J. (Hg.): Neues Handbuch Hochschullehre. Lehren und Lernen effizient gestalten. Teil H: Prüfungen und Leistungskontrollen. Besondere Prüfungssituationen. Berlin 2014.

Berg, Ch./Weber, R.: Hochschulreform aus studentischer Perspektive. In: Bundeszentrale für politische Bildung (Hg.): Aus Politik und Zeitgeschichte 48/2006, Bonn 2006, S. 14-20.

van den Berg, R./Hofman, A.: Student success in university education: A multi-measurement study of the impact of student and faculty factors on study progress. In: Higher Education Vol. 50 2005, pp. 413-446.

Berger, P.L./Luckmann, Th.: Die gesellschaftliche Konstruktion der Wirklichkeit. Eine Theorie der Wissenssoziologie. 4. Aufl. Frankfurt a.M.: S.Fischer 1974.

Berthold, Ch./Jorzik, B./Meyer-Guckel, V. (Hg.): Handbuch Studienerfolg. Strategien und Maßnahmen: Wie Hochschulen Studierende erfolgreich zum Abschluss führen (Stifterverband für die Deutsche Wissenschaft), o.O., o.J.

Biermann, R.: Die Bedeutung des Habitus-Konzepts für die Erforschung soziokultureller Unterschiede im Bereich der Medienpädagogik. In: Zeitschrift für Theorie und Praxis der Medienbildung 17/2009, S. 2-18, URL: www.medienpaed.com/17/biermann0908.pdf (04.07.16)

Biermann, R.: Der mediale Habitus von Lehramtsstudierenden. Eine quantitative Studie zum Medienhandeln angehender Lehrpersonen. Wiesbaden: Springer VS 2009.

Biggs, J./Tang, C.: Teaching for quality learning at university. What the Student does. New York: Open University Press 2008.

Birkel, P.: Mündliche Prüfungen. Zur Objektivität und Validität der Leistungsbeurteilung. Bochum: Ferdinand Kamp 1978.

Bloom, B. S. et al.: Taxonomy of educational objectives. The classification of educational goals: Handbook 1, Cognitive domain. New York: McKay 1956.

BMBF 2015: Gute Lehre in den Hochschulen, 6.11.2015, URL: https://www.bmbf.de/de/gute-lehre-in-den-hochschulen-1940.html (26.07.16)

BMBF 2010a: Verwaltungsvereinbarung zwischen Bund und Ländern gemäß Artikel

91b Absatz 1 Nummer 2 des Grundgesetzes über ein gemeinsames Programm für bessere Studienbedingungen und mehr Qualität in der Lehre vom 18. Oktober 2010, BAnz Nr. 164 vom 28. Oktober 2010, URL: http://www.gwk-bonn.de/fileadmin/Papers/Programm-Lehrqualitaet-Vereinbarung-2010.pdf (26.07.16)

BMBF 2010: Richtlinien zur Umsetzung des gemeinsamen Programms des Bundes und der Länder für bessere Studienbedingungen und mehr Qualität in der Lehre vom 10. November 2010, URL: http://www.gwk-bonn.de/fileadmin/Papers/Programm-Lehrqualitaet-BMBF-Richtlinien.pdf (26.07.16)

Bock, K. D.: Zum Unterschied von Prüfungs- und Studienleistungen. In: Das Hochschulwesen. Forum für Hochschulforschung, -praxis und -politik 1/2000, S. 15-23.

Bönsch, M.: Allgemeine Didaktik. Ein Handbuch zur Wissenschaft vom Unterricht. Stuttgart: Kohlhammer 2006.

Boerner, S./Seeber, G./Keller, H./Beinborn, P.: Lernstrategien und Lernerfolg im Studium: zur Validierung des LIST bei berufstätigen Studierenden. In: Zeitschrift für Entwicklungspsychologie und Pädagogische Psychologie 1 (2005), S. 17-26.

Bogumil, J./Heinze, R.G. (Hg.): Neue Steuerung von Hochschulen: Eine Zwischenbilanz. Berlin: edition sigma 2009.

Bonse-Rohmann, M./Nauerth, A./Hüntelmann, I. (Hg.): Kompetenzorientiert prüfen. Lern- und Leistungsüberprüfungen in der Pflegeausbildung. München: Elsevier 2008.

Bologna Working Group. (2005) A Framework for Qualifications of the European Higher Education Area. Bologna Working Group Report on Qualifications Frameworks (Copenhagen, Danish Ministry of Science, Technology and Innovation). URL: http://ecahe.eu/w/images/7/76/A_Framework_for_Qualifications_for_the_European_Higher_Education_Area.pdf (17.05.17)

Bonse-Rohmann, M.: Kompetenzmessung – Analyse von Äquivalenzen zwischen beruflicher und hochschulischer Bildung im Projekt ANKOM Gesundheitsberufe nach BBiG. In: Walkenhorst, U./Nauerth, A./Bergmann-Tyacke, I./Marzinzik, K. (Hg.): Kompetenzentwicklung im Gesundheits- und Sozialbereich. Bielefeld: Universitätsverlag Webler 2009, S. 193-205.

Böss-Ostendorf, A./Senft, H.: Einführung in die Hochschul-Lehre. Ein Didaktik-Coach. Opladen u.a.: Budrich 2010.

Bossong, B.: Angst als dispositionelle selbstwertdienliche Strategie in Leistungssituationen. In: Zeitschrift für Sozialpsychologie 1/1995, S. 3-14.

Bornewasser, M./Köhn, A.: Kommunikation und soziale Konflikte in Prüfungsverwaltungen – eine Befragung über ihre Auswirkungen auf die Wahrnehmung von Arbeitsprozessen und Arbeitszufriedenheit. In: Degenhardt, L./Stender, B. (Hg.): Forum Prüfungsverwaltung 2009 (HIS: Forum Hochschule 15). Hannover 2010, S. 7-25.

Bound, D.: Reframing assessment as if learning were important. In: Boud, D./ Falchikov, N. (Hg.): Rethinking Assessment in Higher Education. Learning for the longer term. London, New York: Routledge 2007, pp. 14-25.

Bourdieu, P.: Ökonomisches Kapital, kulturelles Kapital, soziales Kapital. In: Bauer, U./ Bittlingmayer, U.H./Scherr, A. (Hg.): Handbuch der Bildungs- und Erziehungssoziologie. Wiesbaden: Springer 2012, S. 229-242.

Brandstätter, H./Farthofer, A. (2003). Einfluss von Erwerbstätigkeit auf den Studienerfolg. In: Zeitschrift für Arbeits- und Organisationspsychologie 3/2003, S. 134-145.

Brandt, G.: Vereinbarkeit von Familie und Beruf bei Hochschulabsolvent(inn)en. (HIS: Forum Hochschule 8). Hannover: HIS 2012.

Braun, E./Gusy, B./Leidner, B./Hannover, B.: Das Berliner Evaluationsinstrument für selbsteingeschätzte, studentische Kompetenzen (BEvaKomp). In: Diagnostica 1/2008, S. 30-42.

Braun, E./Hannover, B.: Kompetenzmessung und Evaluation von Studienerfolg. In: Jude, N./Hartig, J./Klieme, E. (Hg.): Kompetenzerfassung in pädagogischen Handlungsfeldern. Theorien, Konzepte und Methoden. Bonn: Bundesministerium für Bildung und Forschung 2008, S. 153-160.

Breidebach, G.: Professionelle Hochschuldidaktik. Motivierende und studierendenorientierte Planung, Durchführung und Reflexion von Lehrveranstaltungen; ein Portfolio. Hamburg: Kovač 2013.

Brinker, T.: Lehre, die ankommt. Das Netzwerk Hochschuldidaktische Weiterbildung NRW. In: Beaugrand, A. (Hg.): Bildung anführen. Über Hochschulmanagement nach Bologna-Reform. Bielefeld: transskript 2015, S. 188-215.

Brinker, T.: Qualitätskriterien für den Erwerb und die Förderung von Schlüsselkompetenzen an Hochschulen. In Heyse, V. (Hg.): Aufbruch in die Zukunft. Erfolgreiche Entwicklungen von Schlüsselkompetenzen in Schulen und Hochschulen. Münster: Waxmann 2014, S. 213-234.

Brinker, T.: Verschiedene Prüfungsformen. Kompetent prüfen – Performanz bewerten. Präsentationsfolien Nov. 2012, URL: https://www.vdi.de/fileadmin/vdi.../4_Brinker_Kompetent-Pruefen.pdf (14.07.16)

Brinker, T.: Kompetent prüfen - Performanz bewerten. Konstruktives Abgleichen von Lehre und Prüfung. In: Dorfer/Lind/Salmhofer (Hg.): Prüfen auf dem Prüfstand. Graz: Universitätsverlag 2011, S. 37-53.

Brinker, T./Schumacher, E.-M.: Befähigen statt belehren. Neue Lehr- und Lernkultur an Hochschulen. Bern: HEP Verlag 2014.

Brocker, L.: Prüfungsrecht - „Der ungerechte Prüfer". In: Anderbrügge, K./Epping, V./Pallme König, U./Peters, K. (Hg.): Fortschritte des Wissenschaftsrechts. Festgabe für Dieter Leuze zum 80. Geburtstag. Bielefeld: Gieseking 2013, S. 59-66.

Brockmann, J./Pilniok, A. (Hg.): Prüfen in der Rechtswissenschaft. Probleme, Praxis und Perspektiven. Baden-Baden: Nomos 2013.

Bromme, R./Jucks, R./Rambow, R.: Experten-Laien-Kommunikation im Wissensmanagement. In: Reinmann, G./Mandl, H. (Hg.): Der Mensch im Wissensmanagement: Psychologische Konzepte zum besseren Verständnis und Umgang mit Wissen. Göttingen: Hogrefe 2004, S. 176-188.

Buhr, R. et al. (Hg.): Durchlässigkeit gestalten! Wege zwischen beruflicher und hochschulischer Bildung. Münster: Waxmann 2008.

Burchert, H./Bonse-Rohmann, M.: Anrechnung beruflicher Kompetenzen – Von der Theorie zur Praxis in der Hochschule? In: Betriebswirtschaftliche Forschung und Praxis 4/2008, S. 313-333.

Büchler, T.: Studierende aus nichtakademischen Elternhäusern im Studium. Expertise im Rahmen des Projektes „Chancengleichheit in der Begabtenförderung" der Hans-Böckler-Stiftung (Arbeitspapier 249). Düsseldorf 2012.

Bülow, R.: Studienstrategie und Studiengestaltung. Eine empirische Untersuchung an der Ruhr-Universität Bochum, Marburg 1996.

Bülow-Schramm, M./Gipser, D.: «Wer Lehre sagt, der muss auch Prüfung sagen ...". Zur Funktion von Prüfungen an Hochschulen. In: Berendt, B. (Hg.): Handbuch Hochschullehre. Bonn: Raabe 1994, S. 9-18.

Bülow-Schramm, M.: Hochschuldidaktische Prüfungskritik revisited unter Bologna-Bedingungen. In: Dany, S./Szczyrba, B./Wildt, J. (Hg.): Prüfungen auf die Agenda! Hochschuldidaktische Perspektiven auf Reformen im Prüfungswesen (Blickpunkt Hochschuldidaktik Bd. 118). Bielefeld: Bertelsmann 2008, S. 27-44.

Bundesministerium für Bildung und Forschung (BMBF): Studiensituation und studentische Orientierungen. 10. Studierendensurvey an Universitäten und Fachhochschulen. Bonn und Berlin: BMBF 2008.

Bund-Länder-Koordinierungsstelle für den Deutschen Qualifikationsrahmen für lebenslanges Lernen (Hg.): Handbuch zum Deutschen Qualifikationsrahmen. Struktur – Zuordnungen – Verfahren – Zuständigkeiten, 1.8.2013, URL: https://www.dqr.de/media/content/DQR_Handbuch_01_08_2013.pdf (26.04.17)

Chur, D.: Kompetenzorientierung im Studium und der Erwerb von Schlüsselkompetenzen. In: Kossek, B./ Zwiauer, Ch. (Hg.): Universität in Zeiten von Bologna. Zur Theorie und Praxis von Lehr- und Lernkulturen, Göttingen: University Press 2012, S. 289-314.

Classen, C. D.: Qualitätssicherung durch gute Studien- und Prüfungsordnungen. In: Benz, W./Kohler, J./Landfried, K. (Hg.): Handbuch Qualität in Studium und Lehre. Evaluation nutzen - Akkreditierung sichern – Profil schärfen! Teil E: Methoden und Verfahren des Qualitätsmanagements. Konzeptentwicklung und innovative Studiengangsplanung. Berlin: Raabe 2013, E 5.14.

Communiqué of the Conference of European Ministers Responsible for Higher Education, Leuven and Louvain-la-Neuve, 28-29 April 2009: The Bologna Process 2020 - The European Higher Education Area in the new decade, URL: https://www.eurashe.eu/library/modernising-phe/Bologna_2009_Leuven-Communique.pdf (24.04.17)

Council of Europe (1997): Convention on the Recognition of Qualifications concerning Higher Education in the European Region (Lisbon Convention) 11.04.1997, URL:https://www.coe.int/en/web/conventions/full-list/-/conventions/rms/090000168007f2c7 (03.12.17)

Costes, N. et al.: Quality Procedures in the European Higher Education Area and Beyond – Second ENQA Survey, Helsinki 2008.

Dale, R.: Changing the Meanings of »The Europe of Knowledge« and »Modernizing the University«, from Bologna to the »New Lisbon«. In: European Education 4/2008, p. 27-42.

Dany, S./Szczyrba, B./Wildt, J. (Hg.): Prüfungen auf die Agenda! Hochschuldidaktische Perspektiven auf Reformen im Prüfungswesen. Bielefeld: Bertelsmann 2008.

David, L.: Gedanken über das Lehren. Abschied von Rezepten in der Erwachsenenbildung. Wiesbaden: Springer VS 2018.

Dederding, H.-M./Naumann, B.: Gesprächsaktinitiierende Steuerungsmittel in Prüfungsgesprächen. In: Hundsnurscher, F./Weigand, E. (Hg.): Dialoganalyse. Referate der 1. Arbeitstagung. Tübingen 1986, S. 129-141.

Degenhardt, L./Stender, B. (Hg.): Forum Prüfungsverwaltung 2011. Prüfungsverwaltung im Spannungsfeld zwischen Serviceorientierung und Rechtsvorschriften (HIS: Forum Hochschule 19/2011). Hannover 2011.

Degenhardt, L./Stender, B. (Hg.): Forum Prüfungsverwaltung 2009 (HIS: Forum Hochschule 15). Hannover 2010.

Degenhardt, L.: Bundesweite Befragung zur Prüfungsverwaltung. In: Degenhardt, L./ Stender, B. (Hg.): Forum Prüfungsverwaltung 2009 (HIS: Forum Hochschule 15/2010). Hannover 2010, S. 83-106.

Degenhardt, L./Wannemacher, K.: Studienbegleitende Prüfungen – Überlastung und Chaos vorprogrammiert? In: Terbuyken, G. (Hg.): Loccumer Protokolle 78/09: In Modulen lehren, lernen und prüfen. Herausforderung an die Hochschuldidaktik, Rehburg-Loccum: Evangelische Akademie Loccum 2010, S. 245-262.

Dewe, B./ Ferchhoff, W./Scherr, A./Stüwe, G.: Professionelles soziales Handeln. Soziale Arbeit im Spannungsfeld zwischen Theorie und Praxis. 2. überarb. Aufl., Weinheim/München: Juventa 1995.

Dickhäuser, O./Janke, S./Praetorius, A.-K./Dresel, M.: Effects of teachers' reference norm orientations on students' implicit theories and academic self-concepts. In: Zeitschrift für Pädagogische Psychologie, 31/2017, S. 205-219.

Dinsleder, C.: Die Herausbildung von professionellen Selbstverständnissen bei Hochschullehrenden. Fallstudien zur Entwicklung von Lehrdispositionen in der Berufsbiographie. In: Egger/Merkt (Hg.) 2012, S. 101-123.

Dittmann, J.: Konzeptionelle Mündlichkeit in E-Mail und SMS. Bari_Druck_Text&Lit. doc Fassung 10.08.2015, URL: https://portal.uni-freiburg.de/ sdd/personen/ehemalige/ dittmann/index.html/publikationen/files/ konzeptionelle_muendlichkeit. pdf (3.12.17)

Döbler, J.: Credits und andere Kröten. Sozialarbeiterausbildung im europäischen Hochschulraum (Beiträge zur europäischen Sozialpolitik & internationalen Sozialarbeit 4), 2. Aufl., Braunschweig 2004.

Dorfer, A./Lind, G./Salmhofer, G. (Hg.): Prüfen auf dem Prüfstand. Sammelband zum Tag der Lehre 2010 der Karl-Franzens-Universität Graz (Grazer Beiträge zur Hochschullehre). Graz: Leykam (Grazer Universitätsverlag) 2011.

Dubs, R.: Besser schriftlich prüfen. In: Neues Handbuch Hochschullehre, Loseblattsammlung, Berlin: Raabe Verlag, Griffmarke H 5.1.

Ebbinghaus, M./Görmar, G./Stöhr, A.: Evaluiert: Projektarbeit und Ganzheitliche Aufgaben. Ergebnisbericht zur Evaluation der Abschlussprüfungen in den vier IT-Berufen. Bielefeld 2001.

Eckert, R.: Universität als Lebensraum, in: Müller, A.W./Hettich, R. (Hg.): Die gute Universität. Beiträge zu Grundfragen der Hochschulreform, Baden-Baden: Nomos 2000, S. 63-72.

Egger, R.: Sozialisationsbedingungen von ForscherInnen in universitären Lehrräumen. In: Egger/Merkt (Hg.) 2012, S. 29-44.

Egger, R./Merkt, M. (Hg.): Lernwelt Universität. Entwicklung von Lehrkompetenz in der Hochschullehre. Wiesbaden: Springer VS 2012.

Egloff, B.: Praktikum und Studium: Diplom-Pädagogik und Humanmedizin zwischen Studium, Beruf, Biographie und Lebenswelt, Opladen: Leske und Budrich 2002.

Elias, N.: Was ist Soziologie. 5. Auflage. München 1986.

Englmann, B./Müller, M.: Brain Waste. Die Anerkennung von ausländischen Qualifikationen in Deutschland. Augsburg (Tür an Tür - Integrationsprojekte gGmbH) 2007.

ENQA - European Association for Quality Assurance in Higher Education: Papers and Report, URL: http://www.enqa.eu/index.php/publications/papers-reports/associated-reports/ (26.07.16)

ENQA 2010: 10 years (2000–2010) A decade of European co-operation in quality assurance in higher education, Helsinki 2010, URL: http://www.enqa.eu/indirme/papers-and-reports/occasional-papers/ENQA%2010th%20Anniversary%20publication.pdf (24.04.17)

ENQUA 2006: Standards und Leitlinien für die Qualitätssicherung im Europäischen Hochschulraum (Deutsche Übersetzung der „Standards and Guidelines for Quality Assurance in the European Higher Education Area" der European Association for Quality Assurance in Higher Education (ENQA)). Beiträge zur Hochschulpolitik 9/2006.

Entwistle, N. J./Ramsden, P.: Identifying distinct approaches to studying. In: Entwistle, N./Ramsden, P. (Ed.): Understanding Student Learning. London: Croom Helm 1983, pp. 33-55.

Erpenbeck, J./v. Rosenstiel, L. (Hg.): Handbuch Kompetenzmessung. Erkennen, verstehen und bewerten von Kompetenzen in der betrieblichen, pädagogischen und psychologischen Praxis. 2. Überarb. und erw. Aufl., Stuttgart: Schäffer-Poeschel 2007.

Ertl, H. 2003: The European Union and Education and Training. An Overview of Policies and Initiatives. In: H. Ertl, H./Phillips, D. (Hg.), Implementing European Union Education and Training Policy. A Comparative Study of Issues in Four Member States. Dordrecht: Kluwer Academic Publishers 2003, pp. 13-39.

EUA/ENQA 2007: Embedding Quality Culture in Higher Education. A Selection of Papers from the 1st European Forum for Quality Assurance 23. - 25. November 2006, hosted by the Technische Universität München, Germany (EUA Case Studies), Brussels 2007, URL: http://www.enqa.eu/indirme/papers-and-reports/associated-reports/EUA_QA_Forum_publication.pdf (19.05.17)

EU COMM 2015: European Commission/EACEA/Eurydice, 2015. The European Higher Education Area in 2015: Bologna Process Implementation Report. Luxembourg: Publications Office of the European Union, URL: https://eacea.ec.europa.eu/sites/eacea-site/files/european_higher_education_area_bologna_process_implementation_report.pdf (1.8.2018)

EU COMM 2013: High Level Group on the Modernisation of Higher Education. Report to the European Commission on Improving the quality of teaching and learning in Europe's higher education institutions, June 2013, URL: http://ec.europa.eu/dgs/education_culture/repository/education/library/reports/modernisation_en.pdf (24.04.17)

EU COMM 2009: Kommission der Europäischen Gemeinschaften: Bericht der Kommission an den Rat, das Europäische Parlament, den Europäischen Wirtschafts- und Sozialausschuss und den Ausschuss der Regionen. Bericht über die Fortschritte bei der Qualitätssicherung in der Hochschulbildung, Brüssel, den 21.9.2009, KOM(2009) 487 endgültig., URL: http://eur-lex.europa.eu/legal-content/DE/TXT/PDF/?uri=CELEX:52009DC0487&from=de (24.04.17)

EU COMM 2008: Der europäische Qualifikationsrahmen für lebenslanges Lernen 2006/2008, URL: https://ec.europa.eu/ploteus/sites/eac-eqf/files/brochexp_de.pdf (13.08.16)

EU COMM 2000: Memorandum über Lebenslanges Lernen (Arbeitsdokument der Kommissionsdienststellen), Brüssel, den 30.10.2000, SEK (2000) 1832, URL: https://www.hrk.de/uploads/tx_szconvention/memode.pdf (18.12.17)

Eugster, B./Lutz, L.: Leitfaden für das Planen, Durchführen und Auswerten von Prüfungen an der ETHZ. Überarbeitete Version, Zürich 2004, URL über HRK-Projekt nexus, URL: https://www.hrk-nexus.de/fileadmin/redaktion/hrk-nexus/07-Downloads/07-03-Material/Leitfaden_PDA_Pruefungen_DiZ-2003.pdf (13.08.16)

Eugster, B.: Leistungsnachweise und ihr Ort in der Studiengangentwicklung. Überlegungen zu einer Kritik des curricularen Alignements. In: Brinker, T./Tremp, O.P. (Hg.): Einführung in die Studiengangentwicklung. Bielefeld: Bertelsmann 2012, S. 45-62.

Euler, D.: Forschendes Lernen. In: Spoun, S./Wunderlich, W. (Hg.), Studienziel Persönlichkeit. Frankfurt am Main: Campus Verlag 2005, S. 253-271.

Europäisches Parlament und Rat: Empfehlungen des Europäisches Parlaments und Rates vom 15. Februar 2006 über die verstärkte europäische Zusammenarbeit zur Qualitätssicherung in der Hochschulbildung (2006/143/EG), URL: http://eur-lex.europa.eu/legal-content/DE/TXT/PDF/?uri=CELEX:32006H0143&from=EN (26.07.16)

Falchikov, N.: The place of peers in learning and assessment. In: Boud, D./Falchikov, N. (Ed.): Rethinking Assessment in Higher Education. Learning for the longer term. London, New York: Routledge 2007, pp. 128-143.

Fejes, A.: European Citizens under Construction. The Bologna Process Analysed from a Governmentality Perspective. In: Educational Philosophy and Theory 4/2008, pp. 515-530.

Feldmüller, D./Weidauer, Ch.: Kompetenzentwicklung durch studienintegrierte Praxisprojekte. In: Die Neue Hochschule (DNH) 5/2014, S. 150-152.

Ferrari, J.R./Beck, B.L.: Affective Responses before and after Fraudulent Excuses by Academic Procrastinators. in: Education 4/1998, pp. 529-537.

Fiehn, J. et al.: LehreProfi – Entwicklung und Einsatz eines Instruments zur Erfassung hochschuldidaktischer Kompetenz. In: Egger/Merkt (Hg.) 2012, S. 45-62.

Fierbinţeanu, J. H.: Fragen in mündlichen Prüfungsgesprächen an der Hochschule in Deutschland und Rumänien, URL: http://www.wissenschaftssprache.de/Texte/IDT_2013/Fierbinteanu_IDT_2013.pdf (19.06.16)

Flechsig, K.-H.: Prüfungen und Evaluation. In: Blickpunkt Hochschuldidaktik 40/1976, S. 304-336.

Franke, B./Schneider, H.: Informationsverhalten bei der Studien- und Berufsausbildungswahl. Studienberechtigte 2012 ein halbes Jahr vor und ein halbes Jahr nach Schulabschluss (Forum Hochschule 1|2015). Hannover: DZHW 2015.

Franz, M. /Feld, T. C.: Steuerungsproblematiken im Prozess der Implementierung wissenschaftlicher Weiterbildung an Universitäten. In: Report – Zeitschrift für Weiterbildungsforschung 4/2014, S. 28-44.

Franzke, B.: Interkulturelle Kompetenzen für die Polizei – Erwartungen an eine Instanz mit hoher Außenwirkung. In: DNH 3/2016, S. 70-73.

Freitag, W. K. et al. (Hg.): Übergänge gestalten. Durchlässigkeit zwischen beruflicher und hochschulischer Bildung erhöhen. Münster/N.Y.: Waxmann 2015, URL: http://ankom.dzhw.eu/publikationen (14.07.16)

Freitag, W. K.: Die Anrechnung außerhochschulisch erworbener Kompetenzen auf Hochschulstudiengänge – ein Beitrag zur Schaffung durchlässiger Bildungswege. In: Benz, W./Kohler, J./Landfried, K. (Hg.): Handbuch Qualität in Studium und Lehre 47 (G 3.2). Berlin: Raabe 2014, S. 105-128.

Freitag, W. K.: Modularisierung der fachschulischen Qualifizierung. Chancen und Grenzen der Etablierung von Anrechnungsverfahren auf Hochschulstudiengänge. In: Cloos, P./Oehlmann, S./Hundertmark, M. (Hg.): Von der Fachschule in die Hochschule. Modularisierung und vertikale Durchlässigkeit in der kindheitspädagogischen Ausbildung. Wiesbaden: Springer VS 2012, S. 195-219.

Freitag, W. K. et al.: Gestaltungsfeld Anrechnung. Hochschulische und berufliche Bildung im Wandel. Münster: Waxmann 2011.

Freitag, W. K. (Hg.): Neue Bildungswege in die Hochschule. Anrechnung beruflich erworbener Kompetenzen für Erziehungs-, Gesundheits- und Sozialberufe. Bielefeld: wbv - Wilhelm Bertelsmann Verlag 2009.

Fuchs, M.: Jobben im Studium. Ursachen und Folgen der Erwerbstätigkeit von Studierenden, in: Das Hochschulwesen. Forum für Hochschulforschung, -praxis und -politik 5/2003, S. 203-209.

Futter, K. (2011). Leistungsnachweise in modularisierten Studiengängen. Grundanforderungen und Realisierungsformen. Zürich: Universität Zürich 2011, URL: http://www.kathrinfutter.ch/kf/texte/110627_Leistungsnachweise_Dossier.pdf (15.08.16)

Gaens/Müller-Benedict: Die langfristige Entwicklung des Notenniveaus und ihre Erklärung. In: Müller-Benedict/ Grözinger (Hg.): Noten an Deutschlands Hochschulen. Analysen zur Vergleichbarkeit von Examensnoten 1960 bis 2013, Wiesbaden: Springer 2017, S. 17-78.

Gaens, T.: Noteninflation an deutschen Hochschulen – Werden die Examensnoten überall immer besser? In: Beiträge zur Hochschulforschung 4/2015, S. 8-35, URL: http://www.bzh.bayern.de/uploads/media/4-2015-Gaens.pdf (25.06.16)

Gelhard, A.: Kritik der Kompetenz. Zürich: diaphanes 2011.

Gijbels, D./van de Watering, G./Dochy, F.: Integrating assessment tasks in a problem-based learning environment. In: Assessment & Evaluation in Higher Education 30/1 (2005), p. 73-86.

Glathe, A./ Schabel, S.: Prüfungsinstrumentarium für Projekte. In: Berendt, B./Voss, H.-P./Wildt, J. (Hg.): Neues Handbuch Hochschullehre. Lehren und Lernen effizient gestalten. Teil H: Prüfungen und Leistungskontrollen. Besondere Prüfungssituationen. Berlin 2014. H 3.6, S. 71-96.

Glöckner, M./Jungermann, I./Schimpf, K.: Organisation der Prüfungsverwaltung. Workshop des Arbeitskreises Prüfungsverwaltung 2014 im Rahmen der HIS-Nutzertagung „Prüfungs- und Veranstaltungsmanagement" in Potsdam, 24. Juni 2014.

Goffman, E.: Interaktionsrituale. Über Verhalten in direkter Kommunikation. Frankfurt a.M.: Suhrkamp 1986.

Gold, A./Souvignier, E.: Referate in Seminaren. In: Das Hochschulwesen 3/2001, S. 70-74.

Gollwitzer, M./Kranz, D./Vogel, E.: Die Validität studentischer Lehrveranstaltungsevaluationen und ihre Nützlichkeit für die Verbesserung der Hochschullehre: Neuere Befunde zu den Gütekriterien des „Trierer Inventars zur Lehrevaluation" (TRIL). In: Krampen, G./ Zayer, H. (Hg.): Didaktik und Evaluation in der Psychologie. Göttingen: Hogrefe 2006, S. 90–104.

Green L.: Does changing the method of assessment of a module improve the performance of a student? In: Assessment and Evaluation in Higher Education, 26/2 (2001), pp. 127-138.

Grigat, F.: Neues aus der kulturfreien Zone. In: Forschung & Lehre 5/2008, S. 288-290, URL: https://www.academics.de/wissenschaft/neues_aus_der_kulturfreien_zone_30694.html (19.06.16)

Groß, L./Boger, M.-A./Hamann, S./Wedjelek, M.: ZEITLast – Lehrzeit und Lernzeit: Studierbarkeit der BA-/BSc- und MA/MSc- Studiengänge als Adaption von Lehrorganisation und Zeitmanagement unter Berücksichtigung von Fächerkultur und neuen Technologien, Forschungsbericht Standort Mainz, Zeitraum: 01.04.2009 – 31.03.2012, URL: http://www.blogs.uni-mainz.de/medienpaedagogik/files/2014/03/Abschlussbericht_ZEITLast.pdf (26.07.16)

Groß, L./Boger, M.-A.: Subjektives Belastungsempfinden von Studierenden. In: Schulmeister, R./Metzger, Ch. (Hg.): Die Workload im Bachelor: Zeitbudget und Studierverhalten. Eine empirische Studie. Münster: Waxmann 2011, S. 153-171.

Gruber, H.: Klausurangst, subjektive Verstehenseinschätzung und Prüfungsleistung von Pädagogikstudenten in der Methodenausbildung. In: Olechowski, R./Rollett, B. (Hg.), Theorie und Praxis. Aspekte empirisch-pädagogischer Forschung – quantitative und qualitative Methoden. Bericht über die 49. Tagung der Arbeitsgruppe für empirisch-pädagogische Forschung. Frankfurt a. M.: Lang, 1994, S. 184-189.

Gruber, H./Renkl, A.: Alpträume sozialwissenschaftlicher Studierender: Empirische Methoden und Statistik. In: Lompscher, J./Mandl, H. (Hg.), Lehr- und Lernprobleme im Studium. Bedingungen und Veränderungsmöglichkeiten. Bern: Huber 1996, S. 118-130.

Grüner, F.: Lernstrategien und Prüfungsangst bei Studierenden der Studiengänge Humanmedizin und Lehramt, Diss. Universität Würzburg, Würzburg 2010, URL: https://opus.uni-wuerzburg.de/files/5112/FranziskaGruenerDiss.pdf (19.06.16)

Gruschka, A.: Bildungsstandards oder das Versprechen, Bildungstheorie in empirischer Bildungsforschung aufzuheben. In: Pongratz, L.A./Reichenbach, R./Wimmer, M. (Hg.): Bildung – Wissen – Kompetenz. Bielefeld: Janus Presse 2007, S. 9-29.

Habermas, J.: Moralbewußtsein und kommunikatives Handeln. Frankfurt a.M.: Suhrkamp 1983.

Haertel, T./Schürmann, R.: Prüfungen – endlich auf der Agenda. Aber auch richtig? In: Zeitschrift für Hochschulentwicklung 3/2011, S. 288-293.

Haggis, T.: Constructing images of ourselves? A critical investgation into ‚approaches to learning' research in higher education. In: British Educational Research Journal 29/1 (2003), p. 89-104.

Hanft, A./Brinkmann, K./Gierke, W.B./Müskens, W.: Anrechnung außerhochschulischer Kompetenzen in Studiengängen. Studie: AnHoSt „Anrechnungspraxis in Hochschulstudiengängen". Oldenburg: Carl von Ossietzky Universität 2014.

Hartig, J./ Klieme, E./Leutner, D. (Hg.): Assessment of competencies in educational contexts. State of the Art and Future Prospects. Cambridge: Hogrefe 2008.

Hasler Roumois, U.: Studienbuch Wissensmanagement: Grundlagen der Wissensarbeit in Wirtschafts-, Non Profit- und Public-Organisationen. Zürich: Orell Füssli/UTB 2007.

Hassel, H./Lourey, J. : The Dea(r)th of Student Responsibility. In: College Teaching, Vol. 53, No. 1/2005, pp. 2-13.

Hattie, J./Timperley, H.: The power of feedback. In: Review of Educational Research 1/2007, pp. 81-112.

Hauer, E.: Die Leistungsfeststellung. Leistungsgarant oder notwendiges Übel? In: Egger, R. (Hg.): Hochschuldidaktische Weiterbildung an Fachhochschulen. Durchführung - Ergebnisse - Perspektiven. Wiesbaden: Springer 2014, S. 85-99.

Haugg, K.: Im Dialog Durchlässigkeit der Bildungssysteme und Anrechnung von Kompetenzen fördern. In: Buhr, R. et al.: Durchlässigkeit gestalten! Wege zwischen der beruflichen und hochschulischen Bildung. Münster u.a.: Waxmann 2008, S. 38-41.

Havnes, A./Stensaker, B.: Educational Development Centres. From Educational to Organisational Development? In: Quality Assurance in Education 1/2006, pp. 7-20.

Hawelka, B./Hammerl, M./Gruber, H. (Hg.): Förderung von Kompetenzen in der Hochschullehre. Kröning: Ansanger 2007.

Heine, Ch./Willich, J./Schneider, H./Sommer, D.: Studienanfänger im Wintersemester 2007/08 - Wege zum Studium, Studien- und Hochschulwahl, Situation bei Studienbeginn. (HIS: Forum Hochschule 8), Hannover 2008.

Heiner, M.: Anmutung und Zumutung – informelle und formelle Wege in die Lehre. In: Heiner, M./ Wildt, J. (Hg.): Professionalisierung der Lehre. Perspektiven formeller und informeller Entwicklung von Lehrkompetenz im Kontext der Hochschulbildung. Blickpunkt Hochschuldidaktik, Band 123. Bielefeld: Bertelsmann 2013, S. 133-137.

Heiner, M.: Instrumente und Verfahren kompetenzorientierter Qualitätsentwicklung hochschuldidaktischer Weiterbildung. Veranstaltungsevaluation und Feedback unter dem Paradigma kompetenzorientierter (Selbst)Reflexion. In: Heiner, M./ Wildt, J. (Hg.): Professionalisierung der Lehre. Perspektiven formeller und informeller Entwicklung von Lehrkompetenz im Kontext der Hochschulbildung. Blickpunkt Hochschuldidaktik, Band 123. Bielefeld: Bertelsmann 2013, S. 251-262.

Heiner, M.: Professionalität in der sozialen Arbeit. Theoretische Konzepte, Modelle und empirische Perspektiven. Stuttgart: Kohlhammer 2004.

Heiner, M./Wildt, J. (Hg.): Professionalisierung der Lehre. Perspektiven formeller und informeller Entwicklung von Lehrkompetenz im Kontext der Hochschulbildung. Blickpunkt Hochschuldidaktik, Band 123. Bielefeld: W. Bertelsmann 2013.

Heinze, Th.: Qualitative Sozialforschung. Erfahrungen, Probleme und Perspektiven. 3. überarb. und erw. Aufl. Opladen: Westdeutscher Verlag 1995.

Heublein, H. et al.: Studienbereichsspezifische Qualitätssicherung im Bachelorstudium. Befragung der Fakultäts- und Fachbereichsleitungen zum Thema Studienerfolg und Studienabbruch (HIS: Forum Hochschule 3), Hannover: 2015.

Heublein, U. et al.: Ursachen des Studienabbruchs in Bachelor- und in herkömmlichen Studiengängen. Ergebnisse einer bundesweiten Befragung von Exmatrikulierten des Studienjahres 2007/08 (HIS: Forum Hochschule 2), Hannover 2010.

Heublein, U./Schmelzer, R./Sommer, D.: Die Entwicklung der Studienabbruchquote an den deutschen Hochschulen. Ergebnisse einer Berechnung des Studienabbruchs auf der Basis des Absolventenjahrgangs 2006, HIS-Projektbericht, Hannover 2008.

Heublein, U./Schmelzer, R./Sommer, D./Spangenberg, H: Studienabbruchstudie 2002. Die Studienabbrecherquoten in den Fächergruppen und Studienbereichen der Universitäten und Fachhochschulen (HIS: Kurzinformation A5), Hannover 2002.

von der Heyden, R. et al.: Das Projekt „Gelingende Transitionen an den Schnittstellen Schule - Studium und Studium – Beruf durch anschlussfähige Interventionen in der Hochschuldidaktik. In: Nauerth, A./Walkenhorst, U./von der Heyden, R. (Hg.): Hochschuldidaktik in pflegerischen und therapeutischen Studiengängen. Beiträge zur Fachtagung am 19.10.2010 in Bielefeld. Berlin: LIT 2012, S. 135-159.

von der Heyden, R./Nauerth, A./Walkenhorst U.: Gelingende Transitionen an den Schnittstellen Schule-Studium und Studium-Beruf durch anschlussfähige Interventionen in der Hochschuldidaktik. Das Hochschulwesen. In: Themenheft Hochschulentwicklung/-politik: Neue Lösungsstrategien und -modelle. HSW 4+5/2010, Bielefeld: UniversitätsVerlag Webler, S. 144-150.

HIS Kurzinformation: Neue Anforderungen an die Prüfungsverwaltung. Modularisierte Studiengänge und Diploma Supplement. Bericht zur Tagung des HIS-Kompetenzzentrums Prüfungsverwaltung, Hannover Juli 2001.

Higgins, R./Hartley, P./Skelton, A.: The conscientious consumer: Reconsidering the role of assessment feedback in student learning. In: Studies in Higher Education 1/2002, pp. 53-64.

Hof, Ch.: Konzepte des Wissens. Eine empirische Studie zu den wissenstheoretischen Grundlagen des Unterrichtens. Deutsches Institut für Erwachsenenbildung. Bielefeld: Bertelsmann 2001.

Hofer, Ch./Schröttner, B./ Unger-Ullmann, D. (Hg.): Akademische Lehrkompetenzen im Diskurs. Theorie und Praxis. Münster u.a.: Waxmann 2013.

Hofmann, H.: Emotionen in Lern- und Leistungssituationen: Eine idiographisch nomothetische Tagebuchstudie an Lehramtsstudenten im Examen. (Univers. Diss.). Regensburg 1997.

Hörster, R.: Pädagogisches Handeln. In: Krüger, H.-H./Helsper, W. (Hg.): Einführung in Grundbegriffe und Grundfragen der Erziehungswissenschaft, 7. durchges. u. akt. Aufl., Opladen & Farmington Hills: Budrich 2006, S. 35-43.

Hotter, V.: Validität & Vergleichbarkeit: Ist meine Prüfung stufenadäquat? In: Poletti,

A. (Hg.): Sprachen als akademische Schlüsselkompetenz? Dokumentation der 25. Arbeitstagung 2008. Bochum: AKS-Verlag 2009, S. 197-204.

HRK 2015 Projekt nexus: Impulse für die Praxis, Ausgabe 4: Kompetenzorientiert prüfen. Zum Lernergebnis passende Prüfungsaufgaben. Neuaufl., Juni 2015, URL: https://www.hrk-nexus.de/fileadmin/redaktion/hrk-nexus/07-Downloads/07-02-Publikationen/HRKAusgabe_4_Internet.pdf (06.08.16)

HRK 2013 Projekt nexus: Konzepte und gute Praxis für Studium und Lehre: Anerkennung von im Ausland erworbenen Studien- und Prüfungsleistungen. Ein Leitfaden für Hochschulen. Bonn 2013, URL: https://www.hrk-nexus.de/uploads/media/nexus_Leitfaden_Anerkennung_Lang_03.pdf (1.12.17)

HRK 2008: Für eine Reform der Lehre in den Hochschulen, 3. Mitgliederversammlung der HRK am 22.4.2008, URL: http://www.akkreditierungsrat.de/fileadmin/Seiteninhalte/HRK/HRK_2008_Reform_in_der_Lehre.pdf (18.12.17)

HRK 2007: Empfehlung des 105. Senates am 16.10.2007: Qualitätsoffensive in der Lehre – Ziele und Maßnahmen, URL: https://www.hrk.de/fileadmin/_migrated/content_uploads/Entschliessung_Lehre.pdf (19.05.17)

HRK 2005: Entschließung des 204. Plenums der HRK vom 14.6.2005: Empfehlung zur Sicherung der Qualität von Studium und Lehre in Bachelor-und Masterstudiengängen, URL: https://www.hrk.de/uploads/tx_szconvention/Beschluss_Kapazitaeten.pdf (19.05.17)

HRK 1998: Entschließung des 185. Plenums vom 6.7.1998: Akkreditierungsverfahren, URL: https://www.hrk.de/positionen/beschluss/detail/akkreditierungsverfahren/ (10.09.18)

HRK 1997: Entschließung des 182. Plenums vom 7.7.1997: Zu Kredit-Punkte-Systemen und Modularisierung, URL: https://www.hrk.de/positionen/beschluss/detail/zu-kredit-punkte-systemen-und-modularisierung/ (01.01.18)

Huber, L.: Von „basalen Fähigkeiten" bis „vertiefte Allgemeinbildung": Was sollen Abiturientinnen und Abiturienten für das Studium mitbringen? In: Bosse D. (Hg.): Gymnasiale Bildung zwischen Kompetenzorientierung und Kulturarbeit. Wiesbaden: VS Verlag für Sozialwissenschaften 2009, S. 107-124.

Huber, L.: Kompetenzen prüfen? In: Dany, S./Szczyrba, B./ Wildt, J. (Hg.): Prüfungen auf der Agenda! Düsseldorf: Bertelsmann 2008, S. 12-26.

Huber, L.: Lehren, Lernen, Prüfen: Probleme und Chancen von Credit-Systemen. In: Welbers, U. (Hg.): Studienreform mit Bachelor und Master. Gestufte Studiengänge im Blick des Lehrens und Lernens an Hochschulen. Modelle für die Geistes und Sozialwissenschaften. Neuwied/Kriftel: Luchterhand 2001, S. 43-59.

Huber, L.: Sozialisation in der Hochschule. In: Hurrelmann, K./Ulich, D. (Hg.): Neues Handbuch der Sozialisationsforschung. Weinheim: Beltz 1991, S. 417-441.

Iller, C./Wick, A.: Prüfen als Evaluation der Kompetenzentwicklung im Studium. Hochschulwesen 6/2009, S. 195-201.

IQM-HE (2016). Handbook for Internal Quality Management in Competence-Based Higher Education, URL: https://iqmhe.files.wordpress.com/2016/11/iqm-he-handbook.pdf (24.04.17)

Irans, A.: Enhancing Iearning through formative assessment and feedback. London: Routledge 2008.

Isleib, S.: Neue Theorieströmungen zum Studienabbruch: Herkunft, Genese und Potenziale für die Studienabbruch- und Hochschulforschung. Vortrag auf der 10. Jahrestagung der Gesellschaft für Hochschulforschung (GfHf) an der Universität Kassel (Präsentationsfolien) 2015, URL: http://www.dzhw.eu/pdf/pub_vt/21/2015-04-10_gfhf_studienabbruch_isleib.pdf (15.08.16)

Jahnke, I. (Hg.): Fachbezogene und fachübergreifende Hochschuldidaktik. Bielefeld: Bertelsmann 2011.

Janke, S./Rudert, S.C./Marksteiner, T./Dickhäuser, O.: Knowing one's place: Parental educational background influences social identification with academia, test anxiety and satisfaction with studying at university. In: Frontiers in Psychology, 8/2017, p.1326.

Janke, S./Dickhäuser, O.: Strukturell verankerte Entscheidungsfreiheit im Bachelor-Studium: Zur Bedeutsamkeit von Autonomie in den neuen Studienstrukturen. In: Das Hochschulwesen, 61/2013, S. 102-109.

Jentsch, M./Lehmpfuhl, U./Rotermund, M.: Studienverhalten und Qualität der Lehre am Institut für Pädagogik der Ruhr-Universität Bochum – Methoden und Ergebnisse einer Studierendenbefragung. In: Erziehungswissenschaft 24/2001, S. 41-57.

Jungermann, I./Schulze-Meeßen, L.: Qualitätssicherung in der Prüfungsverwaltung. Vortrag auf dem HIS-HE-Forum Prüfungsverwaltung 2015 in Hannover. 6. März 2015.

Kabalak, A./Klett, D./Priddat, B.P.: Subjekt und System. Ist die Systemtheorie wirklich akteurstheoretisch unbrauchbar? In: Kabalak, A./Priddat, B.P. (Hg.): Wieviel Subjekt braucht die Theorie? Wiesbaden: Springer VS 2007, S. 39-84.

Kähler, H./ Schulte-Altedorneburg, M.: Blockaden bei der Studienreform. Oder: „Des Kaisers neue Kleider". In: Soziale Arbeit 2/1995, S. 2-13.

Kaufhold, J.: Interaktion zwischen Prüfenden und Deutschlernenden in mündlichen Sprachprüfungen – Eine Untersuchung zum Lachverhalten (SASI Studentische Arbeitspapiere zur Sprache und Interaktion 6) Universität Münster, September 2005.

Keeling, R.: The Bologna Process and the Lisbon Research Agenda. The European Commission's Expanding Role in Higher education Discourse. In: European Journal of Education 2/2006, pp. 203-223.

Kehm, B.M.: Internationalisierung und Globalisierung der deutschen Hochschulen im Kontext des Bologna-Prozesses. Zeitschrift für Soziologie der Erziehung und Sozialisation 4/2008, S. 347-362.

Keiner, E.: Leben, Lernen, Lesen. Erziehungswissenschaft im Aneignungsverhalten von Studierenden. In: Wigger, L. (Hg.): Beiträge zur Diskussion um ein Kerncurriculum Erziehungswissenschaft (Schriften des Instituts für Erziehungswissenschaft 2). Vechta 2000, S. 7-20.

Kerres, M.: Prüfungsangst und Bewältigung. Frankfurt a.M.: Lang 1988.

Kerres, M./Schmidt, A.: Zur Anatomie von Bologna-Studiengängen – eine empirische Analyse von Modulhandbüchern. In: Die Hochschule 2/2011, S. 173-191.

Kettunen, J./Kantola, M. 2007: Strategic Planning and Quality Assurance in the Bologna Process. In: Policy and Practice in Higher Education 3/2007, p. 67-73.

Khlavna, V.: Auswirkungen der Studienstrukturreform auf das Studienverhalten – Eine empirische Untersuchung an der Ruhr-Universität Bochum. Diss. Mscr.: Universität Bochum, Bochum 2008, URL: www-brs.ub.ruhr-uni-bochum.de/netahtml/HSS/Diss/KhlavnaVeronika/diss.pdf (19.06.16)

Kiehne B.: Die Biografie lehrt mit. Eine qualitative Untersuchung zum Zusammenhang von Lernbiografie und Lehrüberzeugung bei Nachwuchslehrenden. Diss. Münster/N.Y.: Waxmann 2015.

Kimmerle, B./Bertsch, B./Riedel, A./Bonse-Rohmann, M.: Anrechnung pflegeberuflicher Kompetenzen auf ein Studium - Darstellung und Reflexion eines systematischen Anrechnungsverfahrens. In: PADUA Fachzeitschrift für Pflegepädagogik, Patienteneducation und -bildung 2/2013, S. 115-121.

Kittel, B./Schimpf, K.: Arbeitsgruppe „Bescheinigungs-un-wesen". In: Degenhardt, L./Stender, B. (Hg.): Forum Prüfungsverwaltung 2011. Prüfungsverwaltung im Spannungsfeld zwischen Serviceorientierung und Rechtsvorschriften (HIS: Forum Hochschule 19). Hannover 2011, S. 81-85.

Klages, B./Bonillo, M./Reinders, St./Bohmeyer, A. (Hg.): Gestaltungsraum Hochschullehre. Potenziale nicht-traditionell Studierender nutzen. Opladen/Berlin/Toronto: Budrich UniPress Ltd. 2015.

Klein, H.P.: Qualitätssicherung durch Notendumping. Inkompetenzkompensationskompetenz verschleiert das Scheitern der Schulreformen. In: Zeit-Fragen 6/2013, URL: https://www.zeit-fragen.ch/de/ausgaben/2013/nr6-vom-622013/qualitaetssicherung-durch-notendumping.html (10.09.2018)

Klein, H.P.: Die neue Kompetenzorientierung : Exzellenz oder Nivellierung? In: Journal für Didaktik der Biowissenschaften 1/2011, S. 1-11.

Klieme, E./Hartig, J.: Kompetenzkonzepte in den Sozialwissenschaften und im empirischen Diskurs. In: M. Prenzel, M. et al. (Hg.), Kompetenzdiagnostik. Zeitschrift für Erziehungswissenschaft, Sonderheft 8, Wiesbaden: VS Verlag 2007, S. 11-29.

Kling-Kirchner, C.: Nach der Bologna-Reform – Fragen der Lehrmethodik anlässlich einer aktuellen Fortbildungsveranstaltung an der HTWK Leipzig. In: DNH 6/2010, S. 32-35.

Kloke, K./Krücken, G.: „Der Ball muss dezentral gefangen werden." – Organisationssoziologische Überlegungen zu den Möglichkeiten und Grenzen hochschulinterner Steuerungsprozesse am Beispiel der Qualitätssicherung in der Lehre. In: Wilkesmann, U./Schmid, Ch.J. (Hg.): Hochschule als Organisation. Wiesbaden: Springer VS 2012, S. 311-324.

KMK 2017: Qualifikationsrahmen für deutsche Hochschulabschlüsse (Im Zusammenwirken von HRK und KMK und in Abstimmung mit BMBF erarbeitet und von der KMK am 16.02.2017 beschlossen), URL: https://www.kmk.org/fileadmin/Dateien/pdf/PresseUndAktuelles/2017/2017-03-30_BS_170216_Qualifikationsrahmen.pdf (23.04.17)

KMK 2015/16: Europäische Studienreform. Gemeinsame Erklärung von Kultusministerkonferenz und Hochschulrektorenkonferenz (Beschluss der Hochschulrektorenkonferenz vom 10.11.2015 sowie der Kultusministerkonferenz vom 08.07.2016), URL: https://www.kmk.org/fileadmin/Dateien/veroeffentlichungen_beschluesse/2016/2016_07_08-Europaeische-Studienreform.pdf (23.04.17)

KMK 2003/2010: Ländergemeinsame Strukturvorgaben für die Akkreditierung von Bachelor- und Masterstudiengängen (Beschluss der Kultusministerkonferenz vom 10.10.2003 i.d.F. vom 04.02.2010), URL: http://www.kmk.org/fileadmin/veroeffentlichungen_beschluesse/2003/2003_10_10-Laendergemeinsame-Strukturvorgaben.pdf (23.04.17)

KMK 2007: Grundsatzentscheidung zur Einführung der Systemakkreditierung (Beschluss der Kultusministerkonferenz vom 15.06.2007); Einführung der Systemakkreditierung (Beschluss der KMK vom 13.12.2007), URL: http://www.kmk.org/fileadmin/veroeffentlichungen_beschluesse/2007/2007_12_13-Einfuehrung-Systemakkreditierung.pdf (23.04.17)

KMK 2005: Qualitätssicherung in der Lehre (Beschluss der Kultusministerkonferenz vom 22.09.2005), URL: http://www.akkreditierungsrat.de/fileadmin/Seiteninhalte/KMK/Sonstige/KMK_System_Qualitaetssicherung_Lehre.pdf (18.4.17)

KMK 2005a: Qualifikationsrahmen für Deutsche Hochschulabschlüsse (Im Zusammenwirken von HRK, KMK und BMfBF erarbeitet und von der KMK am 21.04.2005 beschlossen), URL: http://www.kmk.org/fileadmin/veroeffentlichungen_beschluesse/2005/2005_04_21-Qualifikationsrahmen-HS-Abschluesse.pdf (22.04.17)

KMK 2003: 10 Thesen zur BMA-Struktur (Beschluss der Kultusministerkonferenz vom 12.6.2003), URL: http://www.akkreditierungsrat.de/fileadmin/Seiteninhalte/KMK/Sonstige/KMK_System_10Thesen.pdf (23.04.17)

KMK 2002: Künftige Entwicklung der länder- und hochschulübergreifenden Qualitätssicherung in Deutschland (Beschluss der Kultusministerkonferenz vom 01.03.2002), URL: https://www.kmk.org/fileadmin/Dateien/veroeffentlichungen_beschluesse/2002/2002_03_01-Qualitaetssicherung-laender-hochschuluebergreifend.pdf (10.09.2018)

KMK 2000: Rahmenvorgaben für die Einführung von Leistungspunktsystemen und die Modularisierung von Studiengängen (Beschluss der KMK vom 15.09.2000 i. d. F. vom 22.10.2004), URL: http://www.kmk.org/fileadmin/veroeffentlichungen_beschluesse/2000/2000_09_15-Leistungspunktsysteme-Modularisierung.pdf (01.01.2018)

KMK 1999: Beschluss der KMK vom 5.3.1999: Strukturvorgaben für die Einführung von BMA-Studiengängen; i.d.F. Beschluss der KMK vom 10.10.2003: Ländergemeinsame Strukturvorgaben gemäß § 9 Abs. 2 HRG für die Akkreditierung von Bachelor- und Masterstudiengängen, URL: http://www.kmk.org/fileadmin/pdf/PresseUndAktuelles/2003/strukvorgaben.pdf (01.01.18)

KMK 1998: Einführung eines Akkreditierungsverfahrens für Bachelor-/Bakkalaureus- und Master-/Magisterstudiengänge (Beschluss der Kultusministerkonferenz vom 3.12.1998), URL: http://www.kmk.org/fileadmin/veroeffentlichungen_beschluesse/1998/1998_12_03-Bachelor-Master-Akkred.pdf (23.04.17)

KMK 1996: Beschluss der KMK vom 1.3.1996: Bericht zur Realisierung der Hochschulstrukturreform, URL: http://www.kmk.org/fileadmin/veroeffentlichungen_beschluesse/1996/1996_03_01-Realisierung-Hochschulstrukturreform.pdf (01.01.18)

Knight, P./Yorke, M.: Assessment, learning and employability. Maidenhead: Open University Press 2003.

Knill, Ch./Vögtle, E.M./Dobbins, M.: Hochschulpolitische Reformen im Zuge des Bologna-Prozesses – Eine vergleichende Analyse von Konvergenzdynamiken im OECD-Raum. Wiesbaden: Springer 2013.

Kohler, J.: Schlüsselkompetenzen und „employability" im Bologna-Prozess. Mscr. zur Konferenz Schlüsselkompetenzen: Schlüssel zu mehr (Aus-)Bildungsqualität und Beschäftigungsfähigkeit? Heidelberg, 22. und 23. Januar 2004.

Kolb , M./Kraus, M./Pixner , J./Schüpbach, H.: Analyse von Studienverlaufsdaten zur Identifikation von studienabbruchgefährdeten Studierenden. In: Das Hochschulwesen. Forum für Hochschulforschung, -praxis und -politik 6/2006, S. 196-201.

Kossek, B./ Zwiauer, Ch. (Hg.): Universität in Zeiten von Bologna. Zur Theorie und Praxis von Lehr- und Lernkulturen, Göttingen: University Press 2012.

Kraft, S.: Die Lehre lebt, „Lehrforschung" und Fachdidaktiken für die Weiterbildung – Resümee und Forschungsbedarfe. In: Nuissl, E. (Hg.): Vom Lernen zum Lehren. Bielefeld: Bertelsmann 2006, S. 2009-216.

Krieger, W./Goy, M./Wiese, M.: Untersuchung des Studienerfolgs von Studierenden der zum Wintersemester 2004/05 neu eingerichteten Bachelorstudiengängen. Folgeuntersuchung, herausgegeben von der Freien Universität Berlin, Arbeitsbereich Controlling, Berlin 2007.

Kühl, St.: Der Sudoku-Effekt der Bologna-Reform, Working Paper 1/2011, Universität Bielefeld, Fakultät für Soziologie, URL: http://www.uni-bielefeld.de/soz/forschung/orgsoz/Stefan_Kuehl/pdf/Working-Paper-1_2011-Sudoku-Effekt-der-Bologna-Reform-110111.pdf (19.06.16)

Kühl, St.: Verschulung wider Willen. Die ungewollten Nebenfolgen einer Hochschulreform, Working Paper 5/2011, Universität Bielefeld, Fakultät für Soziologie, URL: http://www.uni-bielefeld.de/soz/forschung/orgsoz/Stefan_Kuehl/pdf/Working-Paper-5_2011-Verschulung-wider-Willen-110415.pdf (19.06.16)

Kunadt, S./Schelling, A./Brodesser, D./Samjeske, K.: Familienfreundlichkeit in der Praxis. Ergebnisse aus dem projekt „Effektiv! - Für mehr Familienfreundlichkeit an deutschen Hochschulen. Köln: GESIS Leibnitz-Institut für Sozialwissenschaften 2014, URL: http://www.familienfreundliche-wissenschaft.org/fileadmin/upload/effektiv/ Broschuere/cews_p18_Effektiv_Web_barrierefrei.pdf (05.12.17)

Kurzweil, P.: Das Phantom europäischer Prüfungsnoten. Eine exemplarische Evaluation der ECTS-Skala. In: Die neue Hochschule, 5/2012, S. 170-173, URL: http://hlb.de/fileadmin/hlb-global/downloads/dnh/full/2012/DNH_2012_5.pdf (25.06.16)

Ladenthien,V.: Da läuft etwas ganz schief. Erfüllt das Gymnasium nicht mehr seine wesentliche Aufgabe: Junge Menschen studierfähig zu machen? Eine Kritik aus erziehungswissenschaftlicher Sicht. In: Forschung & Lehre 8/2018, auch online unter: https://www.forschung-und-lehre.de/da-laeuft-etwas-ganz-schief-894/ (10.09.18)

Lehner, M.: Viel Stoff – wenig Zeit. Wege aus der Vollständigkeitsfalle. 3., aktual. Aufl. Bern/ Stuttgart/Wien: Haupt 2011.

Lenzen, D.: Zwischen Differenzierung und Entropie. Die Geschichte der Universität ist eine der Differenzierung und Entdifferenzierung. Was bedeutet das für die Zukunft der deutschen Universität? In: Forschung & Lehre 10/2017, online unter: https://www.forschung-und-lehre.de/zwischen-differenzierung-und-entropie-172/ (8.11.2018)

Leszczensky, M./Wolter, A. (Hg.): Der Bologna-Prozess im Spiegel der HIS-Hochschulforschung. Hannover (HIS Kurzinformation A6) 2005.

Lettau, W.-D./von der Heyden, R./Nauerth, A./Walkenhorst, U.: Gelingende Transitionen an den Schnittstellen Schule-Studium und Studium-Beruf. In: Beelmann, W./Rosowski, E. (Hg.): Übergänge im Lebenslauf bewältigen und förderlich gestalten. Berlin: LIT 2011, S. 79-101.

Linssen, R./Meyer, M.: „Sprache ist die Basis der Grundlage des Fundaments ..." Zu Sprach- und Lesekompetenz von Studierenden. In: Die Neue Hochschule 2/2016, S. 42-45.

Longhurst, R.J.: Why Aren't They Here? Student absenteeism in a further edu- cation college. In: Journal of Further and Higher Education 1/1999: pp. 61-80.

Lörz, M.: Mechanismen sozialer Ungleichheit beim Übergang ins Studium: Prozesse der Status- und Kulturreproduktion. Kölner Zeitschrift für Soziologie und Sozialpsychologie, 64 (Sonderheft 52 „Soziologische Bildungsforschung") 2012, S. 302-324.

Luhmann, N.: Das Erziehungssystem der Gesellschaft. Hg. v. D. Lenzen, Frankfurt a.M.: Suhrkamp 2002.

Luhmann, N.: Organisation und Entscheidung. Opladen/Wiesbaden: Westdeutscher Verlag 2000.

Luhmann, N.: Die Wissenschaft der Gesellschaft. Frankfurt a. M.: Suhrkamp 1990.

Luhmann, N.: Soziale Systeme: Grundriss einer allgemeinen Theorie. Frankfurt a. M.: Suhrkamp 1987.

Luhmann, N.: Funktion und Folgen formaler Organisation. 3. Aufl., Berlin: Duncker & Humblot 1976.

Luhmann, N./Schorr, K.E.: Reflexionsprobleme im Erziehungssystem. 2. Aufl., Frankfurt a.M.: Suhrkamp 1999.

Macke, G./ Hanke, U./Viehmann, P.: Hochschuldidaktik: Lehren – Vortragen – Prüfen, 2. erw. Aufl., Weinheim: Beltz 2012.

Maeße, J.: Der Bologna-Diskurs. Zur politischen Logik der Konsenstechnokratie. In: Angermüller, J./van Dyk, S. (Hg.): Diskursanalyse meets Gouvernementalitätsforschung. Perspektiven auf das Verhältnis von Subjekt, Sprache, Macht und Wissen. Frankfurt/N.Y.: Campus 2010a, S. 101-128.

Maeße, J.: Die vielen Stimmen des Bologna-Prozesses. Zur diskursiven Logik eines bildungspolitischen Programms. Bielefeld: transcript 2010b.

Mayberger, K./Merkt, M.: eAssessment und Lernkulturen – ein Spagat zwischen Studienreformprozessen und Didaktik? In: Dany, S./Szczyrba, B./ Wildt, J. (Hg.): Prüfungen auf der Agenda! Düsseldorf: W. Bertelsmann-Verlag 2008, S. 142-158.

McDonald, B.: Improving learning through meta assessment. In: Active Learning in Higher Education 11 /2 (2010), S. 119-129.

Mecheril, P.: „Mobilität ist toll". In: HRK Projet nexus Konzepte und gute Praxis für Studium und Lehre: Anerkennung gestalten! Anerkennungspraxis nach Lissabon. Dokumentation der nexus-Veranstaltungen vom 10. Dezember 2013 in München, 14. Januar 2014 in Hamburg und 20. Mai 2014 in Leipzig, Bonn 2014, S. 10-13, URL: https://www.hrk-nexus.de/fileadmin/_migrated/content_uploads/Broschuere_Anerkennung_gestalten_02.pdf (1.12.17)

Meer, D.: Möglichkeiten angewandter Gesprächsforschung: Mündliche Prüfungen an der Hochschule. In. Linguistik online 1/2000, URL: https://bop.unibe.ch/linguistik-online/article/view/1019/1679 (02.09.17)

Meer, D.: Der Prüfer ist nicht der König: mündliche Abschlussprüfungen in der Hochschule. Tübingen: De Gruyter 1988.

Metz-Göckel, S./Kamphans, M./Scholkmann, A.: Hochschuldidaktische Forschung zur Lehrqualität und Lernwirksamkeit. Ein Rückblick, Überblick und Ausblick. In: Zeitschrift für Erziehungswissenschaft 2/2012 , S. 213-232.

Metzger, Ch.: Zeitbudgets zur Untersuchung studentischer Workload als Baustein der Qualitätsentwicklung. In: Zeitschrift für Hochschulentwicklung 2/2013, S. 138-156.

Metzger, Ch./Schulmeister, R./Martens, Th.: Motivation und Lehrorganisation als Elemente von Lernkultur. In: Zeitschrift für Hochschulentwicklung 3/2012, S. 36-50.

Metzger, Ch./Nüesch, Ch.: Fair prüfen - ein Qualitätsleitfaden für Prüfende an Hochschulen. Reihe Hochschuldidaktische Schriften, Bd. 6. St. Gallen: IWP 2004.

Metzger, Ch./Nüesch, Ch.: Qualitätsleitfaden zur Evaluation von Prüfungen an der Universität St. Gallen. St. Gallen: Universität St. Gallen, Institut für Wirtschaftspädagogik 1997.

Middendorff, E./Poskowsky, J./Becker, K.: Formen der Stresskompensation und Leistungssteigerung bei Studierenden. Wiederholungsbefragung des HISBUS- Panels zu Verbreitung und Mustern studienbezogenen Substanzkonsums (HIS: Forum Hochschule 4). Hannover 2015.

Miethe, I./Stehr, J.: Modularisierung und forschendes Lernen. Erfahrungen und hochschuldidaktische Konsequenzen. In: neue praxis 3/2007, S. 250-264.

Moch, M.: Die Lücke – ‚Implizites Wissen' und das Theorie-Praxis-Verhältnis. In: neue praxis 6/2012, S. 555-564.

Mühlmann, Th.: Studien- und Berufserwartungen von Studienanfängern Sozialer Arbeit: Ergebnisse einer quantitativen Befragung von Studierenden Sozialer Arbeit zu ihren Merkmalen und Erfahrungen, Gründen der Studien- und Hochschulwahl sowie berufsbezogenen Interessen, Einstellungen und Zielen zu Beginn ihres Studiums. Norderstedt 2010.

Müller-Benedict, V./Grözinger, G. (Hg.): Noten an Deutschlands Hochschulen. Analysen zur Vergleichbarkeit von Examensnoten 1960 bis 2013, Wiesbaden. Springer VS 2017.

Müller, A./Schmidt, B.: Prüfungen als Lernchance: Sinn, Ziele und Formen von Hochschulprüfungen. In: Zeitschrift für Hochschulentwicklung 1/2009, S. 23 -45.

Müller, F. H.: Prüfen an Universitäten. Wie Prüfungen das Lernen steuern, in: Kossek, B./Zwiauer, Ch. (Hg.): Universität in Zeiten von Bologna. Zur Theorie und Praxis von Lehr- und Lernkulturen, Göttingen: University Press 2012, S.121-132.

Müller, F. H.: Lehren und Lernen in der Hochschule: Von der Steuerung studentischer Lernprozesse durch Hochschulprüfungen. Habilitationsvortrag an der Fakultät für Pädagogik der Universität der Bundeswehr München im November 2009.

Müller, F. H.: Professionell prüfen (publiziert 2008), URL: https://www.academics.de/wissenschaft/professionell_pruefen_30703.html (19.06.16)

Müller, F. H./Bayer, T.: Prüfungen: Vorbereitung – Durchführung – Bewertung. In:

Hawelka, B./Hammerl, M./Gruber, H. (Hg.): Förderung von Kompetenzen in der Hochschullehre. Kröning: Ansager 2007, S. 223-237.

Müller, F. H./Palekcic, M.: Bedingungen und Auswirkungen selbstbestimmt motivierten Lernens bei kroatischen Hochschulstudenten. In: Empirische Pädagogik 2/2005, S. 134-165.

Müller, F. H.: Interesse und Lernen. In: Report – Zeitschrift für Weiterbildungsforschung 1/2006, S. 48-62.

Multrus, F.: Fachtradition und Bildungsherkunft. Einfluss der elterlichen Ausbildung auf Studierende und Studium. Universität Konstanz (Hefte zur Bildungs- und Hochschulforschung 48), Konstanz 2007, URL: https://kops.unikonstanz.de/bitstream/handle/123456789/11530/Fachtradition48_Multrus.pdf?sequence=1 (13.08.16)

Multrus, F.: Fachkulturen. Begriffsbestimmung, Herleitung, Analysen. Eine empirische Untersuchung über Studierende deutscher Hochschulen. Konstanz (Mscr. Diss.) 2004.

Nagel, A.: Der Bologna-Prozess als Politiknetzwerk. Akteure, Beziehungen, Perspektiven. Wiesbaden: DUV 2006.

Nauerth, A. et al.: (2012). Entwicklung von Kompetenzmessinstrumenten zur Erfassung der Studierfähigkeit sowie der Beschäftigungsfähigkeit im Rahmen des Forschungsprojektes Transitionen. In: Marzinzik, K./Nauerth, A./Stricker, M. (Hg.): Kompetenzentwicklung basisnah. Forschungsprojekte im Gesundheits- und Sozialbereich. Berlin: LIT 2012, S. 257-292.

Neuberger, O.: Mikropolitik: Der alltägliche Aufbau und Einsatz von Macht in Organisationen. Stuttgart: Enke 1995.

Netzwerk Studienqualität Brandenburg: Kompetenzorientiertes Prüfen - Ein Leifaden. Nov. 2010, URL: https://www.hrk-nexus.de/fileadmin/redaktion/hrk-nexus/07-Downloads/07-03-Material/kompetenzorientiertes_pr__fen_leitfaden.pdf (01.01.2018)

Nicol, D. J./Macfarlane-Dick, D.: Formative assessment and self-regulated learning: a model and seven principles of good feedback practice. In: Studies in Higher Education 2/2006, pp. 199-218.

Niehues, N./Fischer, E./Jeremias, Ch.: Prüfungsrecht. 6. neu bearb. Aufl., München: Beck 2014.

Nolda, S.: Sprachinteraktion in Prüfungen. Eine qualitative Untersuchung zum Sprach- und Interaktionsverhalten von Prüfern und Kandidaten in Zertifikatsprüfungen im Bereich Fremdsprachen. Frankfurt a. M.: PAS 1990.

Norkus, Z.: Die situationsbezogene und die prozedurale Sicht von Handlungsrationalität in Max Webers Begriffsbildung. In: Albert, G./Bienfaith, A./Sigmund, St./Wendt, C. (Hg.): Das Weber-Paradigma, Tübingen:Mohr Siebeck 2005, S. 125-152.

Nouns, Z. M./Brauns, K.: Das Prinzip des Progress-Testing – Detaillierte Leistungsdarstellung und Lehrevaluation auf Basis der kontinuierlichen Wissensentwicklung der Studierenden, In: Dany, S./Szczyrba, B./Wildt, J. (Hg.): Prüfungen auf die Agenda! Hochschuldidaktische Perspektiven auf Reformen im Prüfungswesen. Bielefeld: Bertelsmann 2008, S. 114-128.

O'Dell, C./Hoyert, M.: Grandma died again: Goal orientation and excuses in the classroom. Selected papers from the 19th International Conference on College Teaching and Learning 2008, pp. 129-147.

Ortenburger, A.: Beratung von Bachelorstudierenden in Studium und Alltag. Ergebnisse einer HISBUS-Befragung zu Schwierigkeiten und Problemlagen von Studierenden und zur Wahrnehmung, Nutzung und Bewertung von Beratungsangeboten (HIS: Forum Hochschule 3), Hannover 2013.

Ortenburger, A./Kohlrausch, B.: Bildungsaufstieg wider die Erwartung? Warum sich Studienberechtigte aus bildungsfernen Herkunftsfamilien für ein Studium entscheiden. Vortrag auf der 4. Jahrestagung der Gesellschaft für Empirische Bildungsforschung (GEBF) „Erwartungswidriger Bildungserfolg über die Lebensspanne" in Berlin, 7.-11.3.2016.

Perko, G.: Social Justice in der Lehre. Herausforderungen vor dem Hintergrund des Bologna-Prozesses. In: Kossek, B./ Zwiauer, Ch. (Hg.): Universität in Zeiten von Bologna. Zur Theorie und Praxis von Lehr- und Lernkulturen, Göttingen: University Press 2012, S. 243-254.

Peters, K.: Erfolgreiche Prüfungsverwaltung als Teil des dezentralen Qualitätsmanagements in Lehre und Studium – Fallbeispiel Universität Göttingen. In: Degenhardt, L./Stender, B. (Hg.): Forum Prüfungsverwaltung 2009 (HIS: Forum Hochschule 15). Hannover 2010, S. 45-52.

Peters-Pengel, I.: Neue Anforderungen an die Prüfungsverwaltung – Modularisierte Studiengänge und Diploma Supplement. Zusammenfassung des Workshops. In: Neue Anforderungen an die Prüfungsverwaltung – Modularisierte Studiengänge und Diploma Supplement. Bericht zur Tagung des HIS-Kompetenzzentrums Prüfungsverwaltung (HIS: Kurzinformation A4), Hannover 2001.

Peiffer, H. et al.: Lehrevaluation. In: Schneider, M./Mustafić, M. (Hg.): Gute Hochschullehre: Eine evidenzbasierte Orientierungshilfe. Berlin/Heidelberg: Springer 2015, S. 153-184.

Pietzonka, M.: Die Umsetzung der Modularisierung in Bachelor-und Masterstudiengängen. Zeitschrift für Hochschulentwicklung 2/2014, S. 78-90.

Pletl, R./Schindler, G.: Umsetzung des Bologna-Prozesses. Modularisierung, Kompetenzvermittlung, Employability, in: Das Hochschulwesen. Forum für Hochschulforschung, -praxis und -politik 2/2007, Bielefeld 2007, S. 34-38.

Polanyi, M.: Personal knowledge. Towards a post-critical philosophy, London: Routledge & Kegan Paul Ltd 1958 (1962).

Pötschke, M./Simonson, J.: Zur Akzeptanz der Studienreform. Neue Studienabschlüsse im Blick der Studierenden, in: Das Hochschulwesen. Forum für Hochschulforschung, -praxis und -politik 4/2005, S. 137-143.

Pointkowski, U.: Sozialisation in akademischen Institutionen. In: Breuer, F. et al. (Hg.): Psychologie des wissenschaftlichen Lernens. Münster: Aschendorff 1975, S. 195-284.

Praetorius, A.-K. et al.: Longitudinal Relations Between Teaching-related Motivations and Student-reported Teaching Quality. In: Teaching and Teacher Education, 65/2017, pp. 241-254.

Prahl, H.-W.: Prüfungen. In: Huber, L. (Hg.), Ausbildung und Sozialisation in der Hochschule (Enzyklopädie Erziehungswissenschaft, Bd. 10). Stuttgart, Dresden: Klett-Verlag für Wissen und Bildung 1995, S. 438-450.

Prenzel, M.: Bedingungen für selbstbestimmt motiviertes und interessiertes Lernen im Studium. In: Lompscher, J./Mandl, H. (Hg.): Lehr- und Lernprobleme im Studium – Bedingungen und Veränderungsmöglichkeiten. Bern: Huber 1996, S. 11-22.

Prosser, M./Trigwell, K.: Understanding learning and teaching. The experience in higher education, New York: The Society for Research into Higher Education. Open University Press 2009.

Qualitätsoffensive Lehre in Niedersachsen: Website des Netzwerks, URL: http://www.qualitätsoffensive-lehre-niedersachsen.de/start/ (26.07.16)

QR SArb – Qualifikationsrahmen Soziale Arbeit Version 6.0, verabschiedet vom Fachbereichstag Soziale Arbeit, Würzburg, 8.6.2016, URL: http://www.fbts.de/fileadmin/fbts/QR_SozArb_Version_6.0.pdf (20.08.16)

Quast, J./Mansfeld, T./Schütte, F.: Ordnung durch Prüfung und Prüfungswesen – ein (kurzer) historischer Rückblick. In: BWP 3/2014, S. 10-13.

Quellmelz, M./Ruschin, S.: Kompetenzorientiert prüfen mit Lernportfolios. In: Journal Hochschuldidaktik 1-2/2013, S. 19-22.

Raber, V.: Schlüsselkompetenzen in der Hochschullehre. Zum Bologna-Prozess und seinen Chancen für einen Paradigmenwechsel in der Lehre. München: Akademische Verlagsgemeinschaft München 2012.

Ramm, M./Multrus, F./Bargel, T./Schmidt, M.: Studiensituation und studentische Orientierungen. 12. Studierendensurvey an Universitäten und Fachhochschulen im Auftrag des BMfBF, Juli 2014, URL: https://www.bmbf.de/pub/12._Studierendensurvey_Langfassung_bf.pdf (04.07.16)

Ramsden, P.: Learning to teach in higher education. London: Routledge 2003.

Ravinet, P.: From Voluntary Participation to Monitored Coordination. Why European Countries Feel Increasingly Bound by Their Commitment to the Bologna Process. In: European Journal of Education 3/2008, pp. 353-367.

Reeves, T.C.: How do we know they are learning? The importance of alignment in higher education. In: International Journal of Learning Technology 4/2006, pp. 294-309.

Reinmann, G.: Kompetenzorientierung und Prüfungspraxis an Universitäten: Ziele heute und früher, Problemanalyse und ein unzeitgemäßer Vorschlag. Mscr. o.O. 2014 URL: http://gabi-reinmann.de/wp-content/uploads/2014/10/Artikel_Berlin_Okt_14.pdf (13.08.16)

Reinmann, G.: Was wäre, wenn es keine Prüfungen mit Rechtsfolgen mehr gäbe? Ein Gedankenexperiment. In: Csanyi, G./Reichl, F./Steiner, A. (Hg.): Digitale Medien – Werkzeuge für exzellente Forschung und Lehre. Münster: Waxmann 2012, S. 29-40.

Reis, O./Ruschin, S.: Kompetenzorientiert prüfen – Baustein eines gelungenen Paradigmenwechsels. In: Dany, S./Szczyrba, B./Wildt, J. (Hg.): Prüfungen auf die Agenda! Hochschuldidaktische Perspektiven auf Reformen im Prüfungswesen (Blickpunkt Hochschuldidaktik Bd. 118). Bielefeld: Bertelsmann 2008, S. 45-57.

Reis, O.: Sinn und Umsetzung der Kompetenzorientierung. Lehre ‚von hinten' denken. In: Becker, P. (Hg.): Studienreform in der Theologie. Eine Bestandsaufnahme. Münster 2011, S. 108-127.

Reis, O.: Vom Reflex zur Reflexion – Prüfen und Bewerten von Prozessen reflexiven Lernens. In: Berendt, B./Voss, H.P./Wildt, J. (Hg.): Neues Handbuch Hochschullehre. Berlin/Stuttgart 2009, Griffmarke 3.2.

Rheinländer, Kathrin (Hg.): Ungleichheitssensible Hochschullehre. Positionen, Voraussetzungen, Perspektiven. Wiesbaden: Springer VS 2015.

Richthofen, A. von (Hg.): Qualitätsentwicklung in Studium und Lehre. Bielefeld: Bertelsmann 2009.

Rindermann, H.: Lehrevaluation. Landau: Verlag Empirische Pädagogik 2009.

Rosenstiel, L. von/Frey, D.: Universität als Stätte der Bildung und Persönlichkeitsentwicklung. In: Orter et al. (Hg.): Universitäre Bildung – Fachidiot oder Persönlichkeit, München 2012, S. 49-68.

Rowland, S.: Academic development: a practical or theoretical business? In: Eggins/Macdonald (Eds.): The Scholarship of Academic Development. Buckingham: The Open University Press 2003, pp. 13-22.

Rowntree, D.: Assessing students: How shall we know them? London: Kogan 1977.

Rückert, H.-W.: Beratungsangebote und Beratungskompetenzen an Hochschulen als Aspekte von Serviceorientierung. In: Degenhardt, L./Stender, B. (Hg.): Forum Prüfungsverwaltung 2011. Prüfungsverwaltung im Spannungsfeld zwischen Serviceorientierung und Rechtsvorschriften (HIS: Forum Hochschule 19), Hannover 2011, S. 53-63.

Rückert, H.-W.: Besorgniserregend. Zur psychischen Stabilität der heutigen Studierendengeneration. In: Forschung & Lehre 7/2010, S. 488-489. URL: http://www.forschung-und-lehre.de/wordpress/Archiv/2010/ful_07-2010.pdf (19.06.16)

Rumpf, O.: Studienbegleitende Leistungskontrollen unter Prüfungsbedingungen: Novum ohne Zukunft? Frankfurt 1994.

Saarinnen, T.: »Quality« in the Bologna Process. From »Competitive Edge« to Quality Assurance Techniques. European Journal of Education 2/2005, pp. 189-204.

Samuelowicz, K./Bain, J. D.: Identifying academics orientations to assessment practice. In: Higher education 2/2002, S. 173-201.

Sauers, D. A./McVay, G. J. /Deppa, B. D. : Absenteeism and academic performance in an introduction to business course. In: Academy of Educational Leadership Journal 9/2005: pp. 19-28.

Schaper, N. et al.: Fachgutachten zur Kompetenzorientierung in Studium und Lehre. Hochschulrektorenkonferenz. Bonn 2012, URL: https://www.hrk-nexus.de/fachgutachten_kompetenzorientierung/ (14.07.16)

Schaper, N./Hilkenmeier, F. (2013). Umsetzungshilfen für kompetenzorientiertes Prüfen. HRK-Zusatzgutachten. HRK-Projekt nexus. Bonn 2013, URL: http://www.hrk-nexus.de/fileadmin/redaktion/hrk-nexus/07-Downloads/07-03-   Material/zusatzgutachten.pdf (15.08.16)

Scheuermann, U.: Schreibdenken. Schreiben als Denk- und Lernwerkzeug nutzen und vermitteln. Stuttgart: UTB 2012.

Schiefele, U./Krapp, A./Wild, K.-P./Winteler, A.: Der Fragebogen zum Studieninteresse. In: Diagnostica 4/1993, S. 335-351.

Schiefele, U./Streblow, L./Ermgassen, U./Moschner, B.: Lernmotivation und Lernstrategien als Bedingungen der Studienleistung. In: Zeitschrift für Pädagogische Psychologie 3+4/2003, S. 185-198.

Schimank, U.: Die Entscheidungsgesellschaft. Komplexität und Rationalität der Moderne. Wiesbaden: Springer VS 2005.

Schleider, K./Güntert, M.: Merkmale und Bedingungen studienbezogener Lern- und Arbeitsstörungen - eine Bestandsaufnahme. In: Beiträge zur Hochschulforschung 2/2009, S. 8-27.

Schmid, Ch. J./Wilkesmann, U.: Warum und unter welchen Bedingungen lehren Dozierende in der wissenschaftlichen Weiterbildung? Ergebnisse einer Online-Befragung (Thematischer Bericht der wissenschaftlichen Begleitung des Bund-Länder-Wettbewerbs „Aufstieg durch Bildung: offene Hochschulen"). O.O., Februar 2018, URL: https://de.offene-hochschulen.de/fyls/4066/download_file_inline (8.11.18)

Schmid, Ch.J./Uwe Wilkesmann, U.: Ansichtssache Managerialismus an deutschen Hochschulen – Ein empirisches Stimmungsbild und Erklärungen. In: Beiträge zur Hochschulforschung 2/2015, S. 56-87.

Schmidinger, Th./Tieber, C./Muckenhuber, J. (Hg.): Die Kunst der Lehre. Hochschuldidaktik in Diskussion. Münster: LIT 2010.

Schmitt, L.: Bestellt und nicht abgeholt. Soziale Ungleichheit und Habitus-Struktur-Konflikte im Studium. Wiesbaden: VS Verlag für Sozialwissenschaften 2010.

Schneider, F./Schwarzmüller M.: Arbeitsgruppe „Einmal Prüfungsverwaltung hin und zurück – man muss nicht nur wollen, sondern auch können". In: Degenhardt, L./Stender, B. (Hg.): Forum Prüfungsverwaltung 2011. Prüfungsverwaltung im Spannungsfeld zwischen Serviceorientierung und Rechtsvorschriften (HIS: Forum Hochschule 19), Hannover 2011, S. 67-72.

Schneider, R. et al. (Hg.): Wandel der Lehr- und Lernkulturen. Bielefeld: Bertelsmann 2009.

Schnitzer, K.: Von Bologna nach Bergen. In: Leszczensky/Wolter (2005), S. 1-9.

Schröder, Th.: Kunden- und Serviceorientierung als Herausforderung für deutsche Hochschulen aus der Perspektive der Prüfungsverwaltung, in: Degenhardt, L./Stender, B. (Hg.): Forum Prüfungsverwaltung 2011. Prüfungsverwaltung im Spannungsfeld zwischen Serviceorientierung und Rechtsvorschriften (HIS: Forum Hochschule 19), Hannover 2011, S. 17-30.

Schulmeister, R.: Abwesenheit von Lehrveranstaltungen. Ein nur scheinbar triviales Problem. Hamburg (Mscr.) 2015, URL: http://rolf.schulmeister.com/pdfs/Abwesenheit.pdf (05.12.17)

Schulmeister, R./Metzger, Ch./Martens, Th.: Heterogenität und Studienerfolg. Lehrmethoden für Lerner mit unterschiedlichem Lernverhalten. Paderborner Universitätsreden 123/2012, URL: http://rolf.schulmeister.com/pdfs/zeitlast_pur.pdf (13.12.17)

Schulmeister, R./Metzger, Ch. (Hg.): Die Workload im Bachelor: Zeitbudget und Studierverhalten. Eine empirische Studie. Münster: Waxmann 2011.

Schulz, A./Apostolopoulos, N.: E-Examinations at a glance. Die Computerisierung des Prüfungswesens an der Freien Universität Berlin. Münster 2014.

Schütz, A.: Das Problem der Relevanz. Frankfurt a.M: Suhrkamp 1971.

Schütz, A./Luckmann, Th.: Strukturen der Lebenswelt. Neuwied/Darmstadt: Luchterhand 1975.

Schwarz-Hahn, S./ Meike Rehburg, M.: Bachelor und Master in Deutschland. Empirische Befunde zur Studienstrukturrefom. Münster: Waxmann 2004.

Schwenk-Schellschmidt, A.: Mathematische Fähigkeiten zu Studienbeginn. Symptome des Wandels - Thesen zur Ursache. In: DNH 1/2013, S. 26-29.

Seidel, E./Simschitz, B.: Prüfen als Gestaltungselement von Lehren und Lernen. Ergebnisse einer Befragung, in: Hofer, Ch./ Schröttner, B./Unger-Ullmann, D. (Hg.): Akademische Lehrkompetenzen im Diskurs. Theorie und Praxis. Münster u.a.: Waxmann 2013, S. 250-268.

Serrano-Velarde, K.: Mythos Bologna? 10 Jahre Forschung zum Bolognaprozess. In: Soziologie 2/2009, S. 193-203.

Serrano-Velarde, K.: Evaluation, Akkreditierung und Politik. Zur Organisation von Qualitätssicherung im Zuge des Bolognaprozesses. Wiesbaden: Springer VS 2008.

Serrano-Velarde, K.: Deregulierung und/oder Internationalisierung? Deutsche Qualitätspolitik im Zeichen Bolognas. In: Berliner Journal für Soziologie 4/2008, S. 550-575.

Shephard, K.: Higher Education for Sustainable Development. London: Palgrave Macmillan 2015.

Sieverding, M./Schmidt, L. I./Obergfell, J./Scheiter, F.: Stress und Studienzufriedenheit bei Bachelor- und Diplom-Psychologiestudierenden im Vergleich. Eine Erklärung unter Anwendung des Demand-Control-Modells. In: Psychologische Rundschau 2/2013, S. 94-100.

Sippel, S.: Zur Relevanz von Assessment-Feedback in der Hochschule. In: Zeitschrift für Hochschulentwicklung 1/2009, S. 1-22.

Sofsky, W.: Die Ordnung sozialer Situationen. Opladen: Westdeutscher Verlag 1983.

Stahr, I./Auferkorte-Michaelis, N./ Ladwig, A. (Hg.): Hochschuldidaktik für die Lehrpraxis. Interaktion und Innovation für Studium und Lehre an der Hochschule". Leverkusen u.a.: Budrich UniPress Ltd. 2010.

Stahr, I.: Academic Staff Development: Entwicklung von Lehrkompetenz. In: Schneider, R. et al. (Hg.): Wandel der Lehr- und Lernkulturen. Bielefeld: Bertelsmann 2009, S. 70-87.

Stamm-Riemer, I./Loroff, C./Hartmann, E. A.: Anrechnungsmodelle. Generalisierte Ergebnisse der ANKOM-Initiative (HIS: Forum Hochschule 1), Hannover 2011, URL: http://www.his.de/pdf/pub_fh/fh-201101.pdf (5.12.17)

Standards und Leitlinien für die Qualitätssicherung im Europäischen Hochschulraum (ESG); Standards and guidelines for quality assurance in the European Higher Education Area (ESG). Beiträge zur Hochschulpolitik 3/2015. URL: http://www.enqa.eu/wp-content/uploads/2015/11/ESG_2015.pdf http://www.enqa.eu/indirme/esg/ESG%20in%20German_by%20HRK.pdf (24.04.17)

Stangl, W.: Stichwort: ‚Situierte Kognition'. Online Lexikon für Psychologie und Pädagogik. URL: http://lexikon.stangl.eu/1302/situierte-kognition/ (05.01.18)

Stary, J.: „Doch nicht durch Worte allein..." Die mündliche Prüfung. In: Berendt, B./ Voss, H.-P-/ Wildt, J. (Hg.): Neues Handbuch Hochschullehre. Lehren und Lernen effizient gestalten (Loseblatt-Ausgabe: Teil H2.1). Berlin: Raabe 2002.

Statistisches Bundesamt (Hg.): Bildung und Kultur. Prüfungen an Hochschulen 2007, Fachserie 11, Reihe 4.2, Wiesbaden 2008.

Steuble, A.: Zur Integration nonverbaler Kommunikation (NVK) in die Gesprächsanalyse – exemplarische Analyse eines Prüfungsgesprächs. In: Keseling, G./Wrobel, A.

(Hg.): Latente Gesprächsstrukturen. Untersuchungen zum Problem der Verständigung in Psychotherapie und Pädagogik. Weinheim/Basel: Beltz 1983, S. 175-231.

Stichweh, R.: Neue Steuerungsformen der Universität und die akademische Selbstverwaltung. In: Sieg, U./Korsch, D. (Hg.): Die Idee der Universität heute, München: De Gruyter 2005, S. 123-134.

Stratmann, F.: Herr Luhmann, gibt es eigentlich die Hochschulverwaltung noch? Ein unzeitgemäßes Lob auf die Verwaltung. Hannover: HIS 2011.

Szczyrba, B./van Treeck, T./Gerber, J.: Lehr- und lernrelevante Diversität an der Fachhochschule Köln, Forschungsbericht (Mscr.). Köln: FH Köln 2012.

Tan, K. H.K.: Qualitatively different ways of experiencing student self-assessment. In: Higher Education Research & Development 1/2008, pp. 15-29.

Teichler, U.: Hochschule – Studium – Berufsvorstellungen. Eine empirische Untersuchung zur Vielfalt von Hochschulen und deren Auswirkungen. Bad Honnef: Bock 1987.

Teichler, U./Daniel, H.-D./Enders, J. (Hg.): Brennpunkt Hochschule. Neuere Analysen zu Hochschule, Beruf und Gesellschaft. Frankfurt/N.Y.: Campus 1998.

Teutner, E./ Wolff, St./Bonß, W.: Rechtsstaat und situative Verwaltung. Zu einer sozialwissenschaftlichen Theorie administrativer Organisationen. Frankfurt a.M./N.Y.: Campus 1978.

THM - Technische Hochschule Mittelhessen/Prüfungsamt: Der kleine Leitfaden für Prüfungsordnungen. 2. Aufl., Gießen 2013, URL: https://www.thm.de/pa/images/stories/Download/leitfaden_2.pdf (14.11.17)

Tinnefeld, Th.: Prüfungsdidaktik. Aachen: Shaker 2002.

Thomann, G./Honegger, M./Suter, P.: Zwischen Beraten und Dozieren. Praxis, Reflexion und Anregungen für die Hochschullehre. Bern: hep 2011.

Trautwein, C./Merkt, M.: Zur Lehre befähigt? Akademische Lehrkompetenz darstellen und einschätzen. In: Egger, R./Merkt, M. (Hg.) 2012, S. 83-100.

Treber, D.: Auf neuen Wegen. Studienstruktur und Lebenswelt der Studierenden. In: standpunkt : sozial 1/1999, S. 13-23.

Treber, D.: ... und dann auch noch studieren. Die Erstsemester im WS 95/96. In: standpunkt : sozial 2+3/1996, S. 62-73.

Treber, D.: Studieren heute. Ergebnisse einer Befragung von Sozialpädagogik-StudentInnen. In: standpunkt : sozial 3/1992, S. 55-70.

Tremp, P.: Hochschuldidaktische Forschungen – Orientierende Referenzpunkte für didaktische Professionalität und Studienreform. In: Schneider, Ralf et al. (Hg.): Wandel der Lehr- und Lernkulturen. Bielefeld: Bertelsmann 2009, S. 206-219.

Tremp, P./Eugster, B.: Universitäre Bildung und Prüfungssystem – Thesen zu Leistungsnachweisen in modularisierten Studiengängen, in: Das Hochschulwesen. Forum für Hochschulforschung, -praxis und -politik 5/2006, S. 163-165.

Trute, H.-H.: Prüfungsrechtliche Anforderungen und Hochschuldidaktik – zwei Seiten einer Medaille? In: Brockmann, J./Pilniok, A. (Hg.): Prüfen in der Rechtswissenschaft. Probleme, Praxis und Perspektiven. Baden-Baden: Nomos 2013, S. 54-73.

Tsarouha, Elena: Typologie der Einflussgrößen auf die Notengebung. In: Müller-Benedict/ Grözinger (Hg.): Noten an Deutschlands Hochschulen. Analysen zur Vergleichbarkeit von Examensnoten 1960 bis 2013, Wiesbaden: Springer VS 2017, S. 117-169.

Universität Duisburg: UDE-Handbuch für Prüfungsausschussvorsitzende, Stand: 15.Juli 20111. URL: https://www.uni-due.de/imperia/md/content/webredaktion/2011/ude-handbuch_15072011.pdf (05.09.17)

Viebahn, P.: Lernerverschiedenheit im Studium. Ein Konzept zu einer großen didaktischen Herausforderung. In: Das Hochschulwesen 2/2009, S. 38-44.

Viebahn, P.: Differentielle Hochschuldidaktik. Strategien des konstruktiven Umgangs mit Lernerverschiedenheit im Hochschulunterricht. In: Berendt, B./Voss, H.-P./Wildt, J. (Hg.): Neues Handbuch Hochschullehre. Lehren und Lernen effizient gestalten. [Teil] B. Planung von Hochschulveranstaltungen. Aspekte der Planung. Berlin: Raabe 2009 B 1.7.

Viebahn, P.: Lernverschiedenheit und soziale Vielfalt im Studium. Differentielle Hochschuldidaktik aus psychologischer Sicht. Bielefeld: Universitätsverlag Webler 2008.

Viebahn, P.: Psychologische Bedingungen der Veranstaltungsbeteiligung. In: Das Hochschulwesen 5/1999, S. 157-161.

Viebahn, P.: Handeln im Studienalltag: Der Veranstaltungsbesuch. Band 1: Handlungsanalyse, Studien zur Pädagogischen Psychologie, Band 35, Göttingen u.a. 1998.

Viebahn, P.: Probleme ausbildungsbegleitender Prüfungen in der Hochschule. In: Unterrichtswissenschaft, 8/1980, S. 372-381.

Viebahn, P.: Prüfungen als Handlungssteuerung. In: Zeitschrift für empirische Pädagogik 4/1980, S. 1-27.

Vogel, B./Woisch, A.: Orte des Selbststudiums. Eine empirische Studie zur zeitlichen und räumlichen Organisation des Lernens von Studierenden (HIS: Forum Hochschule 7). Hannover 2013.

Voss, P.: Umgang mit mündlichen Prüfungssituationen: Ein Training zur Verbesserung der sozialen Kompetenz. Rinteln: Merkur Verl. 1995.

Waffenschmidt, E.: Kompetenzorientierte schriftliche Prüfungen. In: Berendt, B./Voss, H.-P./Wildt, J. (Hg.): Neues Handbuch Hochschullehre. Lehren und Lernen effizient gestalten. Teil H: Prüfungen und Leistungskontrollen. Schriftliche Prüfungen. Berlin: Raabe 2013, H. 5.2.

Waldherr, F./ Walter, C.: Didaktisch und praktisch. Ideen und Methoden für die Hochschullehre. Stuttgart: Schäffer-Poeschel 2009.

Walkenhorst, U./Nauerth, A.: Fachtagung an der FH Bielefeld – Bedeutung der Hochschuldidaktik vor dem Hintergrund der Bologna- Reform. In: HRK (Hg.): Bologna New. 03/2010. Bonn: HRK.

Walter, Th.: Der Bologna-Prozess. Ein Wendepunkt europäischer Hochschulpolitik? Wiesbaden: Verlag für Sozialwissenschaften 2006.

Walzik, S.: Kompetenzorientiert prüfen: Leistungsbewertung an der Hochschule in Theorie und Praxis. Opladen: UTB 2012.

Wannemacher, K.: Studienbegleitende Prüfungen – Möglichkeiten und Grenzen der Assessmentpraxis in Bachelor- und Masterstudiengängen. In: Zeitschrift für Hochschulentwicklung 1/2009, S. 72-90.

Wannemacher, K./Kleimann, B./Degenhardt, Lars: Vor einem Kulturwandel? Über elektronische Prüfungen an Hochschulen. Forschung & Lehre, 7/2009, S. 502-503.

Wannemacher, K.: Prüfungsmanagement. Erst säen – dann ernten! duz-Werkstatt 9/2008, S. 9-11.

Webler, W.-D.: Welches Niveau darf von einem Bachelorstudium erwartet werden? In: Gützkow, F./ Quaißer, G.: Hochschule gestalten. Denkanstöße aus Hochschulpolitik und Hochschulforschung. Festschrift zum 60. Geburtstag von Gerd Köhler, Bielefeld 2004, S. 231-247.

Wegner, E./Nückles, M.: Mit Widersprüchen umgehen lernen: Reflektiertes Entscheiden als hochschuldidaktische Kompetenz. In: Egger, R./Merkt, M. (Hg.): Lernwelt Universität. Entwicklung von Lehrkompetenz in der Hochschullehre. Wiesbaden: Spinger VS 2012, S. 63-81.

Wehr, S.: Bolognagerechte Hochschullehre. Bern: Haupt 2010.

Weiand, A.: Lehrende und Studierende – Spurensuche und Annäherungen an ein schwieriges Verhältnis, in: Die Neue Hochschule (DNH) 1/2016, S. 22-25.

Weil, M./Schiefner, M./Eugster, B./Futter, K. (Hg.): Aktionsfelder der Hochschuldidaktik. Von der Weiterbildung zum Diskurs. Münster u.a.: Waxmann 2011.

Westhoff, K./Hagemeister, C.: Kompetenzorientierte mündliche Prüfungen. Objektiv und valide. In: Teaching is touching the future. Emphasis on skills. GLK-Tagungsband. Bielefeld: Univ.-Verl. Webler 2014, S. 171-180.

Wex, P.: Das leere Versprechen der Kompetenzprüfung. Selbsttäuschung der Universitäten. In: FAZ 3.10.2012, URL: http://www.faz.net/aktuell/feuilleton/forschung-und-lehre/selbsttaeuschung-der-universitaeten-das-leere-versprechen-der-kompetenzenpruefung-11910676.html?printPagedArticle=true#pageIndex_2 (25.06.16)

Wex, P.: Bachelor und Master. Die Grundlagen des neuen Studiensystems in Deutschland. Ein Handbuch, Berlin 2005.

Wilbers, K.: Kompetenzmessung: Motor der Theorie- und Praxisentwicklung in der Berufsbildung? In: Seufert, S./Metzger, C. (Hg.), Kompetenzentwicklung in unterschiedlichen Kulturen. Paderborn: Eusl, S. 298-321.

Wild, K.-P.: Lernstrategien im Studium. Habilitationsschrift. München: Universität der Bundeswehr 1999.

Wild, K.-P./Wild, E.: Jeder lernt auf seine Weise – Individuelle Lernstrategien und Hochschullehre. In: Berendt, B./Voss, H.-P./Wildt, J. (Hg): Neues Handbuch Hochschullehre. Bonn: Raabe-Verlag, A 2.1. 2002

Wildt, B./Redecker, D.: ‚Prüfungscoaching' – Zur Vorbereitung von Studierenden auf die mündliche Prüfung: ein Werkstatt-Konzept. In: Dany, S./Szczyrba, B./Wildt, J. (Hg.): Prüfungen auf der Agenda! Düsseldorf: W. Bertelsmann-Verlag 2008, S. 200-217. Zusammenfassung unter der URL: http://sowiport.gesis.org/search/id/fis-bildung-814072# (25.06.16)

Wildt, J./Wildt, B.: Lernprozessorientiertes Prüfen im „Constructive Alignment". Ein Beitrag zur Förderung der Qualität von Hochschulbildung durch eine Weiterentwicklung des Prüfsystems", in: Berendt, B./Voss, H.-P./Wildt, J. (Hg.): Neues Handbuch Hochschullehre. Lehren und Lernen effizient gestalten. [Teil] H. Prüfungen und Leistungskontrollen. Weiterentwicklung des Prüfungssystems in der Konsequenz des Bologna-Prozesses. Berlin 2011, S. 1-46.

Wildt, J.: Kompetenzen als (neue?) Zielsetzung hochschulischer Ausbildung. In: Terbuyken, G.: In Modulen lehren, lernen und prüfen. Loccum 2010, S. 53-80.

Willke, H.: Systemisches Wissensmanagement. 2. Aufl., Stuttgart: Lucius & Lucius 2001.

Winter, F.: Das Portfolio in der Hochschulbildung. Reformimpulse für Didaktik und Prüfungswesen. In: Koch-Priewe, B./Leonhard, T./Pineker, A./Störtländer, J. Ch. (Hg.): Portfolio in der LehrerInnenbildung. Konzepte und empirische Befunde. Bad Heilbrunn: Klinkhardt 2013, S. 15-40.

Winteler, A./Geyer, C.: „Professionell lehren und lernen. Ein Praxisbuch". 4. akt. und überarb. Aufl. Darmstadt: WBG 2011.

Witte, J. et al.: Die Umstellung auf Bachelor- und Masterstudiengänge als Herausforderung für die deutschen Hochschulen: Handlungsfelder und Aufgaben. Centrum für Hochschulentwicklung (CHE), Positionspapier II zu Bachelor- und Masterstudiengängen, Gütersloh, Juni 2003

Wörner, A.: Lehren an der Hochschule. Eine praxisbezogene Anleitung, 2. Aufl. Wiesbaden: Springer VS 2008.

Wolf, G.: Bremsversagen oder: Mit dem Abitur in die Schreibberatung – Ursachen und Folgen einer nachlassenden Studierfähigkeit heutiger Jugendlicher. In: Henry-Huthmacher, Ch./Hoffmann, E.: Ausbildungsreife und Studierfähigkeit. Sankt Augustin/Berlin: Konrad-Adenauer-Stiftung 2016, S. 10-17.

Woschnak, U.: Fair prüfen?! In: Dorfer, A./Lind, G./Salmhofer, G. (Hg.): Prüfen auf dem Prüfstand. Sammelband zum Tag der Lehre 2010 der Karl-Franzens-Universität Graz (Grazer Beiträge zur Hochschullehre). Graz: Leykam 2011, S. 81-92.

Woschnack, U./Schatz, W./Eugster, B.: Prüfungen als Schlüsselelement kompetenzbasierter Curricula – das Lernziel-Leistungskontrollorientierte Curriculummodell (LLC). In: Dany, S./Szczyrba, B./ Wildt, J. (Hg.): Prüfungen auf der Agenda! Düsseldorf: W. Bertelsmann-Verlag 2008, S. 58-73.

Zentrum für Lehrkompetenz an der Universität Graz, URL: https://www.uni-graz.at/de/lehren/services/hochschuldidaktik/zentrum-fuer-lehrkompetenz/ (15.08.16)

Ziegele, F.: Reformansätze und Perspektiven der Hochschulsteuerung in Deutschland. In: Beiträge zur Hochschulforschung 3/2002, S. 106-121.

Ziegler, A./Dürscheid, Ch. (Hg.): Kommunikationsform E-Mail. Tübingen: Stauffenburg Verlag 2016.

Zimmermann, T.: Durchführen von lernzielorientierten Leistungsnachweisen. In: Bachmann, H. (Hg.), Kompetenzorientierte Hochschullehre. Bern: Hep 2011, S. 50-85.

Zürn, M.: Regime/Regimeanalyse. In: Nohlen, D./Schultze, R.-O. (Hg.): Lexikon der Politikwissenschaft. Bd. 2, München: C.H. Beck 2002, S. 798-799.

Anlagen

Anl. 1 Synopse zur Transformation des europäischen Hochschulraumes (Bologna-Prozess) 244

Anl. 2 HQR 2017 – Qualifikations-/Kompetenzerwartungen 252

Anl. 3 Anl.1 zur Prüfungsordnung für den BA-Studiengang ‚Soziale Arbeit', Fakultät S an der Ostfalia gem. Beschluss des Fakultätsrates vom 13.11.2013 für das SS 2014 255

Anl. 4 Informationsblatt: Anmeldung zu (Teil)Modulprüfungen über die ePV 258

Anl. 5 Informationsblatt: Zulassungen zum zweiten Studienabschnitt 260

Anl. 6 Informationsblatt: Anrechnung beruflich erworbener Kompetenzen 262

Anl. 7 Informationsblatt: Nachteilsausgleich bei Studien- und Prüfungsleistungen 264

Anlage 1:
Synopse zur Transformation des europäischen Hochschulraumes (Bologna-Prozess)

11.04.97	Lisbon-Convention: Convention on the recognition of qualifications concerning higher education in the european region (The European Treaty Series, n°165, Council of Europe - UNESCO joint Convention)
07.07.97	HRK 182. Plenum: Zu Kredit-Punkte-Systemen und Modularisierung
24.10.97	KMK-Beschluss: Stärkung der internationalen Wettbewerbsfähigkeit des Studienstandortes Deutschland
10.11.97	HRK 183. Plenum: Zur Einführung von BA- und MA-Studiengängen/-abschlüssen
31.03.98	Europäische Kommission: Europäisches System zur Anrechnung von Studienleistungen - ECTS-Handbuch für Benutzer
25.05.98	Sorbonne-Erklärung: Harmonisierung der Architektur der europäischen Hochschulbildung
06.07.98	HRK 185. Plenum: Akkreditierungsverfahren
20.08.98	Novellierung des Hochschulrahmengesetzes (§§18, 19)
24.09.98	Council Recommendation of 24 September 1998 on European cooperation in quality assurance in higher education (98/561/EC)
07.10.98	Council of the European Union: Council Recommendation of 24 September 1998 on European cooperation in quality assurance in higher education (98/561/EC)
03.12.98	KMK-Beschluss: Einführung eines Akkreditierungsverfahrens für BA- und MA-Studiengänge
05.03.99	KMK-Beschluss: Strukturvorgaben für die Einführung von BA- und MA-Studiengängen
19.06.99	Erklärung von Bologna: Der europäische Hochschulraum
30.11.99	Akkreditierungsrat: Akkreditierung von Akkreditierungsagenturen und Akkreditierung von Studiengängen mit den Abschlüssen Bachelor/ Bakkalaureus und Master/Magister - Mindeststandards und Kriterien

21.01.00	Wissenschaftsrat: Empfehlungen des Wissenschaftsrates zur Einführung neuer Studienstrukturen und -abschlüsse
14.04.00	KMK-Beschluss: Laufbahnrechtliche Zuordnung von Bachelor-/Bakkalaureus- und Master-/Magisterabschlüssen gemäß § 19 HRG
03./04.07.2000	HRK 191. Plenum: Zum ECTS-Notensystem
15.09.00	KMK-Beschluss: Rahmenvorgaben für die Einführung von Leistungspunktsystemen und die Modularisierung von Studiengängen
29.09.00	Bundesanzeiger Nr. 185 vom 29.09.2000: Der Europäische Hochschulraum. Gemeinsame Erklärung der europäischen Bildungsminister vom 19. Juni 1999 in Bologna
30.10.00	Kommission der europäischen Gemeinschaften: Memorandum über Lebenslanges Lernen (SEK(2000) 1832)
10.11.00	KMK-Beschluss: Realisierung der Ziele der Bologna-Erklärung in Deutschland
25.01.01	Council of Europe - Directorate General IV: Contributions to the Bologna Process
19./20.02.2001	HRK 193. Plenum: Deutschland im europäischen Hochschulraum – Plenar-Entschließung der HRK zu den Schlussfolgerungen aus der Bologna-Erklärung
29./30.03.2001	Salamanca-Abkommen: Shaping the European Higher Education Area
19.05.01	Prag-Communiqué: Towards the European Higher Education Area
03.07.01	HRK 194. Plenum: Stellungnahme der HRK zum EU Memorandum über lebenslanges Lernen
01.03.02	KMK-Beschluss: Künftige Entwicklung der länder- und hochschulübergreifenden Qualitätssicherung in Deutschland
24.05.02	Vereinbarung von Innenministerkonferenz und Kultusministerkonferenz: Zugang zu den Laufbahnen des höheren Dienstes durch Masterabschluss an Fachhochschulen
14.06.02	KMK-Beschluss: Zugang zur Promotion für BA- und MA-Absolventen

28.06.02	KMK-Beschluss: Anrechnung von außerhalb des Hochschulwesens erworbenen Kenntnissen und Fähigkeiten auf ein Hochschulstudium
09.08.02	Zentrale Evaluationsagentur (ZEvA): Allgemeine Standards für die Akkreditierung neuer Studiengänge an Universitäten und Fachhochschulen mit den Abschlüssen Bachelor und Master
19.09.02	KMK-Beschluss: Statut für ein länder- und hochschulübergreifendes Akkreditierungsverfahren
19./20.02. 2003	Athen-Beschlüsse: Exploring the Social Dimensions of the European Higher Education Area
12.06.03	KMK-Beschluss: 10 Thesen zur BA- und MA-Struktur in Deutschland
08.07.03	HRK 200. Plenum: Im europäischen Hochschulraum: Sachstand und Strategien der deutschen Hochschulen in Vorbereitung der Berlin-Konferenz am 18./19. September 2003
08.07.03	HRK-Plenum: Empfehlung des Bundesministeriums für Bildung und Forschung, der Konferenz der Kultusminister der Länder und der Hochschulrektorenkonferenz an die Hochschulen zur Vergabe von Leistungspunkten in der beruflichen Fortbildung und Anrechnung auf ein Hochschulstudium
19.09.03	"Realising the European Higher Education Area". Communiqué of the Conference of Ministers responsible for Higher Education in Berlin on 19 September 2003
09.2003	European University Association (EUA): Graz Erklärung 2003 - Die Phase nach Berlin: die Rolle der Universitäten
10.02.04	98. Senat der HRK: Zur Neuregelung des Hochschulzulassungsrechts
10.02.04	98. Senat der HRK: ECTS als System zur Anrechnung, Übertragung und Akkumulierung von Studienleistungen
22.10.04	KMK-Beschluss: Rahmenvorgaben für die Einführung von Leistungspunktsystemen und die Modularisierung von Studiengängen (Neufassung des Beschlusses vom 15.09.2000)
02.2005	Bologna Working Group: A Framework for Qualifications of the European Higher Education Area. Bologna Working Group Report on Qualifications Frameworks (Copenhagen, Danish Ministry of Science, Technology and Innovation)

15.02.05	Gesetz zur Errichtung einer Stiftung „Stiftung zur Akkreditierung von Studiengängen in Deutschland" vom 15.2.2005 (ersetzt das „Statut für ein länder- und hochschulübergreifendes Akkreditierungsverfahren", KMK-Beschluss vom 24.05.2002)
21.04.05	Qualifikationsrahmen für Deutsche Hochschulabschlüsse (KMK-Beschluss vom 21.04.2005)
04.2005	European University Association (EUA): Glasgow Erklärung 2005: Starke Universitäten für ein starkes Europa
15.02.05	Stellungnahme des Senats der HRK: Zu den Änderungen der Ländergemeinsamen Strukturvorgaben gemäß § 9 Abs. 2 HRG für die Akkreditierung von Bachelor- und Masterstudiengängen anlässlich der Überführung der Lehrerbildung in die Bachelor- und Masterstruktur
19.05.05	Bergen-Communiqué: Der europäische Hochschulraum – die Ziele erreichen. Kommuniqué der Konferenz der für die Hochschulen zuständigen europäischen Minister, Bergen, 19.-20. Mai 2005
14.06.05	Entschließung des 204. Plenums der HRK: Empfehlung zur Sicherung der Qualität von Studium und Lehre in Bachelor- und Masterstudiengängen
22.09.05	Ländergemeinsame Strukturvorgaben gemäß § 9 Abs. 2 HRG für die Akkreditierung von Bachelor- und Masterstudiengängen (Beschluss der KMK vom 10.10.2003 i.d.F. vom 22.9.2005)
15.02.06	Empfehlungen des Europäischen Parlaments und des Rates vom 15. Februar 2006 über die verstärkte europäische Zusammenarbeit zur Qualitätssicherung in der Hochschulbildung (2006/143/EG)
10.2006	ENQUA – Standards and Guidelines für Quality Assurance in the European Higher Education Area (dt. Übersetzung in: Beiträge zur Hochschulpolitik 9 (2006))
13.02.07	Entschließung des 103. Senats der HRK: Empfehlung zur weiteren Entwicklung des Bologna-Prozesses
12.06.07	HRK, Empfehlung des 104. Senates am 12.6.2007: ECTS im Kontext – Ziele, Erfahrungen und Anwendungsfelder

15.06.07	Ländergemeinsame Strukturvorgaben gemäß § 9 Abs.2 HRG für die Akkreditierung von Bachelor- und Masterstudiengängen (Beschluss der KMK vom 10.10.2003 i.d.F. vom 15.06.2007)
20.09.07	Vereinbarung „Zugang zu den Laufbahnen des höheren Dienstes durch Masterabschluss an Fachhochschulen" (Beschluss der KMK vom 20.09.2007)
08.10.07	Handreichungen des Akkeditierungsrates: Empfehlungen der AG „Weiterbildende Studiengänge"
16.10.07	HRK, Empfehlung des 105. Senates am 16.10.2 007: Qualitätsoffensive in der Lehre – Ziele und Maßnahmen
13.12.07	KMK-Beschluss: Einführung der Systemakkreditierung
29.02.08	Akkreditierungsrat: Kriterien für die Systemakkreditierung (beschlossen auf der 54. Sitzung am 08.10.2007, geändert am 29.02.2008)
22.04.08	HRK, 3. Mitgliederversammlung der HRK am 22.4.2008: Für eine Reform der Lehre in den Hochschulen
18.09.08	Bericht über die Überprüfung der Kompatibilität des „Qualifikationsrahmens für deutsche Hochschulabschlüsse" mit dem „Qualifikationsrahmen für den Europäischen Hochschulraum"
18.09.08	KMK-Beschluss: Anrechnung von außerhalb des Hochschulwesens erworbenen Kenntnissen und Fähigkeiten auf ein Hochschulstudium (II)
10.10.08	KMK-Beschluss: Beteiligung Dritter an Akkreditierungsverfahren
12./13.02.2009	Bologna Process Coordination Group for Qualifications Framework: Report on Qualifications Frameworks Submitted to the BFUG for its meeting on February 12 - 13, 2009
06.03.09	KMK-Beschluss: Hochschulzugang für beruflich qualifizierte Bewerber ohne schulische Hochschulzugangsberechtigung
09.03.09	Bologna Process Coordination Group for Qualifications Framework: Report on Qualifications Frameworks Submitted to the BFUG for its meeting on February 12 - 13, 2009
28./29.04.2009	The Bologna Process 2020 – The European Higher Education Area in the new decade. Communiqué of the Conference of European Ministers Responsible for Higher Education, Leuven and Louvain-la-Neuve, 28./29. April 2009

21.09.09	Kommission der Europäischen Gemeinschaften: Bericht der Kommission an den Rat, das Europäische Parlament, den Europäischen Wirtschafts- und Sozialausschuss und den Ausschuss der Regionen. Bericht über die Fortschritte bei der Qualitätssicherung in der Hochschulbildung, Brüssel, den 21.9.2009, KOM(2009) 487 endgültig.
08.12.09	Beschluss des Akkreditierungsrates: Regeln des Akkreditierungsrates für die Akkreditierung von Studiengängen und für die Systemakkreditierung
10.12.09	KMK-Beschluss: Eckpunkte zur Korrektur der „Ländergemeinsamen Strukturvorgaben für die Akkreditierung von Bachelor- und Master-Studiengängen" und der „Rahmenvorgaben für die Einführung von Leistungspunktsystemen und die Modularisierung"
02.02.10	EU COMM: Arbeitsdokument der Kommissionsdienststellen: Bewertung der Lissabon-Strategie, Brüssel, den 2.2.2010 SEK(2010) 114 endgültig
04.02.10	KMK-Beschluss i.d.F. vom 04.02.2010: Ländergemeinsame Strukturvorgaben für die Akkreditierung von Bachelor- und Master-Studiengängen
23.02.10	HRK, Senatsempfehlung: Zur Weiterentwicklung des Deutschen Qualifikationsrahmens (DQR)
12.03.10	Budapest-Vienna Declaration on the European Higher Education Area, March 12, 2010
11.05.10	HRK, Entschließung der 8. Mitgliederversammlung: Weiterführung der Bologna-Reform – Kontinuierliche Qualitätsverbesserung in Lehre und Studium
07.2010	European Parliament Directorate General for Internal Policies, Policy Department A: Economic and Scientific Policy, Employment and Social Affairs: The Lisbon Strategy 2000-2010. An analysis and evaluation of the methods used and results achieved. Final Report, Brussels 2010
18.10.10	Verwaltungsvereinbarung zwischen Bund und Ländern gemäß Artikel 91b Absatz 1 Nummer 2 des Grundgesetzes über ein gemeinsames Programm für bessere Studienbedingungen und mehr Qualität in der Lehre vom 18. Oktober 2010, BAnz Nr. 164 vom 28. Oktober 2010

10.11.10	BMBF: Richtlinien zur Umsetzung des gemeinsamen Programms des Bundes und der Länder für bessere Studienbedingungen und mehr Qualität in der Lehre vom 10. November 2010
23.11.10	HRK, Entschließung der HRK Mitgliederversammlung: Zur Weiterentwicklung des Akkreditierungssystems
04.2012	EU COMM: Der Europäische Hochschulraum im Jahr 2012: Bericht über die Umsetzung des Bologna-Prozesses
26./27.04. 2012	Bucharest Communiqué: Making the Most of Our Potential: Consolidating the European Higher Education Area
06.2013	EU COMM: High Level Group on the Modernisation of Higher Education. Report to the European Commission on: Improving the quality of teaching and learning in Europe's higher education institutions, June 2013
01.08.13	KMK/Bund-Länder-Koordinierungsstelle für den Deutschen Qualifikationsrahmen für lebenslanges Lernen: Handbuch zum Deutschen Qualifikationsrahmen. Struktur – Zuordnungen – Verfahren – Zuständigkeiten
12.02.15	KMK/BMBF: Die Umsetzung der Ziele des Bologna-Prozesses 2012 - 2015. Nationaler Bericht von KMK und Bundesministerium für Bildung und Forschung unter Mitwirkung von HRK, DAAD, Akkreditierungsrat, fzs, DSW und Sozialpartnern (12.02.2015)
05.2015	European Commission/EACEA/Eurydice, 2015. The European Higher Education Area in 2015: Bologna Process Implementation Report. Luxembourg: Publications Office of the European Union. (dt.: Europäische Kommission/EACEA/Eurydice, 2015. Europäischer Hochschulraum im Jahr 2015: Bericht über die Umsetzung des Bologna-Prozesses Luxemburg: Amt für Veröffentlichungen der Europäischen Union.)
15./15.05. 2015	Standards and Guidelines for Quality Assurance in the European Higher Education Area (ESG). (2015). Brussels, Belgium. (dt. Übersetzung in: Beiträge zur Hochschulpolitik 3/2015)
15./15.05. 2015	Yerevan Communiqué: The European Higher Education Area in 2015. Bologna Process Implementation Report
10.11.15 08.07.16	Europäische Studienreform. Gemeinsame Erklärung von KMK und HRK

16.02.17	KMK: Qualifikationsrahmen für deutsche Hochschulabschlüsse (Im Zusammenwirken von HRK und KMK und in Abstimmung mit Bundesministerium für Bildung und Forschung erarbeitet und von der KMK am 16.02.2017 beschlossen)

Anlage 2: HQR 2017 - Qualifikations-/Kompetenzerwartungen

BA-Niveau	MA-Niveau
Wissen und Verstehen	
Wissensverbreiterung: Wissen und Verstehen bauen auf der Ebene der Hochschulzugangsberechtigung auf und gehen über diese wesentlich hinaus. Absolventinnen und Absolventen haben ein breites und integriertes Wissen und Verstehen der wissenschaftlichen Grundlagen ihres Lerngebiets nachgewiesen.	Wissensverbreiterung: Absolventinnen und Absolventen haben Wissen und Verstehen nachgewiesen, das auf der Bachelorebene aufbaut und dieses wesentlich vertieft oder erweitert. Sie sind in der Lage Besonderheiten, Grenzen, Terminologien und Lehrmeinungen ihres Lehrgebiets zu definieren und zu interpretieren.
Wissensvertiefung: Absolventinnen und Absolventen verfügen über ein kritisches Verständnis der wichtigsten Theorien, Prinzipien und Methoden ihres Studienprogramms und sind in der Lage, ihr Wissen auch über die Disziplin hinaus zu vertiefen. Ihr Wissen und Verstehen entspricht dem Stand der Fachliteratur, sollte aber zugleich einige vertiefte Wissensbestände auf dem aktuellen Stand der Forschung in ihrem Lerngebiet einschließen.	Wissensvertiefung: Das Wissen und Verstehen der Absolventinnen und Absolventen bildet die Grundlage für die Entwicklung und/oder Anwendung eigenständiger Ideen. Dies kann anwendungs- oder forschungsorientiert erfolgen. Sie verfügen über ein breites, detailliertes und kritisches Verständnis auf dem neuesten Stand des Wissens in einem oder mehreren Spezialbereichen.
Wissensverständnis: Absolventinnen und Absolventen reflektieren situationsbezogen die erkenntnistheoretisch begründete Richtigkeit fachlicher und praxisrelevanter Aussagen. Diese werden in Bezug zum komplexen Kontext gesehen und kritisch gegeneinander abgewogen. Problemstellungen werden vor dem Hintergrund möglicher Zusammenhänge mit fachlicher Plausibilität gelöst.	Wissensverständnis: Absolventinnen und Absolventen wägen die fachliche erkenntnistheoretisch begründete Richtigkeit unter Einbezug wissenschaftlicher und methodischer Überlegungen gegeneinander ab und können unter Zuhilfenahme dieser Abwägungen praxisrelevante und wissenschaftliche Probleme lösen.
Einsatz, Anwendung und Erzeugung von Wissen	
Absolventinnen und Absolventen können Wissen und Verstehen auf Tätigkeit oder Beruf anwenden und Problemlösungen in ihrem Fachgebiet erarbeiten oder weiterentwickeln.	Absolventinnen und Absolventen können ihr Wissen und Verstehen sowie ihre Fähigkeiten zur Problemlösung auch in neuen und unvertrauten Situationen anwenden, die in einem breiteren oder multidisziplinären Zusammenhang mit ihrem Studienfach stehen.

Nutzung und Transfer: Absolventinnen und Absolventen - sammeln, bewerten und interpretieren relevante Informationen insbesondere in ihrem Studienprogramm; - leiten wissenschaftlich fundierte Urteile ab; - entwickeln Lösungsansätze und realisieren dem Stand der Wissenschaft entsprechende Lösungen; - führen anwendungsorientierte Projekte durch und tragen im Team zur Lösung komplexer Aufgaben bei; - gestalten selbstständig weiterführende Lernprozesse.	Nutzung und Transfer: Absolventinnen und Absolventen - integrieren vorhandenes und neues Wissen in komplexen Zusammenhängen auch auf der Grundlage begrenzter Informationen; - treffen wissenschaftlich fundierte Entscheidungen und reflektieren kritisch mögliche Folgen; - eignen sich selbstständig neues Wissen und Können an; - führen anwendungsorientierte Projekte weitgehend selbstgesteuert bzw. autonom durch.
Wissenschaftliche Innovation: Absolventinnen und Absolventen - leiten Forschungsfragen ab und definieren sie; - erklären und begründen Operationalisierung von Forschung; - wenden Forschungsmethoden an; - legen Forschungsergebnisse dar und erläutern sie.	Wissenschaftliche Innovation: Absolventinnen und Absolventen - entwerfen Forschungsfragen; - wählen konkrete Wege der Operationalisierung von Forschung und begründen diese; - wählen Forschungsmethoden aus und begründen diese Auswahl; - erläutern Forschungsergebnisse und interpretieren diese kritisch.

Kommunikation und Kooperation

Absolventinnen und Absolventen - formulieren innerhalb ihres Handelns fachliche und sachbezogene Problemlösungen und können diese im Diskurs mit Fachvertreterinnen und Fachvertretern sowie Fachfremden mit theoretisch und methodisch fundierter Argumentation begründen; - kommunizieren und kooperieren mit anderen Fachvertreterinnen und Fachvertretern sowie Fachfremden, um eine Aufgabenstellung verantwortungsvoll zu lösen; - reflektieren und berücksichtigen unterschiedliche Sichtweisen und Interessen anderer Beteiligter.	Absolventinnen und Absolventen - tauschen sich sach- und fachbezogen mit Vertreterinnen und Vertretern unterschiedlicher akademischer und nicht-akademischer Handlungsfelder über alternative, theoretisch begründbare Problemlösungen aus; - binden Beteiligte unter der Berücksichtigung der jeweiligen Gruppensituation zielorientiert in Aufgabenstellungen ein; - erkennen Konfliktpotentiale in der Zusammenarbeit mit Anderen und reflektieren diese vor dem Hintergrund situationsübergreifender Bedingungen. Sie gewährleisten durch konstruktives, konzeptionelles Handeln die Durchführung von situationsadäquaten Lösungsprozessen.

Wissenschaftliches Selbstverständnis / Professionalität	
Absolventinnen und Absolventen - entwickeln ein berufliches Selbstbild, das sich an Zielen und Standards professionellen Handelns in vorwiegend außerhalb der Wissenschaft liegenden Berufsfeldern orientiert; - begründen das eigene berufliche Handeln mit theoretischem und methodischem Wissen; - können die eigenen Fähigkeiten einschätzen, reflektieren autonom sachbezogene Gestaltungs- und Entscheidungsfreiheiten und nutzen diese unter Anleitung; - erkennen situationsadäquat Rahmenbedingungen beruflichen Handelns und begründen ihre Entscheidungen verantwortungsethisch; - reflektieren ihr berufliches Handeln kritisch in Bezug auf gesellschaftliche Erwartungen und Folgen.	Absolventinnen und Absolventen - entwickeln ein berufliches Selbstbild, das sich an Zielen und Standards professionellen Handelns sowohl in der Wissenschaft als auch den Berufsfeldern außerhalb der Wissenschaft orientiert; - begründen das eigene berufliche Handeln mit theoretischem und methodischem Wissen und reflektieren es hinsichtlich alternativer Entwürfe; - schätzen die eigenen Fähigkeiten ein, nutzen sachbezogene Gestaltungs- und Entscheidungsfreiheiten autonom und entwickeln diese unter Anleitung weiter; - erkennen situationsadäquat und situations-übergreifend Rahmenbedingungen beruflichen Handelns und reflektieren Entscheidungen verantwortungsethisch; - reflektieren kritisch ihr berufliches Handeln in Bezug auf gesellschaftliche Erwartungen und Folgen und entwickeln ihr berufliches Handeln weiter.

Quelle: KMK Qualifikationsrahmen für deutsche Hochschulabschlüsse (2017)

Anlage 3

Anlage 1 zur PO für den Bachelor-Studiengang „Soziale Arbeit" (BPO)
Beschluss des FKR vom 13.11.2013 für das SS 2014

Studien- und Prüfungsvoraussetzungen zur Erlangung des berufsqualifizierenden Hochschulgrades „Bachelor of Arts" (B.A.)

Modul	Kennziff. ePV	Modultitel und Lehrveranstaltungen	SWS	Semester-lage	Credits	Prüfungs-vorleistungen	Modulprüfung
M 1	2102	Studienorientierung/Grundlagen wissenschaftlichen Arbeitens	4	1	4	A (75%)	H (100 %)
M 2		Grundlagen der Sozialen Arbeit	10	1	17		
		Teil 1: Aspekte der Sozialarbeitswissenschaft:					
	2112	Recht und Soziale Arbeit	2	1	3		K (25 %)
	2112	Sozialformen und Methodendiskussion in der Sozialen Arbeit	2	1	3	A (75%)	K (25%)
		Teil 2: Einführung in sozialarbeiterisches Handeln:					
	2113	Vor- und Nachbereitung des Orientierungspraktikums	2	1	3		RP (25 %)
	2114	Durchführung des Praktikums (7 Wochen Vollzeit)		1	8		PB (25 %)
M 3		Professionelle Aspekte der Sozialen Arbeit	12	2 + 3	18		
		Teil1: Professionelles Handeln in sozialen Kontexten:					
	2127 oder 2124	Option I: Sozialarbeitswissenschaft I oder Option II: Soziale Probleme - Abweichendes Verhalten	2	2	3		K (20 %)
	2111	Geschichte der Sozialen Arbeit	2	2	3		H / RP (20%)
	2123	Handlungskompetenzen und Methoden	2	2	3		K (20 %)
		Teil 2: Interdisziplinäre Dimensionen sozialarbeiterischen Handelns					
	2121	Berufsethik und professionelles Handeln	2	3	3		H (20 %)
	2125	Gender und Diversity in der Sozialen Arbeit	2	3	3		RP (20 %)
	2126	Interdisziplinäres Fallseminar	2	3	3	A (75%)	NW
M 4		Kommunikative, kreative und bewegungsorientierte Methoden	4	3	6		
		Option I: Kunst und Medien in der Sozialen Arbeit					
	2131	Grundlagen der Medien-, Literatur- und Theaterpädagogik	2	3	3		K (50 %)
	2132	Kommunikations- und medienorientierte Handlungsansätze der sozialen Praxis	2	3	3	A (75%)	K / MP / H / RP (50 %)
		Option II: Sport, bewegungs- und erlebnispädagogische Grundlagen					
	2133	Bewegungs-, sport- und erlebnispädagogische Grundlagen der Sozialen Arbeit	2	3	3		K (50 %)
	2134	Anwendung bewegungs- und sportorientierte Kenntnisse und Methoden	2	3	3	A (75%)	RP (50 %)
M 5		Rechtswissenschaftliche Grundlagen der Sozialen Arbeit	8	1 + 2	12		
	2145	Sozialverfassungs- und Sozialverwaltungsrecht / Sozialrecht und Fürsorgerecht	4	1	6		K (50 %)
	2146	Familienrecht und Elemente des Zivilrechts / Kinder- und Jugendhilferecht	4	2	6		K (50 %)
M 6	2154	Humanwissenschaftliche Grundlagen der Sozialen Arbeit	6	2	9		K (100%)
M 7	2165	Gesellschafts- und erziehungswissenschaftliche Grundlagen der Sozialen Arbeit	6	1 + 2	9		H (100%)
M 8	2174	Gesundheitswissenschaftlich-sozialmedizinische Grundlagen der Sozialen Arbeit	4	3	6		K / H / MP (100%)
M 9	2184 (K) oder 2185 (H)	Ökonomische und sozialpolitische Grundlagen der Sozialen Arbeit	6	3	9		K / H (100%)

Anlage 3

Anlage 1 zur PO für den Bachelor-Studiengang „Soziale Arbeit" (BPO)
Beschluss des FKR vom 13.11.2013 für das SS 2014

Modul	Kennziff. ePV	Modultitel und Lehrveranstaltungen	SWS	Semester -lage	Credits	Prüfungs- vorleistungen	Modulprüfung
M 10		**Projektorientiertes Studium**	16	4 + 5	36		
	2193	Studienprojekt 4. Semester		4	6		NW
	2194	Studienprojekt 5. Semester		5	6		NW + PB (40%)
	2197	Projektberatung 4. Semester	4	4	6	A (75%)	NW
	2198	Projektberatung 5. Semester	4	5	6	A (75%)	NW
	2195	Projektspezifische Lehrveranstaltung 4. Semester	2	4	3	A (75%)	NW
	2196	Projektspezifische Lehrveranstaltung 5. Semester	2	5	3	A (75%)	NW + RP (30%)
		Projektübergreifende Lehrveranstaltungen					
	2199	Methodenspezifische Lehrveranstaltung	2	4	3	A (75%)	NW
	2191	Fachspezifische Lehrveranstaltung	2	5	3		K / H / RP (30%)
M 11	2342	**Intensiv betreutes Praxismodul***	6	6	9	A (75%)	PB
		*Hinweis: Für das Modul M 11 ist keine Eintragung in die ePV erforderlich. Die Anmeldeformulare für dieses Modul liegen im Praxisamt aus bzw. werden über die Projektdozenten/innen verteilt.					
M 12a		**Beratung in der Sozialen Arbeit**	6	4	9		K / H / MP / RP in 3 ausgewählten Veranstaltungen (je 33%)
	2501	Erste/s Teilmodul/Teilprüfung	2	4	3		
	2502	Zweite/s Teilmodul/Teilprüfung	2	4	3		
	2503	Dritte/s Teilmodul/Teilprüfung	2	4	3		
M12b		**Sozialmedizin und Sozialpsychiatrie**	6	4	9		K / H / MP / RP in 3 ausgewählten Veranstaltungen (je 33%)
	2511	Erste/s Teilmodul/Teilprüfung	2	4	3		
	2512	Zweite/s Teilmodul/Teilprüfung	2	4	3		
	2513	Dritte/s Teilmodul/Teilprüfung	2	4	3		
M 12c		**Prävention und Rehabilitation**	6	4	9		H / MP / RP in 3 ausgewählten Veranstaltungen (je 33%)
	2521	Erste/s Teilmodul/Teilprüfung	2	4	3		
	2522	Zweite/s Teilmodul/Teilprüfung	2	4	3		
	2523	Dritte/s Teilmodul/Teilprüfung	2	4	3		
M 13a	2671	**Strukturwandel Sozialer Dienste**	6	5	9		H II (100%)
M 13b	2371 (K) oder 2372 (RP)	**Recht und Administration**	6	5	9		K oder RP (100%)
M 13c	2681	**Empirische Sozialforschung und Qualitätsmanagement**	6	5	9		H (100%)

Anlage 3

Anlage 1 zur PO für den Bachelor-Studiengang „Soziale Arbeit" (BPO)
Beschluss des FKR vom 13.11.2013 für das **SS 2014**

Modul	Kennziff. ePV	Modultitel und Lehrveranstaltungen	SWS	Semester -lage	Credits	Prüfungs- vorleistungen	Modulprüfung
M 14		**Interkulturalität und Internationalisierung**	4		6		K / RP / MP / H (je 50%)
	2531	Interkulturalität und Internationalität (Erste Teilprüfung)		4 + 5	3		
	2532	Interkulturalität und Internationalität (Zweite Teilprüfung)		4 + 5	3		
M 15		**Konzept und Praxis professioneller Sozialer Arbeit**	6	6	9		
	2401	Professionelle Identitäten	2	6	3		K (100%)
	2402	Qualitätsentwicklung durch supervisionsorientierte Verfahren	2	6	3	A (75%)	NW
	2403	Berufsspezifisches Fallseminar	2	6	3	A (75%)	NW
M 16		**Abschlussprüfung*** (BPO §§ 19 ff.)		6	12		H III (60%)
	2498	Bachelorarbeit					
	2499	Kolloquium			12		C (40%)

* Hinweis: Die ePV-Eintragung zur Abschlussprüfung erfolgt durch das Prüfungsamt.
Bitte beachten Sie das Info-Blatt „Termine zur Bachelor-Abschlussprüfung im SoSe 14" über die Internetseite des Prüfungsamtes.

Anlage 4

Ostfalia
Hochschule für angewandte Wissenschaften

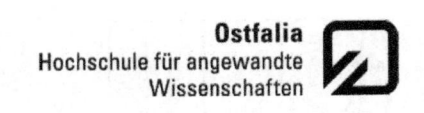

Wolfenbüttel
Fakultät Soziale Arbeit

Information des Prüfungsausschusses „Soziale Arbeit" (B.A.) vom 10.08.13
Erste ergänzte Fassung vom 26.01.2014
Anmeldung zu (Teil)Modulprüfungen über die ePV

I.
Gem. §7 Abs. (1) BPO wird zu einer Modulprüfung zugelassen, wer die in der Anlage 1 und in den Modulbeschreibungen des Modulhandbuches als Zulassungsvoraussetzungen genannten Prüfungs- und Prüfungsvorleistungen für die Modulprüfungen abgeschlossen hat.

II.
Gem. Abs. (2) ist für jede Prüfungsleistung innerhalb eines vom Prüfungsausschuss festgesetzten Zeitraums eine Anmeldung erforderlich. Diese Anmeldung haben die Studierenden im Rahmen ihrer Mitwirkungspflichten selbsttätig und termingerecht vorzunehmen. Die Anmeldung zu Modulprüfungen erfolgt, wie im Rahmen der Orientierungstage eingehend erläutert, über die elektronische Prüfungsverwaltung (ePV), nicht (!) über Stud:IP. Der Prüfungsausschuss legt fest, welche Anmeldungen erforderlich sind und gibt dafür Verfahren, Meldezeiträume und Rücktrittsfristen bekannt.

III.
Bitte unbedingt beachten: Wir haben keine (!) automatische (Wieder)Anmeldung (Zwangsanmeldung) zu (Teil)Modulprüfungen. Mit anderen Worten: Sie müssen sich auch zu Wiederholungsprüfungen {nach Versäumnissen (§11) und nach nicht bestandenen Prüfungen (§12)} in jedem Semester erneut anmelden. Für Notenverbesserungen nach §13 BPO ist unverändert das Antragsverfahren vorgesehen.

IV.
Die Zulassung zu einer Modulprüfung darf nur abgelehnt werden, wenn die in Abs. (1) genannten Voraussetzungen oder die Verfahrensvorschriften nach §7 Abs. (2) nicht erfüllt oder die Unterlagen unvollständig sind. D.h. im Umkehrschluss: Studierende, die sich ordnungsgemäß zu einer Modulprüfung anmelden, haben einen Anspruch darauf, in dem von Ihnen gewählten Modul auch geprüft zu werden. Dieser Rechtsanspruch bezieht sich auf das (Teil)Modul, nicht (!) auf spezifische Veranstaltungen oder Prüfer/innen.

Ostfalia
Hochschule für angewandte Wissenschaften

V.
Bitte beachten Sie unbedingt die Fristsetzungen durch den Prüfungsausschuss. Diese Fristsetzungen sind semesterweise im Modulhandbuch, im Internet und im Info-Kasten des Prüfungsamtes veröffentlicht.

VI.
Die vom Prüfungsausschuss festgesetzten Fristen zur Prüfungsanmeldung und zum Rücktritt sind Ausschlusstermine, d.h. zu späteren Zeitpunkten sind An- und Abmeldungen in der ePV nicht möglich! **"Nachmeldungen" werden künftig nicht mehr angenommen!**

VII.
Wir weisen Sie ausdrücklich darauf hin, dass Sie zur Mitwirkung in Prüfungsangelegenheiten verpflichtet sind. Im Falle eines Fristversäumnisses sind Sie gem. §7 Abs. (2) BPO zu einer (Teil)Modulprüfung künftig nicht (!) zugelassen. Die daraus entstehenden Folgen gehen zu Ihren Lasten.

VII.
Unser Rat: Rufen Sie Ihre Prüfungsdokumentation (ePV) auf. Prüfen Sie innerhalb der definierten Fristen, ob alle Anmeldungen korrekt verbucht sind. Fertigen Sie einen Kontoauszug an, um etwaige Fehlfunktionen der ePV zu belegen. Kontaktieren Sie bei Fehlfunktionen umgehend das Prüfungsamt/███████.

Gez. Prof. Dr. ███████
(Vorsitzender des Prüfungsausschusses B.A. Soziale Arbeit)

Anlage 5

Ostfalia
Hochschule für angewandte Wissenschaften

Wolfenbüttel

Fakultät Soziale Arbeit

Informationen des Prüfungsausschusses vom 16.08.13
Überarb. Fassung vom 07.06.201

Zulassungen zum zweiten Studienabschnitt

Gemäß § 7 der Prüfungsordnung des Studiengangs „Soziale Arbeit" (B.A.) wird zu einer Modulprüfung zugelassen, wer die in Anl.1 zur PO und in den Modulbeschreibungen als Zulassungsvoraussetzung definierten Prüfungs- und Studienleistungen erbracht hat. Für alle Veranstaltungen ab dem 4. Fachsemester definieren die ausführlichen Modulbeschreibungen (Modulhandbuch) als Zulassungsvoraussetzung den erfolgreichen Abschluss der Module M1 bis M9 sowie (für Studierenden mit Studienbeginn ab dem WS 14/15) den Besuch der Ringvorlesung M14 (KZ 2153). Im Zuge einer flexiblen und individuellen Studienverläufen Rechnung tragenden Umsetzung der Zulassungsvoraussetzungen gilt folgende Regelung:

I.

Zum zweiten Studienabschnitt wird <u>automatisch</u> zugelassen, wer im Zuge des erfolgreichen Studiums der Module M1 bis M9 sowie der Ringvorlesung M14 (gilt für Studierenden mit Studienbeginn ab dem WS 14/15) wenigstens 81 Leistungspunkte erworben und das Orientierungspraktikum (M 2) mit der geforderten Praktikumsanalyse abgeschlossen hat.

II.

Sofern eine Zulassung zum 4. Semester vorliegt (81 Leistungspunkte) können Sie ihr Studium gemäß den Vorgaben der Studienstruktur (vgl. Modulhandbuch) im 2. Studienabschnitt fortsetzen. Bitte beachten Sie dabei die für die Modul 10 - 16 definierten Prüfungsvorleistungen. Sofern Sie Platz in Veranstaltungen außerhalb Ihrer

Ostfalia Hochschule für angewandte Wissenschaften
Fachhochschule Braunschweig/Wolfenbüttel
Postanschrift: Salzdahlumer Str. 46/48 • 38302 Wolfenbüttel

Salzgitter
Suderburg

Ostfalia
Hochschule für angewandte Wissenschaften

Semesterlage finden, können Sie bei der Auswahl der Module/Lehrveranstaltungen auch zwischen den Semesterlagen springen ("Vorstudierenden").

III.
Studierende, die weniger als 81 Leistungspunkte erworben haben, erhalten im Zuge eines Beratungsgesprächs (!) in begrenztem Umfang Zulassungen zu den Modulen M12, M13 und/oder M14. Der Umfang dieser Zulassungen wird definiert über die Differenz: 30 Leistungspunkte minus Umfang der noch zu erbringenden Leistungspunkte aus dem ersten Studienabschnitt.

IV.
Zu den Modulen M15 und M16 (BA-Arbeit) wird zugelassen, wer wenigstens 141 Leistungspunkte nachweisen kann.

Bei Problemen mit der EPV (Anmeldung, Noteneintrag) wenden Sie sich bitte **unverzüglich** an das Prüfungsamt, ▬.

Gez. Prof. Dr. ▬
(Vorsitzender des Prüfungsausschusses B.A. Soziale Arbeit)

Anlage 6

Ostfalia
Hochschule für angewandte Wissenschaften

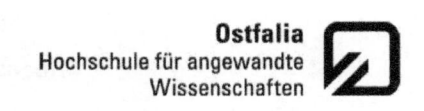

Wolfenbüttel
Fakultät Soziale Arbeit

Information des Prüfungsausschusses „Soziale Arbeit" (B.A.) vom 01.04.15
Anrechnung beruflich erworbener Kompetenzen

I.
Gem. §10 Abs. 5 BPO können außerhalb der Hochschule erworbene Kenntnisse und Fähigkeiten auf Studien- und Prüfungsleistungen angerechnet werden, wenn sie nach Inhalt und Niveau dem Teil des Studiums gleichwertig sind, der ersetzt werden soll.

II.
Der Prüfungsausschuss entscheidet in eigener Zuständigkeit darüber, ob und in welchem Umfang eine Anrechnung erfolgt. Dabei ist darauf zu achten, dass die Anforderungen des Qualifikationsrahmes für Hochschulabschlüsse eingehalten werden. Außerdem sind allgemeine Vorgaben des Curriculums sowie der Studien- und Prüfungsorganisation zu berücksichtigen.

III.
Die Anrechnung erfolgt bis auf weiteres als Einzelfallentscheidung nach folgenden Kriterien:
1. Beruflich erworbene Kenntnisse und Fähigkeiten werden für die Module M2 KZ.2114 (Praktikum) und M11 KZ.2342 (Intensiv betreutes Praxismodul) angerechnet.
2. Die mit diesen Modulen verbundenen Prüfungsleistungen, also der Projekt- bzw. Praktikumsbericht, sind von der Anrechnung ausgenommen.
3. Angerechnet werden Kenntnisse und Fähigkeiten, die im Rahmen einer beruflichen Tätigkeit im Umfang von mindestens 6 Monaten Vollzeit bzw. 12 Monaten Teilzeit erworben wurden oder werden. Nachzuweisen sind qualifizierte berufliche Tätigkeiten in sozialarbeiterischer und/oder sozialpädagogischer Funktion.
4. Im Zuge der Anrechnung können die in den Modulbeschreibungen definierten Praxiszeiten vollständig oder teilweise erlassen werden.
5. Eine Doppelanrechnung für M2 und M11 ist nicht möglich. Von einer Anrechnung ausgeschlossen sind außerdem Praktikums-/Berufserfahrungen, die bereits im Zuge der Zulassung zum Studium (Vorpraktikum) berücksichtigt wurden.

→ 2

Ostfalia
Hochschule für angewandte
Wissenschaften

IV.

Der <u>Antrag auf Anrechnung beruflich erworbener Kenntnisse und Fähigkeiten</u> ist schriftlich, mit Unterschrift und unter Beibringung geeigneter Nachweise im Prüfungsamt einzureichen. Die Anerkennung bzw. Ablehnung erfolgt innerhalb von 4 Wochen per Bescheid.

V.

Gem. §10 Abs. 5 BPO angerechnete Kenntnisse und Fähigkeiten werden im Diploma Supplement dokumentiert.

Gez. Prof. Dr. ▮▮▮▮▮
Vorsitzender des Prüfungsausschusses „Soziale Arbeit" (B.A.)

Anlage 7

Ostfalia
Hochschule für angewandte Wissenschaften

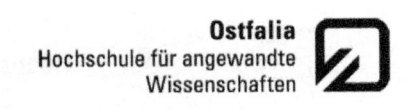

Wolfenbüttel

Fakultät Soziale Arbeit

Informationen des Prüfungsausschusses vom 01.09.2015
Nachteilsausgleich bei Studien- und Prüfungsleistungen

Was ist ein Nachteilsausgleich?

Studierende mit einer Behinderung, chronischen oder psychischen Erkrankung, Teilleistungsstörung oder sonstigen Beeinträchtigung der Teilhabe sind bei der Erbringung von Studien- und Prüfungsleistungen oftmals beeinträchtigt. Ziel des Nachteilsausgleichs ist es, solchen Einschränkungen durch Modifikation der Studienbedingungen, der Prüfungsformen und der Prüfungsmodalitäten entgegenzuwirken. Dem Nachteilsausgleich liegt also die Idee der Gleichstellung aller Studierenden zugrunde.

Leistungs- und Qualitätsansprüche werden vom Nachteilsausgleich nicht berührt. D.h. Leistungsansprüche werden nicht gemindert, die fachlich gebotenen Prüfungsanforderungen bleiben in Inhalt und Niveau unverändert; modifiziert werden die Rahmenbedingungen, unter denen Prüfungen erfolgen.

Der rechtliche Anspruch auf Nachteilsausgleich leitet sich unmittelbar ab aus Art. 3 Abs. 1 des Grundgesetzes. Zwecks Wahrung der Chancengleichheit von Studierenden mit Beeinträchtigungen ist der Nachteilsausgleich darüber hinaus in den hochschulspezifischen Regelwerken verankert, u.a. in § 3 des Niedersächsischen Hochschulgesetzes (NHG). Für Studierende des Studiengangs Soziale Arbeit (B.A.) ist mit § 16 BPO eine prüfungsrechtliche Grundlage geschaffen.

Wer kann einen Nachteilsausgleich geltend machen?

Für die Einrichtung eines Nachteilsausgleichs gem. § 16 BPO müssen folgende Voraussetzungen erfüllt sein:

1. Einen gesetzlichen Anspruch können Studierende geltend machen, deren Beeinträchtigungen unter dem im SGB IX §2 Abs.1 definierten Behinderungsbegriff zu fassen sind. Insofern ist ein Nachteilsausgleich auch von einem krankheitsbedingten Prüfungsrücktritt oder einer Fristverlängerung gem. § 11 BPO zu unterscheiden.

2. Zur Glaubhaftmachung einer Beeinträchtigung im o.g. Sinne sind (im Rahmen der Mitwirkungspflichten) geeignete Nachweise beizubringen, beispielsweise (fach)-ärztliche Atteste, psychotherapeutische Gutachten, Behandlungsberichte, Stellungnahmen eines REHA-Trägers oder Ausweise.

Salzgitter
Suderburg
Wolfsburg

Ostfalia
Hochschule für angewandte
Wissenschaften

3. Es muss konkret erkennbar sein, in welcher Weise die obligatorischen Modalitäten der Studienorganisation und der Prüfung sich erschwerend und benachteiligend auswirken.
4. Maßnahmen des Nachteilsausgleichs sind nicht zulässig, wenn die Art der Beeinträchtigung eine verminderte Lern- und Leistungsfähigkeit hinsichtlich der zu ermittelnden Kenntnisse und Kompetenzen vermuten lässt.
5. Maßnahmen des Nachteilsausgleichs dürfen nicht zu einer privilegierenden Überkompensation zu Lasten der Chancengleichheit anderer Prüflinge oder fachlicher Standards führen. Ein Erlass von Leistungen ohne adäquate Ersatzprüfung ist nicht zulässig.

Wie wird ein Nachteilsausgleich beantragt und eingerichtet?

Sofern die o.g. Voraussetzungen erfüllt sind, kann ein Rechtsanspruch auf Einrichtung einer Nachteilsausgleichs geltend gemacht werden. Wie, d.h. mit welchen Modifikationen der Studienbedingungen, der Prüfungsformen und der Prüfungsmodalitäten der Nachteilsausgleich erfolgt, liegt im Ermessen des Prüfungsausschusses.

Damit Art und Umfang der nachteilsausgleichenden Maßnahmen den Besonderheiten des Einzelfalles und dem Gebot der Chancengleichheit gerecht werden, ist der/die beantragende Studierende zu einem ausführlichen persönlichen Gespräch einzuladen. In Verbindung mit diesem Gespräch sollte aus den schriftliche Belegen in einer für Nicht-Mediziner verständlichen und nachvollziehbaren Weise hervorgehen, welche studien- und prüfungsrelevanten Einschränkungen vorliegen, mit welchen Symptomen diese einhergehen und welche Maßnahmen kompensierend wirken. Im Zweifelsfalle ist die Expertise einer/s Fachkollegin/en, der/des Behindertenbeauftragten oder einer externen Beratungsstelle einzuholen.

Jeder Antrag auf Nachteilsausgleich wird vertraulich behandelt. Alle Prüfungsbeteiligten sind zur Verschwiegenheit gegenüber Dritten verpflichtet.

Das Verfahren zur Einrichtung eines Nachteilsausgleichs erfolgt in 4 Schritten:
1. Antrag auf Einrichtung eines Nachteilsausgleich per Formular (siehe Anlage) und unter Beibringung geeigneter Nachweise (in Kopie), adressiert an den zuständigen Prüfungsausschuss
2. Einladung zu einem Beratungsgespräch; ausführliches persönliches Gespräch zur Abklärung von Voraussetzungen und geeigneten Maßnahmen
3. Schriftlicher Bescheid innerhalb von 2 Wochen mit Spezifikation nachteilsausgleichender Maßnahmen

Ostfalia
Hochschule für angewandte
Wissenschaften

4. Vor Ablegung einer Prüfung weist die/der Studierende die jeweils Prüfenden unter Vorlage des Bescheids auf seinen Sonderstatus hin. Dies hat zeitig und ggf. unter Einbeziehung weiterer Funktionsträger (Technik, Raumplanung etc.) zu erfolgen, so dass prüfungsorganisatorische Vorkehrungen rechtzeitig eingeleitet werden können. Im Falle von Konflikten ist unverzüglich das Prüfungsamt einzuschalten.

Im Rahmen der Mitwirkungspflichten ist die/der beantragende Studierende verpflichtet, den Antrag auf Nachteilsausgleich vor der Ablegung von Prüfungen zu stellen. Eine nachträgliche Einrichtung ist nicht möglich. Außerdem muss der Prüfungsausschuss zeitlich Gelegenheit haben, den Antrag zu prüfen und zu bescheiden, Prüfende einzubeziehen und ggf. prüfungsorganisatorische Maßnahmen anzuregen.

Ein ablehnender Bescheid wird begründet und mit einer Rechtsbehelfsbelehrung versehen.

Wie sieht ein Nachteilsausgleich aus?

Die Einrichtung eines Nachteilsausgleichs ist eine Einzelfallentscheidung, bei der die Wechselwirkung zwischen individueller Beeinträchtigung sowie relevanten Studien- und Prüfungsbedingungen abzuwägen sind. Hinzu kommen organisationale Probleme der Praktikabilität. Deshalb sind generelle Maßnahmenempfehlungen nicht möglich. Im folgenden sind, gestützt auf Verwaltungsgerichtsurteile, exemplarisch Maßnahmen aufgeführt, die eine grobe Orientierung bieten:

- Verlängerung von Bearbeitungszeiten (i.d.R. 15-20%)
- Einrichtung von Pausen
- Vereinbarung individueller Prüfungstermine
- Gesonderte Prüfungsräume, ggf. mit bedarfsgerechter Ausstattung
- Ausgleichs- und Ersatzleistungen (insbes. zum Ausgleich von Fehlzeiten)
- Änderung der Prüfungsarten
- Zulassung/Bereitstellung technischer Hilfsmittel und persönlicher Assistenzen
- ‚Privilegierung' bei teilnehmerbeschränkten Blockveranstaltungen

Gez. Prof. Dr.
(Vorsitzender des Prüfungsausschusses Soziale Arbeit, B.A.)

Ostfalia
Hochschule für angewandte Wissenschaften

Antrag auf Nachteilsausgleich gem. §16 BPO (v. 06.03.2012)

Name, Vorname:	Matr.-Nr.:
Beigebrachte Belege:	
Datum/Unterschrift der/des Antragstellenden:	

Verfügung betr. die Einrichtung eines Nachteilsausgleichs

☐ Ein eingehendes Beratungsgespräch hat statt gefunden.
☐ Nachweise über Art und Umfang der Benachteiligung / des Schutzanspruches wurden beigebracht und sind in der Prüfungsakte hinterlegt.
☐ Dem Antrag wird entsprochen! ☐ Dem Antrag wird nicht entsprochen!

Begründung:

Nachteilsausgleichende Maßnahmen:

☐ Verlängerung der Bearbeitungszeit für Hausarbeiten / Klausuren / die BA-Arbeit (*nicht Zutreffendes streichen*) um ____% der gem. §19 BPO vorgesehenen Bearbeitungszeit
☐ Privilegierte Zulassung zu teilnehmerbegrenzten Veranstaltungen
☐ Modifikation der Art der Modulprüfung wie folgt:

_____

☐ Einvernehmliche Erbringung einer Ersatzleistung für (Block)Veranstaltungen mit Anwesenheitspflicht nach Absprache mit modulverantwortlich Lehrenden
☐ Zulassung zusätzlicher Hilfsmittel/Assistenzsysteme wie folgt:

_____

☐ Nachteilsausgleich durch:

_____

Wolfenbüttel, _____ (Datum)   _____
                                         (Vorsitzender des Prüfungsausschusses)

Printed by Printforce, the Netherlands